Standes- oder Leistungselite?

Rechtshistorische Reihe

Band 260

Peter Lang
Frankfurt am Main · Berlin · Bern · Bruxelles · New York · Oxford · Wien

Andreas Klass

Standes- oder Leistungselite?

Eine Untersuchung der Karrieren der Wetzlarer Anwälte des Reichskammergerichts (1693-1806)

Peter Lang
Europäischer Verlag der Wissenschaften

Die Deutsche Bibliothek - CIP-Einheitsaufnahme

Klass, Andreas:

Standes- oder Leistungselite? : eine Untersuchung der Karrieren der Wetzlarer Anwälte des Reichskammergerichts (1693–1806) / Andreas Klass. - Frankfurt am Main ; Berlin ; Bern ; Bruxelles ; New York ; Oxford ; Wien : Lang, 2002
(Rechtshistorische Reihe ; Bd. 260)
Zugl.: Würzburg, Univ., Diss., 2001
ISBN 3-631-38721-0

Die vorliegende Arbeit wurde von
Herrn Univ.-Prof. Dr. Jürgen Weitzel
zur Aufnahme in die Reihe empfohlen.

D 20
ISSN 0344-290X
ISBN 3-631-38721-0

www.peterlang.de

Meinen Eltern

Vorwort

Die vorliegende Arbeit wurde im Sommersemester 2001 von der Juristischen Fakultät der Bayerischen Julius-Maximilians-Universität in Würzburg als Dissertation angenommen. Ihre Erstellung dauerte mehrere Jahre und begleitete mich während des Referendariats in Bamberg und Würzburg, während der Tätigkeit als wissenschaftlicher Mitarbeiter am Lehrstuhl von Prof. Dr. Horst Dreier und letztendlich während des Beginns meiner beruflichen Tätigkeit. Eine gewisse Befreiung kann ich daher bei der Abfassung dieser Zeilen nicht verhehlen.

An dieser Stelle soll nun denjenigen gedankt werden, ohne die ich die Arbeit nicht hätte schreiben können. An erster Stelle ist mein Doktorvater, Herr Prof. Dr. Jürgen Weitzel, zu nennen, der die Arbeit nicht nur angeregt, sondern mir auch bei der Ausgestaltung des Themas große Offenheit entgegen gebracht hat. Von seiner geduldigen und zielorientierten Betreuung habe ich sehr profitiert. Herrn Prof. Dr. Dietmar Willoweit sage ich Dank für die zügige Erstellung des Zweitgutachtens.

Meinen Eltern danke ich für ihre Förderung und großzügige Unterstützung, nicht nur in Zeiten finanzieller Engpässe. Meine Mutter hat mir darüber hinaus durch fehlerfreie Tipparbeiten bei der Erstellung der Biographien der Wetzlarer Anwälte manche nervenaufreibende Stunde erspart. Meiner Frau Nadine danke ich vor allem für die erforderliche Aufmunterung und Ablenkung im rechten Moment.

Rechtshistorische Arbeiten bedürfen in besonderem Maße der Hilfe beim Auffinden der einschlägigen Quellen und Dokumente. Deshalb möchte ich die Möglichkeit nutzen, Frau Dr. Jung vom Historischen Archiv der Stadt Wetzlar und Herrn Möckle vom Bundesarchiv, Nebenstelle Frankfurt a. M., zu danken. Abschließend sei die Gesellschaft für Reichskammergerichtsforschung in Wetzlar erwähnt, der ich für die Möglichkeit danke, mein Dissertationsvorhaben im Rahmen einer rechtshistorischen Fachtagung im Mai 1999 vorstellen und der fachlichen Kritik aussetzen zu dürfen.

München, 15. April 2002

Inhaltsverzeichnis

Abkürzungsverzeichnis

a.a.O.	am angebenen Ort
Abs.	Absatz
Abt.	Abteilung
allg.	allgemein
Anm.	Anmerkung
Art.	Artikel
Aufl.	Auflage
BAF	Bundesarchiv Frankfurt
Bd./Bde.	Band/Bände
bearb.	bearbeitet
Bearb.	Bearbeiter
bzw.	beziehungsweise
ca.	circa
C.I.C.	Corpus Iuris Civilis
C.J.C.	Corpus Iuris Cameralis
dems.	demselben
ders.	derselbe
d.h.	das heißt
dies.	dieselbe
Diss. jur.	juristische Dissertation
d.J.	des Jahres
ebd.	ebenda
etc.	et cetera
f.	folgende
ff.	fortfolgende
Fn.	Fußnote
gem.	gemäß
HRG	Handwörterbuch zur deutschen Rechtsgeschichte
kgl.	königlich
hrsg.	herausgegeben
Hrsg.	Herausgeber
insbes.	insbesondere
i.E.	im Erscheinen
i.S.	im Sinne
J.R.A.	Jüngster Reichsabschied
Kap.	Kapitel
m.E.	meines Erachtens
Misc.	Miscellanea
NJW	Neue Juristische Wochenschrift

Nr.	Nummer
o.	oben
o.J.	ohne Jahr
o.O	ohne Ort
RHR	Reichshofrat
RKG	Reichskammergericht
RKGO	Reichskammergerichtsordnung
S.	Seite
s.o.	siehe oben
sog.	sogenannt
Sp.	Spalte
STAW RöST	Stadtarchiv Wetzlar, Rösch'sche Stammtafeln
s.u.	siehe unten
T./Tle.	Teil/Teile
Tit.	Titel
u.	unten
u.a.	und andere
u.ä.	und ähnliche
u.a.m.	und andere mehr
u.U.	unter Umständen
v.	von
vgl.	vergleiche
z.	zum/zur
z.B.	zum Beispiel
ZNR	Zeitschrift für neuere Rechtsgeschichte
ZRG (GA)/(RA)	Zeitschrift der Savigny-Stiftung für Rechtsgeschichte Germanistische Abteilung Romanistische Abteilung
z.T.	zum Teil

Quellen- und Literaturverzeichnis

1.) Quellen

a) Ungedruckte Quellen

Bundesarchiv – Außenstelle Frankfurt/Main:
Bestand Rep. 2 a, Misc. Nr. IV a/8 (Verzeichnis des Reichskammergerichtspersonals von 1686-1790.)
Bestand AR 1-IV B ff. (Generalexamina)
Bestand AR 1 Misc. 34a (Straßenliste und Anzahl sämtlicher des Kaiserlichen und Reichs- Kammergerichts Personen vom Jahre 1803)
Bestand AR 1 Misc. 107 (Schatzungsstock, was jede Schatzung von Häusern und Gütern beträgt, festgesetzt nach dem Confeß-Zetteln, 1785)

Historisches Archiv der Stadt Wetzlar:
Bestand 30 ff. 929.21 (Genealogische Stammtafeln v. Siegfried Rösch)
Bestand Praetorius-Liste (Personal des Reichskammergerichts, hand- und maschinenschriftl.)

b) Gedruckte Quellen und Literatur bis 1806

(1) Allgemein

Bardilius, Burckhard, Commentatio juridica, continens judicii imperialis aulici, vulgo kayserl. Reichshofraths ideam, Tübingen 1742.

Bergsträsser, Heinrich Wilhelm, Briefe über das Studium eines Praktikanten an dem Reichskammergerichte zu Wezlar, Frankfurt a. M. 1788.

Bürgel (Fleckenbühl), Johann Philipp Franz von, Der Wetzlarische Praktikant oder Anweisung wie und auf was Art ein auswärtiger Jurist und Practicus sich dem Reichs-Cammer-Gerichtlichen Process am leichtesten vorstellen könne. Frankfurt, Mainz 1767.

Des Kayserlichen und Reichs=Cammer=Gerichts Calender, Frankfurt a.M. (1693, 1699, 1703, 1714, 1715, 1717, 1719, 1723, 1725, 1726, 1727, 1731, 1732, 1734, 1735, 1736, 1737, 1738, 1739, 1741, 1742, 1743, 1744, 1745, 1746, 1747, 1748, 1749, 1750, 1751, 1752, 1754, 1755, 1756, 1757, 1758, 1759, 1760, 1761, 1762, 1763, 1764, 1765, 1775, 1778, 1779, 1781, 1786, 1787, 1788, 1793, 1794, 1796, 1799, 1806).

Fahnenberg, Egid J.Karl von, Schicksale des kaiserlichen Reichskammergericht vorzüglich in Kriegszeiten, Wetzlar 1793.

Haas, Damian Ferdinand (Anonymus), Etwas über den Kammergerichtlichen Gemeinen Bescheid vom 13. May 1785 der Verbesserungsvorschläge, wie selbiger mit älteren Gesetzen zu verbinden und nach diesen die ganze Gerichtsverfassung erst einzurichten sey, wenn er einen justizbeförderlichen Endzweck und Nutzen haben solle, o.O. (Wetzlar) 1786.

Laufs, Adolf (Hrsg.), Die Reichskammergerichtsordnung von 1555, Köln/Wien 1976 (=Quellen und Forschungen zur höchsten Gerichtsbarkeit im Alten Reich 3).

Laufs, Adolf (Hrsg.), Der Jüngste Reichsabschied von 1654, Bern/Frankfurt a. M. 1975.

Vahlkampf, Joseph Anton, Reichskammergerichtliche Miscellen, 2. Bde., Gießen/Wetzlar 1806.

Würfel, Ludwig August, Kurze Anleitung zu des Reichs-Kammergerichts Extrajudicial Prozeß, Frankfurt a. M. 1751, 2. Aufl. Wetzlar 1775.

Zeumer, Karl (Bearb.), Quellensammlung zur Geschichte der Deutschen Reichsverfassung inMittelalter und Neuzeit, o. O. 1913.

(2) Universitätsmatrikel

Die Matrikel der Universität Altdorf. Erster Teil: Text; Zweiter Teil: Register, hrsg. v. Elias v. Steinmeyer. Würzburg 1912 (=Veröffentlichungen der Gesellschaft für Fränkische Geschichte. Vierte Reihe, Erster Band: Die Matrikeln der Universität Altdorf, Erster und Zweiter Teil).

Die Matrikel der Universität Basel, IV. Band: 1666/67-1725/26, hrsg. v. Hans Georg Wackernagel, Max Triet, Pius Marrer, Basel 1975.

Die Matrikel der Universität Duisburg 1652-1818, hrsg. v. Wihelm Rotscheidt, Duisburg 1938.

Namensverzeichnis zur allgemeinen Studentenmatrikel der ehemaligen Universität Erfurt für die Zeit von 1637 bis 1816. 2 Teile bearb. v. Fritz

Wiegand, in: Beiträge zur Geschichte der Universität Erfurt (1392-1818), Heft 9 und 10, Erfurt 1962/63.

Aeltere Universitäts-Matrikeln I: Universität Frankfurt a. O. Zweiter Band (1649-1811), hrsg. v. Ernst Friedlaender, Leipzig 1888 (=Publicationen aus dem kgl. preußischen Staatsarchiven, 36 Band).

Die Matrikel der Universität Freiburg i. Br. Von 1656-1806, Bd. I: Text und Anmerkungen, Bd. II: Einleitung, Tabellen, Personen- und Ortsregister, bearb. u. hrsg. v. Friedrich Schaub, Freiburg i. Br. 1955/57

Die Matrikel der Universität Gießen, 1608-1707, hrsg. v. Ernst Klewitz und Karl Ebel, Gießen 1898.

Die Matrikel der Universität Giessen, Zweiter Teil, 1708-1807, bearb. v. Otfried Praetorius und Friedrich Knöpp, Neustadt a. d. Aisch 1957.

Die Matrikel der Georg-August-Universität zu Göttingen, 1734-1837, hrsg. v. Götz von Selle, Hildesheim und Leipzig 1937 (=Veröffentlichungen der Historischen Kommission für Hannover, Braunschweig, Schaumburg-Lippe und Bremen IX).

Matrikel der Martin-Luther-Universität Halle-Wittenberg (1690-1730), bearb. v. Fritz Juntke unter Mitwirkung v. Franz Zimmermann, Halle a. d. Saale 1960 (=Arbeiten aus der Universitäts- und Landesbibliothek Sachsen-Anhalt in Halle a. d. Saale, Bd. 2).

Die Matrikel der Universität Heidelberg, Vierter Theil (von 1704 bis 1807), bearb. v. Gustav Toepke, hrsg. v. Paul Hintzelmann, Heidelberg 1903.

Die Matrikel derUniversität Helmstedt (1685-1810), bearb. v. Herbert Mundhenke, Hildesheim 1979 (=Veröffentlichungen der Historischen Kommission für Niedersachsen und Bremen IX, Abt. 1: Die Matrikel der Universität Helmstedt, Bd. III: 1685-1810).

Die Matrikel der Hohen Schule und des Paedagogiums zu Herborn, hrsg. v. Gottfried Zedler und Hans Sommer, Wiesbaden 1908 (=Veröffentlichungen der Historischen Kommission für Nassau V).

Die Matrikel der Ludwigs-Maximilians-Universität Ingolstadt-Landshut-München, Teil I: Ingolstadt, Bd. II: 1600-1700, 2. Halbbd.: 1650-1700, hrsg. v. Götz Freihernn v. Plönitz, München 1940.

Die Matrikel der Ludwigs-Maximilians-Universität Ingolstadt-Landshut-München, Teil I: Ingolstadt, Bd. III: 1700-1800, 2. Halbbd.: 1750-1800, hrsg. v. Götz Freihernn v. Plönitz, fortgeführt v. Laetitia Boehm, bearb. v. Rainer Albert Müller, München 1979.

Die Matrikel der Universität Jena, Bd. II (1652 bis 1723), bearb. v. Reinhold Jauernig, weitergeführt v. Marga Steiger, Weimar 1977 (=Veröffentlichungen der Friedrich-Schiller-Universität Jena).

Die Matrikel der Universität Jena, Bd. III (1723 bis 1764), bearb. v. Otto Köhler, hrsg. v. Günter Steiger, Halle a. d. Saale 1969 (=Veröffentlichungen der Universitätsbibliothek Jena).

Das Album der Christian-Albrechts-Universität zu Kiel 1665-1865, hrsg. v. Franz Gundlach, Kiel 1915.

Die jüngeren Matrikel der Universität Leipzig, 1559-1809. Als Personen- und Ortsregister bearbeitet und durch Nachträge aus den Promotionslisten ergänzt. II Band: Die Immatrikulationen vom Wintersemester 1634 bis zum Sommersemester 1709, III. Band: Die Immatrikulationen vom Wintersemester 1709 bis zum Sommersemester 1809, hrsg. v. Georg Erler, Leipzig 1909.

Verzeichnis der Studierenden der alten Universität Mainz, hrsg. v. Präsident und Senat der Johannes-Gutenberg-Universität Mainz, Wiesbaden 1979 (=Beiträge zur Geschichte der Universität Mainz, Bd. 13).

Suchbuch für die Marburger Universitätsmatrikel von 1653-1830, bearb. v. M. E. Habicht, Darmstadt 1927

Catalogi studiosorum Marpurgensium (1653-1830), hrsg. v. Theodor Birt, Marburg 1903.

Die Matrikel der Universität Paderborn. Matricula Universitatis Theodorianae Padibornae 1614-1844. Erster Band: Die immatrikulierten Studenten und immatrikulierten Universitäts-Professoren, hrsg. v. Joseph Friesen, Paderborn 1931, Nachdruck Nendeln/Liechtenstein 1980.

Die Matrikel der deutschen Nation in Perugia (1579-1727), hrsg. v. Fritz Weigle, Tübingen 1956 (=Bibliothek des Deutschen Historischen Instituts in Rom, Band XXI).

Rintelner Studenten des 17. und 18. Jahrhunderts, bearb. v. Gerhard Schormann, Rinteln 1981 (=Schaumburger Studien, begr. V. Franz Engel, im Auftrag der Historischen Arbeitsgemeinschaft für Schaumburg hrsg. v. Brigitte Poschmann, Heft 42).

Die Matrikel der Universität Rostock, Band IV: Mich. 1694 – Ost 1747, hrsg. v. Alfred Hofmeister, Rostock 1901.

Die Matrikel der Universität Rostock, Band VI: Register zu den Matrikeln der Universität Rostock. 1. Teil: Personen- und Ortsregister A-O. 2. Teil: Personen- und Ortsregister P-Z, bearb. v. Ernst Schäfer, Schwerin 1919.

Die Matrikel der Universität Salzburg 1639-1810, Bd. I: Text der Matrikel, hrsg. v. Virgil Redlich, Salzburg 1933 (=Salzburger Abhandlungen und Texte aus Wissenschaft und Kunst, Bd. V).

Die alten Matrikel der Universität Straßburg, 1621-1793. Erster Band: Die Allgemeinen Matrikeln und die Matrikeln der philosophischen und theologischen Facultät, Zweiter Band: Die Matrikeln der Medicinischen und Juristischen Facultät, Dritter Band: Personen- und Ortsregister, bearb. v. Gustav C. Knodt, Straßburg 1897/1902 (=Urkunden und Akten der Stadt Straßburg. Abt. 3).

Verzeichnis der Zöglinge und Stadtstudierenden im Hauptstaatsarchiv Stuttgart, Bestand A 272, Hohe Karlsschule. Abgedruckt in: Heinrich Wagner, Geschichte der Hohen Carls-Schule, Bd. 1, Würzburg 1856, S. 343-415.

Die Promotionslisten der Artisten-Fakultät von 1604 bis 1794 nebst einem Anhang: Verzeichnis der an der juristischen Fakultät von 1739-1794 immatrikulirten Studenten und einiger an derselben Fakultät wirkender Professoren, bearb. v. Leonard Keil, Trier 1926 (=Akten und Urkunden der Geschichte der Trierer Universität, II. Heft).

Die Matrikel der Universität Tübingen. Bd. 2: 1600-1710, Bd. 3: 1700-1817, Bd. 4: Register zu den Matrikeln der Universität Tübingen 1600-1817, bearb. v. Albert Bürk und Wilhelm Wille, Tübingen 1953/54.

Die Matrikel der Universität Wien, VI. Band: 1689/90-1714/15, bearb. v. Kurt Mühlberger und Walter Schuster, Wien, Köln, Weimar 1993 (=Publikationen des Instituts für österreichische Geschichtsforschung, Sechste Reihe: Quellen zur Geschichte der Universität Wien, 1. Abteilung).

Die Matrikel der Universität Würzburg. Erster Teil: Text, hrsg. v. Sebastian Merkle München/Leipzig 1922 (=Veröffentlichungen der Gesellschaft für Fränkische Geschichte. Vierte Reihe: Matrikeln Fränkischer Schulen, Fünfter Band: Die Matrikeln der Universität Würzburg, Erster Teil).

Die Matrikel der Universität Würzburg. Zweiter Teil: Personen- und Ortsregister 1582-1830, bearb. v. Alfred Wendehorst und Christa Wendehorst, Berlin 1982 (=Veröffentlichungen der Gesellschaft für Fränkische Geschichte. Vierte Reihe, Fünfter Band: Die Matrikeln der Universität Würzburg, Zweiter Teil).

(3) Findbücher zu den Akten des Reichskammergerichts

Abt. 1: Reichskammergericht, Teil 3: Prozeßakten des preußischen Kreises und der Stadt Wetzlar, Bd. 1 Kreis Wetzlar A-K, Bd. 2 Kreis Wetzlar L-Z, Bd. 3 Stadt Wetzlar Indices; bearb. v. Jost Hausmann (=Repertorien des Hessischen Hauptstaatsarchivs Wiesbaden, hrsg. v. dem Hessischen Hauptstaatsarchiv in Verbindung mit der Historischen Kommision für Nassau), Wiesbaden 1984, 1985, 1986.

Findbuch zu den Reichskammergerichtsakten (Abt. 390 u.a.); bearb. v. Hans-Konrad Stein-Stegmann (=Veröffentlichungen des Schleswig-Holsteinischen Landesarchivs, Bd. 16 Titelaufnahmen), Schleswig 1986.

Findbuch zum Bestand Reichskammergericht (1515-1806) Rep. 900; bearb. v. Hans-Heinrich Ebeling (=Veröffentlichungen der Niedersächsischen Archivverwaltung, Inventare und kleinere Schriften des Staatsarchivs in Osnabrück, Heft 3), Osnabrück 1986.

Akten des Reichskammergerichts im Hauptstaatsarchiv Stuttgart A-D, Inventar des Bestandes C 3; E-G, Inventar des Bestandes C 3; bearb. v. Alexander Brunotte und Raimund J. Weber (=Veröffentlichungen der Staatlichen Archivverwaltung Baden-Württemberg, hrsg. v. der Landesarchivdirektion Baden-Württemberg. Bd. 46/1 u. Bd. 46/2), Stuttgart 1993, 1995.

Reichskammergericht. Bestand AR 1, Prozeßakten: bearb. v. Ursula Hüllbüsch und Hans Schenk (=Findbücher zu Beständen des Bundesarchivs Band 46), Koblenz 1994.

Bayerisches Hauptstaatsarchiv, Reichskammergericht Band 1, Nr. 1-428 (Buchstabe A); Band 2, Nr. 429-868 (Buchstabe B); Band 3, Nr. 869-1406

(Buchstabe B), bearb. v. Barbara Gebhard und Manfred Hörner (=Bayerische Archivinventare. Hrsg. v. der Generaldirektion der Staatlichen Archive Bayerns 50/1; 50/2; 50/3), München 1994, 1996, 1997.

Bayerisches Hauptstaatsarchiv, Reichskammergericht Band 6, Nr. 1840-2129 (Buchstabe C); bearb. v. Manfred Hörner (=Bayerische Archivinventare. Hrsg. v. der Generaldirektion der Staatlichen Archive Bayerns 50/6), München 1995.

(4) Bibliographien und Dissertationensammlungen

Fahnenberg, Egid J. Karl von, Literattur des kaiserlichen Reichskammergerichts, Wetzlar 1792 (Neudruck Glashütten 1972).

Komorowski, Manfred, Bibliographie der Duisburger Universitätsschriften (1652-1817), Sankt Augustin 1984.

Kössler, Franz, Katalog der Dissertationen und Habilitationsschriften der Universität Gießen von 1801-1884, Gießen 1971.

Mälzer, Gottfried (Hrsg.), Würzburger Hochschulschriften 1581-1803, Bestandsverzeichnis. Nach Vorarbeiten von J.A. Brein, unter Mitarbeit von Rudolf Stahr und Gabriele Wollmann, Würzburg 1993.

Mommsen, Karl, Katalog der Basler juristischen Disputationen 1558-1818. Aus dem Nachlaß hrsg. v. Werner Kundert. Frankfurt a. M., 1978 (=Ius Commune Sonderheft 9).

Mundt, Hermann, Bio-Bibliographisches Verzeichnis von Universitäts- und Hochschuldrucken (Dissertationen) vom Ausgang des 16. bis Ende des 19. Jahrhunderts. Bd. 1: Leipzig 1936, Bd. 2: Leipzig 1942 (Bde. 1 – 2: Neudruck Hattenheim 1965), Bd. 3: hrsg. v. Konrad Wickert, München 1977, Bd. 4: hrsg. v. Konrad Wickert, München 1980.

Ranieri, Filippo (Hrsg.), Juristische Dissertationen deutscher Universitäten. 17. und 18. Jahrhundert. Zwei Halbbände, Frankfurt a. M. 1986 (=Ius Commune Sonderheft 27).

Schüling, Hermann, Die Dissertationen und Habilitationsschriften der Universität Gießen im 18. Jahrhundert, Gießen 1976.

Datenbank (OPAC) des Max-Planck-Instituts für Europäische Rechtsgeschichte in Frankfurt a. M.

2.) Literatur ab 1806

Agethen, Manfred, Geheimbund und Utopie. Illuminaten, Freimaurer und deutsche Spätaufklärung, München 1984.

Allweiss, Werner, Von der Disputation zur Dissertation. Das Promotionswesen in Deutschland vom Mittelalter bis zum 19. Jahrhundert, in: Dissertationen in Wissenschaft und Bibliotheken, hrsg. v. Rudolf Jung und Paul Kaegbein, München, New York, London, Paris 1979, S. 13-28.

Baumann, Anette, Das Reichskammergericht in Wetzlar (1693-1806) und seine Prokuratoren, in: ZRG (GA) 115 (1998), S. 474-497.

Baumgart, Peter, Die deutschen Universitäten im Zeichen des Konfessionalismus, in: Die Universität in Alteuropa, hrsg. v. Alexander Patschovsky und Horst Rabe, Konstanz 1994 (=Konstanzer Bibliothek, Bd. 22), S. 147-168.

Bill, Friedrich, Die Reichsstadt Wetzlar vom Beginn des siebenjährigen Krieges bis zum Reichsdeputationshauptschluß (1756-1803), o.O., o.J., (maschinenschriftl. Manusskript im Historischen Archiv der Stadt Wetzlar).

Becker, Hans-Jürgen, Art. Visitation, in: HRG V, Sp. 927 f.

Becker-Hagendorff, Kurt u.a., 225 Jahre Freimaurer in Wetzlar 1761-1986, Wetzlar 1986.

Bleek, Wilhelm, Von der Kameralausbildung zum Juristenprivileg, Berlin 1973.

Böhm, Ottmar, Die Nürnbergische Anwaltschaft um 1500 bis 1806, ihr Verhältnis zum örtlichen Gerichtswesen sowie ihre Stellung im reichsstädtischen Organismus. Diss. jur. Erlangen, 1949.

Brundage, James A., Medieval Canon Law, London/New York 1995.

Buchda, Gerhard, Art. Anwalt, in: HRG I, Sp. 182-191.

Buchda, Gerhard, Art. Appellation, in: HRG I, Sp. 196-200.

Buchda, Gerhard, Art. Appellationsprivilegien, in: HRG I, Sp. 200 f.

Buchda, Gerhard, Art. Artikelprozeß, in: HRG I, Sp. 233 f.

Buchda, Gerhard, Art. Gerichsverfassung, in: HRG I, Sp. 1563-1576.

Burmeister, Karl Heinz, Das Studium der Rechte im Zeitalter des Humanismus im deutschen Rechtsbereich, Stuttgart, 1974.

Coing, Helmut, Europäisches Privatrecht, Bd. I: Älteres Gemeines Recht (1500-1800), 1985.

Coing, Helmut (Hrsg.), Handbuch der Quellen und Literatur der neueren europäischen Privatrechtsgeschichte: Veröffentlichungen des Max-Planck-Instituts für europäische Rechtsgeschichte, Bd. 2, Neuere Zeit (1500-1800): das Zeitalter des gemeinen Rechts. Teilbd. 1: Wissenschaft. 1977.

Cordes, Albrecht, Die Helfer vor Gericht in der deutschen Rechtsgeschichte, in: L' assistence dans la resolution des conflits, Teil 4 (= Recueils de la Société Jean Bodin pour l' Histoire Comparative des Institutions, LXV), Brüssel 1998, S. 177-195.

De Ridder-Symoens, Hilde, Mobilität, in: Geschichte der Universität in Europa, hrsg. v. Walter Rüegg, Bd. 2. Von der Reformation zur Französischen Revolution: (1500-1800), München 1996; S. 335-359.

Demeter, Karl, Der Personenkreis um das Reichskammergericht, besonders in Wetzlar, in: Genealogie. Deutsche Zeitschrift für Familienkunde, Bd. 6 (1962/63), S. 201-206.

Di Simone, Maria Rosa, Die Zulassung zur Universität, in: Geschichte der Universität in Europa. Bd. 2. Von der Reformation zur Französischen Revolution: (1500-1800), hrsg. v. Walter Rüegg, München 1996, S. 235 ff.

Dick, Bettina, Die Entwicklung des Kameralprozesses nach den Ordnungen von 1495 und 1555, Köln/Wien 1981 (=Quellen und Forschungen zur höchsten Gerichtsbarkeit im Alten Reich 10).

Diestelkamp, Bernhard, Das Reichskammergericht im Rechtsleben des 16. Jahrhunderts, in: Rechtsgeschichte als Kulturgeschichte, Festschrift für Adalbert Erler, hrsg. v. H. J. Becker, G. Dilcher, G. Gudian, E. Kaufmann, W. Sellert, Aalen 1976, S. 435-480.

Diestelkamp, Bernhard (Hrsg.), Forschungen aus Akten des Reichskammergerichts, Köln/Wien 1984 (= Quellen und Forschungen zur höchsten Gerichtsbarkeit im Alten Reich 14).

Diestelkamp, Bernhard (Hrsg.), Das Reichskammergericht in der deutschen Geschichte. Stand der Forschung - Forschungsperspektiven, Köln/Wien 1990 (=Quellen und Forschungen zur höchsten Gerichtsbarkeit im Alten Reich 21).

Diestelkamp, Bernhard (Hrsg.), Die politische Funktion des Reichskammergerichts, Köln/Weimar/Wien 1993 (=Quellen und Forschungen zur höchsten Gerichtsbarkeit im Alten Reich 24).

Diestelkamp, Bernhard, Rechtsfälle aus dem Alten Reich – denkwürdige Prozesse vor dem Reichskammergericht, München 1995.

Diestelkamp, Bernhard, Verwissenschaftlichung, Bürokratisierung, Professionalisierung und Verfahrensintensivierung als Merkmale frühneuzeitlicher Rechtsprechung, in: Frieden durch Recht. Das Reichskammergericht von 1495 bis 1806, hrsg. v. Ingrid Scheurmann, Mainz 1994, S. 110-117.

Diestelkamp, Bernhard, Ungenutze Quellen zur Geschichte des Reichskammergerichts – Unbearbeitete Forschungsfelder, in: Een Rijk Gerecht, Opstellen aangebden aan prof. mr. P.L. Nève, Ondder redactie van B.C.M. Jacobs, E.C. Coppens, Nijmegen 1998, S. 115-130.

Döhring, Erich, Geschichte der deutschen Rechtspflege seit 1500, Berlin 1953.

Dölemeyer, Barbara, Frankfurter Juristen im 17. und 18. Jahrhundert, Frankfurt a. M. 1993 (= Ius Commune Sonderheft 60).

Dolezalek, Gero, Computer und Rechtsgeschichte. Einführung und Literaturübersicht, in: Rechtsgeschichte und quantitative Geschichte, hrsg. v. Filippo Ranieri, Frankfurt am Main 1977, S. 36-116 (=Ius Commune Sonderheft 7).

Dülmen, Robert van, Der Geheimbund der Illuminaten, 2. Aufl., Stuttgart 1977.

Ebel, Wilhelm, Zur Geschichte der Juristenfakultät und des Rechtsstudiums an der Georg Augusta, in: Göttingen Universitätsreden 29, Göttingen 1957.

Ellinger, Friedrich Wolfgang, Die Juristen der Reichsstadt Nürnberg vom 15. bis 17. Jahrhundert, Diss. jur. Erlangen 1950.

Espagne, Michel, „Welches sind die Bestandteile der Aufklärung?" Aus dem Pariser Nachlaß eines Wetzlarer Freimaurers, in: Jahrbuch der deutschen Schillergesellschaft 32, 1988, S. 28-50.

Eulenburg, Franz, Die Frequenz der deutschen Universitäten von ihrer Gründung bis zur Gegenwart, Leipzig 1904.

Evans, Robert, Die Universität im geistigen Milieu der habsburgischen Länder (17.- 18. Jahrhundert), in: Die Universität in Alteuropa, hrsg. v. Alexander Patschovsky und Horst Rabe, Konstanz 1994 (=Konstanzer Bibliothek, Bd. 22), S. 183-204.

Freudenschuss, Werner/Pohlner, Franz, Die Mitglieder der Loge Joseph zu den drey Helmen und der Provinzialloge Joseph zum Reichsadler in Wetzlar 1768 – 1772 – 1776 – 1778 – 1784, mit biographischen Daten, Wetzlar 1986.

Frijhoff, Willem, Der Lebensweg der Studenten, in: Geschichte der Universität in Europa. Bd. 2. Von der Reformation zur Französischen Revolution: (1500-1800), hrsg. v. Walter Rüegg, München 1996, S. 287-334.

Gauch, Siegfried, Friedrich Joseph Emerich. Ein deutscher Jakobiner. Studien zu Leben und Werk, Frankfurt a. M. 1986.

Gloel, Heinrich, Goethes Wetzlarer Zeit. Bilder aus der Reichskammergerichts und Wertherstadt, Berlin 1911.

Goldmann, Karlheinz, Verzeichnis der Hochschulen, Neustadt a. d. Aisch 1967.

Hahn, Hans-Werner, Altständisches Bürgertum zwischen Beharrung und Wandel. Wetzlar 1689-1870, München 1991 (=Stadt und Bürgertum, hrsg. v. Lothar Gall, Bd. 2).

Hammerstein, Notker, Jus und Historie. Ein Beitrag zur Geschichte des historischen Denkens an deutschen Universitäten im späten 17. und 18. Jahrhundert, Göttingen 1972.

Hammerstein, Notker, Göttingen: Eine deutsche Universität im Zeitalter der Aufklärung, in: Die Universität in Alteuropa, hrsg. v. Alexander

Patschovsky und Horst Rabe, Konstanz 1994 (=Konstanzer Bibliothek, Bd. 22), S. 169-182.

Hammerstein, Notker, Die Hochschulträger, in: Geschichte der Universität in Europa. Bd. 2. Von der Reformation bis zur Französischen Revolution: (1500-1800), hrsg. v. Walter Rüegg, München 1996, S. 105-137.

Hammerstein, Notker, Art. Universitäten, in: HRG V, Sp. 492-506.

Hattenhauer, Hans, Europäische Rechtsgeschichte, 2. verb. Aufl., Heidelberg 1994.

Hausmann, Jost, Die Kameralfreiheiten des Reichskammergerichtspersonals, Köln/Wien 1989.

Hausmann, Jost, Prozesse des Reichskammergerichtspersonals beim Reichskammergericht im 18. Jahrhundert, in: Forschungen aus Akten des Reichskammergerichts, hrsg. v. Bernhard Diestelkamp, Köln/Wien 1984, S. 97-113.

Hinz, Manfred, Art. Mandatsprozeß, in: HRG III, Bd. 3, Sp. 232-240.

Hoppe, Dirk/Schneider, Dirk, dBASE IV Vs. 1.5, Grundlagen der Datenbank, 1992/93 Korschenbroich.

Horn, Ewald, Die Disputationen und Promotionen an den deutschen Universitäten vornehmlich seit dem 16. Jahrhundert, Leipzig 1893, Reprint Wiesbaden 1968 (= Beiheft zum Centralblatt für Bibliothekswesen 11).

Huffmann, Helga, Geschichte der rheinischen Rechtsanwaltschaft, Köln 1969.

Jahns, Sigrid, Das Generalexamen der Kammergerichtsassessoren als „Ego-Dokument“, in: „Ego-Dokumente. Annäherung an den Menschen in der Geschichte, hrsg. v. Winfried Schulze, Berlin 1996, S. 191-205.

Jahns, Sigrid, Juristen im Alten Reich. Das richterliche Personal des Reichskammergerichts 1648-1806, in: Forschungen aus Akten des Reichskammergerichts, hrsg. v. Bernhard Dieselkamp, Köln/Wien 1984, S. 1-39.

Jahns, Sigrid, Die Universität Gießen und das Reichskammergericht, in: Academia Gissensis. Beiträge zur älteren Gießener Universitätsgeschichte, hrsg.v. Peter Moraw und Volker Press, Marburg 1982; S. 189-219.

Jahns, Sigrid, Der Aufstieg in die juristische Funktionselite des Alten Reichs, in: Ständische Gesellschaft und soziale Mobilität, hrsg. v. Winfried Schulze unter Mitarbeit v. Helmut Gabel, München 1988, S. 353-387.

Jahns, Sigrid, Durchgangsposten oder Lebensstellung? Das Kammergerichtsassessorat in den Karriereverläufen frühneuzeitlicher Juristen, in: Geschichte der Zentraljustiz in Mitteleuropa. Festschrift für Bernhard Diestelkamp zum 65. Geburtstag, hrsg v. J.Friedrich Battenberg und Filippo Ranieri, Weimar/Köln/Wien 1994, S. 271-309.

Kaser, Max, Das römische Privatrecht. Erster Abschnitt: Das altrömische, das vorklassische und klassische Recht, München 1971.

Kaser, Max, Das römische Zivilprozeßrecht, München 1966 (=Rechtsgeschichte des Altertums im Rahmen des Handbuchs der Altertumswissenschaft, 3. Teil, 4. Band.).

Kaufmann, Ekkehard, Art. Formstrenge, in: HRG I, Sp. 1163-1168.

Knapp, Theodor, Die Lizenz des Lizentiaten, in: ZRG (GA) 51 (1931), S. 528 ff.

Knod, Gustav C., Rheinländische Studenten im 16. und 17. Jahrhundert auf der Universität Padua, in: Annalen des Historischen Vereins für den Niederrhein, insbesondere die alte Erzdiözese Köln (68), Köln 1899.

Köbler, Gerhard, Art. Juristenausbildung, in: HRG II, Sp. 484-488.

Kocher, Gernot, Art. Prozeßvertretung, in: HRG IV, Sp. 71-74.

Kocher, Gernot, Art. Prozeßvollmacht, in: HRG IV, Sp. 74-76.

Kundert, Werner, Zur Forschungsarbeit an alten juristischen Dissertationen: Basler Disputationen des usus modernus über laesio enormis, in: Aspekte europäischer Rechtsgeschichte, Festgabe für Helmut Coing zum 70. Geburtstag, Frankfurt a. M. 1982, S. 147-170.

Kundert, Werner, Einleitung zum Katalog der Basler juristischen Disputationen 1558-1818 (Karl Mommsen aus dem Nachlaß hrsg. v. Werner Kundert), Frankfurt a. M. 1978, S. 19-88 (=Ius Commune Sonderheft 9).

Laufs, Adolf, Art. Reichskammergericht, in: HRG IV, Sp. 655-662.

Link, Christoph, Johann Stephan Pütter, in: Staatsdenker im 17. und 18. Jahrhundert: Reichspublizistik, Politik, Naturrecht, hrsg. v. Michael Stolleis, Frankfurt a. M. 1987, S. 310-331.

Luig, Klaus, Christian Thomasius, in: Staatsdenker im 17. und 18. Jahrhundert: Reichspublizistik, Politik, Naturrecht, hrsg. v. Michael Stolleis, Frankfurt a. M. 1987, S. 227-256.

Mencke, Klaus, Die Visitationen am Reichskammergericht im 16. Jahrhundert. Zugleich ein Beitrag zur Entstehung des Rechtsmittels der Revision, Köln/Wien 1984 (=Quellen und Forschungen zur höchsten Gerichtsbarkeit im Alten Reich 13).

Merzbacher, Friedrich, Art. Austrägalinstanz, in: HRG I, Sp. 273 f.

Möller, Horst, Vernunft und Kritik. Deutsche Aufklärung im 17. und 18. Jahrhundert, Frankfurt a. M. 1986.

Mommsen, Karl, Das Studium der Jurisprudenz an der Universität Basel im 17. Jahrhundert, in: Basler Zeitschrift für Geschichte und Altertumskunde, 65 Bd. (1965) S. 63-75.

Moraw, Peter/Press, Volker, Probleme der Sozial- und Verfassungsgeschichte des Heiligen Römischen Reiches im Späten Mittelalter und in der Frühen Neuzeit (13.-18. Jahrhundert). Zu einem Forschungsschwerpunkt, in: Zeitschrift für historische Forschung, 2. Band (1975), S. 95-108.

Moraw, Peter, Art. Reichshofrat, in: HRG IV, Sp. 630-638.

Neue deutsche Biographie, hrsg. von der historischen Kommission bei der Bayerischen Akademie der Wissenschaften, Berlin seit 1953.

Neugebauer-Wölk, Monika, Reichsjustiz und Aufklärung. Das Reichskammergericht im Netzwerk der Illuminaten, Wetzlar 1993 (=Schriftenreihe der Gesellschaft für Reichskammergerichtsforschung, Heft 14).

Neugebauer-Wölk, Monika, Das Alte Reich und seine Institutionen im Zeichen der Aufklärung. Vergleichende Betrachtung zum Reichskammergericht und zum Fränkischen Kreistag, in: Jahrbuch für fränkische Landesforschung 58 (1998), S. 299-326.

Oestmann, Peter, Hexenprozesse am Reichskammergericht, Köln, Weimar, Wien 1997 (=Quellen und Forschungen zur höchsten Gerichtsbarkeit im Alten Reich 31).

Praetorius, Otfried, Juristen-Sippen am alten Reichskammergericht, in: Familiengeschichtliche Blätter (1937), Sp. 67-78.

Ranieri, Filippo, Juristische Literatur aus dem Ancien Regime und historische Literatursoziologie. Einige methodische Vorüberlegungen, in: Aspekte europäischer Rechtsgeschichte. Festgabe für Helmut Coing zum 70. Geburtstag, Frankfurt a. Main 1982, S. 293-322.

Ranieri, Filippo, Vom Stand zum Beruf. Die Professionalisierung des Juristenstandes als Forschungsaufgabe der europäischen Rechtsgeschichte der Neuzeit, in: Ius Commune 13 (1985), S. 83-105.

Ranieri, Filippo, Juristische Universitätsdisputationen im 17. und 18. Jahrhundert. Zur Analyse des deutschen Autoren- und Händlermarktes, in: Historische Soziologie der Rechtswissenschaft, hrsg. v. Erik Volkmar Heyen, Frankfurt a. M. 1985, S. 157-182 (=Ius Commune Sonderheft 26).

Ranieri, Filippo, Eine Datenbank über juristische Dissertationen und Juristen im Alten Reich, in: Historical Social Research. Quantum Information Nr. 37 (1986).

Ranieri, Filippo/Neugebauer, Ralph, GOLEM als Werkzeug des Rechtshistorikers, in: Informatik und Recht, Heft 11/12 (1986), S. 476-481.

Ranieri, Filippo, Der Universitätsbesuch der deutschen Rechtsstudenten am Übergang zwischen 16. und 17. Jahrhundert. Ein rechts- und sozialhistorischer Beitrag zur Mobilität der Juristen im Alten Reich, in: Ius Commune 14 (1987), S. 183-201.

Ranieri, Filippo, Die Arbeit des Reichskammergerichts in Wetzlar. Kontinuität und Diskontinuität im Vergleich zur Speyerer Zeit, Wetzlar 1988

(=Schriftenreihe der Gesellschaft für Reichskammergerichtsforschung, Heft 4).

Ranieri, Filippo, Die Juristen im Alten Reich des 17. und 18. Jahrhunderts: Ein Forschungsprojekt. In: Stände und Gesellschaft im Alten Reich, hrsg.v. Georg Schmidt, Stuttgart 1989, S. 230-242.

Ranieri, Filippo (Hrsg.), Biographisches Repertorium der Juristen im Alten Reich, 16. - 18. Jahrhundert, (bisher erschienen: E, A, D, C) Frankfurt a. M. 1987, 1989, 1990, 1991 (=Ius Commune Sonderhefte 35, 40, 50, 55).

Ranieri, Filippo, Rezeption und Prozeßrecht am Reichskammergericht, in: Frieden durch Recht. Das Reichskammergericht von 1495 bis 1806, hrsg. v. Ingrid Scheurmann, Mainz 1994, S. 170-173.

Reinalter, Helmut (Hrsg.), Freimaurer und Geheimbünde im 18. Jahrhundert in Mitteleuropa, Frankfurt a. M. 1983.

Reinalter, Helmut (Hrsg.), Aufklärung und Geheimgesellschaften. Zur politischen Funktion und Sozialstruktur der Freimaurerlogen im 18. Jahrhundert, München 1989.

Roth, S.W.E., Die Rechtsgelehrten Hans Jacob und Christian Jacob von Zwierlein (1699-1793), in: ZRG (RA) 16 (1895), S. 105-114.

Roth, S.W.E., Zur Genealogie der Herren von Zwierlein zu Wetzlar-Geisenheim 1699-1900, in: Archiv für Familien-, Wappen- und Siegelkunde 1 (1914), S. 11-14.

Rüegg, Walter (Hrsg.), Geschichte der Universität in Europa, Band 2: Von der Reformation zur Französischen Revolution (1500-1800), München 1996.

Scheurmann, Ingrid, „Wezlarische Beiträge zu einer pragmatischen allgemeinen Rechtsgelehrsamkeit...". Die Geschichte der kameralen Bibliothek von der Gelehrtenstube zur Universität. In: Staat, Gesellschaft, Wissenschaft. Beiträge zur modernen hessischen Geschichte, hrsg.v. Winfried Speitkamp, Marburg 1994 (Sonderdruck), S. 229-247.

Scheurmann, Ingrid (Hrsg.), Frieden durch Recht. Das Reichskammergericht von 1495-1806, Mainz 1994.

Scheurmann, Ingrid, Organisation des Reichskammergerichts und der Verfahrensgang - Einleitung, in: Frieden durch Recht. Das Reichskammergericht von 1495-1806, hrsg. v. Ingrid Scheurmann, Mainz 1994, S. 175-177.

Scheurmann, Ingrid, Die Wissenschaft vom Kameralprozeß - Einleitung, in: Frieden durch Recht. Das Reichskammergericht von 1495-1806, hrsg. v. Ingrid Scheurmann, Mainz 1994, S. 159 f.

Scheurmann, Ingrid, Äußere Geschichte des Reichskammergerichts bis zum Ausgang des 18. Jahrhunderts – Einleitung, in: Frieden durch Recht. Das Reichskammergericht von 1495-1806, hrsg. v. Ingrid Scheurmann, Mainz 1994, S. 193-195.

Schmidt-v. Rhein, Georg, Das Reichskammergericht in Wetzlar, in: NJW 1990, S. 489-494.

Schmidt-Scharff, Werner, Die Matrikel der Praktikanten am Reichskammergericht in Wetzlar 1693-1806, in: Archiv für Sippenforschung und alle verwandten Gebiete (1934), S. 297-317.

Schnur, Roman (Hrsg.), Die Rolle der Juristen bei der Entstehung des modernen Staates, Berlin 1986.

Schoenwerk, August, Geschichte von Stadt und Kreis Wetzlar, bearb. v. Herbert Flender. Wetzlar, 1973.

Schubert-Fikentscher, Gertrud, Untersuchungen zur Autorschaft von Dissertationen im Zeitalter der Aufklärung, in: Sitzungsberichte der sächsischen Akademie der Wissenschaften zu Leipzig, Bd. 114, Philologisch-Historische Klasse, Heft 5, Berlin 1970.

Schwinges, Rainer Christian, Immatrikulationsfrequenz und Einzugsbereich der Universität Gießen 1650-1800. Zur Grundlegung einer Sozialgeschichte Gießener Studenten (unter Mitarbeit von Gerd Richarz), in: Academia Gissensis, Beiträge zur älteren Gießener Universitätsgeschichte. Zum 375jährigen Jubiläum dargebracht vom Historischen Institut der Justus-Liebig-Universität Gießen, hrsg. v. Peter Moraw und Volker Press, Marburg 1982, S. 247-295 (=Veröffentlichungen der Historischen Kommission für Hessen in Verbindung mit der Justus-Liebig-Universität Gießen 45).

Sellert, Wolfgang, Über die Zuständigkeitsabgrenzung von Reichshofrat und Reichskammergericht, Aalen 1965 (=Untersuchungen zur deutschen Staats- und Rechtsgeschichte, N.F. 4).

Sellert, Wolfgang, Prozeßgrundsätze und Stilus Curiae am Reichshofrat im Vergleich mit den gesetzlichen Grundlagen des reichskammergerichtlichen Verfahrens, Aalen 1973.

Sellert, Wolfgang, Art. Kalumnieneide, in: HRG II, Sp. 566-570.

Sellert, Wolfgang, Art. Ladung, in: HRG II, Sp. 1336-1350.

Sellert, Wolfgang, Art. Litis contestatio, in: HRG III, Sp. 14-20.

Sellert, Wolfgang, Art. Nichtigkeitsklage, Nichtigkeitsbeschwerde, in: HRG III, Sp. 974-978.

Sellert, Wolfgang, Art. Prokurator, in: HRG III, Sp. 2032-2034.

Sellert, Wolfgang, Art. Prozeß des Reichskammergerichts, in: HRG IV, Sp. 29-36.

Sellert, Wolfgang, Art. Schiedsgerichte, in: HRG IV, Sp. 1382-1393.

Sellert, Wolfgang, Johann Jacob Schmauß – ein Göttinger Jurist, in: JuS 1985, S. 843 ff.

Sellert, Wolfgang (Hrsg.), Reichshofrat und Reichskammergericht. Ein Konkurrenzverhältnis, Köln 1999 (=Quellen und Forschungen zur höchsten Gerichtsbarkeit im Alten Reich 34).

Smend, Rudolf, Das Reichskammergericht, Geschichte und Verfassung, Bd. 1, Weimar 1911 (Neudruck Aalen 1965).

Stölzel, Adolf, Studierende der Jahre 1368 bis 1600 aus dem Gebiete des späteren Kurfürstenthums Hessen, Kassel 1875.

Stolleis, Michael, Reichspublizistik – Politik – Naturrecht im 17. und 18. Jahrhundert, in: Staatsdenker im 17. und 18. Jahrhundert. Reichspublizistik – Politik – Naturrecht, hrsg v. Michael Stolleis, Frankfurt a. M., 1987, S. 9-28.

Stolleis, Michael, Art. Öffentliches Recht I (bis 1750), in: HRG III, Sp. 1189-1198.

Stolleis, Michael, Art. Öffentliches Recht II (seit 1750), in: HRG III, Sp. 1198-1214.

Szidzek, Christian, Das frühneuzeitliche Verbot der Appellation in Strafsachen – zum Einfluß von Rezeption und Politik auf die Zuständigkeit insbesondere des Reichskammergerichts, in: Verbrechen und Sanktion in der Gesellschaft Alteuropas, hrsg. v. K. Lüderssen, J. Schreiner, R. Sprandel u. D. Willoweit, i. E.

Thaller, Manfred, Praktische Probleme bei der interdisziplinären Untersuchung von Gemeinschaften "langer Dauer", in: Aspekte der historischen Forschung in Frankreich und Deutschland. Schwerpunkte und Methoden, hrsg.v. Gerhard A. Ritter u. Rudolf Vierhaus, Göttingen 1981, S. 173-189 (=Veröffentlichungen des Max-Planck-Instituts für Geschichte 69).

Troßbach, Werner, Illuminaten am Reichskammergericht, in: Die politische Funktion des Reichskammergerichts, hrsg. v. Bernhard Diestelkamp Köln/Weimar/Wien 1993 (=Quellen und Forschungen zur höchsten Gerichtsbarkeit im Alten Reich 24).

Weißler, Adolf, Geschichte der Rechtsanwaltschaft, Leipzig 1905.

Weitzel, Jürgen, Zur Zuständigkeit des Reichskammergerichts als Appellationsgericht, in: ZRG (GA) 90 (1973), S. 213-245.

Weitzel, Jürgen, Der Kampf um die Appellation ans Reichskammergericht. Zur politischen Geschichte der Rechtsmittel in Deutschland, Köln/Wien 1976 (=Quellen und Forschungen zur höchsten Gerichtsbarkeit 4).

Weitzel, Jürgen, Anwälte am Reichskammergericht, in: Geschichte der Zentraljustiz in Mitteleuropa. Festschrift für Bernhard Diestelkamp zum 65. Geburtstag, hrsg v. J. Friedrich Battenberg und Filippo Ranieri, Weimar/Köln/Wien 1994, S. 253-269.

Weitzel, Jürgen, Damian Ferdinand Haas (1723-1805) – ein Wetzlarer Prokuratorenleben, Wetzlar 1996 (=Schriftenreihe der Gesellschaft für Reichskammergerichtsforschung, Heft 18).

Weitzel, Jürgen, Die Anwaltschaft an Reichshofrat und Reichskammergericht, in: L'assistance dans la resolution des conflits, Teil 4 (=Recueils de la Société Jean Bodin pour l'Histoire Comparative des Institutions, LXV), Brüssel 1998, S. 197-214.

Willoweit, Dietmar, Rechtsgrundlagen der Territorialgewalt, Köln/Wien 1975.

Wesel, Uwe, Geschichte des Rechts: Von den Frühformen bis zum Vertrag von Maastricht, München 1997.

Wesener, Gunter, Art. Prozeßmaximen, in: HRG IV, Sp. 55-62.

Weyer, Wilhelm, Geschichte der Familie Flender, 2. Bde., Bocholt 1961.

Wiggenhorn, Heinrich, Der Reichskammergerichtsprozeß am Ende des Alten Reichs, Münster 1966.

Winterberg, Hans, Art. Fürsprecher, Vorsprecher, Vorredner, in: HRG I, Sp. 1333-1337.

Wollschläger, Christian, Zivilprozeßstatistik und Wirtschaftsentwicklung in Preußen im 18. und 19. Jahrhundert, in: ZNR (1981), S. 16 ff.

Einleitung

1.) Forschungsstand

In der vorliegenden Arbeit werden die Anwälte untersucht, die am Reichskammergericht in Wetzlar praktizierten. Dabei geht es nicht nur um eine prosopographische Erfassung dieser Personengruppe, sondern vor allem um die akademische Ausbildung der Anwälte und die Vorausetzungen ihrer Zulassung vor dem höchsten ständisch mitbestimmten Gericht[1] des Heiligen Römischen Reiches. Die Frage nach den Bedingungen und Erfolgsaussichten einer Anwaltskarriere am RKG erforderte einen umfassenden Forschungsansatz. Neben rechtshistorischen, insbesondere wissenschafts- und universitätshistorischen Aspekten, mußten vor allem auch sozialgeschichtliche Perspektiven berücksichtigt werden.

Zwar bildeten die Anwälte des Reichskammergerichts nach den Assessoren die herausragende Gruppe am Reichskammergericht. Bis vor kurzem stellten sie jedoch dessenungeachtet ein weitgehend unbestelltes Forschungsfeld dar, mit dem sich lediglich einige ältere Arbeiten beschäftigt hatten. So finden sich nur bei *Rudolf Smend* in seinem grundlegenden Werk über das Reichskammergericht sowie in *Adolf Weißlers* Arbeit über die Geschichte der Rechtsanwaltschaft Ausführungen zu den Anwälten des RKG[2]. Diese Arbeiten, wenngleich älteren Datums, bieten dennoch nach wie vor manchen wertvollen Hinweis sowohl hinsichtlich der Rolle der Anwälte im Kameralprozeß, als auch zur sozialen Wirklichkeit in Wetzlar. Weitere, teilweise auf ein bestimmtes Territorium begrenzte Schriften über die Geschichte der Anwaltschaft beschäftigen sich darüberhinaus mit allgemeinen, in der Regel prozeßrechtlichen Fragen, die auch die RKG-Anwälte betreffen, enthalten aber kein gesondertes Kapitel über diese Personengruppe[3].

---

[1] Eine teilweise konkurrierende Zuständigkeit hatte der Reichshofrat in Wien als nurkaiserliches Gremium. Vgl. zum Reichshofrat ausführlich *Wolfgang Sellert*, Über die Zuständigkeitsabgrenzung von Reichshofrat und Reichskammergericht, Aalen 1965; *ders.*, Prozeßgrundsätze und Stilus Curiae am Reichshofrat im Vergleich mit den gesetzlichen Grundlagen des Reichskammergerichtlichen Verfahrens, Aalen 1973. Siehe überblicksartig *Peter Moraw*, Art. Reichshofrat, in: HRG IV, Sp. 630-638. Vgl. insbesondere zur Anwaltschaft am RHR *Jürgen Weitzel*, Die Anwaltschaft an Reichshofrat und Reichskammergericht, in: Société Jean Bodin LXV (L'assistance dans la resolution des conflits, Teil 4), Brüssel 1998, S. 197-214 .

[2] *Rudolf Smend*, Das Reichskammergericht. Geschichte und Verfassung. Bd. 1, Weimar 1911 (Neudruck Aalen 1965), S. 341-358; *Adolf Weißler*, Geschichte der Rechtsanwaltschaft, Leipzig 1905, S. 121-159.

[3] Vgl. insbesondere *Erich Döhring*, Geschichte der deutschen Rechtspflege seit 1500, Berlin 1953; mit territorialem Bezug *Helga Huffmann*, Geschichte der rheinischen Rechtsanwaltschaft, Köln 1969; siehe auch *Ottmar Böhm*, Die Nürnbergische Anwaltschaft

Dies hat sich jedoch in jüngerer Zeit ein wenig geändert, möglicherweise auch, weil mehrfach auf den Nutzen einer näheren Beschäftigung mit den Anwälten hingewiesen wurde[4]. Die Arbeiten von *Jürgen Weitzel* und *Anette Baumann*[5] stellen eine deutliche Abkehr von der bis dato stiefmütterlichen Behandlung der RKG-Anwälte durch die Forschung dar. Doch auch sie beinhalten noch keine umfassende Untersuchung über die Anwaltschaft, die sich ähnlich dem umfangreichen prosopographischen Projekt von *Sigrid Jahns* über die Assessoren des RKG[6] mit ihrer personellen Zusammensetzung und Sozialstruktur befaßt, behandeln sie doch vornehmlich entweder die Rolle der Anwälte im Prozeßgeschehen (*Weitzel*) oder familiengeschichtliche Fragestellungen (*Baumann*). Angesichts des außerordentlich breit angelegten Forschungsansatzes von *Jahns* wäre es aber auch ein – zumindest im Rahmen

---

um 1500 bis 1806, ihr Verhältnis zum örtlichen Gerichtswesen sowie ihre Stellung im reichsstädtischen Organismus, Diss. jur. Erlangen 1949 und *Friedrich Wolfgang Ellinger*, Die Juristen der Reichsstadt Nürnberg vom 15. bis 17. Jahrhundert, Diss. jur. Erlangen 1950.

4 Siehe *Bernhard Diestelkamp*, Das Reichskammergericht im Rechtsleben des 16. Jahrhunderts, in: Rechtsgeschichte als Kulturgeschichte, Festschrift für Adalbert Erler, Aalen 1976, S. 435 (452 ff.); vgl. als neueren Hinweis *Filippo Ranieri*, Rezeption und Prozeßrecht am Reichskammergericht, in: Frieden durch Recht. Das Reichskammergericht von 1495 bis 1806, hrsg. v. Ingrid Scheurmann, Mainz 1994, S. 170 (172); und zuletzt wiederum mit Nachdruck *Bernhard Diestelkamp*, Ungenutzte Quellen zur Geschichte des Reichskammergerichts. Unbearbeitete Forschungsfelder, in: Een Rijk Gerecht. Opstellen aangeboden aan prof. mr. P.L Nève, Nijmegen 1998, S. 115 (122).

5 Allgemein *Jürgen Weitzel*, Anwälte am Reichskammergericht, in: Geschichte der Zentraljustiz in Mitteleuropa. Festschrift für Bernhard Diestelkamp zum 65. Geburtstag, hrsg. v. J. Friedrich Battenberg und Filippo Ranieri, Weimar/Köln/Wien 1994, S. 253-269; ein Einzelschicksal behandelnd *ders.*, Damian Ferdinand Haas – ein Wetzlarer Prokuratorenleben, Wetzlar 1996 (=Schriftenreihe der Gesellschaft für Reichskammergerichtsforschung, Heft 18). Siehe neuerdings *Anette Baumann*, Das Reichskammergericht in Wetzlar (1693-1806) und seine Prokuratoren, in: Zeitschrift der Savigny-Stiftung für Rechtsgeschichte, Germ. Abt., 115 Bd. (1998) S. 474-497. Die in den Parteischriften zum Ausdruck kommenden Einstellungen der Advokaten zum Hexenglauben und die Rolle der Prokuratoren in den Hexenprozessen behandelt *Peter Oestmann*, Hexenprozesse am Reichskammergericht, Köln, Weimar, Wien 1997 (=Quellen und Forschungen zur höchsten Gerichtsbarkeit im Alten Reich 31), S. 92 ff., 126 ff. 249 f.

6 Das Werk über die RKG-Assessoren ist zum Zeitpunkt des Abschlusses dieser Arbeit noch nicht erschienen. Hinweise auf Fragestellung, Inhalt, Methodik und den (monumentalen) Umfang finden sich bei *Sigrid Jahns*, Juristen im Alten Reich. Das richterliche Personal des Reichskammergerichts 1648-1806 – Bericht über ein Forschungsvorhaben, in: Bernhard Diestelkamp (Hrsg.), Forschungen aus Akten des Reichskammergerichts, Köln/Wien 1984, S. 1-39. *Jahns* strebt eine umfassende Erforschung und Darstellung des ranghöchsten RKG-Personals an (Kammerrichter, Präsidenten und Assessoren), um auf diese Art und Weise den engen Zusammenhang zwischen der sozialen und der verfassungsrechtlichen Dimension am RKG aufzuzeigen.

meines Dissertationsprojekts – aussichtsloses Unterfangen, für die RKG-Anwälte Gleiches anzustreben[7].

Im Gegensatz zu den Anwälten am Reichskammergericht ist die Bedeutung von Juristen als Trägern der Rezeption des römischen Rechts, ihr Eindringen in die Institutionen des Heiligen Römischen Reiches sowie in Rechtspflege und Verwaltung der Territorialstaaten vergleichsweise gut erforscht[8]. Damit hat auch die Rolle der wissenschaftlichen, in der Regel universitären Ausbildung dieser Personengruppe bereits Interesse gefunden. Die Fragen hinsichtlich der Universitätsausbildung der Anwälte trafen somit auf einen methodisch vorbereiteten Boden. Was das Rechtsstudium im einzelnen betrifft, fehlt zwar für das 18. Jahrhundert eine umfassende Monographie[9], dieser Zeitraum ist jedoch sowohl durch das „Handbuch der Quellen und Literatur der neueren europäischen Privatrechtsgeschichte“[10] als auch eine Reihe von Einzeluntersuchungen[11] gut erschlossen. Des weiteren geben quantitative

---

[7] Nicht von ungefähr steht die Veröffentlichung der Arbeit von *Jahns* nach wie vor aus.

[8] In diesem Zusammenhang sei nur hingewiesen auf den umfänglichen Sammelband von *Roman Schnur (Hrsg.)*, Die Rolle der Juristen bei der Entstehung des modernen Staates, Berlin 1986, der eine Vielzahl von Arbeiten zu diesem Thema beinhaltet und die Arbeit von *Barbara Dölemeyer*, Frankfurter Juristen im 17. und 18. Jahrhundert, Frankfurt a. M. 1993 (= Ius Commune Sonderheft 60).

[9] Dies gilt nicht für das 16. Jahrhundert, für das *Karl Heinz Burmeister*, Das Studium der Rechte im Zeitalter des Humanismus im deutschen Rechtsbereich, Stuttgart 1974 eine umfangreiche Studie vorgelegt hat. Siehe für das Rechtsstudium im 17. Jahrhundert *Filippo Ranieri*, Der Universitätsbesuch der deutschen Rechtsstudenten am Übergang zwischen 16. und 17. Jahrhundert. Ein rechts- und sozialhistorischer Beitrag zur Mobiltät der Juristen im Alten Reich, in: Ius Commune 14 (1987), S. 183-201 und *Karl Mommsen*, Das Studium der Jurisprudenz an der Universität Basel im 17. Jahrhundert, in: Basler Zeitschrift für Geschichte und Altertumskunde, 65 Bd., 1965, S. 63-75.

[10] Handbuch der Quellen und Literatur der neueren europäischen Privatrechtsgeschichte: Veröffentlichungen des Max-Planck-Instituts für europäische Rechtsgeschichte, hrsg. v. Helmut Coing, Bd. 2, Neuere Zeit (1500-1800): das Zeitalter des gemeinen Rechts. Teilbd. 1: Wissenschaft, 1977.

[11] Siehe die Beiträge im Sammelband „Die Universität in Alteuropa“, hrsg. v. Alexander Patschovsky und Horst Rabe, Konstanz 1994 (=Konstanzer Bibliothek, Bd. 22) von *Notker Hammerstein* (Göttingen: Eine deutsche Universität im Zeitalter der Aufklärung, ebd., S. 169-182), von *Peter Baumgart,* (Die deutschen Universitäten im Zeichen des Konfessionalismus, ebd., S. 147-168) und von *Robert Evans,* (Die Universität im geistigen Milieu der habsburgischen Länder (17.- 18. Jahrhundert), ebd., S. 183-204). Vgl hinsichtlich des Rechtsstudiums an einzelnen Universitäten auch *Wilhelm Ebel,* Zur Geschichte der Juristenfakultät und des Rechtsstudiums an der Georg Augusta, in: Göttingen Universitätsreden 29, Göttingen 1957. Für die allgemeine Universitätsgeschichte vgl. statt vieler die „Geschichte der Universität in Europa“, Band 2: Von der Reformation zur Französischen Revolution (1500-1800), hrsg. v. Walter Rüegg, München 1996.

Untersuchungen zum Universitätsbesuch Auskunft über die bevorzugten Hohen Schulen[12] im 18. Jahrhundert.

Auch die Forschungsarbeit mit alten juristischen Dissertationen hat bereits reges Interesse gefunden[13], wobei hier insbesondere das von *Filippo Ranieri* initiierte Projekt des Max-Planck-Instituts für europäische Rechtsgeschichte zu erwähnen ist[14]. Insofern konnte auf diese methodischen Vorüberlegungen zurückgegriffen werden. Ebenso war das Disputations- und Dissertationswesen an den Universitäten des Alten Reichs als solches schon Gegenstand der neueren Forschung[15]; um die Vielzahl der Bedeutungen dieser akademischen Übungen zu

---

[12] Vgl. insofern die moderne Arbeit von *Rainer Christian Schwinges,* Immatrikulationsfrequenz und Einzugsbereich der Universität Gießen 1650-1800. Zur Grundlegung einer Sozialgeschichte Gießener Studenten (unter Mitarbeit von Gerd Richarz), in: Academia Gissensis, Beiträge zur älteren Gießener Universitätsgeschichte. Zum 375jährigen Jubiläum dargebracht vom Historischen Institut der Justus-Liebig-Universität Gießen, hrsg. v. Peter Moraw und Volker Press, Marburg 1982 (=Veröffentlichungen der Historischen Kommission für Hessen in Verbindung mit der Justus-Liebig-Universität Gießen 45) S. 247-295. Nach wie vor unverzichtbar ist *Franz Eulenberg,* Die Frequenz der deutschen Universitäten von ihrer Gründung bis zur Gegenwart, Leipzig 1904.

[13] Vgl. *Werner Kundert,* Zur Forschungsarbeit an alten juristischen Dissertationen: Basler Disputationen des usus modernus über die laesio enormis, in: Aspekte europäischer Rechtsgeschichte, Festgabe für Helmut Coing zum 70. Geburtstag, Frankfurt a. M. 1982 (=Ius Commune Sonderheft 17); *Karl Mommsen,* Katalog der Basler juristischen Disputationen 1558-1818. Aus dem Nachlaß herausgegeben von Werner Kundert. Frankfurt a. M. 1978 (=Ius Commune Sonderheft 9), S. 15-18; *Gertrud Schubert-Fikentscher,* Untersuchungen zur Autorschaft von Dissertationen im Zeitalter der Aufklärung, in: Sitzungsberichte der sächsischen Akademie der Wissenschaften zu Leipzig, Bd. 114, Philologisch-Historische Klasse, Heft 5, Berlin 1970.

[14] Siehe dazu *Filippo Ranieri (Hrsg.),* Juristische Dissertationen deutscher Universitäten 17. und 18. Jahrhundert, I-II, Frankfurt a. M. 1986 (Ius Commune Sonderheft 27); *ders. (Hrsg.),* Biographisches Repertorium der Juristen im Alten Reich 16. – 18. Jahrhundert (bisher erschienen: E, A, D, C) Frankfurt a. M. 1987, 1989 , 1990, 1991 (=Ius Commune Sonderhefte 35, 40, 50, 55); *ders.,* Die Juristen im Alten Reich des 17. und 18. Jahrhunderts: Ein Forschungsprojekt, in: Stände und Gesellschaft im Alten Reich, hrsg. v. Georg Schmidt, Stuttgart 1989, S. 230-242; *ders.,* Eine Datenbank über Juristische Dissertationen und Juristen im Alten Reich, in: Historical Social Research. Ouantum Information Nr. 37 (1986); *ders.,* Juristische Universitätsdisputationen im 17. und 18. Jahrhundert. Zur Analyse des deutschen Autoren- und Händlermarktes, in: Historische Soziologie der Rechtswissenschaft, hrsg. v. Erik Volkmar Heyen, Frankfurt a. M. 1986, S. 157-172 (=Ius Commune Sonderheft 26).

[15] Siehe dazu *Werner Allweis,* Von der Disputation zur Dissertation. Das Promotionswesen in Deutschland vom Mittelalter bis zum 19. Jahrhundert, in: Dissertationen in Wissenschaft und Bibliotheken, hrsg. v. Rudolf Jung und Paul Kaegbein, München/New York/London/Paris 1979, S. 13-28 und *Werner Kundert,* Einleitung zum Katalog der Basler juristischen Disputationen 1558-1818 (Karl Mommsen aus dem Nachlaß hrsg. v. Werner Kundert, Ius Commune Sonderheft 9), Frankfurt a. M. 1978, 19-79.

verstehen, ist aber nach wie vor die ältere Arbeit von *Ewald Horn* unentbehrlich[16].

2.) Forschungsziele

Diese Arbeit handelt von der Gruppe der Wetzlarer Anwälte. Forschungsgegenstand sind somit nicht einzelne besonders erfolgreiche oder berühmte Anwälte, sondern die Anwälte in ihrer Gesamtheit. Untersucht werden die Merkmale einer Gruppe, die auf den ersten Blick „nur" durch den gleichen Beruf verbunden war. Dieser Funktion als „Anwalt in Wetzlar" gilt mein Interesse. Dabei erforsche ich nicht die konkrete Anwaltstätigkeit, beispielsweise die Organisation der Schreibstuben und Kanzleien, den Stil und Inhalt der anwaltlichen Schriftsätze oder die fachliche Spezialisierung auf einzelne Rechtsgebiete. Abgesehen von einem kurzen, generellen Blick auf ihre prozessuale Stellung beschränkt sich meine Untersuchung auf die Voraussetzungen und Bedingungen, die für das Erreichen der beruflichen Stellung als RKG-Anwalt in Wetzlar entscheidend waren.

Mein Ziel ist somit, die anwaltlichen Karrieren *zum* und *vor* dem RKG zu erklären. Dies erfordert Fragen wie: Welche Ausbildung genossen die Anwälte? Welche Universitäten besuchten sie? Worüber promovierten sie? Welche juristischen Fähigkeiten hatten sie, die gerade sie für eine Tätigkeit am Reichskammergericht prädestinierten? Was waren überhaupt die konstitutiven akademischen Voraussetzungen für eine Karriere am Reichskammergericht? Gab es daneben auch soziale, insbesondere familiäre Grundbedingungen? Wo kamen die Anwälte her? Nach welchen Kriterien wählte das Gericht seine Advokaten aus? Nach welchen seine Prokuratoren? Zusammengefaßt: Welches juristische und soziale Profil hatten diejenigen Anwälte, die vor dem Reichskammergericht zugelassen wurden? Die vorliegende Arbeit bildet insofern einen Schnittpunkt zwischen Rechts- und Sozialgeschichte[17] als sie versucht, beide Perspektiven zu berücksichtigen. Die Karrieren der Anwälte, ihre Ausbildung und Zulassung können nur umfassend analysiert und verstanden werden, wenn nicht bei den spezifisch rechtshistorischen Aspekten wie Inhalt

---

[16] *Ewald Horn*, Die Disputationen und Promotionen an den deutsche Universitäten vornehmlich seit dem 16. Jahrhundert, Leipzig 1893, Reprint Wiesbaden 1968 (=Beiheft zum Centralblatt für Bibliothekswesen 11)

[17] Vgl. grundsätzlich zu diesem fächerübergreifenden Ansatz *Filippo Ranieri*, Vom Stand zum Beruf. Die Professionalisierung des Juristenstandes als Forschungsaufgabe der europäischen Rechtsgeschichte der Neuzeit, in: Ius Commune 13 (1985), S. 83 (85 ff.). *Ranieri* betont, daß in seinen Forschungen nicht mehr nur einzelne „wichtige" Denker und Autoren Beachtung fänden, deren Lehrgebäude unter dogmen- oder ideengeschichtlicher Perspektive bedeutsam waren, sondern der Blick vielmehr auf die anonyme Masse der Juristen gelenkt werde.

des Studiums oder Thema der Dissertation stehengeblieben, sondern der Blick um die soziale Dimension erweitert wird. Auf diese Art und Weise versuche ich, zur Erhellung der Reichsgerichtsbarkeit im 18. Jahrhundert beizutragen.

Hierzu wird erstens der juristische Ausbildungsweg der Anwälte nachvollzogen, wobei neben den besuchten Universitäten und dem für die angehenden Anwälte obligatorischen Praktikum vor dem Reichskammergericht auch die von den Anwälten abgelegten Dissertationsthemen zur Auswertung herangezogen werden. In diesem Zusammenhang ergeben sich Aussagen über die Inhalte der juristische Ausbildung, insbesondere in der Praxis des Kameralprozesses und im Reichsrecht, sowie über die akademische Mobilität der Anwälte. Die Dissertationsthemen erlauben zudem eine Einschätzung ihres juristischen Interesses, wenngleich angesichts der oftmals ungeklärten Autorschaft – Promovend oder Doktorvater – diesbezügliche Schlüsse vorsichtig zu erfolgen haben[18]. Für einzelne Anwälte hätte dieses juristische Interesse auch durch eine Untersuchung der sogenannten Kameralliteratur[19] erfaßt werden können. Da sich jedoch insofern nur eine vergleichsweise kleine Gruppe hervortat[20], hätte eine Rückgriff auf die Kameralliteratur nicht weitergeholfen, wenn man den Wetzlarer Anwälten in ihrer Gesamtheit gerecht werden will. In diesem Fall stellen allein die universitären Dissertationsschriften ein ausreichendes

---

[18] Vgl. zum Problem der Autorschaft im folgenden S. 137 ff.

[19] Die „Kameralliteratur" nahm ihren Anfang in der 2. Hälfte des 16. Jahrhunderts durch die Arbeiten der beiden Reichskammergerichtsassessoren *Joachim Mynsinger von Frundeck* und *Andreas Gail*, die die Rechtsprechung des RKG zum Gegenstand einer wissenschaftlichen Untersuchung machten und Entscheidungen des Gerichts in anonymisierter Form - trotz des Publikationsverbotes in der RKGO von 1555 (Abschnitt XIII § 16) - veröffentlichten. In der Folgezeit beschäftigten sich dann eine Vielzahl von Dissertationen und Abhandlungen mit diesen Themen. Über seine Literatur wirkte das Reichskammergericht im Sinne einer Rechtsvereinheitlichung in die Territorien – im übrigen ungleich stärker als der Reichshofrat, dessen juristisches Leben unbekannter blieb. Siehe zum Ganzen insbesondere *Ingrid Scheurmann*, „Wezlarische Beiträge zu einer pragmatischen allgemeinen Rechtsgelehrsamkeit". Die Geschichte der kameralen Bibliothek von der Gelehrtenstube zur Universität. In: Staat, Gesellschaft, Wissenschaft. Beiträge zur modernen hessischen Geschichte, hrsg.v. Winfried Speitkamp, Marburg 1994 (Sonderdruck), S. 229-234. Vgl. auch *dies.*, Die Wissenschaft vom Kameralprozeß - Einleitung, in: Frieden durch Recht. Das Reichskammergericht von 1495-1806, hrsg. v. Ingrid Scheurmann, Mainz 1994, S. 159 f. und *Sellert*, Prozeß, Sp. 30 f. Die umfangreichste Zusammenstellung der Kameralliteratur findet sich bei *Egid J. Karl von Fahnenberg*, Literattur des kaiserlichen Reichskammergerichts, Wetzlar 1792 (Neudruck Glashütten 1972).

[20] Meines Wissens haben lediglich 19 Anwälte außerhalb eines Promotionsverfahrens juristische Schriften veröffentlicht.

Quellenmaterial zur Verfügung, mußte doch jeder RKG-Anwalt einen akademischen Grad erwerben[21].

Diese juristischen Biographien werden aber nicht von der sozialen Wirklichkeit der einzelnen Anwälte losgelöst, sondern mit dieser insoweit verklammert, als bei deren Erstellung auch die soziale und territoriale Abstammung der Anwälte Beachtung findet.

In einem zweiten Schritt geht es dann um die Frage, nach welchen Kriterien das Reichskammergericht die Anwälte auswählte, die als Advokaten und Prokuratoren an ihm tätig wurden. Bezieht man obige Forschungsfelder in die Betrachtung mit ein, lassen sich Aussagen über Auswahlprinzipien des Reichskammergerichts, aber auch über die Möglichkeit und Planbarkeit einer juristischen Karriere[22] treffen.

Dabei ist auch der Frage nachzugehen, inwieweit eine Anwaltskarriere am Reichskammergericht ausreichend qualifizierten Juristen tatsächlich offenstand. Im Zentrum der Untersuchung stehen hierbei Begriffe, die insbesondere von der neueren Städteforschung geprägt wurden[23], nämlich „Standeselite" versus „Leistungselite". In unserem Zusammenhang erhalten sie jedoch eine andere Bedeutung. Hinterfragt werden soll nicht die Rolle der Juristen als Leistungselite in einer städtischen Gemeinschaft, die nach und nach die alte, nicht-juristische Standeselite aus ihren überkommenen Positionen drängte. Das Begriffspaar „Standeselite" und „Leistungselite" wird hier vielmehr gebraucht, um das Konfliktpotential *innerhalb* der Wetzlarer Anwaltschaft zu beschreiben[24].

3.) Gegenstand der Untersuchung

Diese Arbeit erfaßt nur die Anwälte des Reichskammergerichts in Wetzlar, womit sich bereits der zeitliche Rahmen auf die Jahre von 1693 bis 1806 beschränkt, also auf den Zeitraum des Sitzes des Reichskammergerichts in dieser alten Reichsstadt. Dabei wurden alle Anwälte untersucht, die vor dem Reichskammergericht in Wetzlar praktizierten; mit eingeschlossen sind dabei

---

[21] Siehe hierzu ausführlich im folgenden.

[22] *Sigrid Jahns*, Die Universität Gießen und das Reichskammergericht, in: Academia Gissensis – Beiträge zur älteren Gießener Universitätsgeschichte, hrsg. v. Peter Moraw und Volker Press, Marburg 1982, S. 189 (210) hebt hervor, daß die Anwälte im Gegensatz zu den Assessoren eine Karriere am RKG ganz aus eigenem Willen anstreben konnten, da dazu die Präsentation durch einen Reichsstand nicht nötig war.

[23] Vgl. hierzu *Dölemeyer*, Frankfurter Juristen, S. XIV mit weiteren Nachweisen.

[24] Vgl. hierzu ausführlich im folgenden.

auch die schon zuvor in Speyer zugelassenen Anwälte, die mit dem Gericht nach der Vertreibung aus Speyer durch die Franzosen nach Wetzlar übersiedelten[25].

In personeller Hinsicht beschränkt sich die Untersuchung auf die vom Reichskammergericht angenommenen Anwälte, d. h. auf diejenigen Anwälte, die zumindest als Advokaten (häufig später dann auch noch als Prokuratoren) vor dem Gericht aufschworen. Nicht erfaßt wurden also die sonstigen in Wetzlar tätigen Anwälte[26] sowie die sich vergeblich um eine Zulassung an das RKG bemühenden Juristen[27]. Ebenfalls außer Acht gelassen wurden die sogenannten Fiskalanwälte[28] des Reichskammergerichts, die als kaiserliche, besoldete Beamte ausschließlich die Rechtssachen des Kaisers vertraten, und denen die private Anwaltstätigkeit ausdrücklich untersagt war[29].

Insgesamt bilden 210 Anwälte, die als Advokaten und Prokuratoren vor dem Reichskammergericht in Wetzlar tätig waren, den Untersuchungsgegenstand.

4.) Methodik, Quellen und Vorgehensweise

Um die gesteckten Ziele zu erreichen, mußte sich die Untersuchung andauernd zwischen zwei Polen bewegen, die sich wechselseitig beeinflußten: Auf der einen Seite die zu einer Gruppenbiographie verdichteten Einzelbiographien der Advokaten und Prokuratoren und auf der anderen Seite die sich hieraus ergebenden Folgerungen für die Aufnahme- und Zulassungspraxis des RKG.

Dabei galt es, zuerst durch eine möglichst umfassende Suche Daten zu sammeln, um die Einzelbiographien der Anwälte zu erstellen. Erst dann konnte in einem

---

[25] Von den 24 Advokaten und Prokuratoren, die in „Des Kayserlichen und Reichs=Cammer=Gerichts Calender" von 1693 erwähnt werden, haben noch 21 ihre Eide vor dem RKG in Speyer gesprochen.

[26] Die Anzahl dieser im im Gegensatz zu den Kameraladvokaten als „Winkeladvokaten" bezeichneten Juristen ist nicht bekannt; vgl. hierzu die kurzen Ausführungen bei *Weitzel*, Anwälte, S. 257.

[27] In den Akten des Reichskammergerichts/Untrennbarer Bestand finden sich die Generalexamina von 31 Juristen, die sich um eine Aufnahme als Anwalt bewarben, deren Bewerbung jedoch entweder scheiterte oder aufgrund anderer Umstände zurückgezogen wurde. Diese Gruppe spielt aber als Vergleichsgruppe dennoch eine wichtige Rolle; siehe hierzu im folgenden S. 177 ff.

[28] Insofern finden sich in den Kameralkalendern und Generalexamina des 18. Jahrhunderts die Namen von neun General- bzw. Advokatfiskalen.

[29] Vgl. zur Entwicklung der rechtlichen Stellung des Generalfiskals (Fiskalprokurator) und des Fiskaladvokaten *Smend*, Reichskammergericht, S. 359 ff.

zweiten Schritt die Gruppenbiographie, die das juristische und soziale Profil der Wetzlaer Anwaltschaft beschreibt, angegangen werden[30].

Zu beginnen war mit der namentlichen Identifizierung der tatsächlich vom RKG angenommenen Anwälte. Da diese Arbeit sowohl die Prokuratoren als auch die Advokaten umfaßt, hatte die Untersuchung von „Des Kayserlichen und Reichs=Cammer =Gerichts Calendern" auszugehen, den Kameralkalendern. Denn diese listen alle am Reichskammergericht tätigen Personen Jahr für Jahr auf und somit auch die nicht vor Gericht auftretenden und daher nicht in den Prozeßakten verzeichneten Advokaten. Zwar sind nicht alle Kameralkalender der hier betrachteten Zeit greifbar. Im „Untrennbaren Bestand" des ehemaligen RKG-Archivs im Bundesarchiv Außenstelle Frankfurt und im Stadtarchiv Wetzlar befindet sich jedoch ein Großteil der Kameralkalender. Allein während der Jahre 1693-1699 sowie 1799-1806 klafft eine beachtliche Lücke, die zu einer gewissen Unsicherheit bei der Erfassung führte, welche aber mittels des übrigen Quellenmaterials geschlossen werden konnte. Die weiteren größeren Lücken zwischen 1703-1714 und zwischen 1765-1775 erklären sich durch die in diesen Zeiträumen stattfindenden RKG-Visitationen (1707-1713 und 1767-1776) und waren daher für die Frage der Vollständigkeit nicht von großer Bedeutung, da der Prozeßbetrieb ruhte und deswegen auch kaum neue Anwälte angenommen wurden. Die Kameralkalender leisten neben der namentlichen Identifizierung der Anwälte noch ein weiteres: In ihnen sind sowohl die Daten der Aufschwörung zum Advokaten und zum Prokurator als auch die Konfessionszugehörigkeit der Anwälte enthalten.

Die wichtigste Quelle für die Erstellung der Einzelbiographien befindet sich ebenfalls im „Untrennbaren Bestand" in Gestalt der Generalexamina[31]. Diese befaßten sich allein mit den allgemeinen sozialen und fachlichen Merkmalen des Bewerbers und fragten, ob diese mit den Aufnahmekriterien der Kammergerichtsordnung übereinstimmten. Im Gegensatz hierzu prüfte das Spezialexamen die fachliche Eignung mittels einer vom Kandidaten anzufertigenden Proberelation über eine entscheidungsreife Sache; zudem waren von den angehenden Anwälten die Parteischriften eines gesamten Prozesses auszuarbeiten[32]. Anhand eines festen Katalogs wurde beim „examen generale" in lateinischer Sprache eine Befragung über die Eltern, Geburtsort und Alter des Kandidaten, über Studiengang und juristische Promotion, über das Praktikum

---

[30] Vgl. zu diesem methodischen Ansatz insbesondere auch *Jahns*, Juristen, S. 9.

[31] Bestand BAF AR 1-IV B, C. Vgl. zum Generalexamen *Sigrid Jahns*, Das Generalexamen der Kammergerichtsassessoren als „Ego-Dokument", in: Ego-Dokumente. Annäherung an den Menschen in der Geschichte, hrsg. v. Winfried Schulze, Berlin 1996, S. 191-205.

[32] Vgl. *Smend*, Reichskammergericht, S. 350 f.; *Weitzel*, Anwälte, S. 257 f. Für das Spezialexamen der Assessoren, das das Spezialexamen der Advokaten an Schwierigkeit aber wohl nicht übertraf, siehe auch *Jahns*, Ego-Dokumente, S. 192.

sowie über die Konfessionszugehörigkeit vorgenommen[33]. Dieser standardisierte Fragenkatalog, dessen Entstehungszeit in die erste Hälfte des 16. Jahrhunderts datiert wird[34], ist somit unserem heutigen tabellarischen Lebenslauf vergleichbar. Die Angaben in den Generalexamina stellen das Gerüst für die weiteren Forschungen hinsichtlich der einzelnen Anwälte dar.

Die Generalexamina des 18 Jahrhunderts sind vollständig erhalten. Dies gilt jedoch nicht für die Generalexamina der Anwälte, die noch vor dem Reichskammergericht in Speyer tätig waren und mit diesem nach Wetzlar übersiedelten. Denn die hier interessierenden Bestände aus der 2. Hälfte des 17. Jahrhunderts sind größtenteils bei der Zerstörung Speyers untergegangen. Daher waren die persönlichen und juristischen Daten der Anwälte, die sowohl in Speyer als auch in Wetzlar tätig waren, schwerer zu rekonstruieren[35]. Die vorhandenen Lücken konnten jedoch zumindest teilweise mittels weiterer Quellen, auf die gleich noch einzugehen sein wird, geschlossen werden. Ergebnislos blieb hingegen die Suche nach Leichenpredigten im Diözesanarchiv Limburg und im Evangelischen Gemeindeamt Wetzlar[36], die für eine Vervollständigung der Biographien wertvolle Hinweise hätten enthalten können. In diesem Zusammenhang ist zu erwähnen, daß auf eine Durchsicht der dort ebenfalls archivierten Kirchenbücher verzichtet wurde. Denn in diesen sind nur persönliche Daten, insbesondere Geburts- und Sterbedatum verzeichnet. In diesem Bereich strebte ich jedoch keine Lückenlosigkeit an, da es bei dieser Arbeit in erster Linie um eine rechts- und sozialhistorische und nicht um eine familiengeschichtliche Untersuchung geht.

Ob ein Anwalt tatsächlich als Prokurator tätig war, konnte mittels der von den einzelnen Archiven herausgegebenen Findbücher zu den Reichskammer-

---

[33] Der Fragekatalog des Generalexamens lautete für die Advokaten: 1. Nomen? 2. Nomen parentum et eorum conditio? 3. An legitime natus? 4. Quae patria? 5. Quod domicilium? 6. Cuius aetatis? 7. Studium juris quando et ubi coeperit? et quamdiu continuaverit? 8. An gradum in iure habeat et qualem? et quibus promotoribus illum consecutus sit? 9. An et ubi practicam exercuerit? 9. Cuius religionis?

[34] Vgl. *Jahns*, Ego-Dokumente, 194 f. Danach ist das an der Rota Romana praktizierte Erkundigungsverfahren Vorbild für das reichskammergerichtliche Generalexamen gewesen. *Jahns* hebt hervor, daß im Generalexamen ein für das 16. Jahrhundert hoher Grad an Bürokratisierung und Professionalisierung verkörpert ist. Die Tatsache, daß der Fragekatalog bis zur Auflösung des Gerichts 1806 kaum einer Änderung unterworfen wurde, sei zudem Beleg sowohl für die „Beharrlichkeit" der Kameralverfassung als für die „zeitlose, überindividuelle Brauchbarkeit" dieser Personenbefragung.

[35] Es handelt sich hierbei jedoch lediglich um 19 Anwälte – bei einer Gesamtzahl von 210 Anwälten also eine eher geringe Anzahl.

[36] Im Diözesanarchiv Limburg befanden sich gar keine, im Evangelischen Gemeindeamt Wetzlar nur eine einzige Leichenpredigt, die aber keinen RKG-Anwalt betraf.

gerichtsakten[37] verifiziert werden, deren Indices auch die an den Prozessen beteiligten Prokuratoren, nicht aber die Advokaten verzeichnen. Im übrigen waren in einigen wenigen Fällen bis dahin lediglich als Advokaten identifizierte Anwälte in den Findbüchern als Prokuratoren ausgewiesen. Die Findbücher halfen somit auch, die Karriere der betreffenden Anwälte genauer nachzuzeichnen.

Die persönlichen Angaben der Anwälte wurden, soweit vorhanden, mit den von *Siegfried Rösch* angelegten Familientafeln im Stadtarchiv Wetzlar[38] verglichen und gegebenenfalls korrigiert. Diese Familientafeln lieferten auch manchen zusätzlichen familiengeschichtlichen Hinweis und klärten entstandene Zweifelsfälle auf[39].

Um die Äußerungen der Anwälte in den Generalexamina zu ihrer universitären und praktischen Ausbildung zu überprüfen, wurden die gedruckten Matrikeln der Universitäten des Heiligen Römischen Reiches[40] durchgesehen - verzichtet wurde auf eine Heranziehung der außerhalb dieser Grenzen liegenden Universitäten, die die Anwälte jedoch auch nur in sehr geringem Ausmaß frequentierten. Des weiteren wertete ich die gedruckten Praktikantenlisten von *Schmidt-Scharff*[41] ergänzend aus und verarbeitete hinsichtlich der Praktikumsinhalte in begrenztem Maße zeitgenössische Ausbildungs- und Anleitungsliteratur[42].

Bei der Ermittlung der Dissertationsthemen wurden die greifbaren Dissertationssammlungen durchgesehen[43], insbesondere die des bereits erwähnten Projekts am Max-Planck-Institut für europäische Rechtsgeschichte[44].

---

[37] Vgl. die benutzten Findbücher im Literatur- und Quellenverzeichnis.

[38] Bestand Familientafeln im Stadtarchiv Wetzlar.

[39] Ebenfalls im Stadtarchiv Wetzlar befinden sich die handschriftlich von *Otfried Praetorius* angelegten Listen über das Reichskammergerichtspersonal, die jetzt auch maschinenschriftlich vorliegen. Diese wurden ebenfalls ergänzend herangezogen; sie sind jedoch unvollständig und fehlerhaft.

[40] Die benutzten Universitätsmatrikel und Studentenverzeichnisse sind im Quellenverzeichnis gesondert aufgelistet.

[41] *Werner Schmidt-Scharff*, Die Matrikel der Praktikanten am Reichskammergericht in Wetzlar 1693-1806, in: Archiv für Sippenforschung und alle verwandten Gebiete (1934), S. 297-317.

[42] Siehe insbesondere *Heinrich Wilhelm Bergsträsser*, Briefe über das Studium eines Praktikanten an dem Reichskammergerichte, Frankfurt a. M. 1788.

[43] *Fahnenberg*, Literattur; *Manfred Komorowski*, Bibliographie der Duisburger Universitätsschriften (1652-1817), Sankt Augustin 1984; *Franz Kössler*, Katalog der Dissertationen und Habilitationsschriften der Universität Gießen von 1801-1884, Gießen 1971; *Gottfried Mälzer (Hrsg.)*, Würzburger Hochschulschriften 1581-1803, Bestandsverzeichnis. Nach Vorarbeiten von J.A. Brein, unter Mitarbeit von Rudolf Stahr und Gabriele Wollmann, Würzburg 1993; *Karl Mommsen*, Katalog der Basler juristischen

Verknüpft man die so gewonnenen Einzelbiographien an ihren Schnittstellen, läßt sich die kollektive Biographie der Anwälte entwickeln. Um dies leisten zu können, mußten alle gesammelten Einzeldaten in eine Datenbank aufgenommen werden[45]. Für dieses Unterfangen wählte ich die Datenbank dBASE IV Vs. 1.5[46]. Diese Datenbank ermöglichte es, gesicherte Aussagen beispielsweise über die territoriale und soziale Herkunft der Anwälte, über die Universitätsfrequenzen, über den Zusammenhang zwischen Praktikum und Universität, zwischen Praktikum und Promotion oder über die Wartezeiten der Advokaten bis zur Aufschwörung als Prokurator zu treffen.

Hier ist nicht der Ort, die Struktur der entwickelten Datenbank detailliert zu erläutern[47]. Einige Hinweise seien dennoch erlaubt. So legte ich für jeden

---

Disputationen 1558-1818. Aus dem Nachlaß hrsg. v. Werner Kundert. Frankfurt a. M., 1978 (=Ius Commune Sonderheft 9); *Hermann Mundt*, Bio-Bibliographisches Verzeichnis von Universitäts- und Hochschuldrucken (Dissertationen) vom Ausgang des 16. bis Ende des 19. Jahrhunderts. Bd. 1: Leipzig 1936, Bd. 2: Leipzig 1942 (Bde. 1 – 2: Neudruck Hattenheim 1965), Bd. 3: hrsg. v. Konrad Wickert, München 1977, Bd. 4: hrsg. v. Konrad Wickert, München 1980; *Hermann Schüling*, Die Dissertationen und Habilitationsschriften der Universität Gießen im 18. Jahrhundert, Gießen 1976.

44 Siehe die Sammlungen bei *Ranieri*, Juristische Dissertationen. Weitere Dissertationen finden sich in der Datenbank (OPAC) des Max-Planck-Instituts für Europäische Rechtsgeschichte in Frankfurt a. M.

45 Vgl. einführend zu diesem Problembereich die ältere Arbeit von *Gero Dolezalek*, Computer und Rechtsgeschichte. Einführung und Literaturüberblick, in: Rechtsgeschichte und quantitative Geschichte, hrsg. v. Filippo Ranieri, Frankfurt a. M. 1977, S. 36-116 (=Ius Commune Sonderheft 7); siehe auch *Manfred Thaller*, Praktische Probleme bei der interdisziplinären Untersuchung von Gemeinschaften „langer Dauer“, in: Aspekte der historischen Forschung in Frankreich und Deutschland. Schwerpunkte und Methoden, hrsg. v. Gerhard A. Ritter und Rudolf Vierhaus, Göttingen 1981, S. 172-189 (=Veröffentlichungen des Max-Planck-Instituts für Geschichte 69); *Filippo Ranieri/Ralph Neugebauer*, GOLEM als Werkzeug des Rechtshistorikers, in: Informatik und Recht, Heft 11/12 (1986), S. 476-481.

46 dBASE selbst ist eine Datenbanksprache und enthält Befehle für die Dateiverwaltung. Die Datenbank dBASE wurde eigentlich für die Verwaltung eines Betriebes entwickelt, erfüllte jedoch vollständig den hier angestrebten Zweck, so daß nicht auf eine Datenbank zurückgegriffen werden mußte, die speziell für historische Forschungen entwickelt wurde. Wertvolle Dienste für die Erstellung und die Arbeit mit der Datenbank leistete das Benutzerhandbuch von *Dirk Hoppe/Dirk Schneider*, dBASE IV Vs. 1.5, Grundlagen der Datenbank, 1992/93 Korschenbroich.

47 Im Rahmen dieser Arbeit wurde mit den feldtypen „Zeichen“, „logisch“ und „Memo“ gearbeitet. Der Feldtyp „Zeichen“ läßt beliebige Textinformationen zu, eignet sich aber auch, Zahlenangaben logisch bzw. unter einer bestimmten Bedingung zu verknüpfen und stellt daher den wichtigsten der verwendeten Feldtypen dar. Mittels des Feldtyps „logisch“ konnten allein die Aussagen „wahr“ und „falsch“ getroffen werden – dieser Feldtyp erlaubt mithin allein die quantitative Erfassung eines Vorgangs. DBASE stellt insgesamt folgende

einzelnen Anwalt einen Datensatz an, der wiederum aus einer Vielzahl von Datenfeldern besteht. Die einzelnen Datenfelder wurden nach einem vom Programm vorgegebene Muster, dem Datensatzformat, gezielt und individuell festgelegt. Insgesamt besteht jeder der 210 Datensätze aus 69 verschiedenen Datenfeldern, wobei angesichts der schwierigen Quellenlage selbstverständlich nicht alle Felder mit Daten gefüttert werden konnten.

Problematisch bei der Erstellung der Datenbankstruktur war vor allem eine für die Natur der (rechts)historischen Forschung typische Tücke. Im Gegensatz zu Sozialwissenschaftlern, die das Arbeiten mit Datenbanken eingeführt haben, ist Historikern zu Beginn ihrer Arbeit nicht gänzlich kar, welche Informationen sie für ihre Arbeit benötigen und wo sich diese befinden. Zudem kennen Sozialwissenschaftler die Gesellschaft, die sie untersuchen, gehen also an die Untersuchung mit einem Wissen heran, das hier, wo eine vergangene „Gesellschaft" bearbeitet wird, erst als Ergebnis erhofft wird. Daher mußte die Datenbankstruktur bei Voranschreiten der Arbeit manches Mal geändert werden, wenn klar wurde, daß mit bestimmten Einträgen keine sinnvollen Ergebnisse zu erzielen waren bzw. andere Einträge vonnöten waren, um die gestellte Frage zu beantworten.

Im ersten Teil folgt die Untersuchung chronologisch den von den Anwälten absolvierten Ausbildungabschnitten – Universitätsstudium – Dissertation und Promotion – Praktikum, um dann die Zulassung zum Advokaten und zum Prokurator zu behandeln. Entsprechend der bereits dargelegten Methode wird hierbei im Hinblick auf die Frage nach den Karrierebedingungen und – möglichkeiten ein besonderes Augenmerk auf die Beziehungen zwischen den einzelnen Abschnitten gelegt. Der eigentlichen Untersuchung vorgeschaltet ist ein grundlegendes Kapitel über die Stellung der Advokaten und Prokuratoren im reichskammergerichtlichen Prozeß, um eine Einordnung des Themas zu ermöglichen. Im zweiten Teil werden abschließend die Biographien der Anwälte alphabetisch aufgelistet.

---

logische Verküpfungen zur Verfügung: .AND. = logische UND; .OR. = logische ODER; .NOT. = logisches NICHT sowie die Bedingungen (Vergleichsoperatoren) >, >=, <, <=, =, <>/#. Nicht möglich ist jedoch, mit „Zeichenfeldern" zu rechnen. In diesem Fall hätte der Feldtyp „numerisch" ausgewählt werden müssen; da jedoch allein logische bzw. bedingte Verknüpfungen erforderlich waren, wurde dies nicht gebraucht. Dem Feldtyp „Memo" kommt die Funktion einer klassischen Karteikarte zu, können in ihm doch Texte mit einer Länge bis zu 64 KB gespeichert werden.

1. Hauptteil: Ausbildung und Zulassung – Die Karrieren der Anwälte

A) Grundlegung: Die Stellung der Anwälte im Reichskammergerichtsprozeß

1.) Die Unterscheidung zwischen Advokaten und Prokuratoren

Die erste Kammergerichtsordnung von 1495 unterschied in §§ 6 ff.[48] aufs Genaueste zwischen zwei Gruppen von Parteivertretern, die vom neugegründeten Reichskammergericht[49] anzunehmen waren: den Advokaten und Prokuratoren[50]. Während unter einem Advokaten derjenigen Parteivertreter verstanden wurde, der nur die Schriftsätze für die Mandantschaft entwarf, durfte allein der Prokurator vor Gericht auftreten. Auch wenn formuliert wurde, daß die Geschichte dieser Zweiteilung der Anwaltschaft *„auf engem Raum darzustellen,(...) wegen der Vielzahl der Gestaltungen schwierig"*[51] ist, sollte dennoch der Versuch einer kurzen Schilderung unternommen werden, um eine Einordnung der Begrifflichkeiten zu ermöglichen - zumal die grundlegenden Entwicklungslinien unter Außerachtlassung der vielen Verästelungen bis 1495 nachgezeichnet werden können. Denn gesichert ist mittlerweile, daß diese Trennung der Anwaltschaft sowohl auf deutsch-rechtlichen Ursprüngen, als auch insbesondere auf dem römisch-kanonischen Verfahren beruhte.

a) Römisch-rechtliche Ursprünge

Während in altrömischer Zeit die Rechtskunde noch eine den Priestern vorbehaltene Geheimwissenschaft darstellte[52], zeichnete sich die im vorklassischen Recht entstandene weltliche Rechtsgelehrsamkeit[53] bereits durch eine Zweiteilung in einen rechtskundigen Beistand, der als sogenannter „advocatus" die Partei beriet, und einen Redner, „patronus" oder „orator" aus,

---

[48] Text der RKGO vom 7.8.1495 bei *Karl Zeumer (Hrsg.)*, Quellensammlung zur Geschichte der Deutschen Reichsverfassung in Mittelalter und Neuzeit, o. O. 1913, Nr. 174 (S. 284 ff.).

[49] Vgl. zur Entstehungsgeschichte noch immer grundlegend *Smend*, Reichskammergericht, S. 1-23.

[50] Die RKGO von 1495 benutzte aber noch statt des Begriffs „Prokurator" den Ausdruck „Redner".

[51] Vgl. *Döhring*, Geschichte, S. 119.

[52] *Max Kaser*, Das römische Privatrecht. Erster Abschnitt: Das Altrömische, das vorklassische und klassische Recht, München 1971, S. 27 f. führt hierzu aus, daß das altrömische Recht zwar nicht mehr sakral, jedoch eindeutig pontifikal war.

[53] Vgl. *Kaser*, Privatrecht, S. 177 ff.

der wiederum der Partei im Gerichtsverfahren zur Seite stand[54]. Dabei wies der Redner durchaus nicht immer juristische Kenntnisse auf, sondern mußte vielmehr in der Kunst der Rede geübt sein, wie das Beispiel des Cicero zeigt - der freilich glaubte, auch in drei Tagen zum „iurisconsultus" werden zu können[55]. Daß die Tätigkeit der Redner im Gegensatz zur Arbeit der Advokaten noch nicht als Beruf, sondern eher als Ehrenamt angesehen wurde, verdeutlicht die Tatsache, daß die Redner unentgeltlich arbeiteten[56]. Die Unterscheidung in „advocatus" und „orator" blieb im klassischen römischen Recht jedoch eine theoretische, da eine personelle Identität von Berater und Redner nicht nur möglich war, sondern auch tatsächlich praktiziert wurde[57].

Zu diesen beiden anwaltlichen Funktionen gesellte sich dann noch eine weitere: Den Advokaten und Rednern wurden schon in vorklassischer Zeit Prozeßvertreter zur Seite gestellt, die unter den Bezeichnungen „procurator" und „cognitor" als mittelbare Stellvertreter die Parteirollen einnehmen konnten[58]. Der in diesem Zusammenhang zu vernachlässigende Unterschied zwischen Prokurator und Cognitor bestand im übrigen allein in der Art und Weise der Ermächtigung[59]. Beide führten, durch ein formloses Mandat bestellt[60], den Prozeß in eigenem Namen, handelten also aus eigenem Recht sowohl in der Klägerrolle, als auch in der Rolle des Beklagten[61]. Dies stellte eine Ausnahme vom römisch-rechtlichen Grundsatz der Unzulässigkeit einer Stellvertretung im

---

[54] Vgl. *Max Kaser*, Das römische Zivilprozeßrecht, München 1966, S.161 f.; *Weißler*, Geschichte, S. 93 f.; *Huffmann*, Geschichte, S. 13 f.

[55] Hinweis bei *Burmeister*, Studium, S. 264.

[56] Nach *Kaser*, Zivilprozeßrecht, S. 162, wurde dies durch die Lex Cincia (204 v. Chr.) festgelegt. Siehe hierzu auch *Weißler*, Geschichte, S. 92.

[57] Vgl. *Kaser*, ebd.

[58] Vgl. ausführlich zum ganzen *Kaser*, Zivilprozeßrecht, S. 152 ff.

[59] Vgl. hierzu *Kaser*, Zivilprozeßrecht, S. 156. Während die cognitoren vom Vertretenen dem Gegner gegenüber durch einen Formalakt legitimiert wird, genügte zur Bestellung des prokurator ein interner Vorgang zwischen Vertreter und Vertretenen. Die Begriffe flossen jedoch in der spät- und nachklassischen Zeit ineinander; vgl. hierzu sogleich im folgenden.

[60] Neben der Bestellung durch ein Mandat konnte auch eine Treuhänderstellung die Prozeßvertretung ermöglichen. Vgl. zu den verschiedenen Möglichkeiten *Kaser*, Zivilprozeßrecht, S. 159 ff.

[61] Nach *Kaser*, Privatrecht, S. 265 f. und *ders.*, Zivilprozeßrecht, S. 156 war der Prozeßprokurator zuerst ein Vertrauensmann, dessen sich reiche Beamte und später auch der Kaiser zur Verwaltung ihres Vermögens bedienten. Die Macht als mittelbarer Vertreter tätig zu werden empfing der Prokurator zunächst durch Befehl des dominus, später wird er schuldrechtlich verpflichtet. Vgl. zum Ganzen auch *Huffmann*, Geschichte, S. 13.

Rechtsverkehr dar[62]. Prokuratoren (bzw. Cognitoren) zeichneten sich folglich durch Vertretungsmacht im Prozeß aus; hierüber sagte die obige Unterscheidung Advokat – Redner noch nichts aus. Es war jedoch nicht ausgeschlossen, daß insbesondere die Advokaten auch Vertretungsmacht innehatten, also zugleich Advokat und Prokurator (Cognitor) waren.

Im Zeitalter des Prinzipats vermischten sich dann die Bezeichnungen und die Funktionen. So verschwamm zuerst die Unterscheidung zwischen Advokaten und Rednern[63]; in der spät- und nachklassischen Zeit ging zudem die ohnehin schon ähnliche Cognitur in der Prokuratur auf[64]. Es bleibt aber festzuhalten, daß nach wie vor die Advokaten auch vor Gericht auftreten konnten und dies auch häufig als mit Vertretungsmacht ausgestattete Prokuratoren taten[65].

Das römische Recht entwickelte daher zwar mit „Advokat“ und „Prokurator“ die Begriffe, die auch noch am Reichskammergericht verwendet wurden, um die beiden Sachwaltergruppen zu unterscheiden. Es verstand hierunter jedoch nicht das Gleiche, da „Advokat“ und „Prokurator“ nicht wie im reichskammergerichtlichen Prozeß zwei klar abgegrenzte Aufgabenbereiche bezeichnete, sondern sich die Prokuratoren vornehmlich durch die Rechtsmacht als mittelbare Stellvertreter von den Advokaten abgrenzten.

b) Germanisches Recht

Auch dem germanischen Recht war die Vertretung eines freien, wehrhaften Mannes im Rechtsstreit grundsätzlich fremd[66]; es gab jedoch Ausnahmen von diesem deutschrechtlichen Grundsatz für einige wenige priviligierte Personen[67]. Dies zeigte sich vor allem im königsgerichtlichen Verfahren, in dem weltliche und kirchliche Grund- und Immunitätsherren von ihren Vögten vertreten wurden. Dementsprechend bezeichnete der Begriff advocatus im Mittelalter auch den Vogt[68].

---

[62] Nach *Kaser*, Privatrecht, S.260 soll die letzte Ursache für die grundsätzliche Unzulässigkeit der Stellvertretung in den magischen Wurzeln des römischen Rechtsformalismus zu suchen sein. Siehe auch *Huffmann*, Geschichte, S. 13.

[63] Vgl. *Kaser*, Zivilprozeßrecht, S. 161.

[64] Vgl. *Kaser*, Zivilprozeßrecht, S. 450 f.; *Weißler*, Geschichte, S. 99.

[65] So *Kaser*, Zivilprozeßrecht, S. 454.

[66] Vgl. *Gerhard Buchda*, Art. Anwalt, in: HRG I, Sp. 182; *Gernot Kocher*, Art. Prozeßvertretung, in: HRG IV, Sp. 71; *Weißler*, Geschichte, S. 103 ff. So findet sich weder im Sachsen- noch im Schwabenspiegel die Rechtsfigur der Stellvertretung.

[67] Ausführlich zu den Ausnahmen *Weißler*, Geschichte, S. 103 ff.; siehe auch *Huffmann*, Geschichte, S. 12 und *Kocher*, Prozeßvertretung, Sp. 71.

[68] Vgl. *Huffmann*, Geschichte, S. 11.

An den mittelalterlichen Gerichten treffen wir als erste Sachwalter sogenannte „Vorsprecher“ oder „Fürsprecher“[69], die aber keine Prozeßvertreter waren, sondern nur *neben* der Partei vor Gericht auftraten und insbesondere sprachen, um vor Prozeßverlusten aufgrund des strengen Formalismus[70] des deutschrechtlichen Prozesses zu schützen[71]. Darüberhinaus war der Fürsprecher gleichzeitig Helfer des Gerichts[72].

Davon zu unterscheiden ist der „mompar“, „muntporo“[73], oder „anwalt“[74], der die Belange eines Anderen wahrnahm, also beispielsweise ein Pfleger oder Vormund, der aber auch mit einem Prozeßvertreter noch nichts zu tun hatte.

Dies änderte sich dann in einem allmählich fortschreitenden Prozeß, bei dem sich aus Praktikabilitätsgesichtspunkten das Rechtsinstitut der Vertretung zuerst bei der Geistlichkeit und bei Personengruppen, wie Stadt- und Dorfgemeinden sowie Gesamthändern durchsetzte[75], bis schließlich in der zweiten Hälfte des 15. Jahrhunderts die Parteivertretung im Zivilprozeß vollkommen anerkannt wurde[76]. Infolgedessen wandelte sich auch die Rolle des Fürsprechers als Gerichtsperson zu einem Vertreter, der einer der Parteien verpflichtet war[77].

---

[69] Vgl. zum Fürsprecher oder Vorsprecher *Hans Winterberg*, Art. Fürsprecher, in: HRG I, Sp. 1333-1337; *Döhring*, Geschichte, S. 121; *Weißler*, Geschichte, S. 107; *Huffmann*, Geschichte, S. 5 ff. Auf S. 5, Fn. 18 führt *Huffmann* als weitere Bezeichnungen für den Fürsprecher an: Urteilsweiser, Abfinder, Findelsmann, Sprech, Redner, Vorredner, Fürleger und Fürbringer.

[70] Vgl. hierzu *Ekkehard Kaufmann*, Art. Formstrenge, in: HRG I, Sp. 1163-1168, insbesondere Sp. 1166 f., der den „schikanösen Prozeßformalismus“ vor allem im 13. und 14. Jahrhundert verortet. Vgl. auch *Kocher*, Prozeßvertretung, Sp. 71 (72).

[71] *Winterberg*, Fürsprecher, Sp. 1334 ff.; *Buchda*, Anwalt, Sp. 183; *Weißler*, Geschichte, S. 107.

[72] Vgl. *Huffmann*, Geschichte, S. 9 zu den Begriffen des „geschworenen“, „verordneten/geordneten“ und „erlaubten“ Fürsprechers. *Huffmann*, S. 27 f. weist darauf hin, daß die Rolle des Fürsprechers als Gerichtsperson bis in die Mitte des 14. Jahrhunderts Bestand hatte. Siehe auch *Döhring*, Geschichte, S. 121.

[73] *Buchda*, Anwalt, Sp. 182 führt außerdem die Begriffe Vormund, Vogt, nuncius solempnis, responsalis, ambassiator und Gewalthaber an. Siehe zum mompar auch *Weißler*, Geschichte, S. 107; *Huffmann*, Geschichte, S. 5 ff.

[74] Vgl. zur Begriffsgeschichte *Buchda*, Anwalt, Sp. 182, wonach der Begriff Anwalt, der im neudeutschen Sprachgebiet erst seit dem 15 Jahrhundert auftaucht, den Vertreter beim Kaiser, den Stellvertreter eines Fürsten, Geistlichen, Beamten, eines Dorfes oder einer sonstigen Gemeinschaft meinte. *Huffmann*, Geschichte, S. 5 datiert den Erstgebrauch des Begriffes jedoch auf eine wesentlich frühere Zeit im Mittelalter.

[75] Vgl. *Buchda*, Anwalt, Sp. 182 f.; *Kocher*, Prozeßvertretung, Sp. 71.

[76] Vgl. *Buchda*, Anwalt, Sp. 183.

[77] Vgl. *Huffmann*, Geschichte, S. 28.

c) Römisch-kanonisches Recht

Wie schon im römischen Recht unterschied auch der römisch-kanonischen Zivilprozeß[78] des Mittelalters die anwaltliche Tätigkeit in eine beratende sowie eine vor Gericht auftretende. Auch hier begegnen uns Advokaten und Prokuratoren, jedoch keine Oratoren bzw. Redner. Ihre Funktion, insbesondere die der Prokuratoren, hatte sich jedoch mittlerweile gewandelt.

Bereits in der ersten Hälfte des 13. Jahrhunderts lassen sich Anwälte mit diesen Bezeichnungen im kanonischen Verfahren nachweisen[79]. Als fester Personalstab der Offizialate erhielten die Advokaten und Prokuratoren eine gerichtsverfassungsmäßige Organisation[80], was sich insbesondere im ihrem Amtseid ausdrückte, den sie zu schwören hatten[81].

Als Tätigkeitsfeld der Advokaten wird das Verfassen der prozessualen Schriftsätze, wie beispielsweise Klageschrift, Eingaben oder Einreden beschrieben, wofür vertiefte, in der Regel durch einen universitären Abschluß unter Beweis gestellte, juristische Kenntnisse notwendig waren[82]. Die Advokaten stellten daher eine Art „Juristenelite"[83] dar. Derartige juristische Fähigkeiten wurden von den Prokuratoren nicht erwartet. Sie waren auch nicht nötig, da es den Prokuratoren lediglich oblag, die Parteien vor Gericht zu vertreten[84]. Daher hatten die Prokuratoren an den Offizialaten oft ein juristisches Studium ohne Abschluß absolviert, was unter mittelalterlichen Studenten durchaus üblich war,

---

[78]. Der römisch-kanonische Zivilprozeß zeichnete sich insbesondere durch seine Schriftlichkeit und die Bildung einzelner „positiones" und „allegationes" aus, also durch tatsächliche und juristisch gestützte Argumente, auf die die Gegenpartei Punkt für Punkt erwidern mußte. Vgl. hierzu statt vieler *James A. Brundage*, Medieval Canon Law, 1995, S. 120 ff. und *Gerhard Buchda*, Art. Artikelprozeß, in: HRG I, Sp. 233 f.

[79] *Brundage*, Canon Law, S. 64 verortet den Beginn einer professionellen Tätigkeit sowie eine offizielle Amtseinführung von Advokaten und Prokuratoren in den Jahre zwischen 1200 und 1250. Nach *Smend*, Reichskammergericht, S. 342 soll dagegen das kanonische Recht die Trennung zwischen Advokatur und Prokuratur erst im 14. Jahrhundert ausgebildet haben. Vgl. zur Entwicklung der deutschen Offizialate auch *Huffmann*, Geschichte, S. 12 ff.

[80] Vgl. hierzu *Huffmann*, Geschichte, S. 14, wonach bereits 1270 am Offizialat des Erzbischofs von Köln Advokaten und Prokuratoren nebeneinander auftraten. Nach *Weißler*, Geschichte, S. 119 soll die gerichtsverfassungsmäßige Ausbildung der Zweiteilung der Anwaltschaft erst in den Konstitutionen Benedikts XII. von 1340 vollzogen worden sein. Dies scheint jedoch eine veraltete Auffassung zu sein, wie die Untersuchung *Huffmanns* zeigt.

[81] Vgl. genauer zum Inhalt eines solchen Amtseides im 13. Jahrhundert *Brundage*, Canon Law, S. 64. Erstmals finden sich kanonischene Amtseide 1231 auf dem Konzil von Rouen und dem Konzil von Chateau Gontier; vgl. *Brundage*, S. 64, Fn. 59.

[82] Vgl. *Brundage*, Canon Law, S. 133 ff.; *Huffmann*, Geschichte, S. 24.

[83] *Brundage*, Canon Law, S. 135 ff. mit plastischen Beispielen von Karrieren einiger Advokaten der englischen Diözöse Ely im 14. Jahrhundert.

[84] Vgl. *Brundage*, Canon Law, S. 137 f.

oder sie hatten ihren Beruf sogar in der Praxis erlernt[85]. Teilweise konnten aber auch die Prokuratoren mit Einverständnis der Advokaten die Prozeßschriften verfassen; als Höhergestellte und Verantwortliche wurden diese jedoch von den Advokaten unterschrieben[86].

Im Unterschied zu den Prokuratoren der römischen Zeit handelte es sich nun nicht mehr um mittelbare Stellvertreter, die den Prozeß im eigenen Namen führten, sondern um solche, die in fremdem Namen eine Rechtsangelegenheit vertraten. Das Rechtsinstitut der prozessualen Stellvertretung hatte sich ausgebildet. Anders als im germanischen Recht geschah dies nicht aufgrund von Praktikabilitätserwägungen; vielmehr war der komplizierte kanonische Prozeß die Ursache. Prokuratoren waren notwendig, um einen ordnungsgemäßen Verfahrensablauf zu gewährleisten[87].

Das römisch-kanonische Recht entwickelte also eine strikte Zweiteilung des Anwaltstandes, die sich auch prozeßrechtlich niederschlug und die in dieser Form zum Vorbild für den Prozeß vor dem Reichskammergericht wurde[88].

d) Gemeines Recht

Die im römisch-kanonische Recht ausgeformte Zweiteilung des Anwaltberufes, drang nach und nach auch in das weltliche Recht ein. Hierfür bedurfte es jedoch eines rechtshistorischen Vorgangs von eminenter Bedeutung, nämlich der sogenannten Rezeption des römischen Rechts[89]. Eingeleitet durch die Wiederentdeckung[90] des Corpus Iuris Civilis Justinians im Bologna des 12. Jahrhunderts[91] versteht man unter dem Schlagwort der Rezeption des römischen

---

[85] So *Brundage*, Canon Law, S. 137.

[86] Vgl. *Huffmann*, Geschichte, S. 14 f.

[87] *Kocher*, Prozeßvertretung, Sp. 71 (73).

[88] So auch *Smend*, Reichskammergericht, S. 341 f.; *Weißler*, Geschichte, S. 122; *Döhring*, Geschichte, S. 119; *Heinrich Wiggenhorn*, Der Reichskammergerichtsprozeß am Ende des Alten Reiches, 1966, S. 43. *Weitzel*, Anwälte, S. 256.

[89] Vgl. hierzu die überblicksartige Darstellung von *Helmut Coing*, Europäisches Privatrecht, Bd. I: Älteres Gemeines Recht (1500 bis 1800), 1985, S. 7-25. Siehe auch die kurzen Abhandlungen bei *Uwe Wesel*, Geschichte des Rechts. Von den Frühformen bis zum Vertrag von Maastricht, 1997, S. 339-342 und *Hans Hattenhauer*, Europäische Rechtsgeschichte, 2. Aufl., 1994, S. 248-260.

[90] Kritisch bewertet *Hattenhauer*, Rechtsgeschichte, S. 249 den Terminus „Wiederentdeckung", da die Rechtspraxis des Westens den CIC schon zur Zeit seiner Niederschrift nirgends aufgenommen hatte.

[91] Erstmals erwähnte eine langobardische Urkunde im Jahre 1076 die Digesten. Von diesen fand sich im 11. Jahrhundert zudem eine vollständig Abschrift, die sogenannte „Florentina", die die Vorlage für alle späteren Abschriften der Digesten war.

Rechts neuerdings nicht mehr allein die Übernahme materiell-rechtlicher Regeln des CIC, sondern einen umfassenden *„kulturhistorischen und sozialgeschichtlichen Vorgang, im Rahmen dessen die wissenschaftliche Beherrschung und die praktische Anwendung der Quellen des römisch-kanonischen Rechts in die deutschen Territorien Eingang fand"*[92]. Ergebnis dieses Vorgangs, der sich in Deutschland vornehmlich zwischen der Mitte des 15. und dem Ende des 16. Jahrhunderts vollzog, war das sogenannte „gemeine Recht"; gemeines Recht deshalb, weil es überall in Deutschland im Gegensatz zum Partikularrecht der einzelnen Landschaften und Städte als gemeinsames Recht (Ius commune) galt[93]. Dieses gemeine Recht, das theoretisch zwar nur hilfsweise, praktisch jedoch vorrangig gegenüber dem alten deutschen Recht galt[94] beinhaltete vor allem römisches Recht aus dem CIC sowie „Beiwerk aus dem kanonischen Recht"[95]. Daher setzte sich die dort ausgebildete Aufteilung der anwaltlichen Tätigkeit nun auch im weltlichen Recht durch[96], wobei die deutschrechtlichen Element eindeutig von den römisch-rechtlichen überlagert wurden[97]. Denn die Funktionen des alten Fürsprechers ging im Prokuratorenamt, die des deutschrechtlichen Anwalts im Advokatenamt auf[98].

Übernommen wurde die bekannte klare Arbeitsteilung zwischen Prokurator und Advokat: Der Prokurator stellte vor Gericht die Anträge und reichte die von den Advokaten gefertigten Schriftsätze ein[99]. Dabei waren auch im gemeinen Recht die von den Prokuratoren geforderten Kenntnisse und Fähigkeiten, im Gegensatz zu den in aller Regel studierten Advokaten, relativ gering, da es schon ausreichen

---

[92] So *Ranieri*, Rezeption, S. 170.

[93] Vgl. *Wesel*, Geschichte, S. 339.

[94] Vgl. § 3 der RKGO von 1495; hiernach mußten sich die Parteien vor dem Reichskammergericht auf das Partikularrecht berufen, wenn sie es anstelle des gemeinen Rechts angewendet wissen wollten.

[95] *Wesel*, Geschichte, S. 339.

[96] Im rheinischen Raum wurde beispielsweise die prozessuale Stellvertretung an weltlichen Gerichten erstmals zusammenhängend in der Mainzer Hofgerichtsordnung Karls V. (gedruckt 1521) geregelt; vgl. insofern *Huffmann*, Geschichte, S. 30, 44.

[97] So auch *Weitzel*, Anwälte, S. 255; *Döhring*, Geschichte, S. 121; *Buchda*, Anwalt, Sp. 184, *Huffmann*, Geschichte, S. 33.

[98] Vgl. hierzu *Burckhard Bardilius*, Commentatio juridica, continens judicii imperialis aulici, vulgo kayserl. Reichshofraths ideam, Tübingen 1742, S. 21: *„Advocati sunt, qui partibus patrocinium praestando, Procuratores vero, qui negotia judicialia administrando partibus inserviunt"*.

[99] Vgl. *Wolfgang Sellert*, Art. Prokurator, in: HRG III, Sp. 2032. Siehe zu den Funktionen von Advokat und Prokurator im gemeinen Recht *Huffmann*, Geschichte, S. 44 f.

konnte, daß sie lesen und schreiben konnten, sowie im Gebrauch der Prozesse geübt waren[100].

Aber schon im 16. Jahrhundert verlor die Unterscheidung zwischen Prokurator und Advokat an den Territorialgerichten an Bedeutung, auch wenn man in der Theorie des gemeinen Prozeßrechts noch daran festhielt[101]. Im 18. Jahrhundert kümmerten sich dann auch eine Reihe territorialer Kodifikationen nicht mehr um die Überlieferung und bezeichneten, wie beispielsweise der Codex Juris Bavarici von 1753, mit Prokuratoren die Anwälte an den niederen, mit Advokaten die Anwälte an den höheren Gerichten[102]; die Teilung hatte ihren ursprünglichen prozessualen Sinn verloren und drückte vielmehr allein einen sozialen Gegensatz aus.

e) Reichskammergericht

Während am Hofgericht und am königlichen Kammergericht die Bezeichnungen für die Parteivertreter noch uneinheitlich waren und zwischen den deutschrechtlichen und kanonischen Ausdrücken schwankten[103], benutzten die Entwürfe einer Reichskammergerichtsordnung von 1471 und 1487[104] bereits im kanonischen Sinne die Ausdrücke Advokaten und Prokuratoren bzw. Redner. Dies wurde in der ersten Reichskammergerichtsordnung von 1495, wie schon ausgeführt, in §§ 6 ff. niedergelegt[105]. Diese strikte Zweiteilung des Anwaltstandes - zumindest in begrifflicher Hinsicht - sollte bis zur Schließung im Jahre

---

[100] Vgl. *Huffmann*, Geschichte, S. 35; *Weißler*, Geschichte, S. 119. Für Nürnberg modifiziert *Böhm*, Nürnbergische Anwaltschaft, S. 21, diese Ausagen dahingehend, daß dort von den Prokuratoren auch ein Mindestmaß an juristischer Bildung gefordert wurde.

[101] Vgl. *Sellert*, Prokurator, Sp. 2033; *Döhring*, Geschichte, S. 121. Anderer Auffassung ist *Smend*, Reichskammergericht, S. 342, wonach zumindest im 16. Jahrhundert das gemeine Recht die völlige Trennung von Prokurator und Advokat nach sozialer Stellung und Funktion übernahm. *Smend*, S.352, führt weiter aus, daß bis ins 18. Jahrhundert ein tiefer sozialer Gegensatz zwischen Advokat und Prokurator bestand, da der Beruf des juristisch gebildeten Advokaten gegenüber dem meist nicht studierten Prokurator als ehrenvoller galt. Vgl. aber für die Verhältnisse in Nürnberg *Böhm*, Nürnbergische Anwaltschaft, S. 33, wonach seit Beginn des 17. Jahrhunderts die Prokuratur sich mit der Advokatur zu vermischen begann.

[102] Hinweis bei *Döhring*, Geschichte, S. 122.

[103] Vgl. *Smend*, Reichskammergericht, S. 342.

[104] §§ 4,5 der Kammergerichtsordnung vom 24.10.1471 sprechen von Prokuratoren und Advokaten, wohingegen Art. V des ständischen Entwurfs einer Kammergerichtsordnung vom April 1486 neben Advokat den Begriff „Redner" gebraucht. Dieser Ausdruck findet sich auch in den §§ 6 ff. der RKGO von 1495; Text beider Dokumente bei *Zeumer*, Quellensammlungen, Nr. 170 (S. 270 ff.), Nr. 172 (S. 276 ff.).

[105] Vgl. hierzu bereits oben S. 51.

1806 Bestand haben. In Abgrenzung zum gemeinen Recht entsprach der begrifflichen Zweiteilung jedoch nicht eine unterschiedliche Bildung, da die Advokaten und Prokuratoren des Reichskammergerichts beide ein akademisches Studium absolviert und den Grad eines juristischen Doktors oder Lizentiaten erworben haben mußten[106].

Schon Art. 29 des Reichsabschieds von Freiburg 1498 deutete jedoch darauf hin, daß die Grenzen zwischen Advokatur und Prokuratur auch beim Reichskammergericht durchlässig wurden, indem den Prokuratoren erlaubt wurde, selbst Schriftsätze zu verfassen, sich also nicht mehr eines Advokaten bedienen zu müssen[107]. Zwar bestimmte noch die RKGO von 1521 in Tit. XIV, daß *„kein Procurator sich Advokaten-Amts, und wiederum kein Advokat sich Procuratoris-Amts unterfahen solle“*[108]. Schon die Reichskammergerichtsordnung von 1555[109] führte die Ämtertrennung jedoch nicht mehr strikt durch, legte sie doch in T.1, Tit. XIX, § 2[110] fest: *„Ordnen und setzen wir, daß hinfuro keyn procurator sich des advocatenampts in sachen, in denen er nit procurator ist, dergleychen keyn advocat, der zu einem procurator nit aufgenommen, sich des procuratorampts underfahen soll.“* Den Parteien wurde zugestanden, sich neben dem von ihnen beauftragten Prokurator zusätzlich einen beim

---

[106] Siehe T.1, Tit. XVIII, § 1: *„Setzen, ordnen und wöllen demnach, daß (...) advocaten und procuratores (...) durch cammerrichter und assessorn irer lehr, geschicklichkeyt, redlicheyt, rechter, natürlicher, ehelicher geburt, wesens und haltens halb und ob sie der rechten geürdigt und an welchem ort wol examinirt und derhalben gnugsam erfunden und erkandt werden sollen“.* Vgl. auch *Weitzel*, Anwälte, S. 257.

[107] Hinweise bei *Smend*, Reichskammergericht, S. 342 und *Weitzel*, Anwälte, S. 256.

[108] Der Text der RKGO vom 26.5.1521, die auf dem Wormser Reichstag erlassen wurde, findet sich bei *Georg Melchior von Ludolff (Hrsg.)*, Corpus Juris Cameralis, das ist des kayserlichen Cammer=Gerichts Gesetz=Buch, darinnen alle Kammer=Gerichts=Ordnungen, samt dem Anno 1613 verfertigten Concept einer neuen Ordnung, so dann die Visitations-Recesse und Memoralien, nicht weniger die gemeine Bescheide und Raths=Schlüsse, auch was in denen Reichs=Satzungen und Friedens=Schlüssen von höchst=erwehntem Gericht oder dessen Personen, Sachen und Process enthalten, nach der Jahr=Zahl wie jedes abgefasset worden, mit dienlichen Marginalien und Randweisungen derer vor und nach ergangener Verordnungen vermehrt, und mit dienlichen Registern versehen. So dann allen des Heil. Röm. Reichs Churfürsten, Fürsten, und Ständen ertheilten Kayserl. Privilegien de non appellando in ihrem völligen Enthalt, auch zum Gebrauch behöriger Anweisung, Allen, so an bemeldtem Höchsten Gericht zu thun haben, oder dessen gründlicher Wissenschaft begierig sind, zum besten, samt einer ausführlichen Vorrede herausgegeben, 1724, Nr. XVI (S. 44-56).

[109] Vgl. zur Vorgeschichte der RKGO von 1555 *Adolf Laufs (Hrsg.)*, Die Reichskammergerichtsordnung von 1555, Köln/Wien 1976, S. 1-29.

[110] Text der Reichskammergerichtsordnung von 1555 bei *Laufs*, RKGO, S. 57-280.

Reichskammergericht angenommenen Advokaten zu erwählen[111]. Zu keinem Zeitpunkt durften jedoch die Advokaten vor Gericht auftreten. Dies blieb den Prokuratoren vorbehalten[112]. Den Prokuratoren hingegen wurde im Reichsdeputationsabschied von 1557[113] aufgetragen, daß sie *„infürter bey ihren Eyden, damit sie dem Cammer-Gericht zugethan, denen Partheyen, von denen sie neben der Procuration, auch zu advozieren ersucht, und angesprochen werden, dasselbe nicht sollen abschlagen"*.

Somit weichte die klare Arbeitsteilung, von der man in römisch-kanonischer Tradition ausgegangen war, von den Prokuratoren zu den Advokaten hin auf. Letztendlich unterschieden sich die beiden Gruppen in juristischer Hinsicht allein durch das Vertretungsrecht vor Gericht, ansonsten bildeten die Prokuratoren mit den Advokaten einen Stand[114].

Dies zeigt sich zum einen darin, daß die Advokaten eine Art Anwartschaft auf die nächste frei werdende Prokuratorenstelle erwarben[115], zum anderen in der Tatsache, daß sich das Gericht darauf beschränkte, allein die Advokaten, die ja gleichzeitig die zukünftigen Prokuratoren waren, zu examinieren[116].

Das Reichskammergericht wurde im Beisein von acht Prokuratoren und zwei Advokaten eröffnet[117]; später legte man die Anzahl der zugelassenen Prokuratoren wie folgt fest: Die Visitation von 1531 schrieb eine Höchstzahl von

---

111 Vgl. T.1, Tit. XIX, § 2 der RKGO von 1555: *„Und so ein parthey zu ihrem procurator einen advocaten gebrauchen wolt (...), mag sie einen auß den geschwornen advocaten des cammergerichts oder anderer ort nemen"*. Dies soll *„jederzeyt sollichs zu der partheyen freyen willen und gefallen gestelt"* werden; Text bei *Laufs*, RKGO. Siehe auch T.1, Tit. XXXI, § 5 des Concepts einer neuen Kayserlichen Reichs=Kammer=Gerichts=Ordnung von 1613; Text bei *Ludolff*, CJC, Nr. CCCLX (S. 567-764). Das Concept von 1613 glich im wesentlichen der RKGO von 1555; vgl. hierzu *Wiggenhorn*, Reichskammergerichtspozeß, S. 3.

112 *Weißler*, Geschichte, S. 123 f. bezeichnte daher, m. E. in überspitzter Form, den Prokurator als „Vollanwalt", den „Advokaten" als Minderanwalt.

113 § 41 des Abschiedes des Deputations-Tages zu Speier vom 16.8.1557; Text bei *Ludolff*, CJC, Nr. CXXI (S. 224-233). So auch T.1, Tit. XXXI, § 2 des Concepts von 1613; Text bei *Ludolff*, CJC, Nr. CCCLX (S.567-764).

114 So auch *Smend*, Reichskammergericht, S. 343; *Buchda*, Anwalt, Sp. 182 (185). In sozialer Hinsicht hoben sich die reicheren Prokuratoren aber sehr wohl von den Advokaten ab. Hiervon wird noch die Rede sein.

115 Vgl. *Smend*, Reichskammergericht, S. 345 f.; *Weitzel*, Anwälte, S. 257. Einen Anklang eines Anwartschaftrechtes finden wir z. B. in der RKGO von 1555, T.1, Titel XIX, § 2: *„kein advokat, der zu einem procurator nit aufgenommen"*.

116 Vgl. *Buchda*, Anwalt, Sp. 182 (186); *Wiggenhorn*, Reichskammergerichtsprozeß, S. 37; *Weitzel*, Anwälte, S. 257 f.

117 *Buchda*, Anwalt, Sp. 182 (186); *Weitzel*, Anwälte, S. 258. *Weißler*, Geschichte, S. 143 spricht von neun (!) Prokuratoren.

24 vor[118], was in der Reichskammergerichtsordnung von 1555 bestätigt wurde[119], der Reichsabschied von 1570 sprach von 30[120]. Für die Advokaten war nur eine Mindestzahl von 12 vorgegeben.

Neben diesen angenommenen Advokaten und Prokuratoren, die einer Residenzpflicht am Gerichtsort unterlagen und von denen allein diese Darstellung handelt[121], gab es auch nicht angenommene Advokaten, die ihren Wohn- und Kanzleiort überall haben durften[122], häufig aber für die Prokuratoren die Schriftsätze ausarbeiteten[123]. Dies erklärt sich einerseits durch die enormen Entfernungen, die teilweise zwischen dem Ort des Rechtsstreits und dem Reichskammergericht bestanden, und andererseits durch die nach heutigen Maßstäben schlechte verkehrstechnische Situation im Alten Reich; unter diesen Voraussetzungen mußten ortskundige Advokaten akzeptiert werden, da häufig weder die RKG-Anwälte Ortstermine wahrnehmen, noch die Parteien zum Sitz des Reichskammergerichts kommen konnten.

2.) Der Anwaltsvertrag und die Prozeßvollmacht

Die Anwälte vor dem Reichskammergericht schlossen mit ihren Mandanten einen Geschäftsbesorgungsvertrag ab[124], der die jeweiligen Hauptleistungs-

---

[118] § 35 des Visitationsabschiedes von Speyer vom 24.3.1531; Text bei *Ludolff*, CJC, Nr. XLI (S.74-79).

[119] Vgl. T.1, Tit. XVIII. § 1 der RKGO von 1555: *„daß fürhin durch cammerrichter und beisitzer uber vierundzwenzig advocaten und procuratores nit angenommen"*; Text bei *Laufs*, RKGO. Demnach wurden in diese Höchstzahl aber noch beide Gruppen einbezogen.

[120] § 62 des Reichsabschieds von Speier vom 11.12.1570; Text bei *Ludolff*, CJC, Nr. CLXXIX (S. 305-311). Diese Zahl blieb - jedenfalls in normativer Hinsicht bis 1806 - maßgeblich. Vgl. insofern T.1, Tit. XXX des Concepts von 1613 und Nr.I, § 99 des Visitationsabschiedes von 1713; beide Texte bei *Ludolff*, CJC, Nr. CCCLX (S. 567-764) und ohne Nr. S. 963-1009.

[121] Dies erklärt sich schon aus der Quellenlage, da sich die nicht vom RKG angenommenen Advokaten nicht in den einschlägigen Archiven finden und daher nur durch ein sehr aufwendiges Einzelstudium ermittelt werden können.

[122] *Weitzel*, Anwälte, S. 257.

[123] Vgl. zur Praxis der Anfertigung von Prozeßschriften durch auswärtige Anwälte *Smend*, Reichskammergericht, S. 345, der als unabdingbare Voraussetzung hierfür die durch die massenhafte kameralistische Literatur des 17. Jahrhunderts bewirkte allgemeinere Kenntnis des Reichskammergerichtsprozesses anführt.

[124] Vgl. zum Mandatum insbesondere *Coing*, Europäisches Privatrecht, S. 462 f. Danach ist das Mandat ein Vertrag, durch den jemand einem anderen die Erledigung von Geschäften anvertraut. Unterschieden wurde, je nach Prozeßstadium zwischen einem „mandatum extraiudiciale" und einem „mandatum iudiciale". Siehe zum Mandat auch *Weitzel*, Anwälte, S. 260.

pflichten regelte: die Pflicht zur Geschäftsführung und die Zahlung eines Entgelts. Daneben trafen die Anwaltsverträge aber keine weiteren Regelungen über Pflichten und Rechte der Vertragspartner. Vielmehr griff hier die Gerichtsordnung ein, die dies regelte und auf diese Art und Weise die zivilrechtlichen Pflichten des Anwalts öffentlich-rechtlich „überlagerte“[125]. Das zeigte sich insbesondere in der umfassenden Disziplinargewalt des Gerichts[126]. Die Einordnung der anwaltlichen Tätigkeit vor dem Reichskammergericht als eine gemischt zivil- und öffentlichrechtliche beruhte auf der historischen Rolle des Anwalts, der bereits als germanischer Fürsprecher zugleich Helfer des Gerichts gewesen war, und der in dieser engen öffentlich-rechtlichen Bindung auch vor dem Reichskammergericht noch stand.

Während somit das Reichskammergericht über die anwaltlichen Pflichten wachte, galt dies nicht hinsichtlich ihrer Rechte. Daher mußten die Anwälte ihre Lohnansprüche[127] gegen die Mandanten öfters dadurch absichern, daß sie sich deren Habe und Güter verpfänden ließen[128].

Neben dem Anwaltsvertrag bedurften die Prokuratoren einer schriftlichen Prozeßvollmacht[129], mittels derer sie sich vor Gericht zu legitimieren hatten[130]. Diese Vollmacht sollte grundsätzlich mit dem ersten Schriftsatz übergeben werden, was jedoch häufig nicht geschah[131]. Die Prozeßvollmachten beinhalteten oft Generalvollmachten, die alle künftigen Streitigkeiten des Vollmachtgebers

---

125 So *Weitzel*, Anwälte, S. 260 f.

126 Vgl. hierzu sogleich S. 72 f.

127 Vgl. zum Sold und Lohn der Anwälte sogleich S. 73 ff.

128 Vgl. *Wiggenhorn*, Reichskammergerichtsprozeß, S. 39; *Weitzel*, Anwälte, S. 267.

129 Das Mandat bildete nicht das Grundgeschäft der Prozeßvollmacht. Nach *Coing*, Europäisches Privatrecht, S. 463 entwickelte sich der abstrakte Vollmachtbegriff in Deutschland erst in der zweiten Hälfte des 19. Jahrhunderts. Vgl. allgemein zur Prozeßvollmacht *Gernot Kocher*, Art. Prozeßvollmacht, in: HRG IV, Sp. 74-76. Vgl. zur römischen Lehre vom „mandatum“, die entscheidenden Einfluß auf die deutsch-rechtliche Entwicklung hatte *Kaser*, Privatrecht, S. 577 ff., 586 ff. Siehe auch *Coing*, Europäisches Privatrecht, S.462.

130 Vgl. beispielsweise T.1, Tit. XXI, §§ 1-4 der RKGO von 1555, *Wie procuratores mit gnugsamen gewalt, ratificierung und sonst in ander wege versehen sein sollen*; Text bei *Laufs*, RKGO. Vgl. auch die Ausführungen bei *Smend*, Reichskammergericht, S. 344; *Weißler*, Geschichte, S. 210 ff., *Wiggenhorn*, Reichskammergerichtsprozeß, S. 39; *Weitzel*, Anwälte, S. 259.

131 Vgl. *Weitzel*, Anwälte, S. 259; *Weißler*, Geschichte, S. 213 f. erwähnt, daß im Reichskammergerichts-Visitationsabschied von 1559 den säumigen Prokuratoren sogar mit der Absetzung gedroht wurde, und daß ihnen 1721 der Vorwurf gemacht wurde, sie würden mangelhafte Vollmachten des Gegners unbedacht anerkennen.

einschlossen[132]. Außerdem mußten sie sich auch auf die Erben des Mandanten erstrecken sowie einen Ersatzanwalt benennen[133]. Daneben bedurfte es Spezialvollmachten zur Ablegung bestimmter Eide, wie beispielsweise des Appellationseides, oder auch zum Abschluß eines Vergleiches[134]. Alle Vollmachten konnten jederzeit widerrufen werden[135].

3.) Die weiteren Pflichten der Anwälte

Sowohl Prokuratoren als auch die beim Reichskammergericht angenommenen Advokaten hatten einen Eid nach Maßgabe der Kammergerichtsordnung zu schwören, der die Amtspflichten der Anwälte normierte[136]. Danach[137] hatten sie die Sachen ihrer Parteien nach ihrem besten Können treu und fleißig zu besorgen, wissentlich sich keinerlei Unrecht zu bedienen, keine

---

[132] § 101 des Jüngsten Reichsabschieds von 1654 schrieb sogar den Gebrauch von Generalvollmachten vor, um den Prozeß zu beschleunigen: „*Und demnach (...) zu merklicher Verzögerung der Prozessen die Parteien allein Spezialgewält (...) ihren Prokuratorn zustellen und dahero jetztermeldte dero procuratores kraft solcher Spezialkonstitutionen sich aller Qualifikation zu andern Sachen (...) entschütten und die Gegenteil zu Ausbittung neuer aufzügigen Zitationen ad reassumendum genötigt: Als sollen inkünftig ihnen einige dergleichen specialia procuratoria zu übergeben nicht zugelassen, sondern die Partei ihre procuratores mit Generalgewälten zu allen Sachen zu legitimieren angehalten*". Text des J.R.A. bei *Adolf Laufs (Hrsg.)*, Der jüngste Reichsabschied von 1654, Bern/Frankfurt a. M. 1975.

[133] Vgl. zur Vollmachterstreckung auf den Erben der Partei § 99 des Jüngsten Reichsabschieds von 1654: „*so sollen die Gewält gleich anfangs auf der Parteien Erben mitgestellt werden*". Vgl. zur Bestellung eines Ersatzanwalts § 100 des J.R.A. von 1654: „*sollen inkünftig die Parteien schuldig sein, gleich zu Eingang des Rechtsstandes dem Prokuratorn einen substitutum (...) beizuordnen, welcher auf den Fall des procuratoris vor der Sachen Endschaft erfolgenden tödlichen Hintritts oder sonsten anderwärte Veränderung seines Standes alsobald ohne weitere Bestellung den Prozeß zu kontinuieren mächtig und gehalten sein*"; Text bei *Laufs*, J.R.A. Beide Regelungen dienten vornehmlich der Prozeßbeschleunigung.

[134] *Wiggenhorn*, Reichskammergerichtsprozeß, S. 40; *Weitzel*, Anwälte, S. 259; *Kocher*, Prozeßvollmacht, Sp. 74 (75).

[135] *Wiggenhorn*, Reichskammergerichtsprozeß, ebd.; *Weitzel*, Anwälte, ebd.

[136] Siehe den Prokuratoreneid in § 6 der RKGO von 1495, den Advokateneid in § 7 RKGO von 1495; Text bei *Zeumer*, Quellensammlungen, Nr. 174 (S. 284 ff.) Vgl. weiter T.1, Tit. LXIII (Prokuratoreneid) und LXIV (Advokateneid) der RKGO von 1555; Text bei *Laufs*, RKGO.

[137] Die folgenden Ausführungen beziehen sich auf T.1, Tit. LXIII der RKGO von 1555, *Der procurator eydt*. Der Advokateneid in T.1, Tit. LXIV stimmte damit im großen und ganzen überein; im Unterschied zu den Prokuratoren wurden sie jedoch nur auf „*Gott und das heylig evangelium*" und nicht auch noch auf „*der keyserlichen mayestat oder dem cammerrichter an irer l. und keyserlichen mayestat statt*" vereidigt.

Prozeßverzögerung zu betreiben, über jegliche Äußerungen ihrer Parteien Verschwiegenheit zu wahren, das Gericht und die Gerichtspersonen zu ehren, und bei Androhung von Strafe sich ordentlich vor Gericht zu verhalten. Sie sollten das ihnen vom Kammergericht zugesprochene Entgelt nicht auf Kosten der Parteien zu erhöhen suchen, und im Streitfall über die Anwaltsgebühr die Entscheidung des Kammerrichters und der Beisitzer einholen und akzeptieren. Auch sollten sie die angenommenen Sachen getreu zu Ende führen und sich ihrer nicht grundlos entledigen.

Außerdem gab es Prozeßeide, wie den Kalumnieneid[138], der vor jeder wichtigen Prozeßhandlung, beispielsweise nach erfolgter Litiskontestation, der Streit- oder Kriegsbefestigung[139], zu schwören war, und in dem der Prokurator zusichern mußte, daß er glaube, „*eyn gute sach zu haben*"[140].

Auch das Sollizitieren[141], wonach nur noch solche Sachen zum Spruch kommen sollten, die vom Reichskammergericht auf ausdrückliches Andringen der Parteien dazu bestimmt wurden, gehörte zu den anwaltlichen Pflichten. Doch artete dieses Rechtsinstitut, das eigentlich zur Prozeßbeschleunigung gedacht war, dahingehend aus, das ein jeder sollizitierend tätig werden und daraus ein einträgliches Geschäft machen konnte[142]. Nachdem der Visitationsabschied von 1713 den Prokuratoren schon die Gebühr für das Sollizitieren gestrichen hatte[143],

---

138 Vgl. hierzu *Wolfgang Sellert*, Art. Kalumnieneide, in HRG II, Sp. 566-570, wonach der Kalumnieneid vor „jeder schikanösen Verwicklung in einen Zivil-oder Strafprozeß schützen sollte." Siehe beispielhaft auch T.1, Tit. LXV der RKGO von 1555, *Wie die procuratores iuramentum calumniae schweren sollen*; Text bei *Laufs*, RKGO. Jedoch verlor der Kalumnieneid infolge des naturrechtlichen Denkens an Bedeutung. Man verließ sich auf die zu beweisenden Tatsachen; vgl. insofern wiederum *Sellert*, Sp. 566 (568).

139 Vgl. hierzu *Wolfgang Sellert*, Art. Litis contestatio, in: HRG III, Sp. 14-20. Zur Litiskontestation und den Wandlungen dieser Prozeßrechtsfigur vor dem RKG insbesondere Sp. 17.

140 T.1, Tit. LXV der RKGO von 1555, *Wie die procuratores iuramentum calumniae schweren sollen*; Text bei *Laufs*, RKGO.

141 Nach *Weißler*, Geschichte, S. 149 f. und *Weitzel*, Anwälte, S. 260 soll das Sollizitieren erst durch den Jüngsten Reichsabschied von 1654 eingeführt worden sein; vgl. insofern § 152 J.R.A.; Text bei *Laufs*, J.R.A. Es gab jedoch das Sollizitieren schon früher. So erwähnt es die RKGO von 1555 in T.1, Tit. XIII § 14; T.1, Tit. XXIV §§ 2,4; T.1, Tit. XXXIII § 4 und T.1, Tit. XXXIX § 2; Text bei *Laufs*, RKGO. Vgl. allgemein zur Sollizitatur auch *Sellert*, Prozeßgrundsätze, S. 332 ff.

142 Vgl. *Weißler*, Geschichte, S. 149 f.; *Weitzel*, Anwälte, S. 260.

143 Nr. 4, § 17, Nr. 20 des Visitationsabschieds von 1713; Text bei *Ludolff*, CJC, ohne Nr. (S. 963-1009).

wurde 1768 dann jegliches gewerbsmäßiges Sollizitieren verboten[144]. Nur noch die Parteien selbst sowie die Advokaten und Prokuratoren in ihren eigenen Sachen durften sollizitieren[145].

Eine weitere anwaltliche Pflicht ergab sich aus dem Armenrecht[146], das schon in dem Entwurf der Kammergerichtsordnung von 1471[147] aufgenommen und auch in der Reichskammergerichtsordnung von 1555 festgeschrieben war[148]. Dabei mußten die Anwälte unentgeltlich für bedürftige Arme tätig werden, die ihnen jeweils vom Kammerrichter zugewiesen wurden[149]. Diese Pflicht hatten die Anwälte bei Strafe der Amtsenthebung durchzuführen[150]. Auch durften sie die Sachen nicht an andere Anwälte weitergeben[151]. Der Arme mußte dabei seine Bedürftigkeit anhand *„eyn urkundt von seiner obrigkeit oder andern glaubwirdigen personen"* nachweisen *„oder aber zum wenigsten etlichermassen anzeyg und scheine seiner armuth darthun"*[152]. Es handelte sich folglich um eine auf die Anwälte abgewälzte Form der Prozeßkostenhilfe. Die Anwälte sollen dieser Pflicht übrigens oft nur widerwillig nachgekommen sein[153].

---

[144] Hinweis bei *Weitzel*, Anwälte, S. 260. Er nennt als Grund für dieses Verbot eine Beschwerde der Prokuratoren bei der Visitationskommission über Winkel-Sollizitanten und einige Kollegen, die anscheinend auch ohne Gebühr am Sollizitieren verdienten.

[145] Vgl. *Weißler*, Geschichte, S. 150.

[146] Vgl. zum Armenrecht *Smend*, Reichskammergericht, S. 349; *Weißler*, Geschichte, S. 133 f.; *Wiggenhorn*, Reichskammergerichtsprozeß, S. 41 und die prozessuale Behandlung des Armenrechts ausführlich darstellend auf S. 165 ff; *Weitzel*, Anwälte, S. 260.

[147] Vgl. § 6 des Entwurfes der Kammergerichtsordnung von 1471; Text bei *Zeumer*, Quellensammlungen, Nr. 170 (S. 270 ff.).

[148] Vgl. T.1, Tit. XIX § 5; T.1, Tit. XLI §§ 1-3 der RKGO von 1555; Text bei *Laufs*, RKGO.

[149] Vgl. T.1, Tit. XIX § 5 der RKGO von 1555: *„Auf daß auch niemants armuth halber rechtloß gelassen werde, so soll der cammerrichter (...) die sachen der armen (...) den advocaten und procuratorn, inen darin zu rathen und zum besten im rechten fürzubringen, bevelhen"*.

[150] T.1, Tit. XIX § 5 der RKGO von 1555.

[151] T.1, Tit. XIX § 5 der RKGO von 1555.

[152] T.1, Tit. XLI § 1 der RKGO von 1555. Hingegen waren die Voraussetzungen der Armut in der Prozeßordnung nicht genau festgelegt. Sie ergaben sich aber aus dem Armeneid, beispielsweise gem. T.1, Tit. XCVI des Concepts von 1613, Text bei *Ludolff*, CJC, Nr. CCCLX (S.567-764), wonach der Schwörende erklären mußte, daß er arm sei, nicht über liegende oder fahrende Habe verfüge und die Kanzleigebühren nicht zahlen können, sowie sein Vermögen nicht in *„gefährlicher Weiß (...) veräußert/oder übergeben"* habe. Außerdem mußte er schwören, daß er, sobald er wieder zu Vermögen gekommen sei, seine Gebühren bezahle.

[153] So *Weitzel*, Anwälte, S. 260.

4.) Die Rolle der Anwälte im Prozeßgeschehen

a) Der Kameralprozeß

Den Reichskammergerichtsprozeß[154] in seinen Einzelheiten und Veränderungen[155] darzustellen, ist hier nicht der richtige Ort; es sollen nur die Merkmale angesprochen werden, die zum Verständnis der Rolle der Anwälte im Prozeßgeschehen unentbehrlich sind.

(1) Die Verfahrensabschnitte

Der Kameralprozeß teilte sich in zwei Abschnitte: einen außergerichtlichen, das Extrajudizialverfahren, und einen gerichtlichen, das Judizialverfahren[156]. Im Extrajudizialverfahren entschied das Gericht über die Zulassung der Klage[157], wobei vornehmlich die Zuständigkeit[158], die formgerechte Klage, die gattungsmäßige Einordnung der Sache sowie in oberflächlicher Form die Stichhaltigkeit des Begehrens des Klägers geprüft wurde. Eine Anhörung des Beklagten fand im Extrajudizialverfahren grundsätzlich nicht statt.

Im Judizialverfahren[159], das entsprechend seinem Namen vor Gericht, dem „judicium", also während der öffentlichen Audienzsitzungen des Gerichts stattfand, entschied das Gericht über die Streitsache. Zur Teilnahme an den Audienzen, die unter Vorsitz des Kammerrichters, eines Präsidenten oder Assessors einem festen Turnus folgten[160], waren alle Prokuratoren verpflichtet,

---

[154] Vgl. zum Reichskammergerichtsprozeß die akribische Arbeit von *Bettina Dick*, Die Entwicklung des Kameralprozesses nach den Ordnungen von 1495 und 1555, Köln/Wien 1981. Siehe auch *Laufs*, RKGO, S. 30-50, *Wiggenhorn*, Reichskammergerichtsprozeß; *Wolfgang Sellert*, Art. Prozeß des Reichskammergerichts, in: HRG IV, Sp. 29-36, wo sich eine umfangreiche Bibliographie findet.

[155] *Laufs*, RKGO, S. 9 spricht von *„zahlreichen Wachstumsringen, die sich in dichter Folge alsbald um die Wormser Satzung des Jahres 1495 legten"*.

[156] Vgl. hierzu *Wiggenhorn*, Reichskammergerichtsprozeß, S. 98-106.

[157] Vgl. § 79 des J.R.A. von 1654, *„in Erkennung der Prozessen"*; Text bei *Laufs*, J.R.A. „Prozess" bedeutet im kameralen Sprachgebrauch die einen Rechtsstreit einleitenden gerichtlichen Befehle; vgl. hierzu *Wiggenhorn*, Reichskammergerichtsprozeß, S. 98.

[158] Vgl. *Wiggenhorn*, Reichskammergerichtsprozeß, S. 105 f., der als Grund für das Bestehen eines Extrajudizialverfahrens die oftmals schwierige Zuständigkeitsprüfung des RKG aufgrund der vielen unklaren und unvollständigen Bestimmungen nennt. Es sollte der Gefahr vorgebeugt werden, daß ein weit vom Gerichtsort entfernt wohnender Beklagte grundlos in einen Prozeß vor dem RKG gezogen wurde.

[159] Die Ausführungen zum Judizialverfahren folgen im wesentlichen *Wiggenhorn*, Reichskammergerichtsprozeß, S. 99 ff.

[160] Zwischen den Jahren 1660 und 1805 montags-, mittwochs- und freitags nachmittags, seit Oktober 1805 nur noch Mittwoch und Samstag jeweils um 12 Uhr.

weil sie sich über Entscheidungen in ihrer Sache sowie über die ebenfalls verkündeten Gemeinen Bescheide und Visitationsschlüsse zu informieren hatten. Die Audienzen fanden in einem sehr feierlichen Rahmen statt[161], und dienten dazu, daß die Prokuratoren ihre Schriftsätze übergaben und die diesbezüglichen Erklärungen, die sogenannten „Rezesse“[162] vortrugen, die von den Schreibern und Protonotaren protokolliert wurden. Durch die Anwesenheitspflicht aller Prokuratoren hatte man immer den jeweiligen Anwalt der Gegenseite zur Hand. Auf diese Weise sollte das Verfahren erster Instanz von Rezeß zu Rezeß fortschreiten und nach zwölf Terminen innerhalb eines Jahres urteilsreif sein[163]. Da dies jedoch in der Praxis zunehmend immer weniger gelang[164], wurde 1659/60 das Diktieren der Rezesse aus Gründen der Zeitersparnis abgeschafft; stattdessen sollten jetzt die Prokuratoren schriftlich vorgefaßte Rezesse sowohl zu Protokoll geben, als auch verlesen[165]. Daher existierten neben den schriftlichen auch mündliche Rezesse, die sogennanten Oral-Rezesse[166], die aber niemals die Sache betrafen, sondern nur prozessuale Ausführungen darstellten[167].

(2) Die Prozeßgattungen

Der Kameralprozeß kannte drei verschiedene Prozeßgattungen: das Mandats-, das Zitations- und das Appellationsverfahren[168].

---

[161] Der Kammerrichter unter einem Baldachin, aber auch die Präsidenten und Assessoren trugen zum Zeichen ihrer Würde eine Kopfbedeckung und einen Degen, welches den Prokuratoren nicht gestattet wurde. Vgl. die bildlichen Darstellungen in *Ingrid Scheurmann (Hrsg.)*, Frieden durch Recht. Das Reichskammergericht von 1495 bis 1806, 1994, Katalognr. 58, 71, 157.

[162] Vgl. zu den Rezessen ausführlich wiederum *Wiggenhorn*, Reichskammergerichtsprozeß, S. 116 ff.

[163] Siehe hierzu auch *Weitzel*, Anwälte, S. 261 f.; *Weißler*, Geschichte, S. 136.

[164] Vgl. zur Prozeßverzögerung vor dem RKG statt vieler das abgewogene Urteil von *Bernhard Diestelkamp*, Verwissenschaftlichung, Bürokratisierung, Professionalisierung und Verfahrensintensivierung als Merkmale frühneuzeitlicher Rechtsprechung, in: Ingrid Scheurmann (Hrsg.), Frieden durch Recht. Das Reichskammergericht von 1495 bis 1806, 1994, S. 110 ff. (117); soweit die Anwälte betroffen waren *Weitzel*, Anwälte, S. 262 ff., der Fristprobleme, Probleme des Geschäftsganges, insbesondere zwischen Extrajudizial- und Judizialverfahren, sowie das Arbeitsaufkommen in den Audienzen erwähnt.

[165] Vgl. hierzu auch *Weitzel*, Anwälte, S. 264.

[166] Vgl. hierzu *Weißler*, Geschichte, S. 138 f.; *Weitzel*, Anwälte, S. 264.

[167] Nach *Sellert*, Prozeß, Sp. 29 (31); *Weitzel*, Anwälte, S. 264 f. und *Weißler*, Geschichte, S. 138 f. nutzten die Prokuratoren die Oral-Rezesse zu Wortgefechten mit der Gegenseite und verzögerten dadurch den Prozeßbetrieb.

[168] Die Ausführungen zu den Prozeßgattungen folgen im wesentlichen *Wiggenhorn*, Reichskammergerichtsprozeß, S. 82 ff. Vgl. auch an kurzen Darstellungen *Gerhard Buchda*,

Erstinstanzlich war das Reichskammergericht im Zitations- und im Mandatsprozeß zuständig.

Das Zitationsverfahren wurde durch eine Citatio[169] eingeleitet, d.h. durch die Ladung des Beklagten - vertreten durch einen bevollmächtigten Prokurator - vor Gericht zu erscheinen, und seine Stellungnahme zum Klagevorwurf vorzubringen. Zulässig war dieses Verfahren allein in den Fällen, in denen das Reichskammergericht, abgesehen vom Mandatsverfahren, erstinstanzlich zuständig war, also bei Klagen aufgrund von Landfriedensbrüchen, bei Prozessen Reichsunmittelbarer gegeneinander, sowie bei Klagen von Untertanen gegen ihre reichsunmittelbare Obrigkeit.

Im summarischen Mandatsverfahren[170], für das ebenfalls eine erstinstanzliche Zuständigkeit des Reichskammergerichts bestand, erließ das Gericht auf Antrag des Klägers ohne vorherige Stellungnahme des Beklagten einen richterlichen Befehl, das sogenannte, in der Regel mit einer Geldstrafe bewehrte Mandat, um ein offenkundig rechtswidriges Verhalten des Beklagten abzustellen. Das Reichskammergericht konnte Mandate in zweierlei Form erlassen: Ein Mandatum sine clausula, einen unbedingten Befehl, gegen das der Beklagte allein die forideklinatorische Einrede und die Einrede des erschlichenen Befehls vorbringen konnte, und das deswegen nur in wenigen, gesetzlich genau festgellten Fällen erlassen werden durfte und ein Mandatum cum clausula, einen bedingten Befehl, gegen das der Beklagte alle zulässigen Einreden oder Exceptionen vorbringen durfte. Zusammen mit dem Mandat erging an den Beklagten auch im Mandatsprozeß eine Citatio, vor allem um die Befolgung des Mandats anzuzeigen. Befolgte der Beklagte das Mandat, kam es nicht zu einem streitigen Verfahren. Befolgte er es aber nicht oder brachte er Einreden vor, ähnelte der Verlauf des Mandatsprozesses einem Zitationsverfahren.

Art. Appellation, in: HRG I, Sp. 196-200; *Manfred Hinz*, Art. Mandatsprozeß, in: HRG III, Sp. 232-240, insbesondere zum reichskammergerichtlichen Mandatsprozeß Sp. 234-238; *Adolf Laufs*, Art. Reichskammergericht, in: HRG IV, Sp.655-662, insbesondere Sp. 658 ff.; *Wolfgang Sellert*, Art. Nichtigkeitsklage, Nichtigkeitsbeschwerde, in: HRG III, Sp. 974-978. Ausführlicher dann *Dick*, Entwicklung, S. 87-103 zum erstinstanzlichen Verfahren, S. 198-210 zum Appellationsverfahren und zur Nichtigkeitsklage sowie *Jürgen Weitzel*, Zur Zuständigkeit des Reichskammergerichts als Appellationsgericht, in: ZRG (GA) 90 (1973), S. 213-245.

169 Vgl. zur Citatio *Wolfgang Sellert*, Art. Ladung, in: HRG II, Sp. 1336-1350, insbesondere zur Ladung vor dem Reichskammergericht Sp. 1344-1347.

170 Vgl. zum Mandatsprozeß §§ 76-80 des J.R.A., Text bei *Laufs*; J.R.A. Der Mandatsprozeß entwickelte sich im Laufe des 16. Jahrhunderts und kann als Vorläufer unserer heutigen einstweiligen Verfügung gem. §§ 935, 940 ZPO gelten, beinhaltet aber auch Elemente des Mahnverfahrens. Nach *Hinz*, Mandatsprozeß, Sp. 234 ff. hat er entscheidend zur Effektivität des RKG beigetragen, da das Gericht auf diesem Wege seinen Zuständigkeitsbereich auf erstinstanzliche Ausnahmesituationen ausweiten konnte.

Als Rechtsmittelinstanz wurde das Reichskammergericht im Appellationsverfahren zuständig. Hiebei überprüfte es die untergerichtliche Entscheidung, sofern kein privilegium de non appellando[171] bestand, sowohl in rechtlicher als auch in tatsächlicher Hinsicht. Neben dieser Devolutivwirkung hatte die Appellation an das Reichskammergericht auch aufschiebende Wirkung. Voraussetzung jeder Appellation war das Erreichen einer bestimmten Appellationssumme[172], um die der Appellant beschwert sein mußte. Erachtete das Reichskammergericht eine Appellation für zulässig, so erließ es neben der Citatio noch eine „Inhibitio", die dem Unterrichter verbot, in der betreffenden Streitsache in jedweder Art und Weise tätig zu werden, sowie eine „Compulsoriales", womit dem Unterrichter befohlen wurde innerhalb einer bestimmten Frist sämtliche Prozeßakten in beglaubigter Abschrift herauszugeben.

Daneben war das Reichskammergericht trotz eines privilegium de non appellando zuständig, wenn entweder eine Nichtigkeitsbeschwerde aufgrund eines groben Rechtsverstoßes anhängig gemacht wurde oder gegen Rechtsverzögerung oder Rechtsverweigerung durch Untergerichte geklagt wurde[173].

---

[171] Vgl. zu den Appellationsprivilegien *Gerhard Buchda*, Art. Appellationsprivilegien, in: HRG I, Sp. 200 f. Die ersten Appellationsprivilegien wurden in der Goldenen Bulle von 1356 den Kurfürsten erteilt. In der Folgezeit bestätigte der Kaiser diese Privilegien, erteilte aber auch neue. Neben dem unbeschränkten privilegio de non appellando existierten auch beschränkte, wonach teils die Appellationssumme erhöht, teils aber auch bestimmte Streitigkeiten für inappellabel erklärt wurden. Zu betonen ist jedoch, daß Untertanen trotz eines Appellationsprivilegs ihres Territorialherren Klage beim RKG wegen Rechtsverzögerung oder –verweigerung sowie Nichtigkeit eines Aktes der Territorialjustiz erheben konnten; vgl. hierzu beispielsweise *Bernhard Diestelkamp*, Rechtsfälle aus dem Alten Reich – denkwürdige Prozesse vor dem Reichskammergericht, München 1995, S. 28 f.

[172] Gem. Titel XXIV § 1 der RKGO von 1521 galt zuerst eine Summe von 50 Gulden als Mindeststreitwert. Dieser Betrag wurde dann nach und nach erhöht; Text bei *Ludolff*, CJC, Nr. XVI, (S.44-56). Gem. T.2, Tit. XXXI, § 4 des Concepts von 1613 betrug die Summe schon 300 Reichstaler; Text bei *Ludolff*, CJC, Nr. CCCLX (S. 567-764). Bei einer Appellation in Streitfällen, die Zinsen und Nutzungen betrafen, mußte die Summe 16 Reichstaler betragen. Von diesen Bestimmungen wurde jedoch in Ausnahmefällen abgewichen; vgl. T.2, Titel XXXI, § 6 des Concepts von 1613.

[173] Vgl. zum Problem, ob eine Nichtigkeitsklage nur zusammen mit einer Appellation, was ein privilegium de non appellando zur Anwendung kommen ließe, oder auch selbständig geltend gemacht werden konnte, *Jürgen Weitzel*, Der Kampf um die Appellation ans Reichskammergericht. Zur politischen Geschichte der Rechtsmittel in Deutschland, 1976, S. 46 ff. *Weitzel* zeigt auf, daß diese im 16. Jahrhundert kontrovers diskutierte Frage in einem engen Zusammenhang mit den Bestrebungen der Territorialherren auf Erlangung einer uneingeschränkten Jurisdiktionsgewalt gesehen werden muß.

(3) Die Prozeßmaximen

Zu den Maximen des Prozesses[174] vor dem Reichskammergericht gehörte vor allem der Grundsatz der Schriftlichkeit[175], der aus dem römisch-kanonischen Verfahren übernommen wurde[176]. Dieser Grundsatz wurde nur durch die bereits erwähnten Audienzen unterbrochen. Weiter charakterisierte den Prozeß vor dem Reichskammergericht die Verhandlungsmaxime, derzufolge den Parteien die Verantwortung über den Prozeßstoff überlassen wurde, und die Dispositionsmaxime, die die Parteien über Beginn, Verlauf und Ende des Prozesses bestimmen ließ[177]; außerdem das Reihenfolgeprinzip, wonach die einzelnen Verfahrensabschnitte in einer bestimmten Reihenfolge abzuhandeln waren, und die Eventualmaxime, die forderte, daß alle gleichartigen Prozeßhandlungen zu einem bestimmten Termin auf einmal vorgenommen werden, weil ansonsten die Präklusion drohte[178]. Diese Grundsätze waren im großen und ganzen bereits in der Reichskammergerichtsordnung von 1500 enthalten[179].

Dies gilt auch für den Artikelprozeß[180], der aber durch den Jüngsten Reichsabschied von 1654 beseitigt wurde. Der Artikelprozeß forderte in römisch-kanonischer Tradition vom Kläger, daß er nach Klageerhebung und erfolgter Streitbefestigung, seinen Vortrag in scharf abgerenzte Behauptungen zerlegte, auf die der Beklagte dann einzeln Stellung zu nehmen hatte, wodurch wiederum der Kläger die Beweisartikel ermitteln konnte, die durch die Fragstücke des Beklagten ergänzt wurden und die Zeugenvernehmung bestimmten. Aufgrund der Langsamkeit dieses Verfahrens erlaubte dann letztendlich[181] der J.R.A.[182], beeinflußt vom sächsischen Prozeß[183], dem Kläger

---

174 Vgl. hierzu *Gerhard Wesener*, Art. Prozeßmaximen, in: HRG IV, Sp. 55-62.

175 Vgl. insofern T.3 Titel. XL, § 1 der RKGO von 1555; Text bei *Laufs*, RKGO: „*Wir ordnen und setzen, daß zu förderlicher Verfertigung der Sachen, auch Gewißheit der Partheyen Vorbringen, hinfürter durch die Procuratores alle ihre Materien und Handlungen in Schriften vorgewandt (...) werden soll*“. Nach *Dick*, Entwicklung, S. 120 wurde das Prinzip der Schriftlichkeit aus Gründen der Prozeßbeschleunigung eingeführt.

176 Vgl. *Wesener*, Prozeßmaximen, Sp. 55 (57); *Dick*, Entwicklung, S. 119 ff.

177 Vgl. *Sellert*, Prozeß, Sp. 29 (31); *Wesener*, Prozeßmaximen, Sp. 55 (57).

178 Vgl. zum Reihenfolgeprinzip und zur Eventualmaxime *Wesener*, Prozeßmaximen, Sp. 55 (56 f.).

179 Vgl. *Dick*, Entwicklung, S. 104 ff.; *Laufs*, RKGO, S. 12 f. Text der RKGO vom 10.9.1500 bei *Ludolff*, CJC, Nr. V (S. 12-21).

180 Vgl. schon Tit. XII der RKGO von 1496; Text bei *Ludolff*, CJC, Nr. III (S. 7-12). Vgl. hierzu *Gerhard Buchda*, Art. Artikelprozeß, in: HRG I, Sp. 233 f.; siehe auch *Wesener*, Prozeßmaximen, Sp. 55 (57 f.) und *Sellert*, Prozeßgrundsätze, S. 145 ff.

181 Vgl. zu den ersten Reformen *Buchda*, Artikelprozeß, Sp. 233 (234); *Sellert*, Prozeß, Sp. 29 (33).

die Klageabfassung und dem Beklagten die Klageerwiderung in summarischer Weise.

b) Der Anwaltszwang und die „Ordnung“

Vor dem Reichskammergericht bestand ursprünglich kein Anwaltszwang; vielmehr wurde den Parteien gestattet, selbst vor Gericht aufzutreten[184]. Doch schon in der 1. Hälfte des 16. Jahrhunderts entwickelte sich der Grundsatz, daß das Gericht nur noch von den Prokuratoren unterschriebene Schriftstücke zu den Akten nahm. Auch wenn niemals das persönliche Auftreten der Partei vor Gericht ausgeschlossen wurde, und die Parteien im 16. und 17. Jahrhundert[185] sogar noch Prozeßeide ablegen konnten, schloß der dem Reichskammergericht eigentümliche Prozeßbetrieb auch ohne ausdrückliches Verbot das Auftreten der Parteien vor Gericht in der Praxis aus. Dieser Zustand wurde im 18. Jahrhundert als geltendes Recht betrachtet, so daß erst ab dann von einem wirklichen Prokuratorenzwang gesprochen werden kann[186].

Eine weitere wesentliche Eigenart des reichskammergerichtlichen Verfahrens bestand in der sogenannten „Ordnung“[187], die aus Gründen der Zeitersparnis entwickelt wurde. Wie schon ausgeführt, hatten die Prokuratoren in den Audienzen ihre Schriftsätze zu übergeben und die entsprechenden Erklärungen, die Rezesse abzugeben. Die „Ordnung“ bestimmte in zweifacher Form[188] die Reihenfolge des Prozeßganges: Zum ersten ordnete sie die Rezeßsachen in

---

182 Vgl. §§ 34, 35, 37, 41, 49, 52, 64 des J.R.A.; Text bei *Laufs*, J.R.A.

183 Dies bezweifelt *Sellert*, Prozeß, Sp. 29 (33), der vielmehr eine eigene gemeinrechtliche Entwicklung am RKG befürwortet. Vgl. hierzu auch die detaillierte Begründung bei *Sellert*, Prozeßgrundsätze, S. 147 ff.

184 Vgl. zum Anwaltszwang vor dem Reichskammergericht *Smend*, Reichskammergericht, S. 343 f.; *Wiggenhorn*, Reichskammergerichtsprozeß, S. 39; *Weitzel*, Anwälte, S. 261; *Sellert*, Prozeßgrundsätze, S. 117.

185 Vgl. T.1, Tit. LXXXVIII ff. des Concepts von 1613, die u.a. auch noch die Formulare für die Prozeßeide der Parteien enthalten; Text bei *Ludolff*, CJC, Nr. CCCLX (S. 567-764).

186 So auch *Smend*, Reichskammergericht, S. 344; *Wiggenhorn*, Reichskammergerichtsprozeß, S. 39; *Sellert*, Prozeßgrundsätze, S. 117.

187 Vgl. zur „Ordnung“ *Weißler*, Geschichte, S.138-143; *Wiggenhorn*, Reichskammergerichts-prozeß, S. 118-120; *Weitzel*, Anwälte, S. 263 f.

188 Die Einteilung in Rezeßgruppen sollte die ursprünglich allein bestehende Einteilung der Prokuratoren nach dem Anciennitätsprinzip verbessern, weil bei letzterem der Turnus zu langsam umging. Doch auch die zweifache „Ordnung“ verkürzte den Turnus keineswegs; vgl. insofern mit plastischen Beispielen *Weißler*, Geschichte, S. 140 f. und *Weitzel*, Anwälte, S. 264.

fünf[189] Rezeßgruppen[190], die der Pedell nacheinander aufrief. Dabei fragte er die Prokuratoren, ob sie in der jeweiligen Gruppe rezessieren wollten. Innerhalb einer jeden Rezessgruppe bestimmte sich die „Ordnung" nach dem Datum der Zulassung zur Advokatur[191]. Derjenige Prokurator, der zuerst Advokat geworden war, rezessierte zuerst[192]; es folgten die anderen Advokaten entsprechend der Dauer ihrer Advokatur. Doch trotz der „Ordnung" waren die Audienzen nach wie vor überlastet, was insbesondere die Fristen überflüssig werden ließ[193].

5.) Die Disziplinargewalt des Reichskammergerichts

Das Reichskammergericht übte über alle zugelassenen Advokaten und Prokuratoren eine umfassende Disziplinargewalt[194] aus, mit der vornehmlich das prozessuale Auftreten vor Gericht überwacht wurde. Das Gericht achtete aber auch darauf, daß keiner der Prokuratoren mehr Sachen vertrat, als ihm im Sinne einer ordnungsgemäßen Amtsführung möglich war. Auch die Leistung und den Arbeitseifer der Anwälte kontrollierte das Gericht; es konnte bei diesbezüglichen Mängeln sogar die Beurlaubung der Anwälte, also ihre Entlassung verfügen[195]. Dies geschah jedoch in der Praxis in erster Linie aus politischen Gründen, wie

---

[189] Sowohl die Anzahl, als auch der Inhalt der Rezessgruppen scheint häufig gewechselt zu haben. So nennt die RKGO von 1555 in T.3, Titel V § 1 noch sechs Umfragen; Text bei *Laufs*, RKGO.

[190] *Wiggenhorn*, Reichskammergerichtsprozeß, S. 119 nennt folgende Gruppen: 1. Die Gruppe, die die fiskalischen Rezesse erfaßte; 2. Ordo sententiarum, die diejenigen Rezesse erfaßte, die die in den Urteilen enthaltenen Auflagen betrafen; 3. Ordo reproductionis, die sich auf Reproduktionen bezog; 4. Ordo novarum, die diejenigen Rezesse betraf, die sich nicht in eine der anderen Gruppen einordnen ließen; 5. Ordo terminarum, die die fristgebundenen Rezesse erfaßte.

[191] So *Wiggenhorn*, Reichskammergerichtsprozeß, S. 119; *Weißler*, Geschichte, S. 140 nennt hingegen das Datum der Zulassung zur Prokuratur; dem schließt sich auch *Weitzel*, Anwälte, S. 263 f. an.

[192] Dies galt jedoch nicht für den kaiserlichen Fiskalprokurator, der vor allen anderen Prokuratoren rezessierte; vgl. insofern *Wiggenhorn*, Reichskammergerichtsprozeß, S. 119.

[193] Vgl. hierzu *Weißler*, Geschichte, S. 141; *Weitzel*, Anwälte, S. 264.

[194] Vgl. T.1, Titel LII. §§ 1-3 der RKGO von 1555; Text bei *Laufs*, RKGO. Siehe zur Disziplinargewalt des Reichskammergerichts des weiteren *Smend*, Reichskammergericht, S. 351; *Weißler*, Geschichte, S. 130 f.; *Wiggenhorn*, Reichskammergerichtsprozeß, S. 170 ff.; *Weitzel*, Anwälte, S. 265 f.

[195] Vgl. beispielsweise T.1 Titel LII. § 2 der RKGO von 1555, Text bei *Laufs*, RKGO: *„Und uber das alles soll cammerrichter und beisitzer vorbehalten sein und zu ihrer macht und bescheydenheyt stehen, (...) mit (...) zeytlicher oder gentzlicher entsetzung seins ampts (...) zu straffen"*.

die Entlassung der protestantischen Prokuratoren 1548 zeigte[196]. Aber es traf auch Prokuratoren aufgrund tatsächlich oder angeblich ungebührlichem Verhalten gegenüber dem Gericht, wie *Johann Trach*[197] und *Damian Ferdinand Haas*[198].

Während das Gericht diese disziplinarisch begründeten Entlassungen oder Rückstufungen durch Urteil verfügte, wurden die anderen Strafen, in aller Regel[199] Geldstrafen, die aufgrund des Verhaltens der Anwälte im Prozeßbetrieb ergingen, durch formlose Bescheide ausgesprochen. Hierbei rügte das Gericht nicht nur alle Arten der Prozessverschleppung durch überflüssige Rezesse und Schriftsätze und unentschuldigtes Fernbleiben von der Audienz, sondern auch jegliches unehrbietiges und ungehorsames Verhalten der Anwälte vor Gericht[200]. Da die Anwälte auch ihren Urlaub vom Kammerrichter erbitten mußten[201], wurde auch ein nicht genehmigter Urlaub bestraft.

Die Geldstrafen flossen, soweit es sich nicht um einen Goldbetrag handelte, der an den Fiskus ging, in die Armenkasse[202].

6.) Anwaltskosten, Entgelt und Bezahlung

Die Gerichtskosten des Kameralprozesses umfaßten die Kanzleikosten, d.h. die Vergütung für jegliche Kanzleiarbeiten, und die Anwaltskosten oder Deserviten[203].

---

[196] Ausführlicher hierzu *Weißler*, Geschichte, S. 147 f. Die protestantischen Prokuratoren mußten aber 1552 aufgrund des Passauer Friedens wieder aufgenommen werden.

[197] Vgl. hierzu genauer *Weißler*, Geschichte, S. 147.

[198] Die Hintergründe der Entlassung von *Haas* als Prokurator und seine Degradierung zum Advokaten im Jahr 1786 stellt *Jürgen Weitzel*, Damian Ferdinand Haas, genauer dar. Vgl. zu *Haas* auch die Biographie.

[199] T.1 Titel LII. § 2 der RKGO von 1555; Text bei *Laufs*, RKGO. Hiernach wurden in der ersten Zeit neben Geldstrafen und Entlassungen auch Hausarreste und „Thurn“, d.h. Gefängnis verhängt. Hinzu konnte die sogenannte „Deprekation“ kommen, welche in der Audienz den Widerruf sowie das Zerreißen der bemängelten Schriftsätze und ein „Ausschreien“ der beanstandeten Prokuratoren beinhaltete. Während der ganzen Zeit existierte die Suspension auf Zeit vom Dienst oder vom Zutritt zur Audienz und die Zurücksetzung bei der Reihenfolge im Vortrag. Vgl. hierzu auch *Weißler*, Geschichte, S. 130 und *Weitzel*, Anwälte, S. 266.

[200] T.1 Titel LII. § 1 der RKGO von 1555; Text bei *Laufs*, RKGO: *„keyner den andern schriftlich oder mündtlich schumpfiren, sonder sich der erbarkeyt vor gericht gebrauchen sollen“.* Siehe hierzu auch *Weitzel*, Anwälte, S. 266.

[201] Gem. § 45 des Reichsdeputationsabschiedes von Speyer vom 16.8.1557 sollten sechs Wochen Urlaub gewährt werden; Text bei *Ludolff*, CJC, Nr. CXXI (S. 224-233).

[202] Vgl. *Weitzel*, Anwälte, S. 266.

Das gemeine Recht spiegelte die Zweiteilung der Anwaltschaft in den Bezeichnungen Ehrengeschenk (honorarium) des Advokaten und Lohn (salarium) des Prokuratoren wider[204], und wertete dementsprechend die Advokatur höher als die Prokuratur. Eine derartige Unterscheidung findet sich aber nicht in den Ordnungen des Reichskammergerichts, die vielmehr einheitlich von *„besoldung der advokaten und procuratorn"*[205] sprechen.

Davon unabhängig erhielten die Advokaten und Prokuratoren des Reichskammergerichts ihren Lohn aufgrund unterschiedlicher Vorschriften, da niemals der Wert des Streitgegenstandes ausschlagebend war[206].

Bis 1585[207] gab es keine Gebührenordnung, so daß das Gericht bis dahin die Deserviten sowohl für Advokaten als auch für Prokuratoren selbst nach freiem Ermessen festsetzte[208]. Dies änderte sich für die Advokaten bis 1806 nicht, da sich die relativ niedrigen Sätze der Gebührenordnung mittels der allein vom Prokurator vor Gericht geleisteten Tätigkeiten errechneten, also beispielsweise nach der Anzahl der eingereichten Urkunden und Schriftsätze, sowie nach Art und Menge der geleisteten Rezesse[209], so daß eine Geltung auch für die Advokaten ausschied. Barauslagen waren dem Prokurator gesondert zu erstatten[210].

Zwar wurden die Gebühren nach und nach in der Praxis erhöht, jedoch beschnitt sie die Taxordnung der Visitation von 1713[211] erneut, so daß sie insgesamt gesehen als niedrig einzuschätzen sind[212].

---

[203] Vgl. zu den Anwaltskosten *Smend*, Reichskammergericht, S. 347 ff.; *Weißler*, Geschichte, S. 215 ff.; *Wiggenhorn*, Reichskammergerichtsprozeß, S. 159 ff.; *Weitzel*, Anwälte, S. 267 ff.

[204] Vgl. *Weißler*, Geschichte, S. 215.

[205] T.1 Titel XLVI. der RKGO von 1555; Text bei *Laufs*, RKGO.

[206] Vgl. *Smend*, Reichskammergericht, S. 347; *Weitzel*, Anwälte, S. 268.

[207] Vgl. die „Kayserl. Cammer=Gerichts Tax=Ordnung" vom 6.5.1585; Text bei *Ludolff*, CJC, Nr. CCXCIV (S. 426 f.).

[208] Vgl. schon T.1 Titel XLVI. § 2 der RKGO von 1555; Text bei Laufs, RKGO: *„nit alleyn die grösse der producten, sonder auch und vilmehr der fleiß und die geschicklichkeit eynes jeden angesehen und der billichkeyt nach der tax beschehn mög"*.

[209] Nach *Weitzel*, Anwälte, S. 268 sollte es jedoch auch hier nicht auf die Zahl der beschriebenen Bogen, sondern auf den tatsächlichen Arbeitsaufwand ankommen. Alle überflüssigen oder gar gesetzeswidrigen Rezesse, Handlungen und Schriftsätze sollten nicht honoriert werden.

[210] Vgl. *Weitzel*, Anwälte, S. 268.

[211] Vgl. § 17 des Visitations=Memorial der Advocaten und Prokuratoren von 1713; Text im Visitationsabschied von 1713 bei *Ludolff*, CJC, ohne Nr.

Die Gebührenordnung galt jedoch nicht für die „bestallten" Prokuratoren, d.h. für die Prokuratoren, die von Fürsten, Kurfürsten und Reichsständen angestellt waren und ein festes Dienstgeld bezogen[213]. Dieses wurde den Anwälten ursprünglich auch von Privatpersonen bezahlt[214], was aber 1693 ausdrücklich verboten wurde[215].

Daneben ließen sich die Prokuratoren bei Vertragsschluß häufig eine „arrha" von ihrem Mandaten auszahlen, die erst gegen Ende des Alten Reiches als Vorschuß verrechnet wurde[216]. Auch wurde bei günstigem Prozeßausgang teilweise ein „honorarium" gezahlt[217].

Über die Kostentragungspflicht befand das Gericht, und zwar der mit der Hauptsache betraute Judizialsenat, im Endurteil. Dies galt anfangs auch für die Höhe der Kosten; erst später, seit dem 18. Jahrhundert wurde dies in einem gesonderten Kostenfestsetzungsverfahren auf Antrag des Kostenpflichtigen festgelegt[218]. Dabei entschied das Gericht unter Vorlage der einschlägigen Rechnungen über die Kosten, die an die Kanzlei und den Gegner bzw. dessen Prokurator von der unterlegenen Partei zu zahlen waren. Das Gericht erkannte in der Regel nur einen Bruchteil der tatsächlichen Ausgaben als erstattungsfähig an, da es „nach rechtlicher Ermäßigung" entschied[219]; dies bedeutete, daß die niedrigeren Gebührensätze der Taxordnungen als Berechnungsgrundlage dienten.

Die Forderungen der Anwälte gegenüber ihren eigenen Mandanten konnten diese, sofern es sich nicht um Dienstgelder handelte, in einem abgekürzten Verfahren durch Monitorien durchsetzen[220]; sie hatten sich jedoch in ihrem Amtseid dahingehend gebunden, daß sie bei Kostenstreitigkeiten mit ihren

---

212 *Smend*, Reichskammergericht, S. 349 spricht sogar davon, daß im 18. Jahrhundert die Anwälte nur noch von den „Bestallungen", nicht mehr von den Privatprozessen leben konnten; siehe zu den „Bestallungen" sogleich. Vgl. hierzu auch *Weitzel*, Anwälte, S. 268.

213 Vgl. *Wiggenhorn*, Reichskammergerichtsprozeß, S. 161; *Weitzel*, Anwälte, S. 268.

214 Dies hatte vor allem im 16. Jahrhundert zu Erpressungen und Täuschungen der Mandanten seitens der Prokuratoren geführt; vgl. insofern mit Beispielen *Smend*, Reichskammergericht, S. 348.

215 Vgl. *Smend*, Reichskammergericht, S. 347 f.; *Weitzel*, Anwälte, S. 267.

216 Vgl. *Weitzel*, Anwälte, S. 267. Nach *Wiggenhorn*, Reichskammergerichtsprozeß, S. 160 waren Vorauszahlungen zu Anfang des Prozesses am Ende des Alten Reiches jedoch weder üblich noch notwendig.

217 Vgl. *Smend*, Reichskammergericht, S. 347.

218 Vgl. *Wiggenhorn*, Reichskammergerichtsprozeß, S. 161 ff.; *Weitzel*, Anwälte, S. 268 f.

219 Vgl. hierzu *Smend*, Reichskammergericht, S. 349; *Wiggenhorn*, Reichskammergerichtsprozeß, S. 162; *Weitzel*, Anwälte, S. 268.

220 Vgl. *Smend*, Reichskammergericht, S. 349; *Weitzel*, Anwälte, S. 269.

Mandanten die Entscheidung des Gerichts anerkennen wollten. Auch in Fragen des Anwaltlohnes vermengen sich somit öffentlich-rechtliche Pflichten der Anwälte mit einem privatrechtlich ausgestalteten Geschäftsbesorgungsvertrag[221].

Die Advokaten und Prokuratoren waren durch die Diziplinargewalt und die Festsetzung des Entgelts durch das Gericht so eng an dieses gebunden, daß ihre Stellung als zumindest beamtenähnlch beschrieben werden kann. Wenn man zudem bedenkt, daß das Reichskammergericht seine Anwälte vor der Zulassung auch noch umfassend examinierte, ist der Befund sicherlich nicht falsch. In den folgenden Kapiteln wird zu untersuchen sein, auf welche Art und Weise die Anwälte diese Stellung erlangten.

---

[221] So auch *Weitzel*, Anwälte, S. 267.

B) Das Studium der Anwälte

1.) Gymnasium

Zu beginnen ist mit der universitären Ausbildung. Nicht näher untersucht wurde dabei der Besuch der das Studium vorbereitenden Lehranstalten. In der Regel dürften die Anwälte in ihrer Jugend ein Gymnasium im näheren Umkreis ihres Heimatortes besucht haben oder sie wurden von Privatlehrern unterrichtet, sofern sich ihre Eltern dies leisten konnten. Den Herkunftsorten entsprechend zahlreich werden daher die von den Anwälten besuchten Gymnasien gewesen sein. Da jedoch 71 der 210 RKG-Anwälte schon in Wetzlar geboren wurden, kann zumindest für diese Gruppe eine konkretere Aussage getroffen werden. Die Mehrzahl der Anwälte katholischer Konfession[222] dürfte das örtliche Jesuiten-Gymnasium[223] bevorzugt haben. Dieses wurde 1695 gegründet; ab 1728 richtete man einen philosophischen Kurs ein, der 1769 ausgebaut wurde. Nach Auflösung des Jesuitenordens im Jahr 1772 bestand es als kaiserliches Gymnasium fort. Hinsichtlich der Anwälte „Augsburger Konfession“[224] konnte leider keine Schule in Wetzlar[225] ausfindig gemacht werden.

Da es für die Zulassung zum Studium im 17. und 18. Jahrhundert keine klar definierten Voraussetzungen gab[226], waren die Übergänge von einer schulischen zu einer universitären Ausbildung fließend[227]. Hierauf deuten auch die Angaben einiger Anwälte in den Generalexamina hin. Denn diese Anwälte gaben auf die Frage nach dem Studium Studienorte an, an denen keine ordentliche Universität

---

222 Es handelte sich hierbei um 27 Anwälte.

223 Vgl. hierzu *Karlheinz Goldmann (Bearb.)*, Verzeichnis der Hochschulen, Neustadt a. d. Aisch 1967, S. 370.

224 41 der Anwälte „Augsburger Konfession“ gaben als Geburtsort Wetzlar an.

225 Dies gilt im gleichen Maße für das benachbarte Gießen.

226 Siehe *Coing*, Handbuch, S. 28 und ausführlich *Maria Rosa di Simone*, Die Zulassung zur Universität, in: Geschichte der Universität in Europa. Bd. 2. Von der Reformation zur Französischen Revolution: (1500-1800), hrsg. v. Walter Rüegg, München 1996, S. 238-240.

227 Siehe *Willem Frijhoff*, Grundlagen, in: Geschichte der Universität in Europa, hrsg. v. Walter Rüegg, Bd. 2. Von der Reformation zur Französischen Revolution: (1500-1800), München 1996, S. 53 (70 ff.). Danach gab es zum einen humanistische Schulen mit Altersklassen, auf denen ein halbuniversitäres System mit Lehrstühlen aufbaute. Dieses System wurde von den Reformierten entwickelt und später auch von den Jesuiten übernommen. Hierzu zählen die „gymnasia illustria“, Lehrakademien, die in ihrem Aufbau und ihrer Lehre einer Universität entsprachen, jedoch nicht die entsprechenden Privilegien, vor allem kein Promotionsrecht besaßen. Einige erhielten später ein Promotionsrecht wie bspw. Straßburg und Jena, andere wie Herborn, Hamm, Hanau, Bremen blieben „gymnasia illustria“. Und zum anderen existierten Schulen, die kaum vom Sekundarbereich zu unterscheiden waren: In diesen humanistischen Kollegien wurde allenfalls auf die Universität vorbereitet, insbesondere auf das theologische Studium.

existierte[228]. Die Anwälte könnten an diesen Orten zwar auch eine private Ausbildung genossen haben; gleichfalls denkbar ist jedoch der Besuch eines Gymnasiums, da nicht nur der Privatunterricht universitäre Inhalte haben konnte, sondern auch das Gymnasium. Es gab beispielsweise Gymnasien, die als Oberbau sämtliche vier Fakultäten hatten[229], an anderen wiederum wurden zumindest philosophische Grundkurse gehalten und so auf die Universität vorbereitet[230]. Als Beispiel für die Schul- und Universitätslandschaft dieser Zeit kann die Äußerung des RKG-Advokaten *Franz Adolph Sachsensche* auf die Frage im Generalexamen nach seinem Studium herangezogen werden: Er gab an, am Gymnasium Gotha „studiert" zu haben[231]. In Gotha existierte im fraglichen Zeitraum das Gymnasium Ernestinum[232], das ab 1645 mit einer Übergangsklasse zur Universität ausgestattet war (sogenannte „Selecta"). Hier wurde der Übertritt zur Universität, nicht aber die Befähigung der Ausübung eines akademischen Berufes vermittelt. Demnach wurde *Sachsensche* dort wahrscheinlich in einführenden juristischen Kursen und in Philosophie unterrichtet.

Diese Vermischung schulischer und universitärer Ausbildung beschäftigt uns auch noch im folgenden, wenn auf den Studienort Wetzlar einzugehen sein wird[233].

2.) Universität

Die RKGO von 1555 forderte von den angehenden Anwälten als Zulassungsvoraussetzung die Absolvierung eines akademischen Studiums und den Erwerb eines Lizentiaten- oder Doktorgrades[234].

---

[228] Insgesamt gaben 51 Anwälte u. a. ein Studium außerhalb einer ordentlichen Universität an, davon 47 Anwälte konkrete Studienorte, an denen keine Universität existierte, hiervon wiederum 38 den Studienort Wetzlar; vgl. zum Studienort Wetzlar im folgenden S. 108 ff. Einen nichtuniversitären Ausbildungsort außerhalb Wetzlars gaben *Adami* (Magdeburg, Hanau), *W. M. Brack* (Hamm), *Clauder* (Bielefeld), *J. J. Chr. Diez* (Gymansium Idstein), *Lang* (Friedberg), *Meckel*, (Worms), *Meyer* (Bremen), *Ruebens* (Düsseldorf), *Sachsensche* (Gotha) und *Stein* (Magdeburg) an; vgl. insofern die Biographien dieser Anwälte. Hanau, Hamm und Bremen besaßen „gymnasia illustria".

[229] Vgl. beispielsweise das Gymnasium Illustre Bremese, an dem möglicherweise der RKG-Prokurator *Johann Meyer* ausgebildet wurde. Dieses wurde als Lateinschule gegründet und umfaßte von 1610 bis 1810 die Fakultäten Jurisprudenz, Medizin, Theologie und Philosophie. Siehe hierzu *Goldmann*, Verzeichnis, S. 68 f.

[230] Wie z. B. am Jesuiten-Gymnasium in Wetzlar.

[231] BAF AR 1 - IV B 2 Bd. 1.

[232] Vgl. hierzu *Goldmann*, Verzeichnis, S. 148 f.

[233] Vgl. hierzu im folgenden S. 108 ff.

Im folgenden soll nun der Frage nachgegangen werden, welche Universitäten von den RKG-Anwälten zur Erfüllung dieser Voraussetzungen besucht wurden. Diese Untersuchung wird Aufschluß nicht nur über die Beliebtheit der einzelnen Universitäten und die Gründe hierfür geben, sondern auch die akademische Mobilität der RKG-Anwälte und damit insgesamt das juristische Profil dieser Gruppe schärfen. Dabei werden die Studien- und die Promotionsuniversitäten zunächst gesondert betrachtet. Diese Differenzierung soll die Bandbreite möglicher Erkenntisse vergrößern. Hinzuweisen ist in diesem Zusammenhang noch darauf, daß zwar nicht alle Studien- und Promotionsuniversitäten erfaßt werden konnten[235], das ermittelte Material jedoch so umfangreich ist, daß hinreichend sichere Aussagen getroffen werden können.

a) Studienuniversitäten

Im Rahmen der Untersuchung der von den RKG-Anwälten frequentierten Studienuniversitäten sind neben den Immatrikulationen[236] an der juristischen Fakultät auch die Immatrikulationen an den unteren Fakultäten, die einem Jurastudium vorausgingen, einbezogen. Angesichts der Tatsache, daß die meisten Matrikelbücher keine Aussage darüber treffen, an welcher Fakultät und mit welchem Studienziel sich der Student immatrikulierte[237], war eine Unterscheidung leider nicht möglich. Auch die Angaben der Anwälte in den Generalexamina enthalten keine eindeutigen Hinweise darauf, ob an den genannten Universitäten auch tatsächlich Jura studiert wurde oder ob lediglich

---

[234] Siehe RKGO 1555, T. 1, Titel XVIII, § 1 (bei *Laufs*, RKGO 1555, S. 103): *„Setzen, ordnen und wöllen demnach, daß (...) advocten und procuratores (...) durch cammerrichter und assessorn irer lehr, geschicklichkeyt (...) und ob sie der rechten gewürdigt und an welchem ort wol examinirt und derhalben genugsam gefunden und erkandt werden sollen (...)"*. Siehe auch *Smend*, Reichskammergericht, S. 350, *Wiggenhorn*, Reichskammergerichtsprozeß, S. 36, *Jahns*, Universität Gießen, S. 192 f.

[235] Vgl. hierzu die Aufnahmegrundsätze S. 201 ff.

[236] Die Immatrikulation bestand bis zum Ende des 18. Jahrhunderts aus der Bezahlung einer Gebühr, der Eidesleistung und der Einschreibung in die Matrikel. Sie konnte jederzeit erfolgen, auch an Sonn- und anderen Festtagen; vgl. zur Immatrikulation ausführlich *di Simone*, Zulassung, S. 235-237.

[237] Dieses Problem betont auch *Ranieri*, Universitätsbesuch, S. 185 f., der insbesondere auf die Unsicherheiten bei der Fächerwahl, bei Mehrimmatrikulationen und bei Universitätswechseln verweist. Da hinsichtlich der RKG-Anwälte aber mittels der Generalexamina ausreichend sichere Aussagen über den Studieninhalt und die Universitätswechsel getroffen werden können, stellt sich diese Schwierigkeit nicht in der gleichen Schärfe.

ein philosophisches Grundstudium[238] absolviert wurde – angesichts der entsprechenden Frage in den Generalexamina wird es sich jedoch in der Regel[239] um ein juristisches Studium gehandelt haben.

(1) Darstellung

In einem ersten Schritt werden die Studienimmatrikulationen der RKG-Anwälte ohne eine zeitliche Einteilung ausgewertet *(siehe die Tabellen 1 und 2).*

Tabelle 1: Die Universitäten (A-L) der RKG-Anwälte

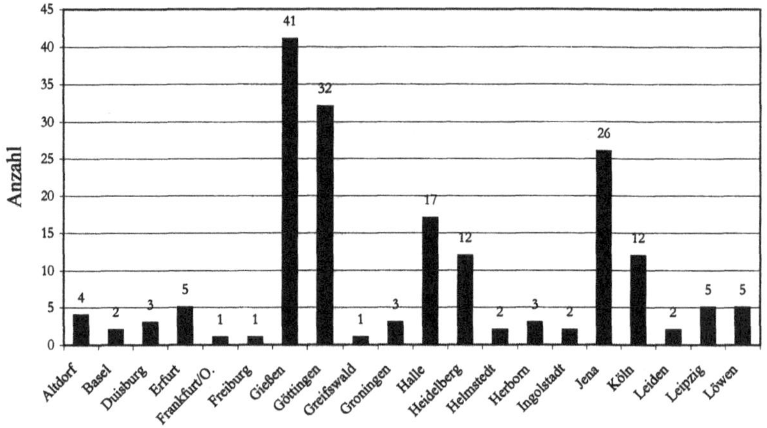

Die überwiegende Anzahl von 95 Anwälten besuchte zwei Studienuniversitäten, 62 Anwälte besuchten nur eine Universität, 32 besuchten drei. Lediglich vier der RKG-Anwälte immatrikulierten sich an vier Universitäten zu Studienzwecken[240]. Bei 17 Anwälten konnte ein Studium nicht ermittelt werden. Mitgezählt wurden in diesem Rahmen auch die privaten Studien.

[238] Die Kurse der Philosophischen Fakultät dauerten in der Regel zwei bis drei Jahre bevor die Studenten ihre Examina ablegten und zu Magistern der freien Künste promovierten. Erst danach schrieben sich die Studenten an der Juristischen Fakultät ein; vgl. hierzu *Mommsen*, Studium, S. 66.

[239] Vgl.zur Dauer des Studiums im folgenden S. 132 ff.

[240] Vgl. zur Mobilität der RKG-Anwälte im folgenden S. 128 ff.

Die Untersuchung ergibt, daß die Wetzlar nächstgelegene Universität Gießen an der Spitze liegt (mit 41 Studienimmatrikulationen), dicht gefolgt von Marburg (37) und Göttingen (32), im vorderen Mittelfeld befinden sich noch die Universitäten Mainz (27), Jena (26); Straßburg (20), Halle und Würzburg (je 17). Durchschnittlich häufig frequentiert wurden Heidelberg (12), Köln (12), Tübingen (7), Trier (6), Erfurt, Leipzig und Löwen (je 5).

Tabelle 2: Die Universitäten (M-Z) der RKG-Anwälte

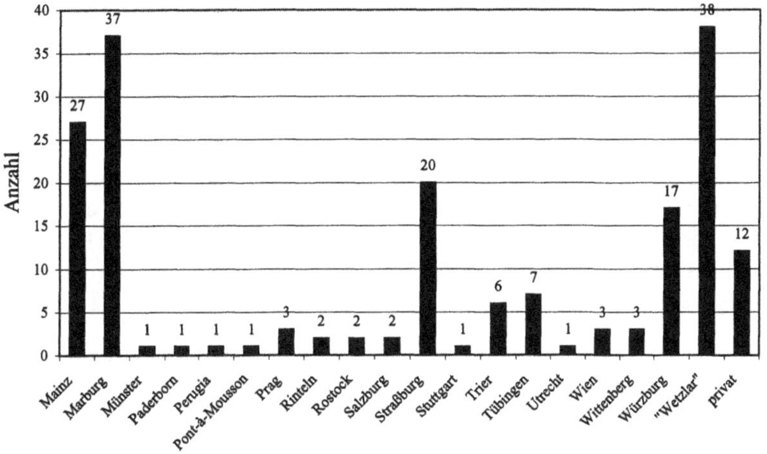

Die übrigen Studienimmatrikulationen verteilen sich auf Altdorf , Basel , Duisburg , Frankfurt/O., Freiburg, Greifswald, Groningen, Helmstedt, Herborn, Ingolstadt, Leiden, Münster, Paderborn, Perugia, Pont-à-Mousson, Prag, Rinteln, Rostock, Salzburg, Stuttgart, Utrecht, Wien und Wittenberg. Mitaufgenommen in *Tabelle 2* wurde der Studienort Wetzlar, obwohl sich dort keine ordentliche Universität befand. Immerhin gaben 38 Anwälte in den Generalexamina Wetzlar als Studienort an. Weitere 12 beriefen sich außerdem auf ein Privatstudium, wobei unter Umständen auch der Besuch eines Gymnasiums gemeint gewesen sein konnte.

(2) Zwänge bei der Universitätswahl: Konfessionalität und Landesuniversität

Bei der Universitätswahl der Anwälte spielten eine Vielzahl von Faktoren eine Rolle. Persönliche Motive der Anwälte, die zu ergründen ein besonderes Anliegen ist, vermischten sich mit strukturellen Zwängen wie der Konfessionalität der Hohen Schulen und dem Ausbau der einzelnen Universitäten zur „Landesuniversität“. Beide Merkmale, Konfessionalität und „Landesuniversität“, sind aufeinander bezogen und bedingen sich jeweils.

Die Konfessionalisierung der Universität[241] setzte mit dem Zeitalter der Reformation ein. Diese ließ die europaweite Einheitlichkeit der universitären Ausbildung und die Bindung der Universität an die eine Kirche zerbrechen. Die Führer des Protestantismus, Luther und Melanchthon, und in ihrem Gefolge die um verstärkte Souveränität sich bemühenden Landesherren[242], strebten seit den zwanziger Jahren des 16. Jahrhunderts einen Umbau des Schul- und Hochschulwesens an, das seinen Ausdruck in einer Reihe von Neugründungen bzw. Reorganisationen fand. Zu den protestantischen, also sowohl den reformierten als auch den lutherischen Hochschulgründungen[243], die dem noch unter altgläubigen Vorzeichen im Jahre 1502 gegründeten Vorbild Wittenberg folgten, zählen u. a. Marburg (1528), Jena (1557), Helmstedt (1576) und Gießen (1607). Daneben gründete man auch protestantische Akademien[244], die erst in der Folgezeit zu Universitäten wurden wie Straßburg, Rinteln und Altdorf. Diese

---

241 Vgl. zur Konfessionalisierung und zum landesherrlichen Charakter ihrer Hochschulverfassung *Coing*, Handbuch, S. 4 ff. und *Baumgart*, Universitäten, S. 148 ff. Die folgenden überblicksartigen Ausführungen folgen im wesentlichen diesen beiden Arbeiten. Siehe aber auch die kurze Zusammenfassung von *Notker Hammerstein*, Die Hochschulträger, Geschichte der Universität in Europa, hrsg. v. Walter Rüegg, Bd. 2. Von der Reformation zur Französischen Revolution: (1500-1800), München 1996, S. 107-111 und von *Hilde de Ridder-Symoens*, Mobilität, in: Geschichte der Universität in Europa, hrsg. v. Walter Rüegg, Bd. 2. Von der Reformation zur Französischen Revolution: (1500-1800), München 1996; S. 337-343.

242 Die Landesherren und Reichsstädte strebten mittels der Universität nicht zuletzt auch danach, die Vorherrschaft ihrer eigenen Konfession in ihrem Einflußgebiet zu stärken; vgl. insofern *Baumgart*, Universitäten, S. 149 und *Hammerstein*, Hochschulträger, S. 105 (109). Vgl. auch *Michael Stolleis*, Reichspublizistik – Politik – Naturrecht im 17. und 18. Jahrhundert, in: Staatsdenker im 17. und 18. Jahrhundert. Reichspublizistik – Politik – Naturrecht, hrsg v. Michael Stolleis, Frankfurt a. M., 1987, S. 17.

243 Die volle Anerkennung dieser im Widerspruch zu Rom gegründeten Hochschulen erfolgte durch die zweite der damaligen Universalgewalten, den Kaiser. Dieser erteilte die entsprechenden Privilegien für die Verleihung akademischer Grade. Vgl. hierzu ausführlich *Baumgart*, Universität, S. 152 ff.; siehe auch *Coing*, Handbuch, S. 23.

244 In den Akademien, die nicht nur in protestantischen Territorien sondern insbesondere in calvinistischen Territorien gegründet wurden, verknüpfte man eine Lateinschule mit einem begrenzten Unterricht in den Universitätsfächern; siehe insofern mit weiteren Einzelheiten *Coing*, Handbuch, S. 5.

neuen Universitäten waren in noch stärkerem Maß als die Universitäten des 14. und 15. Jahrhunderts als „Landesuniversitäten" gegründet worden. Hervorstechendes Merkmal der „Landesuniversität" war die enge Bindung an den Territorialstaat[245]. Sie dienten als Anstalten der Landesregierung zum einen der Ausbildung der in der Landeskirche benötigten Theologen und zum anderen der Unterrichtung der zukünftigen Landesbeamten. Nachdem man die Bedeutung der Universität als Wirtschaftsfaktor erkannt hatte, machten sich im Absolutismus auch merkantilistische Überlegungen breit. Daher bemühten sich die Territorialregierungen, die Landeskinder an den Landesuniversitäten zu halten. Dies geschah häufig mit Hilfe des Verbots, im „Ausland" zu studieren[246].

In der Folgezeit führte dann die Gegenreformation unter den gleichen Vorzeichen[247] zu spezifisch katholischen Universitätsgründungen wie beispielsweise in Dillingen (1551/54), in Würzburg (1582) durch den dortigen Fürstbischof und in Bamberg (1648) bzw. zur Neuorganisation alter Universitäten in ihrem Sinne wie in Köln und Ingolstadt in Deutschland und in Löwen in den Niederlanden.

Die Konfessionalität, wonach es katholische, lutherische und calvinistische Universitäten gab, stellte zusammen mit dem landesherrlichen Charakter der

---

[245] Diese Bindung beinhaltete, daß sowohl das Verfassungsgefüge, die religionspolitische Ausrichtung als auch das Wissenschaftsverständnis der Hochschulen durch die Landesherrschaft geprägt wurden. Konkret bedeutete Staatsaufsicht Vorlegung der Vorlesungspläne und Genehmigung derselben, Einflußnahme auf die Lehrmethode und teilweise sogar Visitationen; vgl. insofern *Baumgart*, Universitäten, S. 151 ff. und ausführlich *Coing*, Handbuch, S. 22-25. Den Universitäten blieben jedoch einige mittelalterliche Vorrechte wie die besondere Gerichtsbarkeit und die Befreiung von bestimmten Abgaben und Lasten. Laut *Coing*, Handbuch, S. 25 entsprach dies dem Gesamtcharakter der frühen Neuzeit, wonach bei aller Stärkung der Fürstenmacht die ständische Gliederung der Gesellschaft respektiert wurde.

[246] So wurde in den preußischen Territorien am 9.6.1751 ein Edikt erlassen, wonach Untertanen, die ihr Studium nicht ausschließlich an preußischen Universitäten absolvierte hatten, von der Übernahme in den preußischen Staatsdienst ausgeschlossen sein sollten; Hinweis bei *Jahns*, Universität Gießen, S. 205. Vgl. zu den Verboten auch *Coing*, Handbuch, S. 12 und *Eulenburg*, Frequenz, S. 149, 169, 175. Nach *Schwinges*, Immatrikulationsfrequenz, S. 253 soll in der Regel ein zwei- bis dreijähriger Aufenthalt an der jeweiligen Landesuniversität verlangt worden sein, was der durchschnittlichen Studiendauer im 18. Jahrhundert ziemlich nahe gekommen sein dürfte.

[247] *Baumgart*, Universitäten, S. 150 spricht in diesem Zusammenhang von einem „Typus der Universität des konfessionellen Zeitalters", bei dem die strukturellen Gemeinsamkeiten größer als die konfessionspolitischen Besonderheiten waren. Mit der Gegenreformation verbündeten sich insbesondere die Habsburger, denen es aber erst im 18. Jahrhundert unter der geistigen Führung Josef v. Sonnenfels' gelang, die staatliche Kontrolle über die Universitätsverwaltung und die Lehrpläne zu gewinnen; vgl. hierzu *Evans*, Universität, S. 196-199.

deutschen Hochschulverfassung einen wesentlichen die deutsche Universitätslandschaft gestaltenden Faktor bis in die zweite Hälfte des 18. Jahrhunderts dar[248]. In der Regel waren Dozenten und Studenten fremder Konfession an den Universitäten nicht zugelassen[249], so daß die Konfessionalität der Hochschulen die Wahlmöglichkeiten der RKG-Anwälte von vornherein beschränkte. Zwar wurde diese Regel im 18. Jahrhundert nicht mehr so streng angewand wie in den Jahrhunderten zuvor. Es läßt sich jedoch anhand der Studienimmatrikulationen nachweisen, daß der konfessionelle Zwang auch im 18. Jahrhundert noch die Universitätswahl der RKG-Anwälte beeinflußte.

Besonders deutlich wird dies bei den katholischen Universitäten. So hat sich an der Universität Würzburg von 17 Anwälten keiner mit protestantischer Konfession immatrikuliert[250], in Mainz kann bei 27 Studienimmatrikulationen nur eine einzige nachgewiesen werden, bei der der Anwalt kein Katholik war[251] - und dies erst im Jahre 1785[252]. Auch die Universität Köln wurde fast ausschließlich von Katholiken besucht: 10 der 12 Anwälte waren katholisch, nur 2 waren Protestanten[253]. Im niederländischen Löwen waren sogar alle 5 Anwälte, die dort studierten Katholiken. Während somit für die protestantischen Anwälte ein Studium an einer katholischen Universität in der Regel ausschied, gilt dies nicht in gleichem Maße für die katholischen Anwälte. Diese haben durchaus an protestantischen Universitäten studiert. Jedoch ist auch hier ein klares Übergewicht zugunsten der lutherischen und reformierten Konfession festzustellen: In Gießen lassen sich nur 10 (von 41) Immatrikulationen

---

[248] So fand beispielsweise in Ingolstadt die erste Promotion eines Protestanten erst im Jahr 1770 statt; vgl. *Coing*, Handbuch, S. 9.

[249] Die Hochschulverfassungen forderten von Dozenten und Studenten die Ablegung eines Glaubensbekenntnisses; entsprechende Formeln wurden zum Teil auch in die Texte der Eide aufgenommen, die bei der Promotion zu leisten waren. Vgl hierzu *Coing*, Handbuch, S. 8 und *Baumgart*, Universitäten, S. 155 f. mit Beispielen. Siehe auch *Hammerstein*, Hochschulträger, S. 105 (109).

[250] 14 von 17 in Würzburg studiernden Anwälte waren nachgewiesenermaßen Katholiken. In 3 Fällen konnte die Konfession nicht geklärt werden.

[251] Die Konfession von 4 Anwälten, die in Mainz studierten, konnte nicht geklärt werden. Von den übrigen 23 gehörten 22 der katholischen Konfession an.

[252] Erst die Mainzer Statuten von 1784 lassen Studierende der Augsburger Konfession zu; vgl. *Coing*, Handbuch, S. 8.

[253] Die Immatrikulationen der Protestanten in Köln lassen sich auf die dreißiger Jahre des 18. Jahrhunderts datieren. Ein genaues Immatrikulationsdatum konnte nicht ermittelt werden, da die handschriftlichen Matrikel für die Jahre 1703-1754 verschollen sind; vgl. insofern *Goldmann*, Verzeichnis, S. 206.

katholischer Anwälte nachweisen[254], in Marburg waren es 8 von 37[255], in Göttingen 6 von 32[256]. In Straßburg studierten 12 protestantische und 3 katholische Anwälte, bei weiteren 5 ist die Konfession unbekannt. Noch deutlicher sind die Zahlen, die für Jena und Halle ermittelt werden konnten. In Jena sind 23 der 26 dort studiernden Anwälte Protestanten, in Halle sind es 13 von 17, wobei hinsichtlich drei der restlichen vier Anwälte eine bestimmte Konfession nicht nachgewiesen werden konnte. In Altdorf studierten nur protestantische RKG-Anwälte. Auffällig ist, daß sich für die protestantischen Universitäten konfessionsfremde Immatrikulationen im Gegensatz zu den katholischen Universitäten schon im späten 17. Jahrhundert und nicht erst im 18. Jahrhundert nachweisen lassen[257]. Insofern scheinen die protestantischen Universitäten nicht nur offener als die katholischen gewesen zu sein, der Prozeß der Öffnung setzte auch deutlich früher ein[258]. Ein Grund für beides dürfte gewesen sein, daß die Aufklärung an den protestantischen Universitäten früher Fuß faßte als an den katholischen[259].

Einen deutlich geringeren Einfluß auf die Hochschulwahl der RKG-Anwälte hatte der spezifisch landesherrliche Charakter der deutschen Hochschulverfassung. Denn hier wirkte sich eine Besonderheit der Personengruppe RKG-Anwälte aus. Über die Hälfte der Anwälte (insgesamt 113) stammten nämlich nicht aus einem der vielen deutschen Territorialstaaten sondern aus einer Reichsstadt, insbesondere aus Wetzlar und Speyer[260], aber

---

[254] 29 Protestanten sind im lutherischen Gießen nachgewiesen, bei 2 Anwälten ist die Konfession unbekannt. Die Immatrikulationen der Katholiken verteilten sich auf das späte 17. und das gesamte 18. Jahrhundert (1688-1794).

[255] Im reformierten Marburg ist die Konfession von 2 der 37 Anwälten nicht bekannt. Auch in Marburg verteilten sich die Immatrikulationen der Anwälte fremder Konfession sowohl auf das späte 17. Jahrhundert als auch auf das gesamte 18. Jahrhundert.

[256] Der relativ hohe Katholikenanteil an der lutherischen Universität Göttingen hat seine Ursache darin, daß es den Katholiken in Göttingen offiziell erlaubt wurde, ihrem Glauben nachzugehen, womit eine Forderung der Aufklärung erfüllt wurde; vgl. hierzu *Notker Hammerstein*, Göttingen: Eine deutsche Universität im Zeitalter der Aufklärung, in: Die Universität in Alteuropa, hrsg. v. Alexander Patschovsky und Horst Rabe, Konstanz 1994 (=Konstanzer Bibliothek, Bd. 22), S. 174.

[257] So in Maburg 1670, in Straßburg 1683, 1696, und in Gießen 1688.

[258] So konnten an den katholischen Universitäten des Habsburger Reiches erst unter Kaiser Joseph II. in den achtziger Jahren Protestanten als Studierende und als Lehrer einziehen; vgl. *Evans*, Universität, S. 200.

[259] Vgl. *Notker Hammerstein*, Art. Universitäten, in: HRG V, Sp. 492 (498). An den protestantischen Universitäten löste die Jurisprudenz auch eher die Theologie als die Leitwissenschaft ab als an den katholischen Universitäten.

[260] Den Herkunftsort Wetzlar nannten 71 Anwälte in den Generalexamina, immerhin noch 17 Anwälte stammten aus Speyer, dem vormaligen Sitz des RKG.

auch aus Frankfurt a. Main, Köln, Worms, Straßburg, Lübeck, Regensburg, Nürnberg, Schweinfurt, Memmingen und Hamburg. Da die meisten[261] dieser Reichsstädte selbst nicht Sitz einer Universität waren, bestand für diese Anwälte keinerlei Bindung an eine reichsstädtische und natürlich schon gar nicht an eine Landesuniversität. Sie konnten vielmehr ohne diesbezügliche Einschränkung ihre Universität frei wählen. Da überdies die restlichen Anwälte aus dem gesamten deutschen Reich und somit aus einer Vielzahl von Territorien stammten, war eine sinnvolle Untersuchung des Einflusses der Landesuniversität auf die Universitätswahl nicht möglich. Es scheint jedoch, daß die Landeskinder auch noch während des hier betrachteten Zeitraums angehalten wurden, an den jeweiligen Landesuniversitäten zu studieren. Dies sei an drei exemplarischen Beispielen erläutert: So studierten alle Anwälte aus Mainz (8) auch in Mainz, von den fünf Anwälte aus dem Bistum Würzburg besuchten drei die Universität in Würzburg und immerhin noch zwei von vier Anwälten aus dem Erzbistum Trier studierten an der dortigen Universität.

Der - wenn auch geringe - Einfluß des landesherrlichen Charakters läßt sich auch noch an einer weiteren Tatsache nachvollziehen. Es studierten nur ganz wenige RKG-Anwälte im Ausland. Insgesamt wagten nämlich nur 9 der 210 Anwälte den Schritt aus dem Heiligen Römischen Reich Deutscher Nation in den Grenzen nach dem Westfälischen Frieden von 1648: Fünf studierten in den Vereinigten Niederlanden (Groningen, Leiden, Utrecht), davon einer an zwei Universitäten[262], zwei in der Schweiz (Basel), einer in Frankreich (Pont-à-Mousson) und einer im italienischen Perugia *(siehe die Tabellen 1 und 2)*. Und dies, obwohl die im 17. und 18. Jahrhundert übliche Kavalierstour durch Europa nicht nur die jungen Adeligen, sondern in deren Begleitung auch häufig ehrgeizige und begabte junge Männer niederer Herkunft quer durch Europa führte[263]. Somit hätten auch die vornehmlich dem Bürgertum[264] entstammenden RKG-Anwälte mittels eines Auslandsstudiums versuchen können, ihre Bildung zu vervollkommnen und akademische Grade zu erwerben. Hier werden jedoch

---

[261] Die einzige Ausnahme war hier Köln.

[262] Es handelte sich um den RKG-Prokurator *Wilhelm Ludwig Ziegler*; vgl. insofern die Biographie.

[263] Siehe zur Kavalierstour statt vieler die kurze Darstellung von *de Ridder-Symoens*, Mobilität, S. 346-350. Während im Spätmittelalter und in der frühen Neuzeit der Besuch italienischer und französischer Rechtsfakultäten noch Grundbedingung einer professionellen Juristenausbildung gewesen war, die *„einen wesentlichen Aspekt der damaligen Verbreitung einer europäischen Rechtskultur auf römisch-kanonistischer Grundlage dar(stellte) (...) (gehörte) im 18. Jahrhundert (...) der Besuch von mehreren namhaften Rechtsfakultäten (...) und eine Reise ins europäische Ausland (...) zu der angemessenen Ausbildung eines Rechtsstudenten aus dem Adel und der Oberschicht"*, so *Ranieri*, Universitätsbesuch, S. 184.

[264] Siehe zur sozialen Herkunft der RKG-Anwälte die Angaben über die Berufe ihrer Väter in den Biographien. Vgl. hierzu auch im folgenden S. 190 ff.

die Verbote vieler Fürsten, im Ausland zu studieren, manchen unserer angehenden Juristen von einem solchen Studium abgehalten haben, sofern er sich zu diesem Zeitpunkt auch eine Tätigkeit in fürstlichen Diensten vorstellen konnte[265]. Etwas anderes gilt natürlich, wenn er sich bereits als junger Student für eine Karriere am RKG entschieden hatte, denn insofern bedurfte es keiner Rücksichtnahme auf landesherrliche Vorgaben und Voraussetzungen.

Neben dem Einfluß des Landesherren auf die Nichtwahl des Auslandsstudium spielten aber auch noch weitere Faktoren[266] eine wichtige Rolle für den geringen Besuch ausländischer Universitäten. Da sind zum ersten die europäischen Kriege zu nennen, insbesondere diejenigen Ludwigs XIV. gegen Ende des 17. Jahrhunderts, die die studentischen Wanderungsmöglichkeiten in dieser Zeit stark einschränkten. Und zum zweiten wird die durch die Aufklärung allmählich verbreitete Idee der Nützlichkeit[267] von Bedeutung gewesen sein. Ein Auslandsstudium lohnte sich unter dieser Prämisse nur noch, wenn die berufsorientierte Ausbildung dort besser zu bewerkstelligen war als in der Heimat. Dies war bei den Rechtsstudenten im 18. Jahrhundert nicht mehr der Fall. So haben mit Ausnahme eines RKG-Anwalts, der wohl erst gegen Ende der dreißiger Jahre des 18. Jahunderts in Leiden studierte[268], alle Auslandsstudien der Anwälte bereits im 17. oder ganz zu Beginn des 18. Jahrhunderts stattgefunden. Daran zeigt sich, daß danach ein Studium außerhalb des Reiches den angehenden Anwälten keinen Nutzen mehr bringen konnte. Dies gilt für die Gruppe der RKG-Anwälte aus einem anderen Grund in noch stärkerem Maße. Denn für die meisten der angehenden Anwälte war im 18. Jahrhundert eine Karriere an das Reichskammergericht vorgezeichnet, wurden sie doch – sofern sie Söhne Wetzlarer Kameraler waren - gegenüber anderen Bewerbern bei der Zulassung bevorzugt. Ursache für dieses Phänomen war eine Bestimmung des RKG-Visitationsabschiedes von 1713 (§ 98), wonach bei der Zulassung von Advokaten und Prokuratoren die Kinder von Kameralpersonen bei

---

[265] Dies betont auch *de Ridder-Symoens*, Mobilität, S. 350.

[266] Siehe *de Ridder-Symoens*, ebd.; vgl. auch *Mommsen*, Studium, S. 66.

[267] Vgl. hierzu insbesondere *Hammerstein*, Göttingen, S. 169 unter Hinweis auf einen süddeutschen Katholiken, der 1780 die Inhalte der Aufklärung wie folgt beschrieb: *„Wegräumen die mancherlei Hüllen und Decken vor den Augen, Platz machen dem Licht, in Verstand und Herz, daß es jenen erleuchte, diesen erwärme, und eintreten in die Gebiete der Wahrheit und Ordnung, wo die Bestimmung des Menschen, die wahre Glückseligkeit thront"*. Gelehrsamkeit war diesem Aufklärer folgerichtig *„die Wissenschaft nützlicher Kenntnisse"*.

[268] Es handelt sich hierbei um den RKG-Prokurator *Conrad Gordian Seuter*. Ein genaues Immatrikulationsdatum liegt für Leiden zwar nicht vor, jedoch wird er sich dort gegen Ende der dreißiger oder zu Beginn der vierziger Jahre des 18. Jahrhunderts aufgehalten haben, wenn man sein Geburtsdatum sowie die nachgewiesenen Immatrikulationen an anderen Universitäten in die Betrachtung miteinbezieht; vgl. insofern die Biographie.

entsprechenden Fähigkeiten vor anderen Bewerbern bevorzugt werden sollten[269]. Diese Gruppe sah in einem Auslandsstudium keinen auf der Hand liegenden Nutzen, brachte eine solche Erfahrung sie doch von ihrem direkten Weg an das RKG erst einmal ab. Denn damals wird ein Auslandsstudium noch mehr als heute mit einem Zeitverlust einhergegangen sein.

(3) Persönliche Motive bei der Universitätswahl

Neben diesen strukturellen Zwängen spielten auch persönliche Motive eine entscheidende Rolle bei der Universitätswahl. Natürlich ist es schwierig, die persönlichen Motive der RKG-Anwälte für die Wahl einer bestimmten Universität herauszuarbeiten, man denke nur an familiäre Traditionen, die dazu geführt haben können, daß nach dem Vater auch der Sohn denselben Studienort aufsuchte. Dies bei einer Personengruppe mit 210 Mitgliedern offenzulegen, dürfte kaum möglich sein. Daher geht es in diesem Zusammenhang vielmehr darum, die großen Trends an die eine oder andere Universität nachzuzeichnen und, wenn möglich, auch zu erklären.

So erklärt sich die Spitzenstellung der hessischen Universitäten Gießen und Marburg zweifellos aus dem Umstand, daß sie beide in unmittelbarer Nähe zum RKG lagen, denn sowohl Gießen als auch Marburg nahmen auf einer Skala der frequentiellen Bedeutung der deutschen Hochschulen ansonsten nur einen Platz im unteren Mittelfeld ein. Leipzig, Jena und Halle als Spitzenreiter waren beispielsweise in der zweiten Hälfte des 17. und während des gesamten 18. Jahrhunderts sechs- bis siebenmal so groß[270], wurden jedoch von den RKG-Anwälten deutlich weniger besucht als die hessischen Universitäten *(siehe Tabelle 1 und Tabelle 2)*[271]. Angesichts dieser Ausgangslage läßt sich der übermäßige Besuch gerade dieser beiden Universitäten durch eine zumindest in den Anfangsjahren[272] noch heterogene Gruppe wie die RKG-Anwälte nur aus der besonderen geographischen Lage Gießens und Marburgs erklären. Diese führte wohl dazu, daß zum einen durch die Errichtung des RKG in Wetzlar ambitionierte Bürgersöhne aus der Gegend ermutigt wurden, eine juristische Karriere an diesem anzustreben. Hierfür ließen sich diese beiden hessischen Universitäten am besten nutzen, hatte ein Studium in unmittelbarer Nähe zum

---

[269] Hierauf hat bereits *Jahns*, Universität Gießen, S. 189 (216) hingewiesen.

[270] Vgl. die Zusammenfassung zu 50-Jahres-Perioden der von *Eulenburg*, Frequenz, S. 100 f, 162 f. ermittelten Werte bei *Schwinges*, Immatrikualtionsfrequenz, S. 288.

[271] Hinsichtlich der Universität Jena gilt diese Aussage nur mit Einschränkungen, studierten dort doch immerhin 26 RKG-Anwälte, angesichts der überragenden Bedeutung Jenas gegenüber Gießen und Marburg aber dennoch eine geringe Zahl.

[272] Siehe zur allmählichen Versippung der RKG-Anwälte im 18. Jahrhundert genauer im folgenden S. 118 ff.

Heimatort doch finanzielle Vorteile. Und zum anderen ist zu vermuten, daß auswärtige Studenten durch das Studium an einer dieser beiden benachbarten Hochschulen auf die Idee kamen, am RKG als Advokat oder Prokurator tätig zu werden. War dieses Vorhaben erfolgreich, spiegelte sich dies natürlich in den verhältnismäßig hohen Besucherzahlen Gießens und Marburgs innerhalb der RKG-Anwaltschaft.

Um die persönlichen Motive der RKG-Anwälte über den eben angesprochenen Befund hinaus näher zu ergründen, wurde die Immatrikulationsfrequenz an den zehn beliebtesten Universitäten und an der „Universität Wetzlar" in drei Zeitabschnitten untersucht. Herangezogen wurden nur die Studienorte mit einer zweistelligen Immatrikulationszahl *(siehe Tabelle 1 und 2)*, weil nur bei diesen Ergebnisse zu erwarten waren, die nicht von bloßen Zufälligkeiten abhingen, sondern die auch einen Wandel der Beliebtheit dokumentieren. In zeitlicher Hinsicht war aus demselben Grund eine verhältnismäßig grobe Einteilung des hier relevanten Zeitraums vorzunehmen, um ein möglichst großes und ausgewogenes Zahlenmaterial zu erhalten. Ein erster Schnitt wurde 1720 gemacht und umfaßt damit auch alle Studienimmatrikulationen des 17. Jahrhunderts, also insbesondere diejenigen vor Wiedereröffnung des RKG in Wetzlar 1693. Die zweite Phase reicht von 1721-1760, die dritte von 1761-1806. Die Zeiträume konnten nicht exakt gleich groß gewählt werden, da ein eindeutig abgrenzbarer Untersuchungszeitraum nicht existiert. So sind vereinzelt Immatrikulationen von RKG-Anwälten schon in den fünfziger Jahren des 17. Jahrhunderts nachgewiesen, die Anzahl nimmt dann kontinuierlich zu, um dann im 18. Jahrhundert ihren Höhepunkt zu erreichen. Ab den neunziger Jahren des 18. Jahrhunderts verringert sie sich zusehends. Die gewählte Einteilung ermöglicht aber einen hinreichenden Vergleich der einzelnen Perioden, weil sich deren absolute Zahlen - bezogen auf alle von den Anwälten frequentierten Universitäten – am besten entsprechen[273].

---

[273] Nicht für alle Studienorte konnte ein Immatrikulationsdatum ermittelt werden, insbesondere fehlten zeitliche Angaben zum privaten Studium der Anwälte in Wetzlar, da dieses ja außerhalb der universitären Organisation stattfand. Daher wurde, um eine möglichst umfassende Auswertung der Datenbank zu ermöglichen, in diesen Fällen ein Immatrikulationsdatum geschätzt. Dieses wurde einheitlich auf 20 Jahre nach dem Geburtsdatum des Anwalts festgelegt, da zu diesem Zeitpunkt ein junger Mann in der Regel an einer Universität immatrikuliert war. Durch diese Vorgehensweise wird zwar eine gewisse Fehlerquote in Kauf genommen. Diese ist jedoch vertretbar. Denn angesichts der gewählten Zeitabschnitte von ungefähr vierzig Jahren werden Abweichungen nur eine geringe Rolle spielen. Zwar werden die privaten Studien in Wetzlar in der Regel vor dem 20 Lebensjahr stattgefunden haben, doch sind auch hier Fälle bekannt, in denen dies nicht der Fall war; vgl. beispielsweise den RKG-Prokurator *J. E. Ph. Chr. Frech*, der ausweislich seiner Angaben im Generalexamen erst im Alter von 20 Jahren seine Studien in Wetzlar

Bei der Untersuchung der Immatrikulationen während dieser Zeitabschnitte zeigt sich, daß die Vorrangstellung der Universität Gießen *(siehe Tabellen 1 und 2)* tatsächlich nur eine zeitlich begrenzte war. Denn allein während der Periode bis 1720 belegte sie den Spitzenplatz *(siehe Tabelle 3)*, im Zeitraum zwischen 1721-1760 fällt sie bis auf den achten Platz unter den ordentlichen Universitäten zurück *(siehe Tabelle 4)*, während der letzten Periode von 1761-1806 rutscht sie dann wenigstens wieder auf den zweiten Platz vor *(siehe Tabelle 5)*. Dieses Ergebnis gilt auch nicht nur singulär für die Gruppe der RKG-Anwälte; ein entsprechendes Phänomen wurde auch schon bezüglich der RKG-Assessoren beschrieben[274]. Auch bei dieser Gruppe nimmt die Universität Gießen zu Beginn des 18. Jahrhunderts eine Spitzenstellung ein, die sie dann ab den dreißiger Jahren verliert, um im letzten Drittel des Jahrhunderts wieder an Bedeutung zu gewinnen.

Was aber waren die Ursachen hierfür? Unzweifelhaft hat die Verlegung des Reichskammergerichts in das nahegelegene Wetzlar einen Anteil an der Spitzenstellung Gießens in der ersten Periode, denn von den 20 Immatrikulationen bis 1720, entfallen allein 16 auf die Zeit ab 1693, nur vier fanden zuvor statt. Dieser Unterschied ist so groß, daß höchstwahrscheinlich ein Zusammenhang zwischen der Installierung des RKG in Wetzlar und der Immatrikulation in Gießen besteht[275].

Diese Aussage begegnet jedoch trotz ihrer grundsätzlichen Stimmigkeit Bedenken in zweierlei Hinsicht. Zum ersten sind für eine Reihe der ersten RGK-Anwälte in Wetzlar, die mit dem Gericht aus Speyer übersiedelten, keine Generalexamina mehr vorhanden, so daß Aussagen über ihr Hochschulstudium nicht getroffen werden können. Demnach kann nicht mit Sicherheit festgestellt werden, ob die angesprochenen Veränderungen tatsächlich durch die Verlegung des Gerichts hervorgerufen wurden oder ob sich nicht auch einige von diesen

---

aufnahm (BAF AR 1-IV B 2 Bd. 12). Daher wurde bei der Festlegung nicht zwischen einem universitären und dem privaten Studium in Wetzlar unterschieden.

274 Vgl. *Jahns*, Universität Gießen, S. 197 ff, wobei dieses Phänomen vornehmlich Gießen als Promotionsuniversität der zukünftigen RKG-Assessoren betrifft. Diese hatten oft schon an anderen Universitäten studiert und immatrikulierten sich an der Universität lediglich, um nachträglich den für die Präsentation auf ein RKG-Assessorat notwendigen akademischen Grad zu erwerben.

275 So auch schon *Jahns*, Universität Gießen, S. 212 f. bezüglich der RKG-Anwälte, wenn auch mit unterschiedlichen Zahlenangaben, da sie offenbar in ihre Untersuchung alle Juristen einbezog, die zum Zwecke der Bewerbung um die RKG-Advokatur ein Generalexamen ablegten. Diese Juristen wurden jedoch nicht alle auch tatsächlich Advokat oder Prokurator am RKG.

Anwälten vor 1693 in Gießen immatrikulierten[276]. Und zum zweiten stammten von diesen 16 Anwälten, die zwischen 1693 und 1720 in Gießen studierten nur 5 aus der Landgrafschaft Hessen-Darmstadt einschließlich Wetzlar als dem vornehmlichen Einzugsbereich der Universität Gießen[277], so daß die Nähe Gießens zum RKG trotz aller Motivationswirkung auf die auswärtige Studenten nicht der alleinige Grund für die Spitzenstellung zu Beginn des 18. Jahrhunderts gewesen sein kann.

Auch vermag obige Hypothese nicht zu erklären, warum die Universität Gießen in der zweiten Periode zwischen 1721 und 1760 deutlich weniger besucht wurde (insgesamt nur 7 Immatrikulationen). Denn stellt man die geographische Herkunft der Anwälte in Rechnung, müßte die Kurve eigentlich genau umgekehrt verlaufen: Zwischen 1721 und 1760 studierten insgesamt 77 RKG-Anwälte, davon stammten allein 28 aus Wetzlar. Von diesen Wetzlarer Söhnen studierten aber nur 5 (17,85 %) während dieses Zeitraums in Gießen, die restlichen 23 studierten anderswo. Man möchte meinen, daß, angesichts der Nähe Wetzlars zu Gießen und den damit verbundenen finanziellen Vorteilen eines Studiums an der dortigen Universität, die Wahl weitaus häufiger als lediglich fünfmal auf Gießen gefallen sein müßte.

Etwas anderes scheint wiederum zu gelten, wenn auch die letzte Periode (nach 1760) in die Betrachtung miteinbezogen wird. Denn zum einen erfährt Gießen einen deutlichen Aufschwung und zieht weitere 14 RKG-Anwälte zum Studium an, und zum anderen stammten 13 dieser Studenten auch noch aus Wetzlar. Alles in allem studierten in diesem Zeitraum 36 Anwälte Wetzlarer Provenienz, so daß von diesen immerhin 36,11 % Gießen als Universität wählten. Hinsichtlich dieses letzten Zeitraums deutet sich also eine Bestätigung des vermuteten Zusammenhang zwischen dem Sitz des RKG in Wetzlar und der Wahl Gießens als Studienuniversität an.

Festzuhalten bleibt daher, daß die Spitzenstellung Gießens sicherlich durch die Nähe der Universität zum RKG motiviert ist, die Schwankungen innerhalb der einzelnen zeitlichen Perioden hierdurch jedoch nicht erklärt werden können.

Diese zu erläutern ist jedoch möglich, wenn man auf die allgemeine Beliebtheit der Universität Gießen abstellt. Zieht man nämlich vergleichend die allgemeinen Immatrikulationsfrequenzen heran, die für Gießen vorliegen[278], bestätigen sich

[276] Eine Durchsicht der Matrikel der Universität Gießen von 1608-1707 führte zwar zu keinem positiven Ergebnis; angesichts der Unvollständigkeit der alten Universitätsmatrikel bleiben jedoch Unsicherheiten; vgl. insofern die Angaben im Quellen- und Literaturverzeichnis.

[277] Drei stammten aus Wetzlar, je einer aus Gießen und Alsfeld.

[278] Vgl. die Tabellen und Kurvendiagramme bei *Schwinges*, Immatrikulationsfrequenz, S. 289 ff.

die für die Gruppe der RKG-Anwälte gefundenen Ergebnisse. Denn auch die allgemeinen Immatrikulationsfrequenzen für Gießen verzeichnen einen rasanten Anstieg ab Mitte der neunziger Jahre des 17. Jahrhunderts bis zum Höchststand des gesamten 18. Jahrhunderts zwischen 1703 und 1714. In den folgenden Jahrzehnten sinkt die Immatrikulationsfrequenz dann stetig ab und erreicht ihren Tiefstand im Jahre 1761. In den letzten vierzig Jahren des 18. Jahrhunderts erfreut sich die Universität Gießen wieder steigender Beliebtheit, womit sich die für die RKG-Anwälte ermittelten Zahlen während aller Periode bestätigen. Demnach folgen die Schwankungen bei der Wahl der Universität Gießen als Studienort durch die RKG-Anwälte einem allgemeinen Trend.

Obiges Ergebnis korrespondiert auch mit einer weiteren Beobachtung. So entwickeln sich die Immatrikulationen an der Universität Marburg spiegelbildlich zu den Gießener Einschreibungen. Diese scheinen wechselbezüglich von der Anziehungskraft Gießens abzuhängen. Während Marburg in der ersten Periode mit 9 Immatrikulationen weit hinter Gießen zusammen mit Köln den vierten Platz einnimmt *(siehe Tabelle 3)*, rutscht es während der für Gießen schwachen Jahre 1721-1760 plötzlich an die erste Stelle mit 20 Immatrikulationen *(siehe Tabelle 4)*, um im letzten Zeitabschnitt wieder deutlich von Gießen überholt zu werden *(siehe Tabelle 5)*. Die Universität Marburg hat für einige Jahre eindeutig die bis dato führende Position Gießens übernommen und diese Universität in der Beliebtheitsskala abgelöst. Ähnlich wie im Falle von Gießen spielt natürlich auch die Nähe zum RKG eine Rolle, denn Marburg befindet sich ebenfalls im regionalen Umkreis der Reichsstadt Wetzlar, wennauch im Unterschied zu Gießen als Universität der Landgrafschaft Hessen-Kassel und nicht als solche von Hessen-Darmstadt. Jedoch erklärt sich auch hierdurch nur die Vorrangstellung Marburgs bezogen auf den gesamten Zeitraum, nicht die soeben beschriebenen Schwankungen während der einzelnen Perioden. Deren Ursache ist vielmehr ebenfalls in den allgemeinen Besucherzahlen Marburgs zu sehen. Legt man die von *Eulenburg* ermittelten Zahlen zugrunde, konnte die Universität Marburg in den Jahrzehnten zwischen 1720 und 1760 im Gegensatz zu Gießen insgesamt einen Aufschwung verzeichnen[279], der sich auch bei den RKG-Anwälten nachweisen läßt. Die

---

[279] Vgl. *Eulenburg*, Frequenz, S. 162, wonach Marburg in der Zeit zwischen 1726 und 1750 die meisten Immatrikulationen im gesamten 18. Jahrhundert hatte. Auch *Schwinges*, Immatrikualtionsfrequenz, S. 271 hat darauf hingewiesen, daß sich die allgemeinen Immatrikulationsfrequenzen von Gießen und Marburg nicht entsprochen haben, obwohl beide Universitäten nur ca. 30 km auseinanderliegen. Er versucht dies mit politisch-administrativen Faktoren zu erklären. Das modernere Hessen-Kassel habe besser auf Krisen in der Agrarkonjunktur reagiert als Hessen-Darmstadt (vgl. zu diesem Ansatz auch die folgende Fußnote). Daher hätten sich Agrarkrisen hier weniger ausgewirkt. *Schwinges* selbst räumt aber ein, daß diese Hypothese nur überzeugt, wenn der universitäre Einzugsbereich mit dem jeweiligen Staatsgebiet absolut identisch wäre, was aber über die bekannten

Ursachen hierfür dürften, wie auch in Gießen, vielfältig gewesen sein[280]. Neben wirtschaftlichen Gründen wie der Marktsituation in der Universitätsstadt werden der Ruf einzelnener Fakultäten und Professoren eine Rolle gespielt haben.

Eine grobe Übereinstimmung der für die RKG-Anwälte ermittelten Zahlen mit den allgemeinen Immatrikulationsfrequenzen läßt sich auch hinsichtlich der katholischen Universitäten Würzburg und Köln feststellen. So entspricht die Erhöhung von 3 auf 8 Immatrikulationen, die Würzburg von der ersten zur zweiten Periode zu verzeichnen hat, ebenso wie das leichte Absinken in der letzten Periode auf 6 Immatrikulationen *(siehe Tabelle 6)* den allgemeinen Frequenzen[281]. Auch in Köln waren die allgemeinen Immatrikualtionen bis 1720 höher als in den folgenden zwei Perioden, in denen sie kontinuierlich absinken[282]. Dies entspricht dem für die Anwälte gefundenen Ergebnis (9/3/0; *siehe Tabelle 6)*. Für die Immatrikulationen in Jena gilt übrigens dasselbe: Die deutlich geringeren Immatrikulationen nach 1760 *(siehe Tabelle 5* und *Tabelle 6)* finden ihr Gegenstück in den allgemeinen Frequenzen[283].

Die angesprochenen Gemeinsamkeiten sollen jedoch nicht überstrapaziert werden, denn die Zahlenangaben *Eulenburgs* bezüglich der allgemeinen Immatrikulationsfrequenzen sind nicht immer genau und vollständig[284]. Außerdem lassen sich auch nicht für alle Universitäten Übereinstimmungen finden. Während beispielsweise die Universität Mainz von den RKG-Anwälten

---

Regulativen des Hochschulbesuchs in Gestalt der Landesuniversität und der Konfessionsgebundenheit weit hinausgeht.

[280] So konstatiert *Schwinges*, Immatrikulationsfrequenz, S. 262 ff. einen Zusammenhang zwischen Hochschulbesuch und der allgemeinen sowie der hochschulörtlichen Marktsituation und beschreibt dies am Beispiel der Abhängigkeit der Immatrikulationsfrequenz an der Universität Gießen von den Agrarpreisen.

[281] Siehe *Eulenburg*, Frequenz, S. 111, 163, wonach die Immatrikulationen nach 1730 deutlich ansteigen, um dann nach 1770 bis zum Jahrhundertende wieder abzufallen. Trotz einer unterschiedlichen Periodisierung kann das von *Schwinges*, Immatrikulationsfrequenzen, S. 288 zusammengestellte Material, das auf den Vorarbeiten von *Eulenburg* beruht, zumindest vergleichend herangezogen werden., um diesen Trend zu bestätigen. Danach rückt Würzburg vom 11. Platz (5572 Immatrikulationen) in der Periode von 1650-1700 auf den 8. Platz (7079 Immatrikulationen) in der folgenden Periode (1700-1750) vor. In der letzten Periode (1750-1800) gehen die Immatrikulationszahlen wieder leicht zurück (7029). Dabei rückt Würzburg aber dennoch auf den 6. Platz vor. Dies ist ein Zeichen dafür, daß die katholischen Universitäten aufgrund des „Nachschubes“ aus den Jesuitenschulen trotz des allgemeinen Rückgangs der Studentenzahlen im 18. Jahrhundert ihren Standard halten konnten; vgl. hierzu ausführlich *Schwinges*, Immatrikultionsfrequenz, S. 252.

[282] Siehe *Eulenburg*, Frequenz, S. 110, 162.

[283] Siehe *Eulenburg*, Frequenz, S. 162.

[284] So äußert sich beispielsweise *Schwinges*, Immatrikulationsfrequenz, S. 249 über die Arbeit *Eulenburgs*.

in den Jahren 1721-1760 besonders häufig und auch deutlich häufiger als in den Perioden zuvor und danach besucht wurde *(siehe Tabelle 6)* - Mainz belegt in dieser Periode mit 16 Immatrikulationen den zweiten Platz *(siehe Tabelle 4)* - kann eine entsprechende Entwicklung bei den allgemeinen Immatrikulationen nicht festgestellt werden[285]. Dies gilt genauso für Straßburg. Nachdem sich dort in den ersten beiden Perioden jeweils 10 Anwälte einschrieben, tat dies plötzlich nach 1760 kein einziger mehr *(siehe Tabelle 5)*. Diesem krassen Abfall entsprechen die allgemeinen Immatrikulationsfrequenzen keineswegs, denn diese steigen nach 1750 sogar noch an[286]. Folglich läßt sich anhand der allgemeinen Frequenzen nicht immer erklären, warum die Anziehungskraft dieser Universitäten auf die angehenden Anwälte zu- bzw. abnahm.

Es müssen daher auch andere Gründe vorgelegen haben. Während die Beliebtheit einzelner Universitäten unter den RKG-Anwälten, gewisse Modetrends also, die quer zur allgemeinen Entwicklung verlaufen, in mancherlei Hinsicht kaum nachvollziehbar sind, läßt sich dessenungeachtet *ein* Argument für die Wahl einer bestimmten Universität herausdestillieren: Der Rechtsunterricht, sein Inhalt und seine Qualität[287]. Denn zweifellos werden die angehenden RKG-Anwälte sich vor dem Studium Gedanken gemacht haben, in welcher Weise sie von welcher juristischen Fakultät ausgebildet werden wollten. Hier könnten die Gründe dafür liegen, daß Straßburg nach 1760 gar nicht mehr und Mainz entgegen dem allgemeinen Immatrikulationstrend von den Rechtsstudenten frequentiert wurden. Hinsichtlich dieser Universitäten muß aber leider ein Hinweis auf die Rolle, die der Ruf einer juristischen Fakultät bei der Universitätswahl spielte, genügen, denn eine genauere Untersuchung der einzelnen Rechtsfakultäten kann im Rahmen dieser Arbeit nicht geleistet werden.

Vielmehr soll in diesem Zusammenhang auf ein wichtiges Phänomen der juristischen Ausbildung im 18. Jahrhundert eingegangen werden, das bis dato noch nicht erwähnt wurde und das unter bewußter Vereinfachung eines natürlich vielschichtigen Sachverhalts als der Unterschied zwischen einem

---

[285] Vgl. *Eulenburg*, Frequenz, S. 110, 162.

[286] Vgl. *Eulenburg*, Frequenz, S, 163. Der Abfall der juristischen Immatrikulationen in Straßburg in der zweiten Hälfte des 18. Jahrhunderts scheint kein nur die RKG-Anwälte betreffendes Phänomen gewesen zu sein. So zeigt *Dölemeyer,* Frankfurter Juristen, S. LII ff., das auch die Juristen der Reichsstadt Frankfurt die Universität Straßburg im 18. Jahrhundert deutlich weniger frequentierten als noch im 17. Jahrhundert. Demnach wird es um den Ruf der juristischen Fakultät von Straßburg ab der zweiten Hälfte des 18. Jahrhunderts schlecht bestellt gewesen sein.

[287] Es sei nochmals darauf hingewiesen, daß unter Umständen auch philosophische und nicht nur juristische Immatrikulationen erfaßt sind, so daß ein gewisser Fehleranteil bei den ermittelten Zahlen nicht ausgeschlossen werden kann.

„herkömmlichen, traditionellen“ Rechtsunterricht und einem „aufgeklärten“

Tabelle 3: Universitätsfrequenzen bis 1720

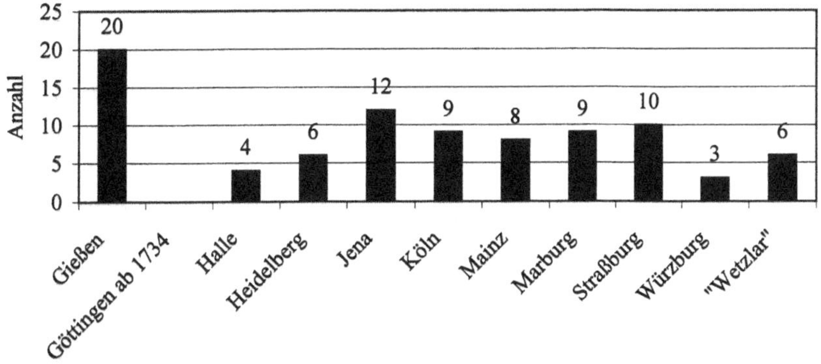

Unterricht bezeichnet werden kann. Letzterer wurde insbesondere an den neu gegründeten Reformuniversitäten Halle (1694) und Göttingen (1734) gepflegt, in traditioneller Weise unterrichteten vor allem die katholischen Universitäten[288].

Tabelle 4: Universitätsfrequenzen 1721-1760

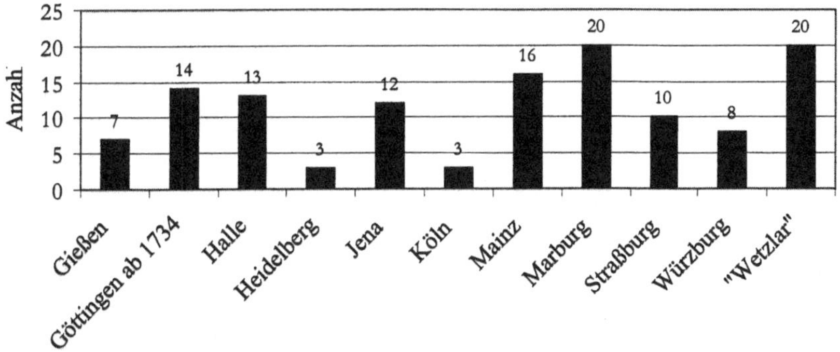

Halle und Göttingen übten zweifellos eine gehörige Anziehungskraft auf die jungen Juristen aus. Die Universität Halle wurde nach ihrer Gründung bis zum

---

[288] Vgl. *Hammerstein*, Universität, Sp. 498.

Jahre 1720 zwar lediglich von 4 RKG-Anwälten besucht *(siehe Tabelle 3)* und nimmt daher in dieser Periode nur den 8. Platz ein. In den Jahren 1721-1760 rutschte sie bei 13 Immatrikulationen jedoch bis auf den 4. Platz vor *(siehe Tabelle 4)*. Überraschenderweise setzt sich dieser Trend in der dritten Periode aber nicht fort; stattdessen studierte nach 1760 kein einziger RKG-Anwalt mehr in Halle *(siehe Tabellen 5 und 6)*.

Tabelle 5: Universitätsfrequenzen 1761-1806

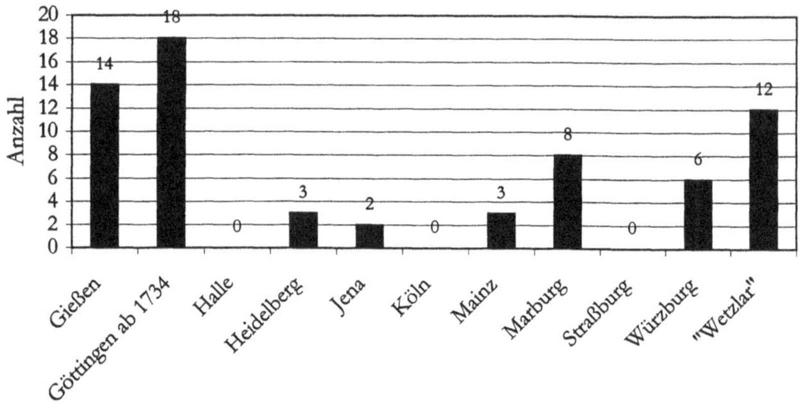

Betrachtet man vergleichend die Immatrikulationen in Göttingen liegt die Begründung auf der Hand. Göttingen ermutigte nach ihrer Gründung 1734[289] bis zum Jahr 1760 bereits 14 Anwälte zum Studium und belegte, an Bedeutung mit Halle durchaus vergleichbar, auf Anhieb den 3. Rang unter den hier betrachteten Universitäten *(siehe Tabelle 4)*. In der folgenden Periode rangierte Göttingen dann mit 18 Immatrikulationen sogar auf dem ersten Platz *(siehe Tabelle 5)*. Damit löste Göttingen ab der Mitte des Jahrhunderts Halle als führende Reformuniversität ab und zog das gesamte „moderne, aufklärerische Potential" unter den RKG-Anwälten in ihre Hörsäle. Wirft man einen genaueren Blick auf die Periode 1721-1760 läßt sich dieser Führungswechsel eindeutig belegen. Während sich nämlich in Halle zwischen 1721 und 1745 sieben RKG-Anwälte immatrikulierten, waren dies in Göttingen bis 1745 lediglich zwei. Bis 1750 kamen in Göttingen vier, in Halle dagegen nur drei Neuimmatrikulationen hinzu.

[289] Die Vorlesungen begannen erst 1737.

Zwischen 1750 und 1755 immatrikulierten sich dann in Göttingen weitere 5 RKG-Anwälte, in Halle hingegen nur noch einer. In den folgenden fünf Jahren bis 1760 studierten in Göttingen nochmals drei neue, in Halle lediglich zwei neue Anwälte. Folglich hatte die Universität Göttingen die Hochschule Halle ab 1745 an Attraktivität überholt und übte eine größere Anziehungskraft auf die RKG-Anwälte aus[290]. Diese stieg kontinuierlich so sehr an, daß Halle nach 1760 überhaupt keine Rolle mehr innerhalb unserer Personengruppe spielte.

Tabelle 6: Überblick

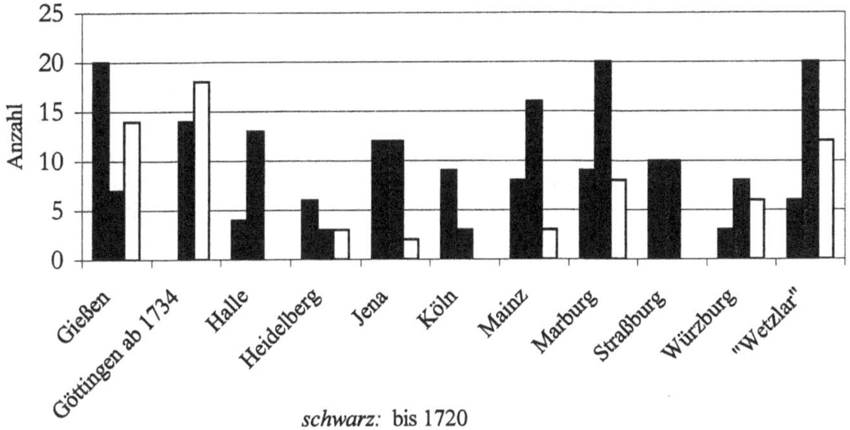

schwarz: bis 1720
schraffiert: 1721-1760
weiß: 1761-1806

Was waren die Gründe? Die allgemeinen Immatrikulationsfrequenzen helfen auch hier nicht weiter. Zwar läßt sich an diesen der Aufschwung Göttingens im 18. Jahrhundert eindrucksvoll belegen, denn nach 1750 schnellte Göttingen vom

290 Eine ähnliches Phänomen ist bei den Frankfurter Juristen des 18. Jahrhunderts zu beobachten, wenn auch bei weitem nicht in dieser Deutlichkeit. Denn anhand der von *Dölemeyer*, Frankfurter Juristen, S. LIII nachgewiesenen Immatrikulationszahlen ist festzustellen, daß Göttingen im 18. Jahrhundert – eine genauere Zeiteinteilung findet leider nicht statt – Halle überflügelte.

22. auf den 3. Platz vor. Jedoch erfuhr auch Halle nach 1750 einen weiteren Aufschwung, nämlich vom 2. auf den 1. Rang[291].

Daher ist zu vermuten, daß nicht nur die Wahl dieser beiden Universitäten durch die Inhalte des Rechtsunterrichts beeinflußt wurde, sondern auch die Wahl zwischen diesen beiden Reformhochschulen. Folglich ist es an der Zeit, sich mit den Inhalten des Rechtsunterrichts im 18. Jahrhundert näher zu befassen.

(4) Rechtsunterricht im späten 17. und im 18. Jahrhundert

Von den konkreten Inhalten des Rechtsstudiums[292] der RKG-Anwälte ist uns leider nur eine einzige Nachricht überliefert. Der RKG-Prokurator *Franz Carl von Sachs* äußerte sich im Rahmen seines Generalexamens[293] zu den von ihm belegten Kursen an den Universitäten Trier und Göttingen, an denen er sich im Jahr 1763 immatrikulierte[294]. So ließ er sich in Trier im „ius canonicum, pandectarum, ius publicum" unterrichten. In Göttingen hörte er Vorlesungen bei Prof. Pütter[295] über „historiam Imperii, ius publicum romano-germanicum, fundamente processus Imperii" und besuchte dessen „collegium elaboratorium practicum". Des weiteren studierte *von Sachs* „ius naturae et gentium ut et politicum, pandectarum" an der Universität Göttingen. Ob diese Auflistung vollständig ist oder nicht, mag dahingestellt bleiben, in jedem Fall sind Fächer angesprochen, mittels derer einige allgemeine Ausführungen zum Rechtsstudium im späten 17. und im 18. Jahrhundert getroffen werden können, bevor genauer auf die Besonderheiten an den Universitäten Halle und Göttingen einzugehen ist.

---

[291] Vgl. *Schwinges*, Immatrikulationsfrequenz, S. 288 unter Zugrundelegung des von *Eulenburg* ermittelten Zahlenmaterials. Anderer Auffassung ist *Notker Hammerstein*, Jus und Historie. Ein Beitrag zur Geschichte des historischen Denkens an deutschen Universitäten im späten 17. und im 18. Jahrhundert, Göttingen 1972, S. 149 f. (Fn. 6), der auch an den Studentenzahlen einen Wechsel der Vorherrschaft von Halle zu Göttingen festmachen will.

[292] Vgl. allgemein zum Rechtsstudium zwischen 1500 und 1800 *Coing*, Handbuch, S. 29-47. Nach *Coing* war *„die Zeit von 1500 bis 1750 (...) eine Epoche der Umbildung des wissenschaftlichen Denkens sowohl im allgemeinen, als auch im juristischen Bereich"*.

[293] BAF AR 1- IV B 2 Bd. 14.

[294] Vgl. insofern die Nachweise in der Biographie.

[295] Vgl. zum Göttinger Professor Pütter, der 60 Jahre lang dort lehrte, den Aufsatz von *Christoph Link*, Johann Stephan Pütter, in: Staatsdenker im 17. und 18. Jahrhundert: Reichspublizistik, Politik, Naturrecht, hrsg. v. Michael Stolleis, Frankfurt a. M. 1987, S. 310-331. Siehe außerdem die lebendige Schilderung bei *Wilhelm Ebel*, Zur Geschichte der Juristenfakultät und des Rechtsstudiums an der Georg Augusta, in: Göttingen Universitätsreden 29, Göttingen 1957, S. 1-38, insbesondere S. 24 ff.

Schon die Tatsache, daß *von Sachs* mehrere einzelne Fächer studierte, weist auf eine Neuerung des Rechtsunterrichts hin, deren Ursprünge freilich älteren Datums sind. Denn einen systematischen, nach Fächern geordneten Unterricht kannte man nicht immer. Der mittelalterliche Rechtsunterricht folgte nämlich noch strikt dem Aufbau der beiden autoritativen Rechtsquellen, dem Corpus Juris Civilis Justinians sowie dem Corpus Juris Canonici Gratians. Dabei trug der Lehrer die einzelnen Textstellen der Institutionen, des Codex, der Digesten usw. in der Reihenfolge ihrer Anordnung vor, anfangs nur glossierend, später dann kommentierend[296], jedoch bis zum Zeitalter des Humanismus keinesfalls kritisierend[297]. Da es sich bei den beiden Rechtsbüchern um Kompilationen, also um Zusammenstellungen und nicht um Kodifikationen handelte, die dem Selbstverständnis des römischen Rechts als Fallrecht folgend keinerlei systematischen Aufbau hatten, war ein nach Materien geordneter Unterricht überhaupt nicht vorstellbar. Diese mittelalterliche Unterrichtsform, die keine Rücksicht auf Sachzusammenhänge nahm, da einzelne Rechtsprobleme sowohl in den Digesten, der römischen Rechtsliteratur, als auch im Codex, dem Kaiserrecht, angesprochen wurden, bezeichnet man auch als textgebundenen Unterricht bzw. Legalordnung[298]. Voraussetzung hierfür war die mittelalterliche Auffassung von der Einheit des kaiserlichen, römischen Rechts; der textgebundene Unterricht war also nicht nur eine Darstellungsmethode, sondern hing vielmehr mit den mittelalterlichen Grundanschauungen zusammen.

Nach und nach ging der Unterricht jedoch von der Legalordnung zu einer systematischen Ordnung über. Danach sollte für die Gliederung nicht mehr die Einheit des behandelten Textes maßgeblich sein, sondern der sachliche Zusammenhang. Dieser bestimmte die Darbietung der einzelnen Fächer, die sich allmählich verselbständigten. Als erstes, beginnend schon im 16. Jahrhundert, aber sich nicht überall durchsetzend, wurden aus der einheitlichen Behandlung

---

296 Vgl. zur Modernisierung des justinianischen Rechts in Italien durch Glossatoren und Kommentatoren statt vieler die kurze und übersichtliche Darstellung in dem gleichlautenden Kapitel bei *Gerhard Wesenberg/Gunter Wesener*, Neuere deutsche Privatrechtsgeschichte im Rahmen der europäischen Rechtsentwicklung, 4. verb. u. erg. Auflage, Wien/Köln/Graz 1985, S. 22-39.

297 Erst die humanistische Jurisprudenz („mos gallicus" im Gegensatz zum kasuistischen „mos italicus") verwandte die damals modernen Methoden der klassischen Philologie, also der Textkritk und sah den Corpus Juris nicht mehr als „geoffenbarten Text", dessen Widersprüchlichkeiten von den Juristen allenfalls zu harmonisieren wären. Außerdem erweiterte man den Quellenkreis um das Gewohnheitsrecht, um Streitfragen zu klären. Der Satz *„quidquid non adgnoscit glossa, non adgnoscit curia"* galt nicht mehr für die Vertreter dieser Richtung; vgl. hierzu *Coing*, Handbuch, S. 30-33, *Wesenberg/Wesener*, Privatrechtsgeschichte, S. 62 f.; zum „mos italicus" und zur humanistischen Reform siehe *Burmeister*, Studium, S. 241-261.

298 Vgl. hierzu *Coing*, Handbuch, S. 33-35.

der römisch-rechtlichen Quellen das Prozeßrecht, das Ius criminale, das Ius publicum sowie das Ius gentium ausgeschieden[299]. Im 18. Jahrhundert bildeten dann Prozeßrecht, Strafrecht, öffentliches Recht und Naturrecht an den meisten Universitäten[300] selbständige Lehrgebiete neben dem römischen Recht, für das im wesentlichen nur das Privatrecht blieb.

Dies läßt sich auch anhand der Studienfächer nachvollziehen, die *von Sachs* angab. So studierte er sowohl in Trier als auch in Göttingen die Pandekten, worunter man im 18. Jahrhundert nur noch das römische Privatrecht verstand[301]. Zur privatrechtlichen Ausbildung gehörten auch Vorlesungen in den Institutionen, die als Einführungsveranstaltungen neben den Pandekten ihren festen Platz innerhalb der privatrechtlichen Ausbildung hatten[302]. Während man bei den Institutionen übrigens die Legalordnung beibehielt, wird im 18. Jahrhundert die Frage diskutiert, ob nicht auch die Pandekten systematisch gelesen werden sollten[303]. Dies setzte sich jedoch erst im 19. Jahrhundert durch. Unser RKG-Prokurator *von Sachs* belegte ferner Kurse in „fundamente processus Imperii", also im Reichskammergerichts- und im Reichshoftratsprozeß. Wie schon angedeutet gehörte das Prozeßrecht zu den Rechtsmaterien, die sich früh verselbständigten, insbesondere weil das Prozeßrecht durch zeitgenössische Gesetzgebung in den Gerichtsordnungen fortentwickelt wurde[304]; hier sind natürlich vor allem die Reichskammergerichtsordnungen von 1495 und 1555 zu nennen. Nur nebenbei sei erwähnt, daß sich die Angabe einer Ausbildung im kammergerichtlichen Prozeß bei der Bewerbung um die Advokatur sicherlich nicht schlecht machte[305].

---

299 Dies geschah, indem zuerst Kurse eingerichtet wurden, in denen die einschlägigen Bücher der Digesten und des Codex besonders behandelt werden. Allmählich wurden dann aus solchen Teilvorlesungen über das römische Recht selbständige Lehrgebiete; vgl. *Coing*, Handbuch, S. 34.

300 Vgl. zu den Unterschieden an den einzelnen Universitäten sogleich.

301 Siehe *Coing*, Handbuch, S. 35.

302 Siehe zum privatrechtlichen Unterricht im 18. Jahrhundert *Coing*, Handbuch, S. 37-39.

303 Insbesondere Prof. Pütter in Göttingen forderte auch für das Privatrecht (Pandekten) ein Abgehen von der Legalfolge zur systematischen Ordnung. Durchgeführt wurde dies jedoch erst durch Gustav Hugo, der von 1788 bis 1844 in Göttingen weilte; vgl. hierzu *Ebel*, Geschichte, S. 26 ff.

304 Vgl. zum Prozeßrecht *Coing*, Handbuch, S. 41.

305 Ein persönliches Motiv für die Angabe könnte darin zu sehen sein, daß *Franz Carl von Sachs* kein Praktikum am RKG in Wetzlar, sondern nur ein einjähriges Praktikum in Hildesheim absolvierte; vgl. insofern die Biographie. Er wollte wahrscheinlich deutlich machen, daß er dennoch ausreichend im kammergerichtlichen Verfahren ausgebildet sei. In diesem Zusammenhang ist wohl auch der Hinweis zu sehen, daß er bei Prof. Pütter dessen „collegium elaboratorium practicum" besuchte; vgl. hierzu ausführlich im folgenden S. 103 ff., 163 ff.

Auch das Studium des „Ius canonicum“[306] gab *von Sachs* an. Dieses bildete von jeher einen eigenen Rechtsbereich neben dem weltlichen Recht, verlor aber seit der Reformation stetig an Bedeutung, natürlich vor allem an den neugläubigen Universitäten ohne daß es dort jedoch vollkommen verboten wurde. Bezeichnenderweise gehörte *von Sachs* der katholischen Konfession an und hörte das kanonische Recht auch an der katholischen Universität Trier.

Hinsichtlich dieser Fächer läßt sich kaum ein Unterschied in der Lehrmethode der eingangs erwähnten „traditionellen“ und der „aufgeklärten“ Universitäten ausmachen. Ein solcher zeigt sich vielmehr erst, wenn die Fächer Naturrecht und „Ius publicum“, die *von Sachs* ebenfalls studierte, unter die Lupe genommen werden.

Die Kenntnisse im „ius naturae et gentium ut et politicum“, also im Natur- und Völkerrecht und in der Politik erwarb er an der Universität Göttingen. Das Naturrecht[307] stellte ein gänzlich neues Unterrichtsfach dar, da es seine Rechtssätze nicht mehr in irgendeiner Form von den beiden Corpora des gelehrten Rechts ableitete, sondern allein aus der menschlichen Vernunft zu entwickeln suchte. Es ist das typische Lehrfach der kartesianischen Rechtswissenschaft, die ab dem 17. Jahrhundert an Einfluß gewinnt und sich mit der Aufklärung durchsetzt. Infolgedessen wird es auch zuerst an den Aufklärungsuniversitäten übernommen. Hervorzuheben ist hierbei die Universität Halle, deren Gründungsdatum sogar zu den für das Naturrecht wichtigsten Daten gezählt wird[308]. Folglich ist es auch kein Zufall, daß *von Sachs* Naturrecht gerade an der Universität Göttingen als der Nachfolgerin von Halle hörte, wobei sich das Naturrecht zu Beginn des 18. Jahrhundert aber auch an einigen traditionell-ausgerichteten Universitäten etabliert hatte. Dies gilt jedoch nicht in gleichem Maße für die alten katholischen Universitäten; insbesondere nicht für die Universität in der Hauptstadt des Habsburgerreiches Wien, wo erst durch das Wirken Josef v. Sonnenfels ab 1760 die Reformfächer und mit ihnen das Naturrecht Fuß faßten[309]. Etwas früher setzte dieser Prozeß in der habsburgischen Provinz ein: Freiburg erhielt 1716 eine Professur in Naturrecht, Innsbruck 1731[310]. Am Unterricht in diesem Fach offenbart sich daher unter anderem die angesprochene Unterscheidung zwischen „traditioneller“ und „aufgeklärter“ Universität.

Bei der Fächerwahl unseres RKG-Prokurators klingt aber auch schon die Überwindung des frühen Naturrechts durch eine Einbeziehung der

---

[306] Vgl. zur Ausbildung im kanonischen Recht *Coing*, Handbuch, S. 39 f.

[307] Vgl. zur Ausbildung im Naturrecht *Coing*, Handbuch, S. 46 f.

[308] Vgl. *Wesel*, Geschichte, S. 365.

[309] Vgl. *Evans*, Universität, S. 198 f.

[310] Vgl. *Evans*, Universität, S. 197.

geschichtlichen Besonderheit aller rechtlichen Ordnung, durch eine Historisierung des Rechts[311] an, indem *von Sachs* bei Prof. Pütter Vorlesungen über „historiam Imperii“ besuchte. Von der historischen Ableitung der rechtlichen Wirklichkeit des Reiches und der Territorialstaaten erwartete man eher Richtlinien für angemessene Handlungsweisen als durch das praxisferne Naturrecht. Denn im 18. Jahrhundert war die Fähigkeit zur Ordnung der öffentlichen Verhältnisse nach den Wirren des 30-jährigen Krieges, den konfessionspolitischen Auseinandersetzungen und den Friedensschlüssen des frühen 18. Jahrhunderts besonders gefragt[312]. Die Historisierung des Rechts, maßgeblich angestoßen von Christian Thomasius an der Universität Halle[313], wirkte sich aber nicht nur dergestalt aus, daß ein solches Fach im Rahmen der juristischen Ausbildung eingeführt wurde, sondern sie zog sich auch durch andere Fächer. Dabei wurde vor allem das Lehnrecht, das öffentliche Recht sowie das hiermit eng verwandte Reichsstaatsrecht durch sie beeinflußt. Dies lag wohl in der Natur der Sache, da sich diese Fächer nicht vortragen ließen ohne auf die historische Entwicklung einzugehen[314].

Und damit ist das zweite der oben erwähnten Fächer angesprochen, das für die Unterscheidung von „traditioneller“ und „aufgeklärter“ Universitätsausbildung von Bedeutung ist: Das „Ius publicum“, welches im Rechtsunterricht des 18. Jahrhunderts eine hervorragende Rolle spielte[315], da man es seinem Gegenstand nach für würdiger als das Privatrecht hielt. So ließ sich auch *von Sachs* im „ius publicum“ bzw. im „ius publicum romano-germanicum“ ausbilden, und dies sowohl an der katholischen Universität Trier als auch in Göttingen. Dieses Fach war zwar an einigen protestantischen Fakultäten bereits im 17. Jahrhundert eingerichtet worden[316], womit eine Forderung der Frühaufklärung[317] erfüllt wurde. Die wichtigsten Vertreter des Ius publicum im 17. Jahrhundert veröffentlichten dennoch nicht als Professoren des Verfassungsrechts ihre

[311] Grundlegend zu diesem Problemfeld die Monographie von *Hammerstein*, Jus und Historie, S. 1 ff. Eine kurze Darstellung bietet *Hammerstein*, Göttingen, S. 180 ff. Siehe auch *Link*, Pütter, S. 315 ff.

[312] Siehe *Hammerstein*, Göttingen, S. 180.

[313] Vgl. hierzu erschöpfend *Hammerstein*, Jus und Historie, S. 43-147. Siehe aber auch *Klaus Luig*, Christian Thomasius, in: Staatsdenker im 17. und 18. Jahrhundert: Reichspublizistik, Politik, Naturrecht, hrsg. v. Michael Stolleis, Frankfurt a. M. 1987, S. 227-256.

[314] So auch *Coing*, Handbuch, S. 43.

[315] Vgl. zur Bedeutung des öffentlichen Rechts im Rechtsunterricht *Coing*, ebd. und *Hammerstein*, Göttingen, S. 180.

[316] Im 17. Jahrhundert stand das „ius publicum“ schon in Altdorf, Gießen, Jena und Straßburg auf dem Lehrplan; vgl. *Wesel*, Geschichte, S. 363.

[317] Vgl. zur Entstehung des öffentlichen Rechts prägnant *Stolleis*, Reichspublizistik, S. 18 ff.

Werke, sondern waren außerhalb der Universitäten tätig[318]. Die Gründung der Universität Halle 1694 gab dann aber den Anstoß, das öffentliche Recht in anderen Lehrplänen durchzusetzen, so daß es im Laufe des 18. Jahrhundert an den meisten Universitäten unterrichtet wurde[319]. Wo es jedoch nicht gelehrt wurde, hatte sich die Aufklärung auch nicht durchgesetzt[320]. Dies war vornehmlich an einigen katholischen Universitäten der Fall, die daher in die Gruppe der „traditionellen" Universitäten eingeordnet werden müssen[321]. Besonderen Einfluß innerhalb der fortschrittlicheren Universitäten, die das „Ius publicum" lehrten, erlangte aber wiederum die Ausbildung an den beiden Vorreitern, den Reformuniversitäten Halle und Göttingen[322].

(5) Besonderheiten des Rechtsunterrichts in Göttingen und Halle

Die Universitäten Halle und Göttingen wurden im Rahmen der vorhergehenden Ausführung bereits mehrfach erwähnt. Unzweifelhaft nahmen beide Universitäten eine führende Rolle bei der methodischen Weiterentwicklung des Rechtsunterrichts ein, die auch erklärt, warum an beiden Universitäten insgesamt 46 RKG-Anwälte[323] studierten. Diese hatte der frische Wind, der von beiden Institutionen ausging, angezogen. Dabei spielte das bereits kursorisch beschriebene Rechtsstudium an diesen Universitäten mit dem Schwergewicht auf den „aufgeklärten", modernen Fächern Jus publicum, Naturrecht, Reichs-Historie, Politic etc. sicherlich eine gewichtige Rolle. Aber auch die sonstigen Auswirkungen der Aufklärung, insbesondere die formelle Anerkenung der Lehrfreiheit für die drei nichttheologischen Fakultäten und das sich hierin ausdrückende Prinzip der Toleranz in wissenschaftlichen Auffassungen[324] wird von Einfluß auf die Universitätswahl gewesen sein, auch wenn deren Wirksamkeit zumindest in Halle bezweifelt werden muß, wie die

---

318 Die einzig namhafte Ausnahme ist hier Dietrich Reinking in Gießen. Die anderen, Johannes Limnaeus, Bogislaus Philipp von Chemnitz (Hippolithus a Lapide), Hermann Conring und Samuel Pufendorf waren – zumindest im Zeitpunkt der Veröffentlichung - allesamt keine Professoren; vgl. *Wesel*, Geschichte, S. 364 f.

319 Vgl. *Michael Stolleis*, Art. Öffentliches Recht I (bis 1750), in: HRG Bd. 3, Sp. 1189 (1193).

320 So eine Formulierung von *Coing*, Handbuch, S. 43.

321 So konnte Thomasius 1717 über das ius publicum sagen: *„Noch heutigen Tages weiß man auf den Catholischen Universitäten nichts davon"*; Zitat bei *Stolleis*, Öffentliches Recht I, Sp. 1193.

322 Vgl. *Wesel*, Geschichte, S. 365.

323 Insgesamt immatrikulierten sich 49 RKG-Anwälte in Halle und Göttingen (siehe *Tabelle 1*, S. 41), drei von ihnen, die Anwälte *Johann Jacob Wickh*, *August Culemann* und *Georg Ludwig Ziegler* studierten jedoch an beiden Universitäten; vgl. insofern die Biographien.

324 Vgl. *Ebel*, Geschichte, S. 13. Dieses Prinzip wurde sogar in den Universitätsstatuten von 1737 verankert.

Landesvertreibung des Philosophen Christian Wolff im Jahre 1723 zeigt[325]. Dennoch herrschte auch an der Universität Halle zumindest in den Anfangsjahren religiöse Toleranz, war diese doch ein Antrieb für ihre Gründung, da das calvinistische Herrscherhaus Brandenburg-Preußen die angehenden Pastoren nicht nur in den orthodoxen Hochburgen des Luthertums Leipzig, Wittenberg und Jena ausgebildet sehen wollte[326]. Möglicherweise ist in der eben angesprochenen, aufkommenden Intoleranz in Halle auch ein Grund dafür zu sehen, daß die RKG-Anwälte allmählich Göttingen bevorzugten[327].

Die Überlegenheit Göttingens gegenüber Halle wird jedoch an anderer Stelle noch deutlicher. Einen entscheidenden Hinweis hierauf finden wir wiederum bei *Franz Carl von Sachs*. Er gibt an, bei Prof. Pütter ein *„collegium elaboratorium practicum"* besucht zu haben. Hierüber berichtet uns der Göttinger Rechtsprofessor Johann Jacob Schmauß[328] aus dem Jahre 1748[329]: *„Um den Eintritt des Studenten in die Affairen zu erleichtern, wird in Göttingen von fast allen Professoribus ein Collegium privatissimum gelesen, die Woche sechs Stunden, für 4 bis 6 Zuhörer. Zwo Stunden werden angewendet zum Examinieren (...). Zwo Stunden werden zum Proceß und zur Ausarbeitung wirklicher im Proceß vorkommender Schriften dergestalt verwendet, daß der Docent die Arten des Processes (...) kurz erkleret, darüber examiniret, und wenn er dieß gethan hat, einen Clienten darstellet, der guten Rath suchet, entweder ob es tunlich sey einen Proceß anzufangen oder einen schon angefangenen fortzuführen. Meinen die Herren Zuhörer damit fortzufahren, so überläßt er ihnen die nöthige Schrift zu verfertigen, und wenn sie fertig, corrigiret er sie außer der Stunde, merket am Rande an, worin es versehen ist, und stellet sie sodann mit seinem mündlichen Erläuterungen dem Concipienten wieder zu. In den letzten zwo Stunden wird aus den Acten mündlich referiret. Hierbey wird ein ordentlich Gerichte repräsentiret, und nachdem der Referent seine Relation vorgetragen, wird von den übrigen votiret und ein Conclusum gemacht, wornach das Urtheil mit rationibus dubitandi et decidendi abgefasset werden muß."* Einen besonderen Ruf scheinen die praktischen Übungen von Prof. Pütter genossen zu haben: *„Da lernt man Mund und Feder als Rechtsgelehrter, als Consulent, Advokat,*

---

[325] Vgl. *Ebel*, Geschichte, S. 12; *Hammerstein*, Jus und Historie, S. 149 f. Später wurde Wolff jedoch von Friedrich dem Großen nach Halle zurückberufen.

[326] Vgl. zur Gründung der Universität Halle die kurze Zusammenfassung von *Hammerstein*, Jus und Historie, S. 148-155.

[327] Bezogen auf die allgemeine Vorrangstellung im Reich wird diese These von *Hammerstein*, Jus und Historie, S. 149 f. vertreten.

[328] Siehe zu diesem Gelehrten *Wolfgang Sellert*, Johann Jacob Schmauß – ein Göttinger Jurist, in: JuS 1985, S. 843 ff.

[329] Zitat nach *Ebel*, Geschichte, S. 17 f.

Sachwalter, Richter, Gesandter gebrauchen, da lernt man vernünftige Protokolle machen, wirklich vorkommene Fälle schön beurteilen, votiren (...)"[330].

Diese praxisnahe Ausbildung sowohl in Fragen der anwaltlichen als auch in solchen der gerichtlichen Tätigkeit war eine Göttinger Erfindung[331], die auf die RKG-Anwälte eine große Anziehungskraft ausübte. Bis dahin war der Stoff nur in Form von Vorlesungen dargeboten worden, nämlich der öffentlichen lectio und des privaten collegium. In beiden Fällen kam es allein auf Wissensvermittlung an. Zwar war das collegium schulmäßiger eingerichtet als die lectio, es wies jedoch ebenfalls keinen praktischen Bezug auf[332]. In den Generalexamina finden sich bei den Anwälten, die in Göttingen studierten, eine Reihe von Hinweisen auf diese praktischen Übungen[333]. Doch erwähnten sie diese erstaunlicherweise nicht bei der Frage nach dem Studium, wie etwa *Franz Carl von Sachs*, sondern bei der Frage nach dem obligatorischen RKG-Praktikum[334]. Dennoch wird es sich um die eben beschriebenen Praktika an der Universität Göttingen gehandelt haben, da immer wieder der Name Prof. Pütter sowie die Namen weiterer Professoren fallen[335]. Die Vorzüge einer praxisnahen Ausbildung waren den karrierebewußten, angehenden RKG-Anwälten offenbar sehr bewußt.

---

330 Zitat nach *Ebel*, Geschichte, S. 25.

331 Siehe *Ebel*, Geschichte, S. 18. *Link*, Pütter, S. 313 bezeichnet das staatsrechtliche Praktikum Pütters als Geburtsstunde der öffentlich-rechtlichen Übung. Der Inaugurator der Göttingen Gründung, Freiherr Gerlach Adolph von Münchhausen, beschrieb das Göttinger Modell mit den Worten *„eine solide Theorie mit der praxis (zu) verknüpfen"*; Zitat bei *Hammerstein*, Göttingen, S. 182.

332 Vgl. hierzu *Gerhard Köbler*, Art. Juristenausbildung, in: HRG II, Sp. 484 (486).

333 Von den 32 RKG-Anwälten, die in Göttingen studierten, erwähnten immerhin elf Anwälte in den Generalexamina die „collegia practica".

334 Es handelte sich hierbei um die neunte Frage (*„An et ubi practicam exercuerit?")*. Vgl. zum Praktikum im folgenden S. 159 ff.

335 Vgl. BAF AR 1-IV B 2 Bd. 15 (*F. J. D. Bostell* gibt an , für ein Jahr ein Praktikum in Göttingen absolviert zu haben); BAF AR 1-IV B 2 Bd.11 (*J. P. G. v. Gülich*: *„per semestre commoratus esset hic Wetzlariae et Götting. iam operare dedisset praxi"*); BAF AR 1-IV B 2 Bd. 23 (*F. W. v. Hoffmann* gibt an, bei Prof. Pütter ein Praktikum absolviert zu haben); BAF AR 1-IV B 2 Bd. 15 (*J. G. Hert* gibt an, in Göttingen bei den Doktoren Pütterum und Klabroth ein Praktikum absolviert zu haben); BAF AR 1-IV B 2 Bd. 12 (*C. F. Hofmann* praktizierte in Göttingen); BAF AR 1-IV B 2 Bd. 15 (*W. C. Rothberg* hat für 2 Semester die „collegia practica" von Dr. Pütter und Dr. Ragrodio besucht); BAF AR 1-IV B 2 Bd. 12 (*G. W. Stock* hat in Göttingen ein Praktikum absoviert); BAF AR 1-IV B 2 Bd. 12 (*J. A. Spinola* hat bei Prof. Pütter ein Praktikum absolviert); BAF AR 1-IV C 68 fol. 110 (*A. v. Sachs* praktizierte 1 ½ Jahre bei Prof. Pütter); BAF AR 1-IV C 71 fol. 52 a (*W. C. v. Hofmann* absolvierte in Göttingen ein Praktikum „in academia").

Zusammenfaßend bleibt festzuhalten, daß sich das Rechtsstudium im 18. Jahrhundert in einer Umbruchphase befand. Traditionelle Lehrmethoden und Fächer konkurrierten mit einem moderneren, aufgeklärten Unterricht. Die RKG-Anwälte trafen zwischen diesen Alternativen eine klare Wahl für die neue Zeit, indem sie ab der zweiten Hälfte des 18. Jahrhunderts die Universität Göttingen zu ihrer Favoritin erkoren.

In diesem Zusammenhang ist es nicht verwunderlich, daß auch das geistige Klima in Wetzlar selbst als aufklärerisch und offen beschrieben wurde[336]. Der Grund hierfür ist in der für die Größe der Stadt ungewöhnlich hohen Zahl an akademisch Gebildeten zu sehen, die als soziale Trägerschicht das aufklärerische Gedankengut verbreiteten[337]. Zu nennen ist hier natürlich vor allem das Personal des RKG selbst, insbesondere die bürgerlichen Anwälte aber auch einige der adeligen Assessoren[338], sowie die durch das RKG nach Wetzlar angezogenen Praktikanten, Prozeßbeobachter, Mitglieder der kammergerichtlichen Visitationen und Hauslehrer. Es waren vornehmlich Mitglieder dieser Personengruppen, die in Wetzlar sogar die Gründung von Freimaurerlogen initiierten[339]. Innerhalb dieser Logen spielten der RKG-Anwälte eine

---

336 Vgl. zur Aufklärung in Wetzlar insbesondere *Hans-Werner Hahn*, Altständisches Bürgertum zwischen Beharrung und Wandel. Wetzlar 1689-1870, München 1991, S. 167-177 (=Stadt und Bürgertum, hrsg. v. Lothar Gall, Bd. 2), der die Inhalte der innerstädtischen Aufklärungsbewegung mit den *„neuen Werten wie Individualität, Vernunft, Toleranz und Weltoffenheit (...) allein an Leistung und Qualifikation gebundene Statuszuweisung"* beschreibt; siehe weiter *Monika Neugebauer-Wölk*, Reichsjustiz und Aufklärung. Das Reichskammergericht im Netzwerk der Illuminaten, Wetzlar 1993 (=Schriftenreihe der Gesellschaft für Reichskammergerichtsforschung, Heft 14); *dies.*, Das Alte Reich und seine Institutionen im Zeichen der Aufklärung. Vergleichende Betrachtung zum Reichskammergericht und zum Fränkischen Kreistag, in: Jahrbuch für fränkische Landesforschung 58 (1998), S. 299-326. Siehe auch *Kurt Becker-Hagendorff u. a.*, 225 Jahr Freimaurer in Wetzlar, Wetzlar 1986. Diese kurze Arbeit einer Gruppe von Freimaurern enthält wichtige Hinweise für die Beteiligung der RKG-Anwälte am Freimaurertum in Wetzlar. Siehe des weiteren *Michel Espagne*, „Welches sind die Bestandteile der Aufklärung?" Aus dem Pariser Nachlaß eines Wetzlarer Freimaurers, in: Jahrbuch der deutschen Schillergesellschaft 32, 1988, S. 28-50 und *Siegfried Gauch*, Friedrich Joseph Emerich. Ein deutscher Jakobiner. Studien zu Leben und Werk, Frankfurt a. M. 1986; S. 20-54.

337 Siehe *Hahn*, Bürgertum, S. 167 f.

338 Die Assessoren scheinen insbesondere beim (der Freimaurerei verwandten) Geheimorden der Illuminaten tätig geworden zu sein, der ungleich stärker politisiert war als die Freimaurer und auf eine Umgestaltung der absolutistischen Staaten von innen her abzielte. Innerhalb der bestehenden Herrschafts- und Gesellschaftsordnung sollte unmerklich ein aufgeklärtes Regiment durchgesetzt werden; vgl. hierzu ausführlich *Neugebauer-Wölk*, Reichsjustiz, S. 1 ff.

339 Ausführlich zur Gründung der Freimaurerlogen *Becker-Hagendorff*, Freimaurer, S. 6 ff.; vgl. auch *Hahn*, Bürgertum, S. 169 ff. und *Neugebauer-Wölk*, Reichsjustiz, S. 19. In Wetzlar

herausragende Rolle. So waren im Jahr 1784 von den 51 Parteivertretern des RKG 19 Mitglieder in der Wetzlarer Direktorialloge des „Eklektischen Bundes“, also immerhin ca. 37 % der Anwälte[340]. Von diesen 19 nachgewiesen freimaurerischen Anwälten hatten auch tatsächlich 11 in Göttingen und einer in Halle studiert[341], so daß es als vertretbar erscheint, eine Verbindung zwischen den aufgeklärten Universitäten und dem geistigen Milieu in Wetzlar selbst zu ziehen. Da eine Vielzahl von RKG-Anwälten, die an den Universitäten Halle und Göttingen studierten, aus Wetzlar stammten[342], wird es sich um eine wechselseitige Befruchtung gehandelt haben. Einerseits werden die durch die Reformuniversitäten Halle und Göttingen geprägten RKG-Anwälte ihren Anteil daran gehabt haben, daß von einer regelrechten „Aufklärungsbewegung im Umkreis des Reichskammergerichts“[343] gesprochen wird. Andererseits werden aber auch die durch das geistige Klima in Wetzlar vorgeprägten Studenten bzw. ihre Familien bewußt die Reformuniversitäten ausgewählt haben, um eine juristische Ausbildung zu gewährleisten, die ihren gesellschaftspolitischen und philosophischen Ansichten entsprach.

---

ist seit 1762 die Loge „Drey Schlüssel zum Winkelmaas“ nachweisbar, 1767 wurde die Loge „Joseph zu den drey Helmen“ gegründet, die ab 1777 den Namen „Joseph zum Reichsadler“ führte. 1783 wurde unter der geistigen Führung des RKG-Assessors v. Ditfurth der eklektische Bund gegründet.

[340] Hinweis und Auflistung der 1784 am RKG als Anwalt tätigen Freimaurer und Illuminaten bei *Neugebauer-Wölk*, Reichsjustiz, S. 38 ff. Vgl. auch *Werner Freudenschuss/Franz Pohlner*, Die Mitglieder der Loge Joseph zu den drey Helmen und der Provinzialloge Joseph zum Reichsadler in Wetzlar 1768-1772-1776-1778-1784, mit biographischen Daten, Wetzlar 1986. Nach *Becker-Hagendorff*, Freimaurer, S. 63 soll es sich jedoch um lediglich 16 Advokaten und Prokuratoren gehandelt haben. Von den 19 von *Neugebauer-Wölk* vermuteten Freimaurern sind fünf auch noch nachgewiesene Illuminaten. Einer Aussage des illuminatischen Assessors *v. Ditfurth* folgend soll die Illuminatenrate unter den freimaurerischen Anwälten sogar noch höher gewesen sein.

[341] Es waren dies (in der Reihenfolge des Eintrittsjahres bei Gericht) die Anwälte *J. C. J. Adami, Chr. J. v. Zwierlein, C. F. Hofmann, F. C. v. Sachs, C. Ph. Scheurer, J. G. v. Zwierlein, J. G. Hert, W. Chr. Rothberg, F. J. D. Bostell, J. W. Besserer, C. T. G. Tils, H. J. Gombel*; vgl. insofern die Biographien.

[342] Insgesamt stammten 27 der 49 in Halle und Göttingen studierenden RKG-Anwälte aus Wetzlar. Für die Hochphase der Aufklärungsbewegung in Wetzlar nach 1760 sind die Zahlen noch eindeutiger: Von den 18 in Göttingen studierenden RKG-Anwälte (in Halle studierte nach 1760 keiner mehr) stammten 16 aus Wetzlar.

[343] Siehe *Hahn*, Bürgertum, S. 168.

(6) Sonderfall: Studium in Wetzlar

Einer näheren Betrachtung bedarf noch ein Phänomen, daß bereits mehrfach angedeutet worden ist und auf das auch schon *Sigrid Jahns*[344] hingewiesen hat: das Rechtstudium in Wetzlar. Insgeamt gaben 38 RKG-Anwälte in den Generalexamina an, in Wetzlar Jura studiert zu haben *(siehe Tabelle 2)*; damit läge Wetzlar unter den Studienuniversitäten auf dem zweiten Platz gleich hinter Gießen - wenn dort eine ordentliche Universität existiert hätte. Dies war jedoch nicht der Fall. Die Äußerungen bezogen sich dennoch eindeutig auf ein Studium und nicht, wie man meinen könnte, auf die RKG-Praktikantenzeit. In der Regel wurde Wetzlar nämlich als erster Studienort genannt, bevor weitere Studienorte, und zwar jetzt Universitäten, angegeben wurden. Ein Rechtstudium ausschließlich in Wetzlar hat keiner der RKG-Anwälte absolviert. Mangels einer Universität kann es sich beim Rechtstudium in Wetzlar nur um ein Gymnasium mit universitären Oberbau, also um das schon erwähnte Jesuiten-Gymnasium, oder um ein Privatstudium gehandelt haben. Aus einer Reihe von ausführlicheren Äußerungen in den Generalexamina läßt sich diese Frage unzweifelhaft zugunsten des Privatstudiums beantworten. Die Kandidaten gaben an, bei einigen RKG-Advokaten und –Prokuratoren sowie einem gewissen Rat Bernegger bzw. Bernecker, der besonders häufig genannt wurde, studiert zu haben[345]; ein Gymnasium wurde nicht erwähnt.

Ein Privatstudium wird man sich so vorstellen müssen, daß die Schüler täglich in das nahegelegene Haus des Lehrers kamen und dort von ihm unterrichtet

344 Siehe *Jahns*, Universität Gießen, S. 217 f., die aber für ihre Untersuchung nicht alle Generalexamina durchgesehen hat, so daß ihre Ergebnisse lediglich vorläufigen Charakter haben.

345 Siehe beispielsweise BAF AR 1-IV B 2 Bd. 19 (*J. A. Abel*: *„coepissit fundamenta iurisprudentiae in huitate urbe sub auspiciis Consilarii Bernecker"*); BAF AR 1-IV B 2 Bd. 19 (*J. A. G. von Brandt*: *„accesserit collegia viri consultissimi Consilarii Bernecker hic Wetzlariae degentis, quae in Institutiones et Digesta auditoribus suis exponere consuevit"*); BAF AR 1-IV B 2 Bd. 10 (*J. F. W. von Brandt*: *„coepisset hic Wetzlariae dirigente Lt. Helferich et Lt. Werner, apud quos frequentasset collegia theoretica iuris par 4 annos"*); BAF AR 1-IV B 2 Bd. 3 (*S. Debus* studierte 1 ½ Jahre in Wetzlar Philosophie und Jurisprudenz); BAF AR 1-IV B 2 Bd. 12 (*F. F. E. Duill*: *„per integrum Annum hic apud (...) Lt. Bernegger collegium Justitutiorum frequentasset, nec non apud (...) Pastorem Funck cursum philosophicum absolvisset"*); BAF AR 1-IV B 2 Bd. 12 (*J. E. Ph. Chr. Frech*: *„Coepisset studia juridica Anno 1750 in hac civitate"*); BAF AR 1-IV B 2 Bd. 11 (*J. J. Flach*: *„coepisset studium iuris hic Wetzlariae"*); BAF AR 1-IV B 2 Bd. 10 (*J. J. J. Kirschbaum*: *„coepisset studium juridicum hic Wetzlaria frequentando collegia theoretica apud Lt. Loskant et Lt. Baur"*); BAF AR 1-IV B 2 Bd. 2 (*G. W. Waldschmidt*: *„frequentavit hic Wetzlariae collegia apud Dr. Ditzum et Dr. Seipp"*). Weitere Erwähnungen des Rates Bernegger finden sich bei BAF AR 1-IV B 2 Bd. 21 (*J. F. Chr. Feller*); BAF AR 1-IV B 2 Bd. 22 (*F. A. Flach*); BAF AR 1-IV C 64 fol. 98 (*I. Goll*); BAF AR 1-IV B 2 Bd. 21 (*J. J. B. M. Loskant*).

wurden, ohne jedoch bei diesem einzuziehen. In Ausnahmefällen suchte auch der Lehrer den Schüler auf. Voraussetzung hierfür war jedoch, daß es sich der Vater des Schülers leisten konnte, den Lehrer als Hauslehrer fest anzustellen. Erstaunlich ist daher, daß von den 38 RKG-Anwälten, die ein Studium in Wetzlar angaben, nur 31 tatsächlich aus Wetzlar stammten bzw. dort wohnten, weil der Vater am RKG tätig war[346]. Die anderen sieben stammten aus zum Teil weit entfernten Orten wie Köln, Detmold und Halberstadt[347]. Ob diese auswärtigen Studenten von ihren Lehrern aufgenommen wurden, oder ob sie woanders Unterkunft fanden, konnte nicht geklärt werden. Das Rechtstudium in Wetzlar hatte jedenfalls einen über die Stadtgrenzen hinausreichenden Ruf und zog – zumindest in Ansätzen wie eine ordentliche Universität – Studenten aus verschiedenen Territorien an und dies von Beginn des 18. Jahrhunderts bis in die sechziger Jahre[348]; danach studierten in Wetzlar nur noch Einheimische. Ausschlagebend für die überörtliche Anziehungskraft war sicherlich der Sitz des RKG in Wetzlar und die damit einhergehende Auffassung, daß der Unterricht von einem überaus qualifiziertem Personal abgehalten werde. Möglicherweise sollten aber auch schon erste Kontakte zum RKG geknüpft werden, um eine spätere Karriere an demselben zu erleichtern.

Darüberhinaus ist es jedoch wenig wahrscheinlich, daß das Studium in Wetzlar eine organisatorische Struktur hatte, die es erlauben würde, einen Vergleich mit einer Universität zu ziehen. Vielmehr werden die einzelnen Lehrer unabhängig voneinander den Stoff vorgetragen haben. Dessen Inhalt wiederum erschließt sich durch die erhaltenen Äußerungen in den Generalexamina. Die einschlägigen Passagen weisen eindeutig darauf hin, daß in Wetzlar mit dem Jurastudium begonnen wurde. Wendungen wie *„coepisset studium iuris hic Wetzlariae"*, *„coepisset studia juridica Anno 1750 in hac civitate"* oder *„coepisset hic Wetzlariae"* finden sich häufig. Es wird sich also um Veranstaltungen gehandelt haben, die die Anfänger der Jurisprudenz in den sogenannten „collegia theoretica" zu hören hatten, also um Einführungsvorlesungen über die Institutionen und Digesten anhand einschlägiger Lehrbücher[349]. Diese machten den Kern des Studiums in Wetzlar aus. Zwar geben auch zwei RKG-Anwälte an,

---

[346] Dieses Phänomen übersieht *Jahns*, Universität Gießen, S. 217 f.

[347] Ein Studium in Wetzlar gaben an, ohne von dort zu stammen bzw. ohne dort zugezogen zu sein: *J. Bolles* aus Köln, *J. Chr. Clauder* aus Halberstadt, *J. J. Duill* aus der Grafschaft Wied, *J. L. Ehmann* aus Franken, *S. H. Gondela* aus Detmold, *F. Ph. F. von Greß* aus der Grafschaft Katzel und *J. J. J. Kirschbaum* aus Scharlottenbach; vgl. insofern die Biographien.

[348] Vgl. die Biographien der sieben auswärtigen Studenten.

[349] Vgl. die schon in Fn. 345 erwähnte Angabe *J. A. G. von Brandts*: *„accesserit collegia viri consultissimi Consilarii Bernecker hic Wetzlariae degentis, quae in Institutiones et Digesta auditoribus suis exponere consuevit"*. So auch *Jahns*, Universität Gießen, S. 218.

sie hätten ihr Studium in Wetzlar fortgesetzt *(„continuasset hic Wetzlaro")*[350]. In diesen zwei Fällen wird Wetzlar tatsächlich auch erst als zweiter Studienort nach einer ordentlichen Universität genannt. Dies scheint darauf hinzudeuten, daß in Wetzlar auch Fortgeschrittenenkurse gehalten worden sind. Zwingend ist dieser Schluß jedoch nicht, denn zu einem Studium gehörten nach damaliger Auffassung auch die Kurse in den vier artes liberales und nicht nur das eigentliche Fachstudium. Daher könnten die betreffenden Anwälte auch gemeint haben, sie hätten ihr Studium nach dem Propädeutikum „fortgesetzt". In jedem Fall handelt es sich aber um zwei Einzelfälle. Es ist daher nicht angebracht, von der grundsätzlichen Charakteristik des Rechtsstudiums in Wetzlar als einführendes juristisches Fachstudium abzuweichen.

Vermittelt wurde dieser Stoff durch Lehrer, von denen uns auch einige namentlich bekannt sind. Insbesondere der Rat Bernegger, obwohl kein RKG-Anwalt, scheint aufgrund seiner häufigen Nennung in den Generalexamina eine herausragende Stellung innerhalb dieser Gruppe eingenommen zu haben. Daher lohnt es sich, kurz auf ihn persönlich einzugehen. Im Wetzlar des 18. Jahrhunderts lassen sich zwei Juristen dieses Namens nachweisen: den Advokaten *Johann Ernst Bernegger* (geb. 1690 und gest. am 19.6.1756), hochfürstlicher, hohenloher-bartensteinischer Hofrat sowie dessen Sohn, den Advokaten und Lizentiaten der Rechte *Albrecht Friedrich Bernegger* (geb. am 27.8.1736, Todesdatum unbekannt), ebenfalls Hofrat[351]. Beide Berneggers führten vor dem RKG eine Reihe von Prozessen, in denen sie zumeist als Konkursverwalter auftraten[352]. Ob das Einkommen aus dieser anwaltlichen und verwalterischen Tätigkeit ausreichend war, läßt sich anhand der spärlichen Quellenlage nicht beurteilen. Das Engagement im Wetzlarer Rechtsunterricht deutet jedenfalls darauf hin, daß die Berneggers weiterer Finanzquellen bedurften. Denn natürlich wurde der Rechtsunterricht nicht umsonst, sondern zweifelsohne nur gegen ein bestimmtes Honorar abgehalten[353]. Schlecht ging es den Berneggers aber jedenfalls nicht, besaß die Familie doch ein Haus in der

---

[350] Vgl. BAF AR 1-IV B 2 Bd. 12 (*F. Ph. F. von Greß*) und BAF AR 1-IV B 2 Bd. 11 (*H. J. Brack*).

[351] Siehe Historisches Archiv der Stadt Wetzlar, Genealogische Stammtafeln v. Siegfried Rösch, 30 a.

[352] Siehe Abt. 1: Reichskammergericht, Teil 3: Prozeßakten des preußischen Kreises und der Stadt Wetzlar, Bd. 1-3, bearb. v. Jost Hausmann (=Repertorien des Hessischen Hauptstaatsarchivs Wiesbaden, hrsg. v. dem Hessischen Hauptstaatsarchiv in Verbindung mit der Historischen Kommision für Nassau), Wiesbaden 1984, 1986: Nr. 179, 2773, 2809-2814, 2834, 3605 (*Albrecht Friedrich Bernegger*); Nr. 3039, 3471 (*Johann Ernst Bernegger*).

[353] So auch *Jahns*, Universität Gießen, S. 218.

großen Güldgaß in Wetzlar[354], was einen nicht unbedeutenden Wohlstand ausdrückt.

Die Tätigkeit eines Rechtslehrers haben wahrscheinlich beide Berneggers, vornehmlich aber der jüngere ausgeübt. Denn anhand ihrer Lebensdaten und derjenigen der RKG-Anwälte läßt sich nur bezüglich eines RKG-Anwalts mit Sicherheit feststellen, daß er vom älteren Bernegger unterrichtet wurde. Denn dieser eine Anwalt, *Franz Friedrich Ernst Duill*, war ungefähr gleich alt, wenn nicht sogar älter als der jüngere Bernegger[355], so daß ein Rechtsunterricht bei diesem praktisch ausscheidet. Alle anderen Erwähnungen können sich jedoch nicht auf den älteren Bernegger beziehen, da diese RKG-Anwälte allesamt erst kurz vor dessen Tod im Jahre 1754 oder sogar danach geboren wurden[356]. Es ist daher zu vermuten, daß *Johann Ernst Bernegger* nur gelegentlich Rechtsunterricht erteilte. Die Nennungen in den Generalexamina beziehen sich in der Regel auf seinen Sohn *Albrecht Friedrich Bernegger*, der die gelegentliche Ausbildertätigkeit seines Vaters fortführte und intensivierte. Ab Mitte der sechziger Jahre scheint er sich als Rechtslehrer in Wetzlar so sehr etabliert zu haben, daß er eine Art Monopol innehatte, denn in den Generalexamina fällt nur noch sein Name[357].

60 Jahre vorher, zu Beginn des Rechtsunterrichts in Wetzlar, war das Angebot an Lehrern noch vielfältiger gewesen. Die angehenden RKG-Anwälte erwähnten nämlich mehrere Ausbilder, die allesamt selbst als Advokaten bzw. Prokuratoren am RKG tätig waren: *Lt. Baur, Lt. Helferich, Lt. Loskant* und *Dr. Werner*[358]. Diese Nennungen fallen jedoch ausnahmslos in die dreißiger und vierziger Jahre des 18. Jahrhunderts. Für die Frühzeit der Ausbildung sind nur die RKG-Prokuratoren *Dr. Dietz* und *Dr. Seipp* nachgewiesen[359]. Dies mag damit zusammenhängen, daß in den dreißiger und vierziger Jahren auch die Nachfrage

[354] Wetzlarer Häuserverzeichnis von 1774. Den Hinweis hierauf gab freundlicherweise *Frau Dr. Irene Jung*, Stadtarchiv Wetzlar.

[355] *F. F. E. Duill* wurde um das Jahr 1736 geboren; vgl. insofern die Biographie.

[356] Vgl. die Geburtsdaten *J. A. Abels* (1754), *J. A. G. von Brandts* (1751), *J. F. Chr. Fellers* (1751), *F. A. Flachs* (1764), *I. Golls* (1774), *J. J. B. M. Loskants* (1761).

[357] Einzig *J. F. Chr. Feller* erwähnt, daß er nicht nur beim Rat Bernegger, sondern auch bei Dr. Balemann und dem Rat und RKG-Prokurator Werner studiert habe; vgl. BAF AR 1-IV B 2 Bd. 21.

[358] Vgl. hierzu die Generalexamina folgender RKG-Anwälte: BAF AR 1-IV B 2 Bd. 10 (*J. F. W. von Brandt gen. Flender*), BAF AR 1-IV B 2 Bd. 10 (*J. J. J. Kirschbaum*), BAF AR 1-IV B 2 Bd. 11 (*G. Niederer*).

[359] Der RKG-Prokurator *Georg Wilhelm Waldschmidt* erwähnt diese beiden Lehrer; vgl. BAF AR 1-IV B 2 Bd. 2. Diese müssen ihn um das Jahr 1720 unterichtet haben, da *Waldschmitt* bereits 1702 geboren wurde, Wetzlar als ersten Studienort angab und sich am 13.10.1721 in Gießen immatrikulierte; vgl. insofern die Biographie.

nach Rechtslehren in Wetzlar am größten war, studierten dort doch zwischen 1721 und 1760 zwanzig RKG-Anwälte *(siehe Tabelle 4)*, im Gegensatz zu nur sechs bis 1720 *(siehe Tabelle 3)* und zwölf nach 1760 *(siehe Tabelle 5)*. Dieser Schluß ist jedoch keineswegs zwingend, denn genauso gut denkbar ist die Möglichkeit, daß die Ausbilder aufgrund zu geringer Verdienstmöglichkeiten am RKG[360] verstärkt in diesen Tätigkeitsbereich auswichen und das Angebot erhöhten. Dies könnte ebenfalls zu einer Erhöhung der Studentenzahlen zwischen 1721 und 1760 beigetragen haben.

Und zu guter Letzt fällt auf, daß die Wetzlarer Zahlen ansteigen, während gleichzeitig die Gießener Universitätsimmatrikulationen abfallen. Wie auch im Verhältnis zwischen den Universitäten Gießen und Marburg verhalten sich auch die Studienzahlen im Verhältnis zwischen Wetzlar und Gießen spiegelbildlich[361]; die Übereinstimmung zwischen Wetzlar und Marburg ist dagegen frappierend *(siehe Tabelle 6)*. Die Stärke Wetzlars zwischen 1721 und 1760 liegt demnach in der Schwäche der nahegelegenen Universität Gießen in diesem Zeitraum begründet. Die Studenten, die zum größten Teil ja Wetzlarer Bürger- und Kameralkinder waren, sparten sich die Anfangssemester im nahegelegenen Gießen, indem sie die Einführungskurse in Wetzlar hörten[362]. Dies zeigt sich deutlich, wenn man die Dauer des nachfolgenden Studiums an einer ordentlichen Universität genauer betrachtet. Hierüber finden sich vereinzelt Angaben in den Generalexamina. So studierte beispielsweise *Johann Ferdinand Wilhelm v. Brand genannt Flender* nach dem Wetzlarer Studium nur noch ein Jahr in Marburg[363], *Johann Christian Feller* nur eineinhalb Jahre in Gießen[364], *Johann Joseph Flach* nur zwei Jahre in Mainz[365], *Johann Wilhelm Lorsbach* nur zwei Jahre in Göttingen[366] oder *Felix Maximilian Weylach* für ebenfalls lediglich zwei

---

360 Vgl. hierzu *Baumann*, Prokuratoren, S. 484 f., die von einer Erhöhung des sozialen Drucks in Wetzlar aufgrund steigender Prokuratorenzahlen und sinkendem Arbeitsvolumen spricht. Trotz einer grundsätzlich stimmigen Tendenz sei angemerkt, daß der Höchstand der Prokuratorenanzahl 1763 und 1796 erreicht wird, also außerhalb der Periode der höchsten Studienzahlen in Wetzlar. Siehe zu diesem Problembereich auch *Filippo Ranieri*, Die Arbeit des Reichskammergerichts in Wetzlar. Kontinuität und Diskontinuität im Vergleich zur Speyerer Zeit, Wetzlar 1988 (=Schriftenreihe der Gesellschaft für Reichskammergerichtsforschung, Heft 4), S. 13. Vgl. zu den zahlenmäßigen Schwankungen der Prokuratoren und Advokaten und zur ihrer finanziellen Situation noch mehrfach im folgenden.

361 Vgl. zu Gießen und Marburg bereits S. 88 ff.

362 So auch *Jahns*, Universität Gießen, S. 218.

363 Vgl. BAF AR 1-IV B 2 Bd. 10.

364 Vgl. BAF AR 1-IV B 2 Bd. 21.

365 Vgl. BAF AR 1-IV B 2 Bd. 11.

366 Vgl. BAF AR 1-IV B 2 Bd. 19.

Jahre in Würzburg und Marburg[367]. Alle diese Werte liegen weit unter der durchschnittlichen juristischen Studiendauer von mindestens fünf Jahren[368]. Zwar finden sich auch längere Studienzeiten von vier[369] bzw. acht[370] Jahren; in diesen Fällen werden die Betroffenen jedoch kaum schon juristische Einführungskurse in Wetzlar gehört haben, sondern lediglich die philosophischen Grundkurse.

Ausschlaggebend für die Wahl Wetzlars waren somit höchstwahrscheinlich finanzielle Gründe. Die Studenten wohnten weiterhin zu Hause und sparten ihren Familien die Kosten einer auswärtigen Unterbringung sowie der Reisen in die Universitätsstadt. Daneben könnte aber auch ein schlechter akademischer Ruf der juristischen Fakultät in Gießen Ursache gewesen sein. Denn auch nach den Anfangssemestern in Wetzlar wechselten die RKG-Anwälte keineswegs alle nach Gießen, sondern vielmehr auf andere Universitäten. Nur zwei RKG-Anwälte studierten in diesen Jahren nach einem Studium in Wetzlar noch in Gießen, fünf dagegen in Marburg und Mainz, drei in Würzburg, ebenfalls zwei in Göttingen. Die hohen Besucherzahlen in Marburg zeigen, daß es den Studenten nicht darauf ankam, nun möglichst weit weg von Wetzlar das Rechtsstudium zu beschließen[371]. Vielmehr folgte auch die Wahl der ersten ordentlichen Universität nach einem Anfangsstudium in Wetzlar den bereits angeführten grundsätzlichen Vorlieben für bestimmte Universitäten in bestimmten Zeiträumen[372]. Dies verdeutlicht die Spitzenstellung der eben angeführten Universitäten Marburg, Mainz, Würzburg und Göttingen, die allesamt zwischen 1721 und 1760 von den RKG-Anwälten besonders häufig besucht wurden *(siehe Tabelle 5)*. Die Tatsache, daß mit dem Studium in Wetzlar begonnen wurde, führte somit nicht zu Besonderheiten hinsichtlich der Frequenz der nachfolgend besuchten Universitäten.

b) Promotionsuniversitäten

Die RKGO forderte von den Kandidaten für die Advokatur und Prokuratur nicht nur ein akademisches Studium an einer Universität, sondern auch den Erwerb eines juristischen Grades und zwar eines Litenziaten- oder Doktorgrades[373]. Um

---

367 Vgl. BAF AR 1-IV B 2 Bd. 12.

368 Vgl. zur Studiendauer ausführlich im folgenden S. 132 ff.

369 Vgl. BAF AR 1-IV B 2 Bd. 3 (*Siegmund Debus* studierte danach noch vier Jahre in Halle).

370 Vgl. BAF AR 1-IV B 2 Bd. 12 (*Johann Eberhard Philipp Chjristoph Frech* studierte danach noch 8 Jahre in Göttingen und Gießen).

371 So aber fälschlicherweise *Jahns*, Universität Gießen, S. 218.

372 Vgl. hierzu bereits oben S. 88 ff.

373 Siehe hierzu bereits Fn. 106.

einen solchen zu erlangen, mußten die angehenden Anwälte eine mit dem Promotionsrecht ausgestattete Universität besuchen und die vorgeschriebenen Prüfungen ablegen. Bei einer unvoreingenommenen Betrachtung müßte man eigentlich zu dem Schluß kommen, daß hierfür in der Regel die letzte der besuchten Studienuniversitäten ausgewählt worden wäre. Dem war jedoch nicht immer so. Vielmehr gab es auch ausgesprochene Promotionsuniversitäten, an denen sich die RKG-Anwälte nur zu diesem Zwecke immatrikulierten[374]. In diesen Fällen schrieben sie sich, nachdem sie bereits anderswo ein juristisches Studium unter Einhaltung der Mindestdauer[375] absolviert hatten, als „J.U.Candidatus" oder „J.U. Licentiandus" in den Matrikelbüchern der betreffenden Universität ein[376], blieben einige wenige Tage vor Ort und legten währenddessen die für den Graderwerb erforderlichen akademischen Prüfungen[377] ab, wozu insbesondere die öffentliche Disputation über ein juristisches Thema zählte. Danach ließen sie sich feierlich zum Lizentiaten oder Doktor der Rechte promovieren[378].

Die eingesehenen Matrikelbücher der Universitäten und natürlich vor allem die Angaben der RKG-Anwälte in den Generalexamina auf die Frage nach dem akademischen Grad weisen darauf hin, daß eine große Anzahl von RKG-Anwälten diese Möglichkeit nutzte[379]. Hervorzuheben als beliebte Promotionsuniversitäten sind insbesondere Gießen mit der ungeheuren Zahl von 52 Promotionen angehender RKG-Anwälte, die nicht zuvor in Gießen studiert hatten, und Duisburg mit 6 reinen Promotionsimmatrikulationen gegenüber nur 3 Studienimmatrikulationen. Aber auch in Marburg immatrikulierten sich 8 RKG-Anwälte nur zum Zwecke des Graderwerbs; in Tübingen hatten die beiden einzigen RKG-Promovenden nicht dort studiert und auch in Wittenberg der eine nachgewiesene nicht. In Kiel und Fulda promovierten ebenfalls je ein RKG-Anwalt ohne vorheriges Studium. Insgesamt promovierten auf diese Art und

---

[374] Leider konnten auch die Promotionsuniversitäten nicht vollständig ermittelt werden. Der folgenden Auswertung liegen aber immerhin 180 von 210 möglichen Promotionsuniversitäten zugrunde.

[375] Die Einhaltung der von der Universitätsstatuten jeweils vorgeschriebenen Mindestdauer scheint eine wichtigere Voraussetzung für einen akademischen Titel gewesen zu sein als der geprüfte Kenntnisstand. Nichtsdestotrotz gab es diesbezügliche Dispense; vgl. insofern *Willem Frijhoff*, Der Lebensweg der Studenten, in: Geschichte der Universität in Europa. Bd. 2. Von der Reformation zur Französischen Revolution: (1500-1800), hrsg. v. Walter Rüegg, München 1996, S. 290 f.

[376] Weitere einschlägige Einträge in den Matrikelbüchern sind z. B. „pro licentia disputarus", „pro gradu disputarus", „pro gradu Dris in utroque jure disputarus", „Candidatus iur. pro licentia disputaturus" etc.

[377] Vgl. zu Examen, Disputation und Promotion ausführlich im folgenden S. 139 ff.

[378] Vgl. zum Promotionsakt im folgenden S. 143 f.

[379] Vgl. zur Feststellung einer Promotionsuniversität auch S. 202.

Weise 78 RKG-Anwälte. Natürlich promovierten an den drei erstgenannten Universitäten auch RKG-Anwälte, die dort vorher studiert hatten, so in Gießen weitere 25 Anwälte, in Marburg 12 und in Duisburg einer. Daher verzeichnete Gießen insgesamt 77, Marburg 20 und Duisburg 7 Promotionen.

Die Tatsache, daß eine reine Promotionsimmatrikulation nicht mit einer ordentlichen Studienimmatrikulation gleichzusetzen ist, zeigt sich insbesondere auch daran, daß diese Immatrikulationen im Gegensatz zu den Studienimmatrikulationen weitestgehend konfessionsneutral waren[380]. So gehörten von den 52 RKG-Anwälten, die sich in Gießen nur zum Zwecke der Promotion immatrikulierten, 25 der katholischen Konfession und nur 23 der Augsburger Konfession an; bei vier RKG-Anwälten konnte die Konfessionszugehörigkeit nicht ermittelt werden. Dies steht in krassem Gegensatz zu den für die lutherische Universität Gießen als Studienuniversität ermittelten Werten von 29 Protestanten gegenüber nur 10 Katholiken bei zwei ungeklärten Fällen[381]. Das gleiche Bild bietet Marburg. Obwohl an dieser reformierten Universität bei den Studienimmatrikulationen 8 Katholiken der Zahl von 27 Protestanten gegenüberstehen[382], stellt sich das Verhältnis bei den Promotionsimmatrikulationen von 3 (Katholiken) zu 4 (Protestanten) dar[383]. Und auch an der reformierten Universität Duisburg gehören vier der sechs RKG-Anwälte der katholischen Konfession an. Dies zeigt, daß die ohnehin an den neugläubigen Universitäten schwächer ausgeprägte konfessionelle Bindung bei den reinen Promotionsimmatrikulationen jegliche Wirkung verliert.

Bei den übrigen Universitäten bietet sich hingegen das erwartetet Bild: In Göttingen studierten auch alle 8 Promovenden an dieser Hochschule, ebenso in Halle, Jena, Würzburg und Altdorf, wo sich die je 3 Promovenden dieser Universitäten ausschließlich aus dem Kreis der dort studierenden RKG-Anwälte rekrutierten. Dies gilt auch für Köln und Groningen. Die jeweils dort promovierenden zwei RKG-Anwälte hatten an diesen Orten auch studiert. In Mainz waren unter den 13 Promovenden immerhin 11 ehemalige Studenten, in Straßburg waren es sogar 11 von 12, in Heidelberg 5 von 6, in Erfurt 3 von 4 und in Trier und Basel je 2 von 3. Innerhalb dieser Gruppe von Universitäten lassen sich jedoch Unterschiede in der Promotionsquote festellen, also in der Frage, wieviele der Studenten dort auch promovierten. Während in Mainz, Heidelberg und Straßburg ungefähr die Hälfte der dort studiernden RKG-Anwälte auch promovierten, liegt die Promotionsanteil in Göttingen, Jena, Halle, Würzburg

---

380 Hierauf hat hinsichtlich der Promotionen in Gießen auch *Jahns*, Universität Gießen, S. 218 f. schon hingewiesen.

381 Siehe hierzu bereits S. 82 ff.

382 Bei zwei RKG-Anwälten ist die Konfession ungeklärt.

383 Die Konfession eines Anwalts konnte nicht geklärt werden.

und Köln deutlich darunter. Er schwankt zwischen 16 % (Köln) und 25 % (Göttingen). Eine Ausnahme bilden die protestantischen Universitäten Altdorf und Groningen mit einer Promotionsquote von 75 % bzw. 66 %. Angesichts der beschriebenen Möglichkeit einer wenig zeitaufwendigen Promotion ohne vorheriges Studium läßt sich aus diesen Schwankungen jedoch kein Rückschluß dergestalt ziehen, daß eine Universität mehr „Durchlaufstation" war als eine andere. Die Gründe für den verschieden hohen Promotionsanteil dürften vielmehr in unterschiedlich strengen Promotionsanforderungen der einzelnen Universitäten, einer gewissen Promotionstradition an der jeweiligen Universität sowie in persönlichen Vorlieben zu finden sein.

Nicht erforderlich ist in diesem Zusammenhang ein näheres Eingehen auf die restlichen Universitäten[384], da an ihnen entweder gar keine oder aber zumindest nicht mehr als eine RKG-Promotion nachgewiesen werden konnte. Und außerdem war dieser eine Promovend dann auch immer ein RKG-Anwalt, der an der betreffenden Universität bereits studiert hatte. Daher sind von einer detaillierteren Betrachtung dieser Universitäten keine neuen Aufschlüsse zu erwarten.

Die soeben angesprochenen zwei Blickwinkel veranschaulichen die *Tabellen 7 a und 7 b*:

Tabelle 7a: Studien- und Promotionsuniversitäten

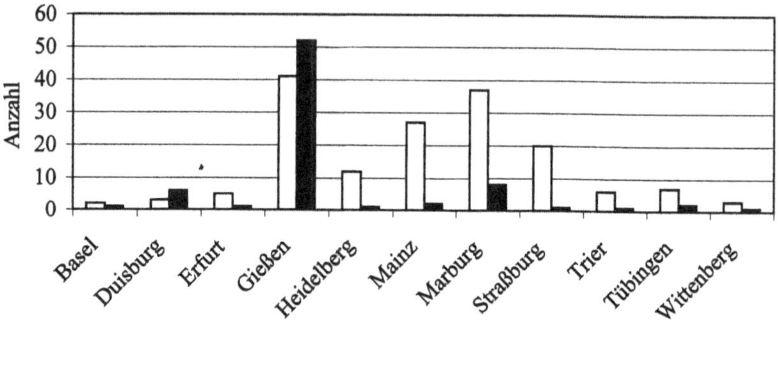

weiß: Immatrikulation zum Studium
schwarz: Immatrikulation nur zur Promotion

[384] Siehe insofern die *Tabellen 1 und 2,* S. 41 f.

Zum einen wird die Beziehung zwischen Studien- und reinen Promotionsimmatrikulationen *(siehe Tabelle 7 a)* und zum anderen das Verhältnis zwischen Promotionen nach und ohne vorherigem Studium an der betreffenden Universität dargestellt *(siehe Tabelle 7 b)*.

Tabelle 7 b: Promotionen nach vorherigem Studium und ohne vorherigem Studium an der gleichen Universität

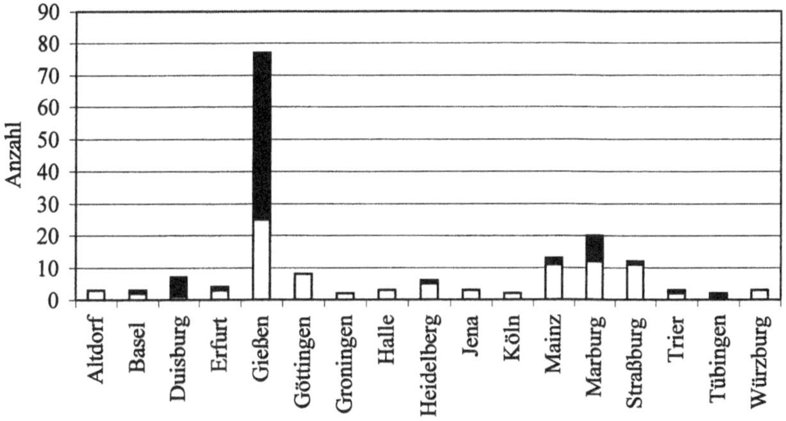

weiß: Promotionen nach vorherigem Studium an der gleichen Universität
schwarz: Promotionen ohne vorherigem Studium an der gleichen Universität

Mit den reinen Promotionsimmatrikulationen erhöhen sich natürlich an den betroffenen Universitäten die absoluten Immatrikulationszahlen der RKG-Anwälte, wodurch das bereits beschriebene Bild der Universitätswahl um einen neuen Aspekt bereichert wird. So kommt Gießen jetzt auf insgesamt 93 Immatrikulationen (davon lediglich 41 Studienimmatrikulationen) und nimmt unter dieser Prämisse den überragenden Spitzenplatz ein. Des weiteren steigen die Besucherzahlen Marburgs von 37 auf 45 und diejenigen Duisburgs von 3 auf 9; leicht erhöhen sich auch in Tübingen und in Mainz die Immatrikulationen von RKG-Anwälten (von 7 auf 9 bzw. von 27 auf 29). Einen noch kleineren Anstieg verzeichnen Straßburg (20 Studienimmatrikulationen/21 Immatrikulationen insgesamt), Heidelberg (12/13), Trier (6/7), Erfurt (5/6), Wittenberg (3/4) und Basel (2/3). Es handelt sich somit – mit Ausnahme der erstgenannten Universitäten Gießen, Marburg und Duisburg - um geringe Zunahmen. Wegen dieser drei Universitäten wirkt sich die Einbeziehung der

Promotionsimmatrikulationen bei den vierzehn am meisten besuchten Universitäten aber dennoch beträchtlich aus. Denn erstens nimmt Gießen nun einen so unangefochtenen Spitzenplatz unter den RKG-Anwälten ein, daß ein Zusammenhang mit dem Sitz des RKG in Wetzlar auf der Hand liegt und einer besonderen Erklärung bedarf. Zweitens hat sich die Universität Duisburg aufgrund ihrer Rolle als beliebte Promotionsuniversität unter die am häufigsten besuchten Universitäten geschoben. Und drittens hat auch Marburg von den Promotionsimmatrikulationen profitiert und auf diese Art und Weise seinen zweiten Platz gefestigt *(siehe Tabelle 8).*

Tabelle 8: Universitätsfrequenzen unter Berücksichtigung von Studien- und Promotionsimmatrikulationen

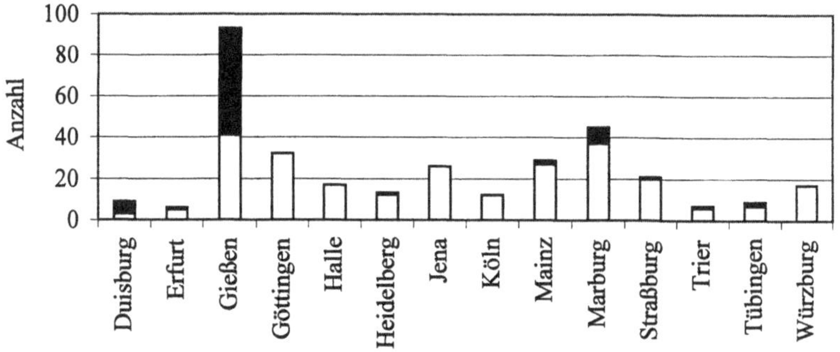

weiß: Immatrikulation zum Studium
schwarz: Immatrikulation zur Promotion

(1) Promotionsuniversität Gießen

Bedenkt man, daß die Mehrzahl der Anwälte mehrere Universitäten besuchten, stellt es an für sich keine Besonderheit dar, daß diese akademischen Wanderungen auch noch fortgesetzt wurden, um einen akademischen Grad zu erwerben. Um so auffälliger ist, daß sich die Immatrikulationen ausschließlich zum Zwecke der Promotion nicht entsprechend den bereits ermittelten Studiumsfrequenzen auf die Universitäten verteilen, sondern sich fast ausschließlich auf die Universitäten Gießen, Duisburg und Marburg konzentrieren.

Die Gründe hierfür sind verschieden. Hinsichtlich der Universität Gießen erklärt sich dies durch den spezifischen Ausbildungsgang eines zukünftigen RKG-Anwalts. Diesen Zusammenhang hat auch *Jahns* schon angedeutet[385]. Denn der Gemeine Bescheid vom 30. September 1672 forderte von den Bewerbern um eine RKG-Advokatur, daß sie nach dem Abschluß eines juristischen Fachstudiums *„auch wenigst zwey Jahr lang sich in Advocatura Camerali würcklich geübet"*[386], also ein mindestens zweijähriges Praktikum am Reichskammergericht absolvierten. Um das RKG-Praktikum beginnen zu können, mußten die angehenden Anwälte aber noch keinen akademischen Titel erworben haben; für die Zulassung brauchten sie ihn freilich. Daher nutzten sie die Praktikumszeit in Wetzlar dazu, den für die Bewerbung noch fehlenden Lizentiaten- oder Doktorgrad an der nahegelegenen Universität Gießen nachzuholen. Dadurch sparten sie Zeit und Kosten. Eine Karriere als Advokat am Reichskammergericht mit ihren hohen akademischen Anforderungen konnte auf diese Art und Weise schneller erreicht werden, denn die Universität Gießen wird den promotionswilligen RKG-Kandidaten keine unüberwindlichen Hürden aufgestellt haben.

Dies läßt sich anhand des Quellenmaterials eindrucksvoll belegen. Denn von den 52 Gießener Immatrikulationen nur zum Zwecke der Promotion fanden allein 30 während oder nach Beendigung des RKG-Praktikums statt. Bei weiteren 6 Immatrikulationen besteht ebenfalls ein unmittelbarer zeitlicher Zusammenhang zum Praktikum, ohne daß mit Sicherheit festgestellt werden konnte, ob die Immatrikulation schon vor oder erst nach Beginn des Praktikums erfolgte[387]. Überhaupt konnte nur eine einzige Immatrikulation nachgewiesen werden, die vor Beginn der RKG-Praktikantenzeit erfolgte[388]. Bei den restlichen 17 Immatrikulationen war das Datum des Praktikumsbeginns nämlich nicht ermittelbar. Angesichts des Verhältnisses von 30 gesicherten Immatrikulationen während oder nach dem Praktikum zu einer nachgewiesenen Promotionsimmatrikulation vor dem Praktikum, wird jedoch auch innerhalb dieser Gruppe der Anteil der Immatrikulationen während oder nach dem Praktikum hoch gewesen sein. Der Erwerb eines akademischen Titels an der Universität Gießen steht folglich in engstem Zusammenhang mit der Ableistung

---

385 Vgl. hierzu *Jahns*, Universität Gießen, S. 213 ff., die in ihrer Arbeit die reinen Promotionsimmatrikulationen jedoch nicht gesondert untersucht.

386 Der Gemeiner Bescheid v. 30.9.1672 findet sich im CJC S. 927; vgl. auch *Smend*, Reichskammergericht, S. 350, *Wiggenhorn*, Reichskammergerichtsprozeß, S. 36, 53 und *Jahns*, Universität Gießen, S. 211.

387 In diesen Fällen konnte nur festgestellt werden, daß mit dem RKG-Praktikum in demselben Jahr begonnen wurde, in dem auch die Promotionsimmatrikulation an der Universität Gießen erfolgte.

388 Es handelt sich um den RKG-Advokaten *Georg David Büsser*; vgl. insofern die Biographie.

des reichskammergerichtlichen Praktikums in Wetzlar und ermöglichte den Praktikanten ihrem Karriereziel „RKG-Advokat“ rasch näherzukommen.

Daß die Promotionen in Gießen tatsächlich ausschließlich der Bewerbung vor dem Reichskammergericht dienten, läßt sich auch eindeutig anhand der Tatsache belegen, daß die Promotionsimmatrikulationen in Gießen häufig nur wenige Tage oder Wochen vor Ablegung des Generalexamens erfolgten[389]. In neun Fällen legten die Anwälte das Generalexamen sogar noch vor der Promotion in Gießen ab. Dann finden sich in den Generalexamen Wendungen wie *„nondum graduatus, sed promittit proxime assumturum“*[390], *„se offerens ad illum proxime suscipiendum“*[391] oder *„gradum nondum haberet, sed pauris in Diebus Giesae illum assumere vellet“*[392]. Alle diese Kandidaten schworen vor dem Gericht als Advokaten aber erst auf, nachdem sie den Lizentiaten- oder Doktorgrad erworben hatten[393]. Insofern hielt sich das Gericht also streng an die Anforderungen der RKGO. Obiges gilt vermutlich auch für eine weitere Gruppe von sieben Anwälten[394], die ebenfalls zum Zeitpunkt des Generalexamens noch nicht promoviert waren, bei denen im Unterschied zu den vorherigen aber keine Promotionsuniversität ermittelt werden konnte. Es ist jedoch nicht unwahrscheinlich, daß es sich auch bei ihnen um die Universität Gießen gehandelt hat.

Insgesamt legten somit 16 RKG-Anwälte das Generalexamen ab, ohne schon promoviert gewesen zu sein. Auffällig hierbei ist, daß mit einer Ausnahme alle erst in der zweiten Hälfte des 18. Jahrhunderts tätig wurden, elf von ihnen sogar erst nach 1783. Was waren die Gründe hierfür? Da diese Bewerber ja nicht vor der Promotion vom RKG zugelassen wurden, hatte diese Vorgehensweise eigentlich keinen greifbaren Vorteil, insbesondere keinen zeitlichen. Denkbar ist allein, daß durch eine möglichst frühzeitige Ablegung des Generalexamens ein

---

[389] Auch *Jahns*, Universität Gießen, S. 213 f. weist auf diesen engen zeitlichen Zusammenhang zwischen Promotion und Ablegung des Generalexamens hin. Ausweislich der Immatrikulations- und Promotionsdaten konnte das Promotionsverfahren selbst in wenigen Tagen abgeschlossen sein; vgl. beispielhaft die Biographien von *Jacob Abel, Ignatius Franz Bauer, Franz Christoph Bolles, Johann Bolles* und *Friedrich Jacob Dietrich v. Bostell.* Dies bestätigt für die Universität Basel *Mommsen*, Studium, S. 71.

[390] BAF AR 1-IV B 2 Bd. 19 (*J. A. G. von Brandt*)

[391] BAF AR 1-IV B 2 Bd. 13 (*J. L. F. Ehmann*)

[392] BAF AR 1-IV B 2 Bd. 11 (*J. F. Lang*)

[393] Vgl. insofern die Biographien von *J. A. Abel, F. Chr. Bolles, S. Ph. W. von Bostell, J. A. G. von Brandt, J. L. F. Ehmann, Ph. J. Emmerich, J. H. Fashauer, J. F. Lang* und *C. T. G. Tils.*

[394] Gemeint sind die RKG-Anwälte *F. C. Brandt, F. A. Flach, P. J. A. von Frohn, I. Goll, J. Ph. Von Gülich, J. W. Lorsbach, F. W. Mainone*. Diese haben allesamt an einer – leider nicht bekannten – Universität einen akademischen Titel erworben, bevor sie vor dem RKG aufschworen; vgl. insofern die Biographien.

günstiger Rang hinsichtlich der Vergabe der nächsten freiwerdenden RKG-Advokatur gesichert werden sollte. Dies würde aber bedeuten, daß es vor dem RKG so etwas wie Wartelisten gab und daß durch die Ablegung des General- und Spezialexamens eine Art Anwartschaftsrecht auf die RKG-Advokatur begründet worden wäre. An dieser Stelle mag ein Hinweis auf diese Vermutung genügen; im folgenden wird hierauf aber noch näher eingegangen[395].

Diese kostengünstige und zeitsparende Möglichkeit des Graderwerbes wurde von den RKG-Anwälten jedoch nicht gleichmäßig während des hier betrachteten Zeitraums in Anspruch genommen. Während zwischen 1690 und 1700 noch fünf Anwälte davon Gebrauch machten, sinkt die Kurve in den folgenden Jahrzehnten bis auf Null ab, um nach 1730 wieder steil anzusteigen. Nach Erreichen des Höchstandes von elf Promovenden zwischen 1760 und 1770 verringert sich die Anzahl in den letzten Jahrzehnten des Jahrhunderts dann wieder rapide bis als letzter RKG-Anwalt auf diese Art und Weise *Salentin Philipp Wilhelm von Bostell*[396] im Jahr 1791 in Gießen promovierte *(siehe Tabelle 9).*

Tabelle 9: Promotionsimmatrikulationen in Gießen 1690-1800

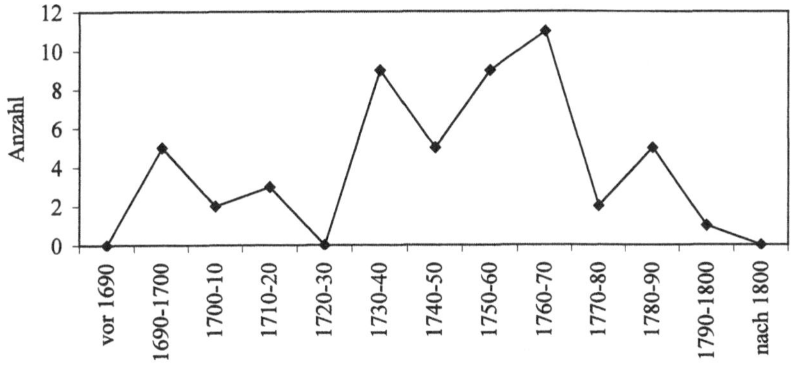

Da sich die Promotionsimmatrikulationen mehr oder weniger entgegengesetzt zu den Studienimmatrikulationen in Gießen verhalten[397], läßt sich dieser

[395] Vgl. hierzu S. 180 f.

[396] Vgl. zu *S. Ph. W. von Bostell* die Biographie.

[397] Siehe insofern *Tabelle 6,* S. 57.

Kurvenverlauf nicht mit den bereits beschriebenen Vorlieben für die Universität Gießen als Studienuniversität begründen. Die Ursachen für die Schwankungen sind vielmehr am Reichskammergericht selbst zu suchen. Das Gericht zog in den Jahren der besonders hohen Promotionsquote zwischen 1730 und 1770 die jungen Juristen verstärkt an und ließ sie auch in deutlich größerer Anzahl zu[398]. Diese Tendenz spiegelt sich in der Anzahl der Anwälte wider, die innerhalb eines Jahres am RKG arbeiteten *(siehe Tabelle 10)*[399].

Tabelle 10: Anzahl der Anwälte, die innerhalb eines Jahres am RKG arbeiteten (1693-1806)

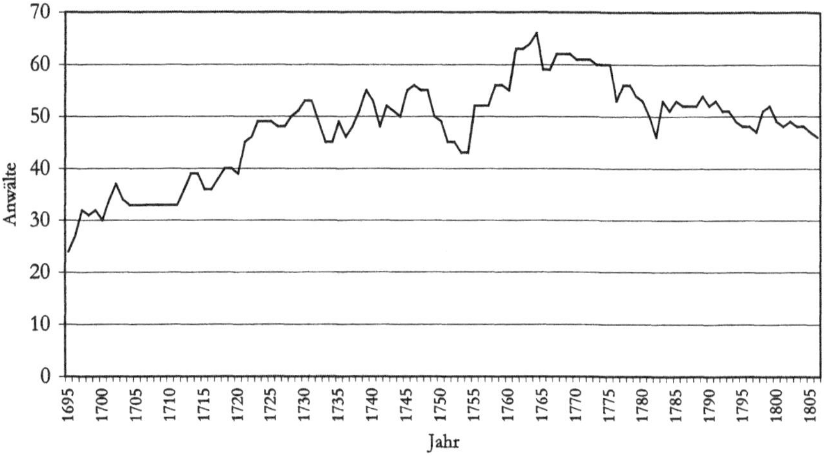

Insbesondere die hohen Promotionsimmatrikulationen in Gießen in den fünfziger und sechziger Jahren finden ihre Entsprechung in den hohen Gesamtzahlen der Anwälte ab den sechziger bis Mitte der siebziger Jahre. Die hierbei festzustellende leichte Phasenverschiebung erklärt sich ohne weiteres aus der Zeit, die zwischen Promotion, Ablegung des Generalexamens und

[398] Vgl. hierzu das Kapitel über die Zulassung zum RKG, S. 173 ff.

[399] Die Werte umfassen auch die (wenigen) in den Kameralkalendern als „abwesend" geführten Anwälte.

Aufschwörung zum Advokaten verging. Denn eine Wartezeit von zwei bis drei Jahren war keine Seltenheit[400].

Die teilweise Übereinstimmung beider Kurven[401] sagt aber noch nichts über die Ursachen der verstärkten Anziehungskraft und Aufnahmepraxis des RKG in diesen Jahren aus. Betrachtet man jedoch die genealogische Zusammensetzung der RKG-Anwaltschaft, liegt die Erklärung auf der Hand. Von den 77 Advokaten, die nach 1750 am RKG aufschworen, stammten bereits 52 (67,53 %) aus Wetzlar, von den 62, die nach 1760 am RKG zu arbeiten begannen, dann schon 46 (74,19 %) und von den 37 Advokaten, die nach 1770 ihre Tätigkeit aufnahmen, gaben sogar 32 (86,48 %) als Herkunftsort Wetzlar an. Und die überwiegende Mehrzahl dieser Anwälte waren die Söhne von bereits am RKG tätigen Prokuratoren[402]. Im 18. Jahrhundert hatten sich regelrechte Anwaltsdynastien[403] in Wetzlar herausgebildet. Der schon angesprochene § 98 des Visitationsabschiedes von 1713 ermöglichte es den Wetzlarer Anwaltsfamilien, ihre Stellung nach außen hin abzuschotten, da ihre Söhne bei der Zulassung zum RKG bevorzugt wurden. Der Anstieg der Promotionsimmatrikulationen in Gießen sowie der Anzahl aller RKG-Anwälte ab den fünfziger Jahren erklärt sich nun daraus, daß die Anwaltsfamilien diese durch den Visitationsabschied von 1713 gebotene Karrieremöglichkeit für ihre Söhne auch konsequent nutzten. Die zweite und dritte, teilweise auch vierte Generation, sofern die Anwaltstätigkeit schon vor dem RKG in Speyer ausgeübt wurde, drängten ab den fünfziger Jahren massiv ins Berufsleben. Insoweit wirkte sich aus, daß das Reichskammergericht schon einige Jahrzehnte in Wetzlar Sitz genommen hatte, so daß nun diese Generationen die juristische Ausbildung hinter sich gebracht hatten und den für sie vorgezeichneten Karriereweg beschreiten konnten.

---

[400] Vgl. hierzu noch genauer im Kapitel über die Zulassung an das RKG, S. 173 ff. Statt vieler Beispiele mag hier folgender Hinweis genügen: So promovierte *J. G. C. Vergenius* am 12.5.1758 in Gießen; er legte daraufhin sein Generalexamen am 2.8.1758 ab, schwor aber erst am 8.5.1761 zum Advokaten vor dem RKG auf; vgl. insofern auch die Biographie.

[401] Eine noch deutlichere Übereinstimmung scheidet schon allein deshalb aus, weil es sich bei den Promotionsimmatrikulationen in Gießen nur um einen Ausschnitt aus der großen Anzahl von Promotionen handelt.

[402] So waren von den 52 Wetzlarern, die nach 1750 als Advokaten vor dem RKG aufschworen, 34 Söhne von RKG-Prokuratoren sowie 6 Söhne weiterer Kameraler. Die Verhältnisse für die Advokaten, die nach 1760 und nach 1770 tätig wurden, sind noch eindeutiger (1760: 31 Prokuratorensöhne/4 Kameralsöhne von 46 Wetzlarer Bürgern; 1770: 23 Prokuratorensöhne/2 Kameralsöhne von 32 Wetzlarern).

[403] Beispielhaft seien an dieser Stelle genannt die *Brandt*, die *Bostell*, die *Dietz*, die *Gülich*, die *Hofmann* oder die *Zwierlein*; vgl. hierzu die Biographien.

Dieses Phänomen verstärkte sich noch dadurch, daß die Anwaltsdynastien immer mehr versippten[404]. Die RKG-Anwälte verheirateten nämlich ihre Söhne und Töchter untereinander und bildeten auf diese Art und Weise einen geschlossenen Kreis einiger weniger Familien. Von den 100 namentlich bekannten Ehefrauen der Anwälte gehörten höchstwahrscheinlich 41 einer anderen Wetzlarer Anwaltsfamilie an, das heißt, daß vermutlich fast die Hälfte aller Ehen innerhalb der Anwaltschaft geschlossen wurde[405]. So waren beispielsweise die *Bostells* sowohl mit den Dynastien *Gülich* und *Dietz*, als auch mit den Anwälten *Buchholtz* und *Pilger* versippt[406]. Über die *Dietz'* bestanden des weiteren verwandtschaftliche Bande zu den Familien *Lange*, *Lindheimer* und *Gombel*[407]. Diese Familien bildeten ein regelrechtes Konglomerat. Weitere derartige Zusammenballungen[408] finden wir bei den *Gülichs*, die nicht nur mit den *Bostells*, sondern auch mit den *Gülchens* und den *Zwierleins* verbunden waren[409]. Die *Zwierleins* wiederum waren darüberhinaus noch mit den *Wahls*

---

[404] Dies wurde bereits ausführlich mit beispielhaften Stammtafeln von *Baumann*, Prokuratoren, S. 488-493 beschrieben.

[405] Vgl. die Biographien, die die Mädchennamen der ermittelten Ehefrauen aufführen und auf die beispielhaft im folgenden eingegangen wird. Diese deuten in den genannten 41 Fällen auf ein Verwandtschaftsverhältnis mit einer Anwaltsfamilie hin. Es konnte jedoch nicht in allen diesen Fällen eine Verwandtschaft sicher nachgewiesen werden, da es hierzu umfangreicher familiengeschichtlicher Forschungen bedurft hätte, die im Rahmen dieser Arbeit nicht zu leisten waren. Bei einigen der 41 Ehefrauen verbleibt somit eine gewisse Unsicherheit dahingehend, ob tatsächlich eine Verwandtschaft mit dem Anwalt gleichen Namens bestand, da es natürlich denkbar ist, daß auch andere Wetzlarer Bürger diesen Familiennamen führten.

[406] Die Familie *Bostell* war über drei Generationen mit vier Anwälten vor dem Reichskammergericht vertreten: *Lukas Andreas v. Bostell*, dem Vater von *Philipp Salentin* und *Friedrich Jakob Dietrich v. Bostell* sowie dessen Sohn *Andreas v. Bostell*. Bis auf letztgenannten heirateten nachweislich alle *Bostells* eine Anwaltstochter, nämlich *Rosine Elisabeth v. Gülich (Lukas Andreas v. Bostell)*, *Maria Walburga v. Gülich (Philipp Salentin v. Bostell)* und *Anna Franziska Margarete Dietz (Friedrich Jakob Dietrich v. Bostell)*. Auch über ihre Töchter knüpften die *Bostells* verwandtschaftliche Beziehungen zu anderen Anwaltsfamilien. So wurde eine Tochter *Lukas Andreas v. Bostells*, *Luise Friederike*, mit dem RKG-Prokurator *Johann August Buchholtz* verehelicht; ihre Nichte ähnlichen Namens, *Friederike Luise*, heiratete mit dem Prokurator *Wilhelm Theodor Gotthard Pilger* ebenso wie deren Schwester *Rosine* mit dem Advokaten *Friedrich Dietz* in eine Anwaltsfamilie ein. Vgl. hierzu die Biographien sowie die Genealogieskizze „Bostell-Gülich-Dietz" bei *Baumann*, Prokuratoren, S. 490, deren Angaben jedoch insofern ergänzungsbedürftig sind, als sie den Sohn von *Friedrich Jakob Dietrich von Bostell*, *Andreas v. Bostell*, nicht verzeichnet hat.

[407] Siehe hierzu *Baumann*, ebd.; vgl. auch die Biographie von *Johann Thomas Andreas Dietz*.

[408] Die folgende Aufzählung erhebt nicht den Anspruch auf Vollständigkeit; vielmehr soll das Ausmaß der Versippung anhand einiger weiterer Beispiele veranschaulicht werden.

[409] Vgl. die Genealogieskizze „Gülich-Gülchen-Zwierlein" bei *Baumann*, Prokuratoren, S. 489; siehe auch die Biographie von *Christian Hartmann Gülich*.

versippt[410], die *Sachs'* waren mit den Familien *Steinhausen* und *Helfrich* verwandt, die *Besserers* mit den *Hofmanns*, *Wicks* und *Sipmanns*[411]. Hieran wird deutlich, daß gerade die großen Anwaltsdynastien danach strebten, sich miteinander zu verbinden, um ihre Stellung zu festigen und nach außen hin abzuschotten. In diesen Kreis einzudringen mußte folglich auswärtigen Anwälten immer schwerer fallen - es sei denn, es gelang ihnen, eine Tochter aus „gutem Wetzlarer Anwaltshaus" zu heiraten[412].

Bei einer Vielzahl dieser Wetzlarer Kameral- und Bürgerkinder ist es auch durchaus wahrscheinlich, daß sie von vornherein beabsichtigten, einen akademischen Titel an der Universität Gießen während der RKG-Praktikantenzeit zu erwerben. Denn bei den meisten von ihnen dürfte durch ihre Abstammung die Karriere zum RKG bereits vorgezeichnet gewesen und planvoll in Angriff genommen worden sein. Bei den wenigen auswärtigen RKG-Anwälten dieser Jahre hingegen wird der Entschluß, sich durch eine Promotion ausreichend für die RKG-Advokatur zu qualifizieren, wohl erst während der Ableistung des Praktikums gefallen sein. Denn es ist schwer vorstellbar, daß auswärtige Juristen angesichts der durch § 98 des Visitationsabschiedes von 1713 geprägten Wetzlarer Verhältnisse die Stadt schon mit dem Ziel aufsuchten, eine Karriere als Advokat und Prokurator am Reichskammergericht zu ergreifen. Vielmehr werden sie nach Wetzlar gekommen sein, um Kenntnisse im Kameralprozess zu erwerben oder um vorhandene Kenntnisse zu vervollständigen[413]. Denn diese Fertigkeiten gehörten im 18. Jahrhundert zum handwerklichen Rüstzeug eines jeden ambitionierten Juristen, insbesondere wenn er eine Tätigkeit im landesherrlichen Dienst anstrebte[414].

Ab der Mitte der sechziger Jahre sank dann aber die Gesamtzahl der Anwälte langsam aber stetig wieder ab *(siehe Tabelle 10)*. Dies scheint dem eben skizzierten Zusammenhang zwischen dem Anstieg der Anwaltszahlen und der Herausbildung Wetzlarer Anwaltsdynastien zu widersprechen, da man eigentlich hätte erwarten müssen, daß die Zahlen immer weiter steigen. Durch die Zunahme der am RKG zugelassenen Anwälte verringerten sich jedoch gleichzeitig deren Verdienstmöglichkeiten. So klagte der RKG-Prokurator *Damian Ferdinand*

---

[410] So heiratete *Hans Johann Jacob Zwierlein* am 18.2.1737 *Elisabeth Dorothea Wahl*; vgl. die Biographie. Siehe hierzu auch *Baumann*, ebd.

[411] Vgl. *Baumann*, Prokuratoren, S. 491; siehe auch die Biographien von *Franz Carl* und *Johann Rudolph Sachs* sowie von *Johann Paul Besserer d. Ä.*

[412] So auch *Baumann*, Prokuratoren, S. 493.

[413] Vgl. zu den Inhalten des RKG-Praktikums im folgenden S. 164 ff.

[414] Vgl. *Döhring*, Geschichte, S. 21 f.; *Sellert*, Prozeß, Sp. 34; *Ingrid Scheurmann*, Organisation des Reichskammergerichts und der Verfahrensgang – Einleitung, in: Frieden durch Recht. Das Reichskammergericht von 1495-1806, hrsg. v. Ingrid Scheurmann, Mainz 1994, S. 121; *Diestelkamp*, Ungenutzte Quellen, S. 125 ff.

Haas im Jahre 1786: *„Die Vielheit der Prokuratoren ist unstreitig die Hauptquelle der meisten Mißbräuche. Wo nur wenige von ihnen sich auszeichnen, die, wie große Eichen, den Unterwuchs ersticken; so muß es den übrigen an Nahrung fehlen. Sie wollen doch leben; ja sie wollen es den grösseren gleich thun; da wird nun jämmerlich auf die paar Parthien herumgeritten"*[415]. Dieser soziale Druck erhöhte sich noch durch ein drastisch reduziertes Arbeitsvolumens des Gerichts[416]. Immer weniger Prozesse mußten zwischen immer mehr Anwälten aufgeteilt werden. Das Absinken der Kurve erklärt sich daher daraus, daß die Abkömmlinge der RKG-Advokaten und -Prokuratoren sich infolge der schlechteren Erwerbsaussichten am Reichskammergericht nun umorientierten und andere Karrieren angestrebten[417]. Der verschärfte Konkurrenzkampf um Mandate zeigt sich ebenfalls in den sinkenden Promotionsimmatrikulationen in Gießen ab 1770 *(siehe Tabelle 9)*. Der in beiden Kurven zum Ausdruck kommende besonders rasche Abfall in den siebziger Jahren ist sicherlich durch die zu diesem Zeitpunkt stattfindende letzte große RKG-Visitation (1767-1776) begründet, die insofern den allgemeinen Trend noch verstärkte. Denn währenddessen stand der Gerichtsbetrieb weitestgehend still, so daß in dieser Zeit kaum Bewerber auf die Idee gekommen sein werden, einen juristischen Grad in Hinblick auf eine baldige Karriere am RKG zu erwerben, denn es wurden sowieso keine neuen Anwälte zugelassen. Dies gilt übrigens in gleichem Maße für die erste RKG-Visitation des 18. Jahrhunderts (1707-1713). Auch damals stagnierte die Anzahl der am RKG tätigen Anwälte, was sich deutlich an den Gesamtzahlen ablesen läßt *(siehe Tabelle 10)*.

(2) Promotionsuniversitäten Marburg und Duisburg

An den Universitäten Marburg und Duisburg läßt sich das gleiche Phänomen wie in Gießen beobachten, wenn auch in deutlich geringerem Ausmaß, kommt Marburg doch nur auf 8 und Duisburg nur auf 6 reine Promotionsimmatrikulationen. Diese verteilen sich in Marburg über das gesamte 18. Jahrhundert, während Duisburg eindeutig zu Beginn dieses Jahrhunderts

---

415 *Anonymus (Damian Ferdinand Haas)*, Etwas über den Kammergerichtlichen Gemeinen Bescheid vom 13. May 1785 oder Verbesserungsvorschläge, wie selbiger mit älteren Gesetzen zu verbinden und nach diesen die ganze Gerichtsverfassung erst einzurichten sey, wenn er einen justizbeförderlichen Endzweck und Nutzen haben solle, o. O. (Wetzlar) 1786, S. 871 f.

416 Vgl. hierzu *Ranieri*, Arbeit, S. 13 und *Baumann*, Prokuratoren, S. 484.

417 Diese Vermutung kann im Rahmen dieser Arbeit jedoch nicht verifiziert werden.

beliebter war[418]. Wie auch in Gießen immatrikulierten sich die Anwälte während der gleichzeitigen Ableistung eines RKG-Praktikums, sofern dessen Beginn nachgewiesen werden konnte[419]. Somit wurden auch Marburg und Duisburg dazu genutzt, eine kostengünstige und zeitsparende Promotion während der RKG-Praktikantenzeit zu absolvieren. Hinsichtlich der Universität Marburg ist dies auch ohne weiteres einleuchtend, da Marburg wie Gießen in unmittelbarer räumlicher Nähe zum RKG lag. Nicht so aber Duisburg, das von Wetzlar knapp 200 km entfernt lag, eine für die damalige Zeit große Entfernung. Daher sind die Gründe, warum ausgerechnet Duisburg und keine andere Universität von den RKG-Anwälten als Promotionsuniversität ausgewählt wurde, woanders zu suchen. Denn ansonsten ist nicht verständlich, weshalb nicht in gleichem Maße die Wetzlar näher gelegenen Universitäten von Köln, Paderborn, Mainz und Würzburg oder die von Wetzlar ähnlich weit entfernt liegenden Universitäten von Erfurt, Trier und Münster frequentiert wurden.

Des Rätsels Lösung findet sich in den überaus geringen Anforderungen, die die Universität Duisburg im 18. Jahrhundert an eine Promotion zum Lizentiaten oder Doktor stellte. Tatsächlich scheinen die akademischen Grade in Duisburg sogar käuflich gewesen zu sein - eine übrigens für das 17. und 18. Jahrhundert nicht seltene Begebenheit[420]. So wird die Universität Duisburg in einer Komödie des 18. Jahrhunderts wie folgt beschrieben: *„Sein Lizentiat holte er in Deutschland (*gemeint ist Duisburg, d. Verf.*), oder vielleicht erwarb er für hundert Taler ein Diplom in Harderwijk: Ohne je studiert und ohne je eine Silbe Latein ausgesprochen zu haben, kann man sich in der Öffentlichkeit als Gelehrter aufspielen"*[421]. Dies gilt für die in Duisburg promovierenden RKG-Anwälte natürlich nicht, da sie ihre juristischen Kenntnisse ja in dem schwierigen Spezialexamen vor dem RKG unter Beweis stellen mußten und hierin auch reüssierten. Der Erwerb eines akademischen Titels in Duisburg zeigt jedoch, daß diese Anwälte zumindest bei der Promotion den Weg des geringsten Widerstandes gingen.

---

418 In Marburg konnte die erste Promotionsimmatrikulation 1701 und die letzte 1789 nachgewiesen werden, in Duisburg die erste 1700 und die letzte bereits 1731.

419 In Marburg war dies leider nur in zwei der acht, in Duisburg zumindest in drei der sechs Fälle möglich.

420 Vgl. hierzu *de Ridder-Symoens*, Mobilität, S. 348. Vgl. zum allgemeinen Verfall der Universitäten im 16., 17. und auch 18. Jahrhundert *Coing*, Handbuch, S. 26 ff., wonach sich insbesondere die französischen Universitäten beim Titelhandel hervortaten.

421 Zitat nach *de Ridder-Symoens*, Mobilität, S. 348.

c) Die akademische Mobilität der RKG-Anwälte

Die Frage nach der akademischen Mobilität der RKG-Anwälte[422] läßt sich nur beantworten, wenn sowohl die Studien- als auch die Promotionsuniversitäten in die Betrachtung eingestellt werden. Denn eine Beschränkung allein auf die Studienuniversitäten würde angesichts von 76 reinen Promotionsimmatrikulationen das Bild verzerren. Dem steht auch nicht entgegen, daß der Großteil dieser Promotionsimmatrikulationen in der Nähe von Wetzlar an den Universitäten Gießen und Marburg stattfand. Denn für eine Aussage über die akademische Mobilität kommt es nicht darauf an, daß der einzelne RKG-Anwalt sich möglichst weit von seinem Wohnort entfernte, sondern an wie vielen Orten er seinen Studien nachgegangen ist, um die für eine Karriere am RKG erforderlichen juristischen Kenntnisse und Titel zu erwerben. Eine Einbeziehung der reinen Promotionsimmatrikulationen erweitert sogar noch das Feld möglicher Erkenntnisse. Denn die Tatsache, daß die drei großen Promotionsuniversitäten Gießen, Marburg und Duisburg auf diese Art und Weise besonders häufig frequentiert wurden, ermöglicht auch Aussagen über die von den RKG-Anwälten vornehmlich eingeschlagenen Wege der Ausbildung. Dies gilt in gleichem Maße für die Privatstudien, die vor allem in Wetzlar stattfanden und auf die daher bei der Auswertung ein besonderes Augenmerk zu legen ist.

Während für das 15. und die Anfänge des 16. Jahrhunderts Untersuchungen über den Universitätsbesuch deutscher Rechtsstudenten vorliegen[423], ist das 17. und 18. Jahrhundert bisher kaum untersucht[424]. Zwar kann festgehalten werden, daß die studentischen Wanderungen im 18. Jahrhundert allgemein gesehen zurückgingen[425], für die hier interessiernde Frage nach der akademischen Mobilität der Rechtsstudenten ist damit aber nicht viel gewonnen. Es ist daher schwer zu sagen, ob das Verhalten der RKG-Anwaltschaft sich von den Universitätsbesuchen der übrigen deutschen Rechtsstudenten unterscheidet oder nicht. Immerhin existiert eine moderne Einzeluntersuchung zur Prosopographie einer vergleichbaren Personengruppe, nämlich den Juristen der Reichsstadt Frankfurt a. M. im 17. und 18. Jahrhundert[426]. Da diese als Bürger einer freien Reichsstadt keinen landesherrlichen Zwängen unterlagen und auch keine Universität innerhalb ihrer Stadtmauern existierte, kann ihr Verhalten eine

---

422 Siehe zum Auslandsstudium der RKG-Anwälte bereits S. 82 ff.

423 Vgl. die älteren Arbeiten von *Adolf Stölzel*, Studierende der Jahre 1368 bis 1600 aus dem Gebiete des späteren Kurfürstenthums Hessen, Kassel 1875 und *Gustav C. Knod*, Rheinländische Studenten im 16. und 17. Jahrhundert auf der Universität Padua, in: Annalen des Historischen Vereins für den Niederrhein, insbesondere die alte Erzdiözese Köln (68), Köln 1899.

424 So schon *Ranieri*, Universitätsbesuch, S. 184.

425 Vgl. *de Ridder-Symoens*, Mobilität, S. 353.

426 Siehe die Arbeit von *Dölemeyer*, Juristen.

gewisse Allgemeingültigkeit für sich beanspruchen und somit vergleichend herangezogen werden.

Wie auch diese Frankfurter Juristen[427] besuchte die meisten RGK-Anwälte zwei oder mehr „Studienorte". Denn von den 210 Anwälten studierten 86 an zwei Orten, die stattliche Zahl 60 Anwälte hörten Rechtsvorlesungen an drei verschiedenen „Schulen", 12 frequentierten vier und einer sogar fünf „Studienorte". Von 16 RKG-Anwälten fehlt uns jede Nachricht über ihr Studium und ihre Promotion. Insgesamt besuchten also 159 der 210 RKG-Anwälte nachgewiesenermaßen zwei oder mehr „Studienorte". 35 RKG-Anwälte begnügten sich mit dem Besuch nur einer einzigen Universität *(siehe Tabelle 11)*.

Tabelle 11: Anzahl der von den RKG-Anwälten besuchten Studienorte

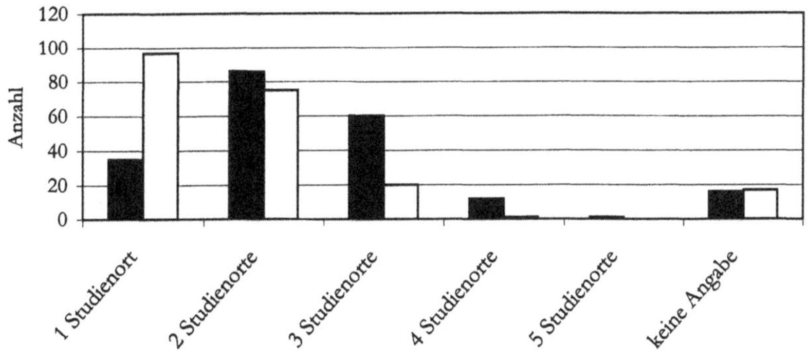

schwarz: Anzahl aller besuchten „Studienorte"
(einschließlich Promotionsimmatrikulationen und Privatstudien)
weiß: Anzahl aller besuchten Studienuniversitäten
(keine Privatstudien/keine Promotionsimmatrikulationen)

Dies zeugt auf den ersten Blick davon, daß die angehenden RKG-Anwälte auf ihrem Ausbildungsweg eine gewisse Mobilität an den Tag legten, um ihr juristisches Wissen zu vervollständigen. Da sie hierin den Frankfurter Juristen

[427] Vgl. *Dölemeyer*, Juristen, S. LII.

ähneln, scheinen die RKG-Anwälte trotz ihrer herausgehobenen Stellung, die sie als Anwälte des einen höchsten deutschen Gerichtes einmal einnehmen werden, während ihrer Ausbildungszeit einen für die damalige Zeit „normalen" Weg gegangen zu sein.

Im Unterschied zu den für die Frankfurter Juristen ermittelten Zahlen wurden in diese Auswertung jedoch die 51 Privatstudien miteinbezogen, von denen nachgewiesen allein 38 in Wetzlar stattfanden. Zieht man man diese ab, wandelt sich das soeben beschriebene Bild. Das gleiche gilt, wenn man zudem die reinen Promotionsimmatrikulationen herausrechnet, die sich ja größtenteils auf Gießen, Marburg und Duisburg verteilen (66 von insgesamt 78 Promotionsimmatrikulationen), und die im Zusammenhang mit dem RKG-Praktikum erfolgten. Abzüglich der Privatstudien bzw. der reinen Promotionsorte, studierten nämlich nur noch 75 Anwälte an zweien (statt 86), 20 an dreien (statt 60) und 1 an vier Hochschulen (statt 12). Fünf Universitäten besuchte unter diesen Voraussetzungen keiner mehr. Dafür studierten jetzt 97 RKG-Anwälte statt der bisherigen 35 an einer Universität *(siehe Tabelle 11)*.

Vergleicht man nun die unter beiden Prämissen gefundenen Daten zur Mobilität, ergeben sich aus dem dazwischen bestehenden Unterschied einige interessante Aspekte. Auffällig ist vor allem, daß die Mehrzahl der Anwälte nur eine Universität besuchte, wenn man den Blick allein auf die ordentlichen Studienuniversitäten richtet. Dieser Fall stellte für die Frankfurter Juristen noch eine Ausnahme dar[428]. Zwar sind daher auch schon die 35 RKG-Anwälte beachtlich, die unter Einbeziehung der Privatstudien und Promotionsuniversitäten nur an einer Universität studierten, disputierten und graduierten. Das Bild schärft sich jedoch, wenn man diese herausrechnet.

Es wird nämlich zum einen deutlich, daß sehr viele Anwälte zeit- und kostenaufwendige Universitätswechsel nicht in Kauf nehmen wollten. Juristische Einführungskurse und Promotion wurden deswegen in unmittelbarer Nähe des Gerichts absolviert. Dies war nur aufgrund ihrer besonderen Situation möglich. Denn die Anwälte konnten im Unterschied zu einer vergleichbaren Gruppe wie den Juristen der Reichsstadt Frankfurt von vornherein ihre Karriere planen und zielgerichtet verfolgen. Die Anwälte, die nur eine Universität besuchten und daneben Privatunterricht in Wetzlar nahmen und/oder sich in Gießen ausschließlich zum Zwecke der Promotion immatrikulierten, taten dies in besonderem Maße. Dies gilt genauso für die 35 Anwälte, die nur eine Universität besuchten und daneben weder privat studierten noch sich nur wegen der Prommotion immatrikulierten. Sie verfolgten ihre Karriere an das RKG ebenfalls sehr zielgerichtet und unterscheiden sich daher eindeutig von anderen Juristen

---

[428] Vgl. *Dölemeyer*, Juristen, S. LII.

ihrer Zeit, die wie die Frankfurter Juristen zwei oder mehr Universitäten besuchten.

Zählt man die Privatstudien und die Promotionsimmatrikulationen nicht mit, ändert sich auch die Einschätzung der akademischen Mobilität der Anwälte insgesamt. Denn nun stellen die Anwälte, die eine oder zwei Universitäten besuchten, zusammen 172 Personen, während ohne diese Einschränkung, die Gruppe der Anwälte, die zwei oder mehr „Studienorte" frequentierte, mit 159 Nennungen am größten war. In dieser Perspektive ist es mit der eingangs beschriebenen Mobilität der RKG-Anwälte doch nicht so weit her.

Und zum anderen führen die Differenzen zwischen den ermittelten Werten zu dem Schluß, daß die vorhandene akademische Mobilität der Anwälte vor allem in einigen ausgetretenen Wegen verlief, die sich in unmittelbarer Nähe des Gerichts befanden und zu diesem letztendlich auch hinführten. Denn die Anwälte kamen durch die juristischen Einführungskurse in Wetzlar schon in Kontakt mit dem RKG und promovierten dann in Gießen bzw. Marburg während der Praktikantenzeit, weil sie sich mit diesem Titel auf eine Advokatur bewerben wollten. Diese Stationen liefen so viele Anwälten an, daß man mit gutem Gewissen von einem Hauptpfad der akademischen Wanderungen sprechen kann.

Spaltet man die um die Privatstudien und Promotionsimmatrikulationen gereinigten Universitätsbesuche zeitlich auf, zeigt sich, daß diese Hauptpfade von Beginn des 18. Jahrhunderts an bis zur Jahrhundertmitte immer häufiger beschritten wurden. Ab der zweiten Hälfte des Jahrhunderts wurden dann aber auch wieder andere Wege genommen. Dieses Auf und Ab zeigt sich daran, daß die Anzahl der Anwälte, die nur eine einzige Universität besuchten, in der ersten Periode verhältnismäßig gesehen zunimmt und in der zweiten Periode absinkt. Hierbei ist nicht darauf abzustellen, wieviele solcher ein-, zwei- oder dreifachen Universitätsbesuche insgesamt anfallen – insofern sind die Zahlen zur Jahrhundertmitte naturgemäß am höchsten, da in diesem Zeitraum die meisten Anwälte studierten. Sondern es ist vielmehr zu fragen, inwieweit die Besuche nur einer einzigen Universität diejenigen von zwei oder drei Hochschulen in den einzelnen Zeitabschnitten überwiegen. Entscheidendes Kriterium für die Beantwortung der Frage nach der Häufigkeit, mit der die Anwälte eine typische RKG-Karriere verfolgten, ist folglich die Differenz zwischen der Anzahl der frequentierten Universitäten. Dieser Abstand ist zwischen 1721 und 1750 eindeutig am größten, aber auch zwischen 1751 und 1780 ist er noch beachtlich. Während der restlichen Zeiträume ist hingegen nur ein geringes oder aber auch gar kein Überwiegen festzustellen *(siehe Tabelle 12)*.

Es kann daher davon ausgegangen werden, daß die RKG-Anwälte zwischen 1721 und 1780 besonders zielgerichtet und zeitsparend eine Karriere am Reichskammergericht anstrebten.

Tabelle 12: Anzahl der RKG-Anwälte, die innerhalb von drei Jahrzehnten an 1, 2 oder 3 Universitäten studierten

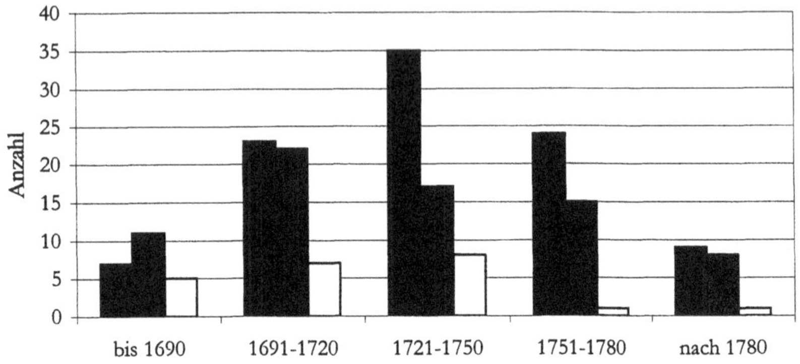

schwarz: eine Studienimmatrikulation
schraffiert: zwei Studienimmatrikulationen
weiß: drei Studienimmatrikulationen

Dies korrespondiert mit der in diesem Zeitraum insgesamt ansteigende Zahl der am RKG tätigen Anwälte[429]. Denn die angehenden Advokaten und Prokuratoren werden versucht haben, durch eine möglichst zügige Ausbildung den Konkurrenzdruck zu mildern. Je eher sie vor dem RKG aufschworen und am Kampf um die Mandantschaft teilnehmen konnten, desto besser waren ihre Aussichten auf ein finanziell gesichertes Auskommen.

d) Dauer des Studiums

Schwer zu ermitteln ist die durchschnittliche Dauer[430] des Universitätsstudiums der RKG-Anwälte. Zwar finden sich eine Vielzahl von Zeitangaben in den Generalexamina, es ist jedoch nicht immer eindeutig, ob sich diese auf das gesamte Studium einschließlich der philosophischen Ausbildung oder nur auf

[429] Siehe *Tabelle 10*, S. 80.

[430] Im folgenden wird die Dauer des Studiums – entsprechend den Angaben der Anwälte in den Generalexamina - in Jahren angegeben.

das juristische Studium bezogen[431]. Noch undurchsichtiger wird die Angelegenheit dadurch, daß eine Reihe von Anwälten Jura ja auch außerhalb einer ordentlichen Universität, insbesondere in Wetzlar studierte.

Die in den Generalexamina gefundenen Angaben bieten dementsprechend auch kein einheitliches Bild. So finden sich auf der einen Seite Äußerungen über ein Studium von acht (*Johann Wilhelm Lorsbach*)[432], neun (*Johann Heinrich Dietz*)[433] und sogar 10 Jahren (*Johann Friedrich Christian Feller*)[434]. Andererseits geben Anwälte wie *Ignatius Franz Bauer* (3 Jahre)[435], *Johann August Buchholz* (je 2 Jahre in Rostock und Göttingen)[436] oder *Anselm Frank Spönla* (4 Jahre)[437] deutlich geringere Studienzeiten an, ganz zu schweigen von dem bereits erwähnten, oftmals nur noch ein Jahr dauernden ordentlichen Studium nach dem Besuch der Einführungskurse in Wetzlar. Diese großen Differenzen können nicht allein mit dem ansonsten zutreffenden Hinweis erklärt werden, daß die Dauer eines juristischen Studiums ursprünglich nicht genau festlag[438]. Vielmehr sind die Unterschiede darin begründet, daß die Anwälte nicht einheitlich dieselben Ausbildungsabschnitte einbezogen bzw. wegließen. Dies wird deutlich, wenn man vergleichend eine Arbeit über die Studiendauer der Basler Juristen im 17. Jahrhundert heranzieht, deren Ergebnisse ohne weiteres verallgemeinerbar sind. Danach dauerte ein Studium, einschließlich der philosophischen Grundkurse, bis zur Disputation in der Regel mindestens 10 Jahre[439]. Dies stimmt ungefähr mit der Annahme überein, daß allein das juristische Studium bis zum Erwerb des Doktorgrades sechs bis acht Jahre dauerte, die reine Studienzeit mithin wenigstens 5 Jahre[440]. Daher wird man davon ausgehen können, daß in der Regel die hohen Zeitangaben in den Generalexamina den philosophischen Unterricht mitumfaßten, während sich die kürzeren Angaben ausschließlich auf den juristischen Unterricht bezogen haben werden.

Auffällig ist, daß die von den RKG-Anwälten absolvierten Studienzeiten insgesamt wohl leicht unter den Durchschnittswerten blieben, da in der Regel

---

431 Vgl. zu diesem Problemfeld auch die Aufnahmegrundsätze für die Biographien S. 202 f.

432 Vgl. BAF AR 1-IV B 2 Bd. 19.

433 Vgl. BAF AR 1-IV C 4 fol. 124.

434 Vgl. BAF AR 1-IV B 2 Bd. 21.

435 Vgl. BAF AR 1-IV B 2 Bd. 6.

436 Vgl. BAF AR 1-IV B 2 Bd. 13.

437 Vgl. BAF AR 1-IV B 2 Bd. 1.

438 Vgl. *Köbler*, Juristenausbildung, Sp. 486.

439 Siehe *Mommsen*, Studium, S. 73 f. Die errechneten Durchschnittswerte für die einzelnen Jahrzehnte schwanken zwischen 8 und fast 14 Jahren.

440 Vgl. *Köbler*, Juristenausbildung, Sp. 486 f.

weder ein Gesamtstudium von über zehn Jahren noch ein rein juristisches Studium von mehr als vier Jahren absolviert wurde. Die Unterschreitung der durchschnittlichen Studiendauer wird jedoch nicht allzu groß gewesen sein, da eine Reihe von öffentlichen Vorlesungen für den Erwerb eines Grades Pflichtkurse bildeten, so daß Zeiteinsparungen insofern nicht möglich waren[441]. Nichts desto trotz zeigt sich hier, daß die RKG-Anwälte unzweifelhaft zu den zügigen Studenten gehörten. Daher spricht auch die Dauer ihres Studium dafür, sie als eine ambitionierte und karrierebewußte Gruppe zu charakterisieren[442].

3.) Zusammenfassung

Was sind nun nach Betrachtung des ersten Ausbildungsabschnittes die Besonderheiten der universitären Studienwege der Wetzlarer RKG-Anwälte? Drei von mir für wesentlich gehaltene Aspekte seien hervorgehoben:

Erstens läßt sich natürlich eine gewisse Abhängigkeit der Anwälte von den herrschenden Trends ihrer Zeit nicht leugnen. Die aufgezeigten Übereinstimmungen mit den allgemeinen Universitätsfrequenzen sowie die konfessionelle Bindung bei der Universitätswahl sprechen insofern für sich. Gleichzeitig sind bei den Anwälten aber Phänomene zu beobachten, die sie nicht als Kinder ihrer Zeit erscheinen lassen, sondern die sich aus ihrer besonderen Stellung am Reichskammergericht erklären[443]. Dies gilt für den „Studienort" Wetzlar, die herausragende Rolle der hessischen Landesuniversitäten Gießen und Marburg sowie den außergewöhnlich geringen Besuch ausländischer Universitäten.

Dies leitet zum zweiten Aspekt über, nämlich der Zielgerichtetheit des Universitätsstudiums, die die RKG-Anwälte von vergleichbaren Personengruppen wie beispielsweise den Frankfurter Juristen des 17. und 18. Jahrhunderts unterscheidet. § 98 des Visitationsabschiedes von 1713 ermöglichte den Kameralen, eine Karriere am Reichskammergericht planvoll in Angriff zu nehmen. Dieses Karrierevehikel nutzten die Wetzlarer Familien gekonnt, indem sie ihre Söhne möglichst zeit- und kostensparend ihre universitäre Ausbildung

---

441 Vgl. *Köbler*, Juristenausbildung, ebd.

442 Dies wird noch deutlicher, wenn man das Alter der Anwälte bei Ablegung des Generalexamens untersucht; vgl. insofern im folgenden S. 173 ff.

443 Hierin unterscheiden sich auch die Ausbildungsgänge der RKG-Anwälte deutlich von denen der RKG-Assessoren, deren Universitätsfrequenzen die allgemeinen Universitätsfrequenzen der frühen Neuzeit widerspiegeln. Sie konnten ihre Karriere am RKG ja nicht ähnlich den Anwälten planen. Vielmehr versuchten die späteren RKG-Assessoren, sich für den reichsständischen, insbesondere den reichsfürstlichen Dienst zu qualifizieren; vgl. hierzu die Ausführungen bei *Jahns*, Juristen, S. 25 f.

absolvieren ließen. Einige Hauptpfade treten hervor, deren auffälligster über den Studienort Wetzlar zu einer mehr oder weniger beliebigen ordentlichen Universität und letztendlich zur Promotion an der Universität Gießen während des reichskammergerichtlichen Praktikums führte. Um die Mitte des 18. Jahrhunderts wird diese Tendenz besonders deutlich. Es setzt eine Beschleunigung ein, die sich aus dem verstärkten sozialen Druck in Wetzlar erklärt. Erst als dieser soziale Druck innerhalb der Anwaltschaft so groß geworden war, daß auch eine möglichst zügige Ausbildung ihn nicht mehr kompensieren konnte, schlugen die Anwälte wieder andere, zeitaufwendigere Wege ein: Wetzlar wurde nicht mehr so häufig als Studienort genannt, die Promotionsimmatrikulationen in Gießen nehmen ab und die akadamische Mobilität nimmt zu.

Welche Auswirkungen dies auf die juristische Qualität der Anwälte hatte, läßt sich pauschal sehr schwer beurteilen. Gänzlich ohne Auswirkung wird die Bevorzugung der Kameralkinder aber nicht gewesen sein. Das hiermit angesprochene Spannungsfeld zwischen Standes- und Leistungselite stellt den dritten von mir für bedeutsam gehaltenen Aspekt dar. So ist der RKG-Prokurator *Haas*, der dieses Ausleseverfahren für recht und billig hielt[444], der Ansicht, daß die Zulassung keine reine Gnadensache sein solle, von den Kindern seien gehörige, nicht aber vorzügliche Qualitäten zu fordern[445]. Genau dies spiegeln die universitären Ausbildungswege der Anwälte wider. Das von der Reichskammergerichtsordnung geforderte akademische Minimum – Studium und Promotion an einer ordentlichen Universität - wird von allen Anwälten absolviert. Insofern ließ das Gericht keine Ausnahmen zu. Aber eine besondere geistige Regsamkeit spricht nicht aus den von den RKG-Anwälten beschrittenen Wegen – zu sehr ist die Ausbildung auf die anvisierte Karriere am Reichskammergericht ausgerichtet. Auf der Strecke blieb die Möglichkeit an verschiedenen Universitäten, insbesondere im Ausland, die akademische Bildung zu vervollständigen. Andererseits deutet der Studienweg aber auch eine zumindest in Ansätzen vorhandene Spezialisierung auf den kammergerichtlichen Prozeß und das Reichsstaatsrecht an, was im Rahmen einer Beurteilung der juristischen Qualität der Anwälte sicherlich positiv zu veranschlagen ist, läßt es sie doch als Experten in ihrem Fach erscheinen. Auf diesen Befund kann hier lediglich hingewiesen werden, im Rahmen der Untersuchung der Dissertationen wird er noch genauer zu beleuchten sein. Die Tatsache, daß das Anwaltskollegium zumindest ab der zweiten Hälfte des 18. Jahrhunderts einen fest nach außen abgeschlossenen Kreis bildete, spricht wiederum gegen eine überragende juristische Qualität der Anwälte. Denn eine Bestenauslese fand

---

444 *Haas* begründete dies damit, daß doch die Väter *„ihrer Pflichten halber sich zuweilen an manchem Hofe unangenehm machen"*; Zitat bei *Weitzel*, Anwälte, S. 258.

445 Hinweis bei *Weitzel*, Anwälte, S. 258.

eindeutig nicht statt. Daher werden auch eine Reihe von eher mittelmäßigen Geistern dank ihrer Familienbande vor dem RKG tätig geworden sein.

Der Problemkreis Standes- oder Leistungselite manifestiert sich noch an einem weiteren Punkt. So neigten die Anwälte ab der Mitte des 18. Jahrhunderts eindeutig zu den aufgeklärten Universitäten, insbesondere zur Reformuniversität Göttingen. Ihr durch den Unterricht an diesen Universitäten erworbenes juristisches Profil kann mit Fug und Recht als modern und aufgeklärt bezeichnet werden. Dies scheint im Gegensatz zu der Herausbildung eines eigenen Anwaltstandes in Wetzlar zu stehen. Denn die Ideale der Aufklärung wie Gleichheit, Individualität, Toleranz und vor allem Statuszuweisung durch Leistung und Qualität gelten für die Aufnahme in diesen Stand nicht uneingeschränkt. Die Zulassung bestimmt sich nämlich gleichfalls durch die richtige Abstammung. Mit anderen Worten: Einerseits zeigt der Ausbildungsweg der RKG-Anwälte ihre Modernität und Aufgeklärtheit, andererseits beginnen sie entgegen den aufgeklärten Idealen einen eigenen Stand zu bilden. Und dies, obwohl sie als Mitglieder des Juristenstandes ja eindeutig zu *der* Leistungselite schlechthin, und nicht zu einer Standeselite gehören.

Dieser Widerspruch ist jedoch nur ein scheinbarer. Denn zum einen war man im 18. Jahrhundert trotz Aufklärung noch ganz dem ständischen Denken verhaftet. Man suchte die eigene gesellschaftliche Schicht zumindest nach unten abzuschotten – gerade die Beziehungen zwischen den RKG-Assessoren und -Anwälten sowie zwischen den Anwälten und den Bürgern in Wetzlar geben hiervon ein beredtes Beispiel[446]. Und zum anderen ist es ein ganz normaler Vorgang, daß eine Personengruppe eine ihr derart exclusiv eingeräumte Karrieremöglichkeit auch nutzt.

Es ist daher festzuhalten, daß die RKG-Anwälte in Wetzlar sowohl Mitglieder einer Leistungselite sind, als auch einen eigenen Stand bilden. Nach welcher Seite das Pendel stärker ausschlägt, wie die Gewichtung dieser beiden Merkmale vorzunehmen ist, wird im folgenden noch genauer zu untersuchen sein.

---

[446] Vgl. zur gesellschaftlichen Abschottung des Kameralkollegiums gegenüber den anderen Sozialgruppen des Gerichts ausführlich *Hahn*, Bürgertum, S. 61 ff. Siehe auch *Smend*, Reichskammergericht, S. 353 f.

C) Graduierung: Dissertation und Promotion

Die Dissertations- bzw. Disputationsthemen werfen ein zusätzliches Licht auf die Gruppe der RKG-Anwälte und helfen, ihr juristisches Profil näher zu bestimmen. Denn aus den Themen können Rückschlüsse sowohl auf das fachliche Interesse als auch auf eine frühzeitige Spezialisierung gezogen werden[447].

1.) Problem der „Verfasserschaft" bei älteren Dissertationen

Zwar besteht ein grundsätzliches Problem dieser Literaturgattung darin, daß die Autorschaft der einzelnen Schriften zweifelhaft ist[448]: Denn bei den hier betrachteten Dissertationen des 17. und 18. Jahrhunderts könnte es sich sowohl um Gemeinschaftsarbeiten des Präses (unseres heutigen Doktorvaters) und des Respondenten (des Doktoranden), als auch um eine Arbeit allein des Präses oder aber um eine weitgehend selbständige Arbeit des Respondenten handeln[449]. Der Grund für diese Unsicherheit liegt im Charakter der Dissertationen als akademische Gelegenheitsschriften[450]. Denn den beteiligten Personen ging es in

---

[447] Den Anstoß zu diesem Ansatz verdanke ich *Filippo Ranieri*, Juristische Literatur aus dem Ancien Regime und historische Literatursoziologie. Einige methodische Vorüberlegungen, in: Aspekte europäischer Rechtsgeschichte. Festgabe für Helmut Coing zum 70. Geburtstag, Frankfurt a. Main 1982, S. .293-322 (314), wenngleich sein Untersuchungsgegenstand ungleich weiter gefaßt ist, will er doch alle (!) juristischen Dissertationen eines Zeitalters erfassen und thematisch auswerten. Da es im 17. und 18. Jahrhundert noch keine Fachzeitschriften gab, erhofft sich *Ranieri* von dieser Analyse Aussagen darüber, *„welche Probleme die Wissenschaft und die Praxis bestimmter Zeiten vorzüglich beschäftigt haben."* Insofern bieten sich die Dissertationen als Untersuchungsgegenstand an, da diese ohnehin im 18. Jahrhundert die Funktion der heutigen Fachzeitschriften innehatten; vgl. insofern *Dölemeyer*, Juristen, S. LXXXIX.

[448] Vgl. hierzu insbesondere *Gertrud Schubart-Fikentscher*, Untersuchungen zur Autorschaft von Dissertationen im Zeitalter der Aufklärung, in: Sitzungsberichte der sächsischen Akademie der Wissenschaften zu Leipzig, Bd. 114, Philologisch-Historische Klasse, Heft 5, Berlin 1970. Siehe auch *Werner Allweiss*, Von der Disputation zur Dissertation. Das Promotionswesen in Deutschland vom Mittelalter bis zum 19. Jahrhundert, in: Dissertationen in Wissenschaft und Bibliotheken, hrsg. v. Rudolf Jung und Paul Kaegbein, München, New York, London, Paris 1979, S. 21 ff. Ebenfalls heranzuziehen ist die ältere Arbeit von *Ewald Horn*, Die Disputationen und Promotionen an den deutschen Universitäten vornehmlich seit dem 16. Jahrhundert, Leipzig 1893, Reprint Wiesbaden 1968 (= Beiheft zum Centralblatt für Bibliothekswesen 11), S. 51 ff.; vgl. überblicksartig zudem *Dietmar Willoweit*, Rechtsgrundlagen der Territorialgewalt, Köln/Wien 1975, S. 12 f.

[449] Vgl. *Schubart-Fikentscher*, Untersuchungen, S. 5 f. und *Allweis*, Disputation, S. 22. Sofern es sich um Gemeinschaftsarbeiten gehandelt hat, wird der jeweilige geistige Anteil der Mitwirkenden in keinem Fall eindeutig festzustellen sein.

[450] Siehe *Horn*, Disputationen, S. 51.

erster Linie um die mündliche Disputation. Außerhalb des Kreises der Disputationsteilnehmer waren weder der Präses noch der Respondent irgend jemandem verantwortlich. Die Frage der Verfasserschaft stellte sich also nicht in der gleichen Weise wie bei sonstigen literarischen Publikationen. Erst an zweiter Stelle stand die Veröffentlichung der behandelten Thesen.

Es soll jedoch nicht in Abrede gestellt werden, daß einige Professoren ihre wissenschaftlichen Erkenntnisse überhaupt nur in Form von Disputationen mitteilten[451]. In diesen Fällen nutzten sie die Dissertationen um „neuartige, oft provozierende Thesen" vorzubringen oder aber um eine bestimmte Meinung zu umstrittenen Fragen zu äußern[452]. Verfasser war dann natürlich der Präses. Dies war jedoch nicht die Regel; vielmehr handelte es sich um Einzelfälle.

Auch wenn die älteren Dissertationen in den Bibliotheken und im Buchhandel unter dem Namen des Präses eingeordnet wurden[453], läßt sich hieraus kein genereller Schluß auf deren Autorschaft ziehen. Vielmehr gibt es für das Problem der Verfasserschaft älterer Dissertationen keine Pauschallösungen; Ergebnisse können nur Einzeluntersuchungen bringen[454], auf die in diesem Zusammenhang aber verzichtet werden mußte. Grundsätzlich bleibt daher festzuhalten, daß beide, Präses und Respondent, ein Interesse an der Disputation hatten, so daß die Frage nach der Verfasserschaft nicht ohne weiteres zu klären ist.

Die Dissertationen können trotz dieser Unsicherheiten dennoch helfen, die Gruppe der RKG-Anwälte genauer zu beschreiben. Zum ersten werden die Anwälte unabhängig von ihrem tatsächlichen Anteil an der Arbeit bei dem jeweiligen Professor das Thema gewählt bzw. ein von diesem vorgeschlagenes Thema nicht abgelehnt haben. Dies allein läßt zumindest die Folgerung auf ein bestimmtes juristisches Interesse zu[455]. Und zum anderen schlägt eine Besonderheit des Ausbildungsweges der RKG-Anwälte voll durch. Wie schon ausgeführt, immatrikulierten sich eine Vielzahl von Anwälten während oder kurz nach dem reichskammergerichtlichen Praktikum ausschließlich zum Zwecke der Promotion. Die Kürze des Aufenthalts an der Universität bei dieser großen

---

[451] Siehe *Horn*, Disputationen, S. 52.

[452] So *Willoweit*, Rechtsgrundlagen, S. 11; siehe auch *Dölemeyer*, Juristen, S. LXXXVIII.

[453] Vgl. *Allweis*, Disputation, S. 21 ff.

[454] So auch *Horn*, Disputationen, S. 51; *Allweis*, Disputation, S. 22. Siehe hierzu die Ansätze *Schubart-Fikentschers*, Untersuchungen, S. 55 ff., die sowohl Anhaltspunkte innerhalb der Dissertation (Aufbau, Widmung, Vorrede, Thema, Corollaria, Anhänge) als auch außerhalb der Dissertation (Briefe des Präses, Promotors, anderer Personen und Glückwunschschreiben) heranzieht.

[455] Vgl. hierzu auch *Horn*, Disputationen, S. 10 f., der ausdrücklich darauf hinweist, daß bei den Inauguraldissertationen die Initiative zumeist vom Studenten ausgegangen sein wird.

Gruppe spricht dafür, daß in diesen Fällen nicht ein Professor der „eigentliche" Autor der Inauguraldisputation sein kann, sondern der Respondent[456]. Denn der Kandidat wird mit einem vorgefaßten Thema zum Präses gekommen sein und um die Prüfung nachgefragt haben. Es ist daher sehr wahrscheinlich, daß er sich mit diesem Thema schon vorher selbständig, entweder akademisch oder sogar praktisch, befaßt hat[457]. Dieser Sachverhalt trifft immerhin auf 78 Dissertationen zu – entsprechend der Anzahl der „reinen" Promotionsimmatrikulationen[458]. Da insgesamt nur 156 Dissertationensthemen der 210 RKG-Anwälte ausfindig gemacht werden konnten stellen diese 78 Dissertationen, die höchstwahrscheinlich dem Respondenten zugeordnet werden können, genau die Hälfte aller ermittelten Disputationsschriften dar. Daher kann zumindest bei diesen Dissertationen problemlos auf das juristische Profil der Anwaltschaft gefolgert werden.

Außerdem ist darauf hinzuweisen, daß eine Disputation auch ohne Präses gehalten werden konnte[459]. In diesen Fällen, die hinsichtlich der Dissertationen der RKG-Anwälte leider weder nachgewiesen noch sicher ausgeschlossen werden können[460], dürfte ebenfalls der Respondent der „eigentliche" Verfasser der Dissertation gewesen sein.

2.) Disputations- und Dissertationswesen

Neben den Vorlesungen (lecturae) gehörten die Disputationen zu den elementaren Bausteinen des juristischen Unterrichts[461]; sie können sogar für die Art und Weise des juristischen Denkens als typisch angesehen werden[462]. Es ging dem Disputanten darum, mittels einer überzeugenden Argumentation einerseits Zustimmung zu einer materiellen Entscheidung zu gewinnen und

---

456 So auch für Basel, *Werner Kundert*, Einleitung zum Katalog der Basler juristischen Disputationen 1558-1818 (Karl Mommsen, aus dem Nachlaß hrsg. v. Werner Kundert), Frankfurt a. M. 1978, S. 19-88 (=Ius Commune Sonderheft 9), S. 31 f.

457 Dies kann jedoch nur unter der Einschränkung gelten, daß der Professor das Thema nicht schon vorher bearbeitet und an den Doktoranden „verkauft" hat.

458 Siehe hierzu bereits S. 113 f.

459 Ausführliche Darstellung der Universitäten, an denen „sine praeside" disputiert wurde bei *Horn*, Disputationen, S. 46 ff. Hinweise hierauf auch bei *Kundert*, Einleitung, S. 32, 45.

460 Einzig *Peter Franz Noel* disputierte nachweislich „sine praeside". Zudem konnte bei einer Reihe von Dissertationen ein Präses nicht ermittelt werden, was zumindest die Möglichkeit einer Disputation ohne Vorsitz offenläßt.

461 Vgl. *Allweis*, Disputation, S. 18; *Kundert*, Einleitung, S. 26.

462 Es gab jedoch auch an der theologischen, an der medizinischen sowie an der philosophischen Fakultäten die Praxis, das Gehörte in Form einer Disputation zu wiederholen.

gleichzeitig die Gegenargumente zu entkräften; Grundelement einer Disputation war also das „dialektische pro und contra“[463]. In der Disputation wurden die Inhalte der Vorlesung als Diskussionsstoff wiederholt und gegen Einwürfe verteidigt. Sofern im Zusammenhang mit einer Disputation eine schriftliche Arbeit angefertigt wurde – sei es in Thesenform oder sei es in Form einer schriftlichen Abhandlung – spricht man von einer Disputationsschrift oder Dissertation[464].

Da die Disputation also Element des juristischen Lehrbetriebes war, wurde folglich nicht nur zur Erlangung eines akademischen Grades disputiert; es gab vielmehr eine Vielzahl von Disputationsanlässen. Diese von *Horn* eingehend untersuchte Mannigfaltigkeit soll hier nicht in ihren Einzelheiten nachvollzogen werden. Der Verständlichkeit halber sind jedoch die Grundstrukturen des Disputations- und Dissertationswesens an den Universitäten des 17. und 18. Jahrhunderts darzustellen.

a) Disputationsarten

Die Universitätsstatuten der frühen Neuzeit kannten eine Reihe von verschiedenen Disputationen[465]. Man unterscheidet als Hauptformen die öffentlichen (Disputationes publicae), die turnusmäßigen (Disputationes circulares) sowie die privaten Disputationen (Disputationes privatae).

(1) Öffentliche Disputationen

Im Rahmen der frei zugänglichen öffentlichen Disputationen, an denen neben dem vorsitzenden Präses und dem verteidigenden Respondenten auch noch

---

[463] So *Kundert*, Einleitung, S. 26. Vgl. auch *Allweis*, Disputation, S. 18 mit weiteren Nachweisen.

[464] Bis ins 19. Jahrhundert wurden die Begriffe „disputatio“ und „dissertatio“ synonym gebraucht. Mit beiden konnte sowohl der rhetorische Akt als auch die Schrift bezeichnet werden. Die schriftliche Arbeit bezeichnete man darüberhinaus als quaestio, argumenta, exercitatio, positiones, theses, tractatus etc.; vgl. hierzu *Allweis*, Disputation, S. 18, Fn. 15.

[465] Die folgenden Ausführungen lehnen sich weitestgehend an die umfassende Untersuchung von *Horn*, Disputationen, S. 6 ff. an, dessen Ergebnisse auf der Auswertung von 12000 (!) Dissertationen sowie einer Reihe von Universitätsstatuten basieren. Die *Hornsche* Einteilung bildet dennoch nur eine grobe Orientierung, da sie nicht auf die Praxis an allen Universitäten übertragen werden kann. So hält beispielsweise *Kundert*, Einleitung, S. 44 f. *Horns* Arbeit zwar für grundsätzlich stimmig, kann jedoch im untersuchten Bestand der Universität Basel nur einige wenige Übereinstimmungen finden. Er unterscheidet daher nur zwischen disputationes pro gradu, exercitia, disputationes pro cathedra (eine Art Habilitationsdisputation) und orationes (Gelegenheitsdisputationen).

Opponenten teilnahmen, also Studenten, die Gegenargumente vorbrachten, unterschied man wiederum ordentliche und außerordentliche Disputationen (disputationes ordinariae et extraordinariae).

Der Universitätslehrer war zur Abhaltung der ordentlichen Disputationen von Amts wegen verpflichtet. Sie waren statutenmäßig in bestimmter Zahl und zu bestimmter Zeit vorgeschrieben. Das Thema, das gewöhnlich der Vorlesung entnommen wurde, wählte der Professor aus. Er hatte es dem Respondenten rechtzeitig mitzuteilen, damit dieser sich vorbereiten konnte. Sofern eine Disputierschrift gedruckt wurde, erfolgte dies ebenfalls von Amts wegen. Geistiger Urheber solcher Dissertationen dürfte in der Regel der Präses gewesen sein.

Die außerordentlichen Disputationen, deren Zahl die ordentlichen überwog, hingen vom Belieben des Präses ab und konnten zu jeder Zeit stattfinden. Die Initiative hierzu wird aber meistens von den Studierenden ausgegangen sein, die sich entweder in einem bestimmten Rechtsgebiet üben oder aber einen der oberen akademischen Grade (Lizentiat und Doktor, nicht aber Baccalareat) erwerben wollten. Dementsprechend stellten die Inauguraldisputationen einen wesentlichen Anteil der außerordentlichen öffentlichen Disputationen. Man erkennt sie am Titelblatt: Wendungen wie „disputatio inauguralis juridica", „pro gradu doctorali" bzw. „pro licentia" bezeichnen Inauguralschriften. Mit 137 Inauguralschriften stellen diese auch den Großteil der für die RKG-Anwälte ermittelten Dissertationen – die restlichen 19 von mir als Übungsdisputationen bezeichneten Schriften können leider mangels näherer Angaben keiner der schon genannten bzw. noch zu nennenden Disputationsarten zugeordnet werden.

Da alle Anwälte ausweislich der Angaben in den Kameralkalendern entweder einen Doktor- oder einen Lizentiatengrad führten, haben die Kandidaten nach Ablegung der Disputation auch tatsächlich den jeweiligen Grad erworben; welche Voraussetzungen hierfür im einzelnen noch erforderlich waren, wird noch aufzuzeigen sein.

Sowohl die ordentlichen, als auch die außerordentlichen Disputationen konnten unter Entfaltung des akademischen Pompes abgelegt werden. Bei den ordentlichen Disputationen war dies sogar die Regel, während bei den außerordentlichen meistens nur die Inauguraldisputationen hiervon betroffen waren. Zu diesen sogenannten „Disputationes solemnes" mußten sämtliche Mitglieder der Fakultät in Amtstracht erscheinen, das Auditorium war zudem festlich geschmückt.

Das öffentliche Disputierwesen kannte noch weitere Disputationsanlässe, die hier nur der Vollständigkeit halber, aber ohne auf die Einzelheiten einzugehen, aufgezählt werden sollen[466]: Abgangsdisputationen in Verbindung mit einer Fakultätsprüfung als Vorläufer unserer heutigen Staatsexamina, Stipendiaten-Disputationen zum Nachweis eines ordnungsgemäßen Studiums, Abschiedsdisputationen im Rahmen eines Universitätswechsels und die „disputationes pro completione", die teilweise eine Inauguraldisputation vorbereiteten, teilweise aber auch aus bloßer Eitelkeit gehalten wurden.

(2) Zirkulardisputationen

Eine wichtige Unterform der öffentlichen Disputationen bildeten die Zirkulardisputationen. Es handelte sich hierbei um Übungen eines geschlossenen Kreises von Studenten unter Leitung eines Präses. Dabei wurden die Schriften eines Autors vollständig durchdisputiert, wobei die Studenten in einer durch Los bestimmten Reihenfolge abwechselnd (circulariter) als Respondenten und Opponenten auftraten. Von den sonstigen öffentlichen Disputationen unterschieden sie sich dadurch, daß der Kreis der Opponenten sich auf die Mitglieder beschränkte, die Zuhörer sich folglich nicht beteiligten. Man kann diese Disputationsform als einen Vorläufer unserer heutigen Seminare ansehen, die sich ja auch mit einem Spezialthema befassen, zu dem alle teilnehmenden Studenten abwechselnd Referate beitragen.

(3) Private Disputationen

Da der öffentliche Vorlesungs- und Disputationsbetrieb ineffektiv war und den Bedürfnissen der Studentenschaft nicht genügte, entstand im 16. Jahrhundert daneben ein privates Unterrichtswesen, das im Laufe des 17. und 18. Jahrhunderts unter der Bezeichnung *collegia* allmählich in die Hörsäle eindrang. In Form und Inhalt den soeben erwähnten Zirkulardisputationen durchaus ähnlich, wurden diese alsbald von den privaten Veranstaltungen verdrängt. Für den Privatunterricht hatten die Studenten dem Professor im Unterschied zum öffentlichen Unterricht ein zuvor vereinbartes Honorar zu bezahlen. Ansonsten war auch das private Unterrichtswesen genauso wie das öffentliche in Vorlesungen und Disputationsübungen gegliedert. Die privaten Disputationen verfolgten neben dem Zweck der Vertiefung des gehörten Stoffes zudem das Anliegen, auf die öffentlichen Disputationen, namentlich die Inauguraldisputation vorzubereiten. Die Initiative zu den Privatdisputationen ging ursprünglich von den einzelnen Lehrern und Studenten aus; mit der Aufnahme in den ordentlichen Lehrbetrieb werden sie jedoch mehr und mehr

466 Vgl. hierzu ausführlich *Horn*, Disputationen, S. 19 ff.

selbst wieder zu „öffentlichen“ Veranstaltungen, die den Universitätsstatuten zu folgen hatten.

b) Inauguraldisputation und Promotion

Wie schon angesprochen, stellen die 137 Inauguraldisputationen die Masse der ausfindig gemachten Schriften. Die Ablegung der Inauguraldisputation bedeutete aber nur einen, wenn auch wesentlichen Schritt zur Erlangung eines akademischen Grades. Die weiteren zu erbringenden Promotionsleistungen sollen anhand des gut erforschten Basler Beispiels kurz vorgestellt werden[467]:

Zuerst mußte sich der Bewerber über seine ehrliche Geburt, den Lebens- und Studiengang ausweisen sowie darüber, daß er seine finanziellen Pflichten gegenüber Lehrern und Kostgebern erfüllt hatte *(censura)*. Als eigentliche Promotionsleistungen hatte der Kandidat des weiteren das *Tentamen* – eine allgemeine mündliche Vorprüfung - abzulegen, in der man ein Relikt des Baccalareates sehen kann[468]. Hinzu kam ein juristisches *Examen*, bei dem der Bewerber zwei Textstellen aus den beiden Corpora juris auszulegen hatte, die durch zufälliges Aufschlagen der Corpora ausgewählt und dem Kandidaten zur schriftlichen Bearbeitung innerhalb von vierundzwanzig Stunden mitgeteilt wurden[469]. Erst danach kam als letzte Promotionsleistung die Inauguraldisputation als ein öffentlicher Disputationsakt über die gedruckt vorliegende Thesen. Den Abschluß bildete eine ebenfalls öffentliche Feier, in deren Rahmen die Promotion zum Lizentiaten oder Doktor durch das Ablegen der jeweiligen Eide stattfand. Der Unterschied zwischen diesen beiden Graden bestand im Grunde lediglich darin, daß das Lizentiat die weniger feierliche und damit auch entsprechend billigere Promotion darstellte[470], während die akademischen Anforderungen die gleichen waren. Man konnte also nach dem Lizentiat auch noch den Doktortitel erwerben, ohne nochmals die Prüfungen ablegen zu müssen[471]; freilich bedurfte es einer erneuten Promotionsfeier[472]. Ein

---

467 Vgl. *Kundert*, Einleitung, S. 30 ff.

468 Vgl. *Kundert*, Einleitung, S. 30; *Horn*, Disputationen, S. 15.

469 Auch wenn der Kandidat keinen akademischen Grad anstrebte, kam im 18. Jahrhundert ein juristisches Abschlußexamen in Gebrauch, um den Qualitätsstandard der Universitätsabgänger zu sichern; vgl. *Horn*, Disputationen, S. 20 f.

470 Vgl. *Kundert*, Einleitung, S. 39; *Dölemeyer*, Juristen, S. LXIV.

471 *Horn*, Disputationen, S. 16 sieht im Lizentiat *„eine Durchgangsbezeichnung (...) für die Anwartschaft auf den mit Examen und Inauguraldisputation erstrebten Doktorgrad, zweitens ein dauernder, selbständiger, um seiner selbst erworbener Titel.“*

472 Deren feierlichen Ablauf beschreibt *Horn*, Disputationen, S. 116 f. Dort findet sich auch ein Beispiel für die hohen Kosten einer solchen Feier. Der Promovend hatte neben den

solcher umständlicher und kostspieliger Schritt erscheint jedoch nur insofern als sinnvoll, wenn man bedenkt, daß allein mit der Doktorwürde der Adelsrang verbunden war[473].

Den RKG-Anwälten scheint dies jedenfalls nicht allzu wichtig gewesen sein, denn unter ihnen haben die Lizentiaten eindeutig die Oberhand gegenüber den Doktoren. Von den 208 Anwälten, denen ein juristischer Grad zugeordnet werden konnte, haben nämlich 131 den Lizentiaten- und lediglich 76 einen Doktorgrad erworben[474]. Dies erklärt sich wahrscheinlich daraus, daß die Anwälte für ihre ohnehin schon gefestigte gesellschaftliche Stellung in Wetzlar keinen Adelsrang mehr brauchten[475]. Folglich wählten sie die billigere Variante.

In aller Regel ließen sich die RKG-Anwälte zum Doctor bzw. Lizentiaten beider Rechte (utriusque juris) promovieren. Dies gilt nicht nur für die Promotionen an den katholischen, sondern auch an den protestantischen Fakultäten, die beide an der vorreformatorischen Tradition festhielten – insofern durchaus folgerichtig, als im Examen und den Disputationen das kanonische Recht ja auch weiterhin eine Rolle spielte[476].

3.) Die Dissertationen der RKG-Anwälte

Nach dieser überblicksartigen Darstellung kommen wir nun zum eigentlichen Anliegen, den Dissertationen der RKG-Anwälte. Da die Untersuchung dieses umfangreichen Materials ohne genaue Kenntnis der einzelnen Schriften geschrieben werden muß, enthält sie daher „eine Fehlerquelle, die umso größer ist, je unschärfer die einzelnen Titel formuliert sind“[477]. Insgesamt läßt sich dennoch ein zutreffendes Bild zeichnen, da die Themen mehr Übereinstimmungen zeigen, als es auf den ersten Blick den Anschein hat.

Die Einteilung der Dissertationen erfolgte im Großen und Ganzen nach dem vom Max-Plank-Institut für europäische Rechtsgeschichte entwickelten System der

---

eigentlichen Promotionsgebühren für die Bewirtung der Professoren aller (!) Fakultäten und der sonstigen Gäste zu sorgen, sowie die Musikanten zu entlohnen.

[473] Vgl. *Horn*, Disputationen, S. 18.

[474] Diese Zahlen stehen übrigens im krassen Gegensatz zu den Baseler Promotionen des 18. Jahrhunderts als sich kaum ein Bewerber mehr zum Lizentiaten promovieren ließ; vgl. *Kundert*, Einleitung, S. 41.

[475] Eine andere mögliche Erklärung wäre, daß der durch die Doktorpromotion vermittelte Adelsrang bei den wirklich adeligen Assessoren nicht zählte, so daß auch der Doktortitel keinen sozialen Aufstieg in Wetzlar bringen konnte.

[476] Vgl. hierzu *Kundert*, Einleitung, S. 38 f.

[477] So *Kundert*, Einleitung, S. 57 f.

Hauptdeskriptoren[478]. Hiervon war jedoch in einem Fall abzuweichen, um den Besonderheiten der Gruppe der RKG-Anwälte gerecht zu werden. So mußte eine eigene Rubrik „Kameralrecht" aufgenommen werden, damit der Häufigkeit der Dissertationen aus diesem Rechtsgebiet Rechnung getragen werden konnte. Sofern bei thematischen Überschneidungen keine eindeutige Zuordnung zu einem der Bereiche möglich war, wurde das speziellere Rechtsgebiet ausgewählt. In keinem Fall erfolgte eine doppelte Verzeichnung.

Von den 156 ermittelten Dissertationen befaßt sich der größte Teil mit Ius civile (44), es folgen Miscellanea (34), Ius publicum (27) und Kameralrecht (22) (*siehe Tabelle 13).* Der Umfang der Arbeiten schwankt zwischen 8 [479] und 152 Seiten[480] – die meisten pendeln sich freilich zwischen 30 und 70 Seiten ein. Zwar ist für die Qualität einer wissenschaftlichen Arbeit sicherlich nicht deren Umfang entscheidend, eine gewisse Relation zwischen einer vertieften Darstellung und dem äußeren Umfang besteht gleichwohl. Insofern scheinen die Arbeiten der RKG-Anwälte ganz gut dazustehen; zumindest überragen sie die Arbeiten des vergleichbaren Baseler Bestandes eindeutig[481]. Bei der Würdigung der Seitenzahl sollte man aber in jedem Fall bedenken, daß die lateinische Sprache zu einer wesentlich knapperen Aussage führt, und daß die Quellen und Literatur in einer wesentlich kürzeren Form angegeben werden, als dies heute üblich ist[482].

Tabelle 13: Themen der Dissertationen der RKG-Anwälte

01 Rechtsphilosophie	1	
02 Rechtsgeschichte	3	
03 Rechtsquellenlehre	0	
04 Ius civile	44	
01 Person		0
02 Familie		5
03 Erbfolge		13

[478] Siehe *Ranieri (Hrsg.)*, Juristische Dissertationen, S. 68 ff.

[479] So z. B. *Georg Joseph Ignaz Dilg* über „Positiones ex universo jure".

[480] *Johann Daniel Geibel* über „Tritum sermone proverbium: Parvi fures suspenduntur, magni dimittuntur, vel in crumena puniuntur, sive marsupio reconduntur. Kleine Diebe hängt man, die grossen läßt man laufen, oder strafft man im Beutel".

[481] Vgl. *Kundert*, Einleitung, S. 42 ff.

[482] Hinweis bei *Kundert*, Einleitung, S. 43 f.

04 Sachenrecht		7
05 Obligationenrecht		11
06 Handel		2
07 sonstiges		6
05 Ius publicum	27	
06 Prozeßrecht	16	
07 Strafrecht	4	
08 Lehnrecht	2	
09 Grundherrschaft	0	
10 Kirchenrecht	3	
11 Miscellanea	34	
12 Kameralrecht	22	
Insgesamt:	156	

a) Miscellanea

34 Disputationen, also rund ein Fünftel, enthalten vor allem vermischte Thesen „ex vario jure desumptae", „ex jure civili, Romano, Germanico, canonico et feudali", „ex universo iure", „ex diverso jure desumptas", „Sacratissimi imperatoris Iustiniani regulae iuris diversae" oder auch einfach nur „Theses inaugurales". Insofern entspricht der Anteil der Miscellanea ungefähr dem im Baseler Bestand[483]; er überwiegt jedoch eindeutig die von *Dölemeyer* für die Frankfurter Juristen vorgelegten Zahlen[484]. Die Miscellanea wurden vorwiegend aus den Hauptgebieten der Jurisprudenz gewählt, wobei man auf eine symetrische Verteilung auf die verschiedenen Quellengruppen achtete[485]. Sie ähneln in hohem Maße der dialektischen Struktur des Disputationsaktes, da das Für und Wider eines Rechtssatzes bzw. einer Rechtsansicht gegeneinander abgewogen wurde[486]. Die für den Baseler Bestand ausgemachte Blütezeit im 18.

[483] Vgl. *Kundert*, Einleitung, S. 58.
[484] Vgl. *Dölemeyer*, Juristen, S. LXXXIII.
[485] So *Kundert*, Einleitung, S. 59.
[486] *Kundert*, ebd.

Jahrhundert[487] findet ihre Bestätigung am hier vorliegenden Material. Auch die meisten Dissertationen der RKG-Anwälte mit Miscellanea-Themen fielen in den Zeitraum um die Mitte des 18. Jahrhunderts. Aufgrund der breit gefächerten Quellengrundlage und der Vielfalt der Themen werden die Miscellanea nicht von allzu hoher wissenschaftlicher Qualität gewesen sein, da eine vertiefte Beschäftigung unter diesen Voraussetzungen nicht möglich war. Dennoch haben diese Anwälte nicht unbedingt den einfachsten Weg gewählt. Aus dem Seitenumfang einiger Miscellanea spricht nämlich zumindest eine umfassende Beschäftigung mit dem Recht. So finden sich Arbeiten mit einem Umfang von 39, 46 bzw. 99 Seiten[488], die nicht hinter anderen Dissertationen zurückstehen, und die auf Fleiß und Sachkenntnis des Bearbeiters hindeuten. Andererseits gehören aber auch die Arbeiten mit dem geringsten Umfang zu den Miscellanea[489]. In diesen Fällen ging es den Anwälten allein um den zügigen Erwerb eines akademischen Grades - ein Anliegen, daß uns ja schon einige Male begegnet ist.

Ebenfalls zur Gruppe der Miscellanea gehören einige wenige Themen, die anhand ihres Titels keinem sonstigen Bereich zugeordnet werden konnten. Hierzu zählen beispielsweise „De effectibus iuventarii non confect.“[490], „Inimicita cum potioribus, quos in jure habet, effectibus“[491], „De commorientibus“[492], „Schediasma juridicum inaugurale de fundamento praejudiciorum“[493] oder „De stigmatibus in facie“[494]. Sowohl bei diesen Arbeiten als auch bei den „eigentlichen“ Miscellanea lassen sich aber jedenfalls keine Rückschlüsse auf ein bestimmtes juristisches Interesse der Anwälte ziehen.

b) Ius civile

Dies geht schon eher bei den zivilrechtlichen Dissertationen, die mit 44 Schriften (28,20 %) die größte Gruppe stellen. Unter dieser Rubrik sind alle Dissertationen des materiellen Privatrechts, nicht aber die zivilprozeßrechtlichen verzeichnet,

---

487 *Kundert*, ebd. Begründet wird dies mit der großen Anzahl von „disputationes pro cathedra“ (einer Art Habilitation), die hauptsächlich den Miscellanae zuzuordnen sind. Dieses Argument trifft auf die RKG-Anwälte freilich nicht zu.

488 Es sind dies die Dissertationen von *Ignatius Franz Bauer*, *Peter Caspar Ignatius Mantz*, *Georg Edler von Plönnies*.

489 So beispielsweise die Dissertation „Florum sparsio ex universo jure“ von *Damian Ferdinand Haas* mit einem Umfang von lediglich 8 Seiten.

490 Dissertation von *Johann Melchior Deuren*.

491 Dissertation von *Johann Paul Fuchs*.

492 Dissertation von *Johann Friedrich Hoffmann*.

493 Dissertation von *Thomas Mathiowitz*.

494 Dissertation von *Georg Samuel Scheffer*

die gesondert aufgenommen wurden. Es überwiegen eindeutig die erb- und obligationsrechtlichen Themen (13/11). Das Personenrecht kommt gar nicht vor, relativ gering vertreten sind die handelsrechtlichen Dissertationen (2); eine Mittelstellung nimmt das Familien- und Sachenrecht (5/7) ein. Ein Grund für die verhältnismäßige Vernachlässigung des Personen-, Familien- und Handelsrechts mag sein, daß diese Rechtsgebiete nur zum kleinen Teil auf römischen und mehr auf partikularen Quellen beruhten, während sowohl das Erb- als auch das Obligationenrecht ihre Grundlagen im „Corpus Juris Civilis" hatten (und haben)[495]. Es scheint, als ob die Anwälte Themen mit Bezug zum römischen Recht bevorzugten. Dissertationen, die sich ausdrücklich mit dem Heimatrecht der RKG-Anwälte befaßten, finden sich darüberhinaus kaum[496]. Die Arbeiten der beiden Lübecker *Johann August Buchholz* und *Johann Gottlieb Fürstenau* über das lübische Recht stellen insofern eine Ausnahme dar („De imperatiris juris Lubecensis: Soll, Muss, Gebühret zu theilen, eorumque maxime neglectorum quibusdam effectibus" und „De dispositione usufructuaria matris viduae ex iure Germanico speciatim Lubecensi").

Auffällig ist, daß die RKG-Anwälte sich bei der Wahl ihrer zivilrechtlichen Dissertationsthemen nicht im Einklang mit den vorherrschenden Tendenzen des Zeitalters verhalten haben. Denn ansonsten wurde das römische Recht zu Gunsten des partikularen Rechts immer mehr zurückgedrängt[497]. Die verstärkte Hinwendung zum Partikularrecht im 18. Jahrhundert wird gemeinhin dahingehend gedeutet, daß die Erfordernisse der Praxis eine größere Berücksichtigung fanden[498]. Dies scheint folglich auf den ersten Blick bei den RKG-Anwälten überhaupt nicht ausgeprägt gewesen zu sein. Eine solche Sichtweise wird jedoch nicht den speziellen praktischen Anforderungen der zukünftigen RKG-Anwälte gerecht. Denn diese mußten neben zivilrechtlichen Kenntnissen insbesondere den Kameralprozeß sowie das Reichsstaatsrecht

---

[495] So *Kundert*, Einleitung, S. 62. Einen anderen Ansatz vertritt *Ranieri*, Juristische Literatur, S. 317 in seiner breit angelegten Studie. Danach spiegelt *„der relativ hohe Anteil an Dissertationsthemen aus dem Familien- und Erbrecht (...) wohl die zentrale Bedeutung wider, welche die Frage nach der rechtlichen Neuordnung des Familienverbandes in der sozialkritischen Literatur der Aufklärung einnahm."*

[496] Daher spielte auch die sogenannte „Differentienliteratur", bei der das gemeine Recht mit dem ius patrium verglichen wird, keine Rolle. Dies stellt sich übrigens bei den Dissertationen der Frankfurter Juristen anders dar; siehe insofern zur „Differentienliteratur" *Dölemeyer*, Juristen, LXXXV f.

[497] Vgl. hierzu *Ranieri*, Juristische Literatur, S. 317, Fn. 87, der insgesamt von einem 50 % - Anteil an Dissertationen ausgeht, die sich mit partikularem Recht befaßten. Siehe auch *Dölemeyer*, Juristen, S. LXXXII ff. Danach behandelten 29 % der Dissertationen Frankfurter Juristen auch Frankfurter Recht.

[498] Siehe *Dölemeyer*, Juristen, S. LXXXVI.

beherrschen - eine diesbezügliche praxisnahe Orientierung kann aber, worauf sogleich noch einzugehen sein wird, sehr wohl nachgewiesen werden.

Die geringe Zahl handelsrechtlicher Schriften erklärt sich übrigens noch aus einem weiteren Umstand. Insofern scheint nämlich eine Korrelation zwischen der Herkunft des Disputanten und der Wahl eines solchen Themas zu bestehen. Schon *Kundert* zeigte für den Baseler Bestand, daß die Autoren handelsrechtlicher Dissertationen vornehmlich aus Handelszentren und Hafenstädten stammten[499]. Dies gilt auch für die einzigen zwei Disputanten unter den RKG-Anwälten: *Lucas Andreas von Bostell* aus Hamburg promovierte über das seerechtliches Thema „De contributione propter iactum marinum, vulgo havaria" und *Christian Christoph Dimpfel* aus Regensburg schrieb über „De mercatore falso censum profitente". Da die meisten anderen RKG-Anwälte weder aus Hafen- noch aus Handelszentren stammten, sondern in erster Linie aus Wetzlar und Speyer sowie den umliegenden Territorien, ist es somit nicht verwunderlich, daß keine weiteren handelsrechtlichen Dissertationen existieren.

Insgesamt scheint die hohe Anzahl zivilrechtlicher Themen eindeutig für eine diesbezügliche Spezialisierung der angehenden RKG-Anwälte zu sprechen. Da Zivilrechtsstreitigkeiten einen gewichtigen Teil der reichskammergerichtlichen Tätigkeit ausmachten[500], könnte man hieraus folgern, daß sich die schon im Rahmen des Universitätsstudiums nachgewiesene frühzeitige Orientierung der Anwälte auf eine RKG-Karriere auch an den Dissertationsthemen aufzeigen läßt. Dieser Schluß ist jedoch nicht zwingend, wenn man unsere Zahlen zu denen vergleichbarer Personengruppen in Beziehung setzt. Beispielsweise promovierten von den Frankfurter Juristen im 17. und 18. Jahrhundert 195 von 461 (42,29 %) im Ius civile, davon im 18. Jahrhundert 107 von 365 (29,31 %)[501]. Insgesamt also ein Anteil, der dem der RKG-Anwälte durchaus entspricht. Der Anteil im Baseler Bestand beträgt sogar 1248 von 1674 (74,55 %), und auch nach 1700 noch zwei Drittel[502]. Man muß daher festhalten, daß ganz allgemein in unserem Zeitraum in weit überwiegendem Maße im Zivilrecht promoviert wurde; es handelt sich mithin nicht um ein auf die Gruppe der RKG-Anwälte beschränktes Phänomen, so daß obige Schlußfolgerung, jedenfalls mit dieser Begründung, verfehlt ist. Vielmehr ist die Spitzenstellung der zivilrechtlichen Dissertationen der RKG-Anwälte als Ausdruck des zeitgenössischen, und nicht ihres spezifischen juristischen Interesses zu werten.

Anhand der zivilrechtlichen Dissertationen wird aber zumindest der bereits angesprochene Wandel des Rechtsunterrichts von der Legalordnung zum

---

499 Siehe *Kundert*, Einleitung, S. 64.

500 Vgl. hierzu bereits S. 67 ff.

501 Vgl. die Angaben bei *Dölemeyer*, Frankfurter Juristen, S. LXXXIII.

502 Vgl. *Kundert*, Einleitung, S. 62

systematischen Unterricht[503] deutlich. Während man noch im Spätmittelalter regelmäßig dieselben Stellen aus dem „Copus Juris Civilis" zum Anlaß für Problemerörterungen nahm und hieran auch in den Disserationstiteln anknüpfte[504], finden sich diese Allegationen im 17. Jahrhundert immer seltener und kommen im 18. Jahrhundert, aus dem der Großteil unserer Dissertationen stammt, kaum mehr vor[505]. Solche Anknüpfungen tauchen daher auch nicht mehr bei den Dissertationen unserer Anwälte auf. Einzig die Arbeit von *Johann Conrad Heeser von Lilienthal* bezieht sich in ihrem Titel noch eindeutig auf den „Corpus Juris Civilis" („Theses de jure vitae et necis in liberos ad t 2.I de patr. potest"). Im 17. und 18. Jahrhundert behandelten die Disputanten dann vornehmlich Materien aus den Sachbereichen der Vorlesungen wie „possessio", „contractus" oder „successio ab intestato"[506]. Dies zeigt sich auch deutlich an den Dissertationen der RKG-Anwälte[507], wobei die Formulierungen der Titel sich nicht nur strikt an den Katalog der Vorlesungen hielten, sondern immer mehr auch Spezialthemen zum Gegenstand hatten[508].

c) *Ius publicum*

Die 27 Dissertationen im Ius publicum stellen nach den zivilrechtlichen und den Miscellanea die drittgrößte Gruppe (17,30 %). Das große Interessse der RKG-Anwälte für das Öffentliche Recht kann durchaus als Teil der „unübersehbaren anschwellenden Flut staatsrechtlicher Dissertationen"[509] im 18. Jahrhundert charakterisiert werden. Die Hinwendung zu Themen aus dem Ius publicum hing damit zusammen, daß die Behördenorganisation einer der zentralen Bereiche der Staatsreform im 18. Jahrhundert war[510]. Da das Öffentliche Recht nur zu einem geringem Teil auf römischen Quellen basierte[511], erscheinen die RKG-Anwälte

---

503 Siehe hierzu bereits S. 98 ff.

504 *Kundert*, Einleitung, S. 63 nennt beispielsweise „lex contractus" (D. 50, 17, 23) zum Maßstab der Haftung oder „lex diffamari" (C. 7, 14, 5) zur Provokationsklage.

505 Vgl. *Kundert*, ebd.

506 Vgl. *Kundert*, ebd.

507 Z. B. „ De apprehensione possessionis" von *Sigmund Debus* oder „De successione descendentium legitima civili" von *Johann Jakob Ernst Pfeiffer*.

508 Z. B. „De natura bonorum avitorum vulgo Stammgüter jure Germanico in dominio minus pleno consist. atque inde sumenda interpretatione in fideicommissis familiae" von *Johann Ferdinand Wilhelm von Brand genannt Flender;* „Iura opificum emendata sive disputatio inauguralis de iuribus, statutis, pactis, et consuetudinibus opificum in constitutionibus imp. emendatis vel emendandis" von *Johann Georg Erhardt* oder „De jure tutelae necessariae" von *Johann Eberhard Frech*.

509 So *Willoweit*, Rechtsgrundlagen, S. 11.

510 Vgl. *Ranieri*, Juristische Literatur, S. 318.

511 Dies betont *Ranieri*, Juristische Literatur, S. 317.

hier im Gegensatz zu ihren Vorlieben bei den zivilrechtlichen Themen durchaus als Kinder ihrer Zeit. Auffällig ist jedoch, daß sich fast alle ihrer öffentlich-rechtlichen Dissertationen mit dem Reichsstaatsrecht befaßten, einer Materie, die gerade am Reichskammergericht eine große Bedeutung hatte, da es insbesondere im erstinstanzlichen Zitationsverfahren, also bei Klagen aufgrund von Landfriedensbrüchen, bei Prozessen Reichsunmittelbarer gegeneinander sowie bei Klagen von Untertanen gegen ihre reichsunmittelbare Obrigkeit[512] immer wieder heranzuziehen war. Deutlich seltener sind hingegen Arbeiten über das allgemeine Staatsrecht[513], das Steuer- und Abgabenrecht oder die Regalien[514]. Auch das Feudalrecht, deren zwei Dissertation unter der Rubrik „Lehnrecht" eingeordnet wurden[515], spielte bei den RKG-Anwälten kaum eine Rolle; ein Phänomen, das insofern im Einklang steht mit der auch sonst zu beobachtenden zunehmenden Verdrängung feudalrechtlicher Themen durch das Ius publicum[516].

Der besondere Nutzen des Reichsstaatsrechts für die angehenden RKG-Anwälte wurde bereits erwähnt. Es drängt sich die Vermutung auf, daß die Anwälte diese Themen bewußt im Hinblick auf ihre spätere Karriere am RKG wählten und bearbeiteten. Betrachtet man die Themen im einzelnen, festigt sich dieser erste Eindruck. Denn eine Vielzahl der reichsstaatsrechtlichen Arbeiten weist einen konkreten praktischen Bezug zum Reichskammergericht auf. So behandelte beispielsweise ein Anwalt die gerichtliche Kompetenz der Fürsten des Heiligen Römischen Reiches, ein anderer setzte dessen Rechtsprechung zu derjenigen der Reichsgerichte in Beziehung, es wurde die Konkurrenz zwischen den höchsten Reichsgerichten, also vor allem zwischen Reichskammergericht und Reichshofrat, zum Thema gemacht oder man schrieb über die Rolle der Reichsgerichte insbesondere bei der Auslegung des Reichsrechts[517]. Die Titel

---

[512] Siehe hierzu bereits S. 67 ff.

[513] Dem allgemeinen Staatsrecht konnte nur die Übungsdissertation von *Damian Ferdinand Haas* „De monarchia S. R. J. limitata contra Hippolitum a Lapide, Severinum Monzambanum, aliosque recentiores ex historia, legibus imperii earumque analogia asserta" zugeordnet werden.

[514] Gleichwohl existieren hierüber einige wenige Dissertationen: „De re monetaria" von *Johann Henrich Flender* und „An regalia possint praescribi" von *Philipp Jacob Emerich.*

[515] Es handelt sich um die Inauguraldisputationen von *Peter Franz Jung* „De constitutione feudi novi" und von *Johann Wolfgang Textor* „De feudis Imperii propriis non oblatis annumerandis".

[516] Vgl. *Kundert*, Einleitung, S. 65 f.

[517] Z. B.: „De potestate judiciaria S. R. I. principum" von *Johann Adam Bissing*; „De jurisdictione imperatoris Romano-Germanici et supremorum imperii tribunalium" von *Johann Georg Flender*; „De recusatione judicis suspecti in genere, et in specie de illicita recusatione supremorum Sac. Rom. Imperii tribunalium" von *Johann Daniel Hamm;* „De summorum imperii tribunalium concurrente jurisdictione ejusque conflictu in caussis antiquioribus ex ipsorum tribunalium origine dijudicando" von *Caspar Friedrich Hofmann*;

zeichnen sich weiter durch einen dezidiert prozeßrechtlichen Einschlag aus, indem über die Rechtsmittel der Appellation und Revision sowie über den Instanzenzug gearbeitet wurde[518]. Mehrfach behandelt wurden die Austräge[519], also die Schiedsgerichte für Streitgkeiten zwischen Fürsten. Die in diesem Zusammenhang interessierende Besonderheit daran ist, daß für Appellationen gegen Entscheidungen dieser Schiedsgerichte das Reichskammergericht zuständig war[520]. Somit handelt es sich auch bei den Dissertationen über die Austräge um Materien, die dem direkten Umfeld des reichskammergerichtlichen Prozesses zuzuordnen sind.

d) Kameralrecht

Noch deutlicher wird die frühzeitige Spezialisierung der Anwälte, wenn wir den Blick auf die 22 Titel lenken, die unter die Rubrik „Kameralrecht" einzuordnen waren (14,10 %). Diese Arbeiten, die zur „Kameralliteratur"[521] als der Wissenschaft vom Kameralprozeß zu zählen sind, behandeln die gesamte Bandbreite des Kameralprozesses. So schrieb beispielsweise *Johann Christoph von Brand* über die Kammergerichtsordnung im allgemeinen[522], *Ehrnfried Klotz* speziell über die von 1654[523]. *Friedrich Wilhelm von Hofmann* arbeitete über den

---

„De iure et officio summorum Imperii tribunalium circa interpretationem legum Imperii" von *Georg Wilhelm Stock* oder „De electione fori inter summa imperii tribunalia pacto inter status S. R. I. litigantes in perpetuum non definienda" von *Sigmund Paul Hiepe*.

518 Z. B.: „De remedio revisionis adversus Sententiam consormen, locum non habente" von *Johann Peter Paul Helffrich;* „De appellatione prohibita" von *Heinrich Johann Plato;* „Tractatus juris publici de illicita instantiarum multiplicatione, et in specie von der Cabinets-Instanz" von *Matthäus Joseph Schick.* Diese Themen hätten teilweise natürlich auch unter der Rubrik „Prozeßrecht" eingeordnet weren können. Da die Frage nach der gerichtlichen Zuständigkeit bei Rechtsmitteln in der Frühen Neuzeit aber über Staatlichkeit und Konsolidierung der Territorien entschieden, habe ich diese Themen beim „Ius publicum" verortet.

519 Z. B.: „Generalia praecepta de austraegis, praesertim de caussis, in quibus illis locus sit" von *Henrich Jacob Gombel*; „Quaenam inter octo vias, electores, principes vel principali dignitate condecoratos coram Austraegis conveniendi, actori inferioris ordinis sit utilissima, ideoque prae aliis digenda" von *Johann Joseph Benedikt Maria Loskand*; „De privilegio austregali" von *Henrich Philipp Moritz* oder „Selectas conclusiones de privilegiis Austregarum" von *Johann Wilhelm Weylach.*

520 Siehe *Friedrich Merzbacher*, Art. Austrägalinstanz (instantia austregalis), in: HRG I Sp. 273 f.; *Wolfgang Sellert*, Art. Schiedsgerichte, in: HRG IV, Sp. 1382 (1389 f.).

521 Vgl. zur Kameralliteratur bereits die Nachweise bei Fn. 19.

522 „De ordine, Juris Cameralis Compendio dogmatice ac historice conscribendo, maxime congruo."

523 „Observationes ad Ordinationem Camerae (de 1654) quibus explicatur, in quibus articulis ipsa a jure civilii recedat."

kammergerichtlichen Prozeß[524], *Jacob Abel* disputierte über die Wiedereinsetzung in den vorigen Stand?[525], *Wilhelm Theodor Gotthard Pilger* promovierte mit einer Arbeit über die Berichtsauslösung[526], *Joachim Christoph Clauder* behandelte eine bestimmte Art von Urteilssprüchen des RKG[527] und *Georg Wilhelm Ludolff* erhielt seine Lizentiatenwürde aufgrund einer Arbeit über die schiedsgerichtliche Rechtsprechung, insbesondere die des Reichskammergerichts[528]. Die Dissertationen der RKG-Anwälte behandelten jedoch nicht nur den Kameralprozeß, auch das kammergerichtliche Personal wurde zum Thema gemacht. *Philipp Ludwig Meckel* disputierte über „De assessoribus illustris Camerae imperialis quatenus dicuntur senatores romani", *Anselm Frank Spönla* über „De foro et privilegiis practicantium in Camera imperiali" und *Felix Maximilian Weylach* arbeitete über das Verhältnis zwischen der Wetzlarer Bürgerschaft und den Kameralen[529].

Diese (unvollständige) Auflistung zeigt, mit welcher Intensität sich ein Teil der RKG-Anwälte schon vor ihrer Aufschwörung zum Advokaten mit dem Reichskammergericht beschäftigte. Inwieweit diese Arbeiten die Wissenschaft vom Kameralprozeß tatsächlich befruchteten, ist pauschal nur schwer zu beurteilen. Immerhin lassen sich zwei Gruppen unterscheiden. Da sind zum einen diejenigen Dissertationen, die möglicherweise vor dem reichskammergerichtlichen Praktikum abgelegt wurden, da für die Verfasser kein Praktikumsdatum ermittelt werden konnte[530]. Sofern sie tatsächlich ohne Kenntnis der tatsächlichen Wetzlarer Verhältnisse geschrieben wurden, werden sie einen eher akademischen Charakter gehabt haben, der sich an den einschlägigen Rechtsnormen sowie an der Sekundärliteratur orientierte. Zum anderen promovierten aber nachweislich neun Anwälte über das Kameralrecht erst während oder sogar nach Ableistung des Praktikums in Wetzlar[531]. Es ist anzunehmen, daß diese Anwälte nicht nur durch das Praktikum auf die Idee

---

[524] „Observationes quaedam juris et processus Camerae imperialis."

[525] „De extraiudiciali remedii restitutionis in integrum in supremo camerae imperialis iudicio introductione, per conclusum visitationis novissimae de VI. maii MDCCLXVIII. Generatim non sublata, neque adeo tanquam informi reiicienda."

[526] „De litterarum informatoriarum redemptione, vulgo von der Berichts-Auslösung."

[527] „De sententiis paritoriis in camera imperiali usitatis."

[528] „De jurisdictione compromissaria tum generatim, tum speciatim August.(ae) c (C) amerae i(I)mp. judicii ad conc. ordinat. cam. p. II. t. XXIX."

[529] „De retractu, quo non utuntur cives Wetzlarienses adversus Personas Camerales."

[530] Vgl. beispielsweise *Jakob Abel, Ehrnfried Klotz* oder *Anselm Frank Spönla.*

[531] Es handelte sich hierbei um *Johann Christoph v. Brand, Joachim Christoph Clauder, Johann Eberhard Philipp Frech, Philipp Ludwig Meckel, Hiob Friedrich Müller genannt Mylius, Philipp Jacob Rasor, Samuel Schultz, Johann Georg Carl Vergenius* und *Felix Maximilian Weylach*; vgl. insofern die Biographien.

gebracht worden sind, im Kameralrecht zu promovieren, sondern hierbei auch ihre praktischen Erfahrungen verarbeiteten. Diese Schriften können daher durchaus eine gewisse Wirkungsmacht in Wetzlar entfaltet haben[532].

Um die Anzahl der kameralrechtlichen Dissertationen der Anwälte einordnen zu können, würde sich ein Vergleich mit den von *Dölemeyer* und *Ranieri* ermittelten Zahlen anbieten. Ein solcher Vergleich ist jedoch bezeichnenderweise nicht möglich, da weder *Dölemeyer* noch *Ranieri* die Dissertationen im Kameralrecht gesondert aufgenommen haben[533]. Sicherlich werden sich auch in ihrem Material einige kameralrechtliche Arbeiten finden, war das Kameralrecht doch „seit dem 16. Jahrhundert Gegenstand unzähliger gemeinrechtlicher Dissertationen und Abhandlungen"[534]. Diese Dissertationen werden von *Dölemeyer* und *Ranieri* wohl unter den Rubriken „Prozeßrecht" und „Iurisdiktion" verzeichnet worden sein; keinesfalls handelt es sich jedoch um ähnlich hohe Zahl wie bei den RKG-Anwälten, da die Autoren diesem Aspekt ansonsten durch eine gesonderte Rubrik Rechnung getragen hätten. Da nur unsere angehenden Anwälte über das Kameralrecht in diesem Ausmaß promovierten, nehmen sie insofern eine Sonderstellung ein, die sich zweifelsohne aus ihren beruflichen Ambitionen erklärt.

e) Prozeßrecht

Eine nicht unerhebliche Zahl promovierte auch im Prozeßrecht (16), wobei hierunter vor allem zivilprozessuale Themen fallen, da die prozeßrechtlichen Themen mit staatsrechtlichem Bezug bereits unter der Rubrik „Ius publicum" verzeichnet wurden[535]; das gleiche gilt für die soeben vorgestellten Dissertationen, die sich mit dem Prozeß des Reichskammergerichts befaßten[536].

Die Anwälte behandelten den Zivilprozeß in seiner ganzen Breite: *Johann Paul Besserer d. Ä.* arbeitete z. B. über die Wiedereinsetzung in den vorigen Stand bei nicht berufungsfähigen Urteilen[537], auch sein Sohn gleichen Namens

---

532 Grundsätzlich spielte die Kameralliteratur bei der Spruchpraxis des Reichskammergerichts eine Rolle, wurde zu Rate gezogen und diskutiert; vgl. hierzu *Scheurmann*, Geschichte der kameralen Bibliothek, S. 231. Ein exakter Nachweis der Wirkungsmacht einzelner Schriften bedürfte freilich umfangreicher Untersuchungen, bei denen versucht werden müßte, die einschlägige Literatur in den Urteilen des RKG nachzuweisen.

533 Siehe *Dölemeyer*, Juristen, S. LXXXIII und *Ranieri*, Juristische Literatur, S. 322.

534 So *Sellert*, Prozeß, Sp. 30.

535 Siehe die unter Fn. 518 aufgelisteten Themen.

536 Siehe hierzu soeben S. 152 f.

537 „De restitutione in integrum adversus Sententiam inappellabilem."

promovierte über Rechtsmittel gegen Urteilssprüche[538]. Die Spolienklage wurde von *Ernst Carl Christian Fischer* behandelt[539], *Simon Henrich Gondela* machte den Prozeßerfolg und –mißerfolg des Klägers zum Thema seiner Abhandlung[540] und *Georg Nikolaus Göring* schrieb über die gerichtlichen Pflichten nach dem geschriebenen Recht[541]; über die Frage nach dem zuständigen Gericht[542] wurde ebenso promoviert wie über den gerichtlichen Beweis[543].

Die mit 10,25 % verhältnismäßig deutliche Hinwendung zum Zivilprozeß verwundert nicht. Zum einen handelte es sich hierbei um das ureigenste Gebiet einer Personengruppe, die eine Anwaltskarriere anstrebte[544]. Und zum anderen ist auch ansonsten im 18. Jahrhundert eine deutliche Hinwendung zum Zivilprozeßrecht zu beobachten, da die Zivilrechtspflege ein wesentlicher Teil der staatsreformerischen Bemühungen dieser Zeit war[545].

f) Sonstige Themen

Außerhalb der behandelten Themenfelder wurde kaum promoviert. Nur wenige Dissertationen befaßten sich mit Strafrecht (3), Lehnrecht (1), Kirchenrecht (3) sowie Rechtsphilosophie (1) und Rechtsgeschichte (3), gar keine mit der Rechtsquellenlehre und der Grundherrschaft. Im Trend entspricht dies durchaus den allgemeinen Tendenzen[546].

538 „De interventione post sententiam."

539 „De actione spolii."

540 „De amissione et redintegratione Actorum."

541 „De obligatione forensium ex iure statutario."

542 „De foro competente" von *Ludwig Friedrich Wilhelm Starckmann.*

543 „De litteris requisitorialibus ex usu Romanorum et Germanorum" von *Christian Jacob von Zwierlein.*

544 Dies betont auch *Dölemeyer*, Juristen, S. LXXXIII f., die auch einige entsprechende Hinweise in den von ihr untersuchten Dissertationen gefunden hat.

545 Vgl. *Ranieri*, Juristische Literatur, S. 318 mit Verweis auf *Christian Wollschläger*, Zivilprozeßstatistik und Wirtschaftsentwicklung in Preußen im 18. und 19. Jahrhundert, in: ZNR (1981), S. 16 (27), wonach die *„Zivilrechtspflege zwischen Ständestaat und Industriezeitalter in neue Größenordnungen gewachsen ist".*

546 Vgl. *Dölemeyer*, Juristen, S. LXXXIII und *Ranieri*, Juristische Literatur, S. 322, die für die genannten Rechtsgebiete ähnlich niedrige Zahlen ermittelten.

4.) Zusammenfassung

Wenn *Ranieri* sich von der Auswertung aller Dissertationstitel des 17. und 18. Jahrhunderts erhofft, „daß die thematischen Schwerpunkte dieser Dissertationsliteratur die strukturellen Ordnungsprobleme der damaligen Gesellschaft widerspiegeln“[547], so war das (bescheidendere) Ziel dieser Untersuchung, die fachlichen Interessen, Ambitionen und Spezialkenntnisse einer Personengruppe aufzuzeigen und sie in ihre Zeit einzuordnen. Drei Ergebnisse können hervorgehoben werden.

Erstens zeigt die Wahl der Dissertationsthemen, daß sich die Anwälte im Hinblick auf ihre anvisierte Tätigkeit am Reichskammergericht schon frühzeitig spezialisierten. Dies drückt sich nicht nur in der hohen Anzahl rein kameralrechtlicher und reichsstaatsrechtlicher Themen aus. Auch die zivilrechtlichen Arbeiten sprechen dafür – insbesondere in Relation zu den kaum vorhandenen strafrechtlichen Dissertationen. Denn selbst wenn man in Betracht zieht, daß grundsätzlich viel mehr im Zivilrecht promoviert wurde, korrespondiert diese überaus große Differenz zwischen zivil- und strafrechtlichen Dissertationen[548] doch eindeutig mit der Zuständigkeitsordnung des Reichskammergerichts. Das Gericht war bekanntlich aufgrund des Appellationsverbotes in Strafsachen als Rechtsmittelinstanz nur zur Entscheidung in zivilrechtlichen Streitigkeiten berufen[549]. An den Dissertationsthemen läßt sich somit gut ablesen, welche geringe praktische Bedeutung das Strafrecht im Unterschied zum Zivilrecht für die angehenden Anwälte hatte.

Noch deutlicher wird indes ihre Ausrichtung, wenn man das Prozeßrecht betrachtet. Denn über die rein zivilprozessualen Schriften hinaus hatte dieses eine hervorragende Bedeutung innerhalb der anwaltlichen Dissertationen. Addiert man nämlich sowohl die öffentlich - rechtlichen als auch die kameralrechtlichen Dissertationen mit prozessualem Einschlag zu den 16 zivilprozeßrechtlichen hinzu, haben insgesamt 52 RKG-Anwälte im Prozeßrecht promoviert (33,33 %)[550]. Genau ein Drittel aller ermittelten Dissertationen

---

[547] *Ranieri*, Juristische Literatur, S. 318.

[548] Den 44 zivilrechtlichen Dissertationen stehen lediglich 4 strafrechtliche gegenüber; siehe *Tabelle 13*, S. 101.

[549] Vgl. hierzu neuestens die Würzburger Dissertation von *Christian Szidzek*, Das frühneuzeitliche Verbot der Appellation in Strafsachen – zum Einfluß von Rezeption und Politik auf die Zuständigkeit insbesondere des Reichskammergerichts, in: Verbrechen und Sanktion in der Gesellschaft Alteuropas, hrsg. v. K. Lüderssen, J. Schreiner, R. Sprandel u. D. Willoweit, i. E.

[550] Alle 22 kameralrechtlichen sowie 14 der öffentlich - rechtlichen Dissertationen befassen sich mit Prozeßrecht.

befassen sich unter dieser Prämisse also mit einem Rechtsgebiet, das alle zukünftigen Advokaten und Prokuratoren beherrschen mußten. Stellt man zudem in die Betrachtung mit ein, daß sich unter den Dissertationen noch 34 Miscellanea befinden, die auf kein spezifisches juristisches Interessse deuten, machen die prozeßrechtlichen Themen sogar fast die Hälfte aller Dissertationen aus, die einem Rechtsgebiet zugeordnet werden konnten. Dieser Befund spricht für sich.

Somit bestätigt sich eindrucksvoll das bei der Untersuchung der universitären Ausbildung gefundene Ergebnis einer zielgerichteten Karriereplanung und -verfolgung der Anwälte. Während diese Zielgerichtetheit bei der Universitätsausbildung vornehmlich darin zum Ausdruck kommt, daß bestimmte Studienorte besucht wurden, die eine zeitliche Ersparnis ermöglichten, ist nun bei den Promotionsthemen eine fachspezifische Zielgerichtetheit zu beobachten. Die meisten Anwälte befaßten sich in ihren Dissertationen schon vor der Aufschwörung am RKG mit den dort einschlägigen Rechtsmaterien. Daraus wird deutlich, mit welcher Konsequenz die Kameralfamilien das Privileg nutzten, das § 98 des Visitationsabschiedes von 1713 ihnen einräumte: Man ließ seine Söhne nicht nur besondes schnell studieren, sondern achtete auch noch darauf, daß die fachlichen Grundlagen für eine Tätigkeit vor dem RKG gelegt wurden.

Zweitens kann man aufgrund dieser schon in den Promotionsschriften zum Ausdruck kommenden Spezialisierung eine genauere Einschätzung der juristischen Qualität der Anwälte wagen und diese Berufsgruppe in die Kategorien „Leistungs"- oder „Standeselite" einordnen. Zwar spricht einiges dafür, daß die Wetzlarer Anwälte angesichts der mangelnden Konkurrenzsituation einen eigenen Stand bildeten, bei dem es nicht auf die juristische Qualifikation ankam. Die von den Anwälten gewählten Dissertationsthemen sprechen jedoch für eine gute und sinnvolle Vorbereitung auf die anwaltliche Tätigkeit vor dem RKG. Schon während der Studienjahre bildeten sie sich zu RKG-Spezialisten aus, so daß die Dissertationsthemen eher für das Etikett „Leistungselite" streiten. Da es für den Erwerb der reichskammergerichtlichen „Advokatenfähigkeit" ja unerheblich war, in welchem Rechtsgebiet die Anwälte promovierten, zeugt die Wahl dieser gerichtsnahen Themen zudem von Ernsthaftigkeit und Eifer bei der Ausbildung.

Und drittens treten uns die Anwälte als eine Gruppe gegenüber, die die Erfordernisse der Praxis berücksichtigte – ein auch ansonsten im 18. Jahrhundert immer mehr zu beobachtendes Phänomen[551]. Da es sich hierbei angesichts der Karriereambitionen unserer Promovenden in erster Linie um die Anforderungen des Reichskammergerichts handelte, arbeiteten diese daher vornehmlich in Rechtsgebieten, die der zukünftigen Tätigkeit als Anwalt vor dem

[551] Vgl. *Dölemeyer*, Juristen, S. LXXXVI.

Reichskammergericht dienlich waren. Der anwaltlichen Praxis wird eine solche frühe Einarbeitung sicherlich geholfen haben.

D) Das Praktikum am Reichskammergericht in Wetzlar

Die neunte Frage des Generalexamens verlangte von den Kandidaten eine Auskunft darüber, ob und wenn ja, wo sie praktische Erfahrungen gesammelt hätten[552]. Anfangs war den Bewerbern die Ablegung eines Praktikums zwar nicht zwingend durch die RKGO vorgeschrieben[553], seit der Mitte des 16. Jahrhundert war es für die angehenden Anwälte aber zunehmend üblich geworden, am Reichskammergericht eine mehrmonatige bis mehrjährige Praktikantenzeit zu absolvieren, um den Kameralprozeß vor Ort zu erlernen[554]. Der Gemeine Bescheid vom 30. September 1672 schrieb diesen Brauch dann auch fest. Denn den Bewerbern um eine RKG-Advokatur wurde aufgegeben, daß sie *„auch wenigst zwey Jahr lang sich in Advocatura Camerali würcklich geübet"*, also ein mindestens zweijähriges Praktikum am RKG absolviert haben sollten[555]. Hierzu hatte das Gericht, seitdem es in Wetzlar residierte, ein Kolleg eingerichtet, das „Institutum Iuridicum"[556], unter dessen Dach den Rechtspraktikanten von einigen Advokaten und Prokuratoren theoretisch-praktische Vorlesungen und Übungen über den Kameralprozeß angeboten wurden[557]. Einige hatten zudem die Gelegenheit, sich in den Schreibstuben der Assessoren und Prokuratoren zu erproben[558]. Das Reichskammergericht gewährte darüberhinaus sowohl denjenigen, die eine Laufbahn am RKG selbst anstrebten, als auch den noch viel zahlreicheren sonstigen karrierebewußten Juristen[559], die auf eine Tätigkeit in reichsständischen Diensten spekulierten[560],

---

552 Siehe zu den Fragen des Generalexamens bereits S. 44 f. Die neunte Frage lautete: *„An et ubi practicam exercuerit?"*

553 So erwähnt der für die akademischen Voraussetzungen relevante T. 1, Tit. XVIII, § 1 der RKGO von 1555 allein das Universitätsstudium und den akademischen Grad (*„und ob sie der rechten gewürdigt und an welchem ort wol examinirt und derhalben gnugsam erfunden und erkandt werden sollen"*), nicht aber eine praktische Ausbildung.

554 Vgl. *Jahns*, Universität, S. 191 f.; *Döhring*, Geschichte, S. 21 und *Scheurmann*, Geschichte der kameralen Bibliothek, S. 231, Fn. 10.

555 Gemeiner Bescheid vom 30. September 1672, in: CJC, S. 927.

556 Siehe *Goldmann*, Verzeichnis, S. 370.

557 Vgl. hierzu im folgenden ausführlich S. 164 ff.; siehe auch *Jahns*, Universität, S. 191, Fn. 11.

558 Vgl. *Heinrich Wilhelm Bergsträsser*, Briefe über das Studium eines Praktikanten an dem Reichskammergerichte zu Wezlar, Frankfurt a. M. 1788, S. 16, 18 und S. 59 ff.

559 Insgesamt haben sich in die anläßlich der offiziellen Wiedereröffnung des RKG 1693 neu angelegten und bis 1806 fortgeführten Praktikantenmatrikel 1732 Juristen zur Ausbildung in Wetzlar eingetragen, deren bekanntester *Johann Wolfgang v. Goethe* war. Vgl. hierzu den Abdruck bei *Schmidt-Scharff*, Matrikel, S. 297-317. Da sich jedoch nicht alle Praktikanten immatrikulierten, dürfte die tatsächliche Zahl noch höher gewesen sein. Zwar versuchte das RKG diesem Mißstand mittels der Gemeinen Bescheide von 1747 und 1748 abzuhelfen, indem es den RKG-Advokaten und –Prokuratoren verbot, Praktikanten, die nicht

seinen Schutz und seine Privilegien[561]. Insgesamt erfuhr die Praktikantenausbildung am RKG im 18. Jahrhundert auf diese Art und Weise eine gewisse Institutionalisierung. Nicht verwechselt werden darf das Praktikum übrigens mit dem bereits beschriebenen Sonderfall eines juristischen Studiums in Wetzlar[562].

Angesichts dieser Vorgaben ist es nicht erstaunlich, daß auf die entsprechende Frage nach dem Praktikum in den Generalexamina nur ein einziger Kandidat mit *„noch nicht"* antwortete[563]. Freilich konnte bei weiteren 50 Anwälten kein Praktikum nachgewiesen werden, da entweder das Generalexamen verschollen ist oder aber Angaben über ein Praktikum im Generalexamen fehlen. Daher beruht die folgende Untersuchung der Praktika der RKG-Anwälte auf einer Auswertung der Angaben von 159 der 210 Anwälte.

---

immatrikuliert waren *„auf ihre Schreibstuben admittiren, noch ihre Kollegia frequentiren lassen sollen, so lieb denselben seyn mag, nachdrückliche Strafe, auch allenfalls die wirkliche Suspension ab officio zu vermeiden"* (Text bei *Bergsträsser*, Briefe, S. 91 f.); dies war jedoch nicht erfolgreich. Vgl. zur Praktikantenausbildung in Wetzlar neuerdings *Diestelkamp*, Ungenutzte Quellen, S. 125 ff., der betont, daß es sich bei den Praktikanten; um *„einen wichtigen Multiplikator für die Kameraljurisprudenz"* im Alten Reich handelte.

560 Vgl. *Bergsträsser*, Briefe, S. 4 f.: *„Und wer sich, zumal für reichsstädtische, oder für ritterschaftliche Dienste, oder für die Dienste eines geistlichen Fürsten bestimmt, bedarf dieser Kenntnisse* (des Reichsprozesses) *unter allen am meisten. Ueberhaupt dürfen solche Rechtsgelehrte, deren Laufbahn in einem appellablen Lande fixirt ist, im Reichsprocesse nicht fremd seyn"* (Einfügung vom Verf.).

561 Die vom Reichskammergericht abhängigen Personen waren durch besondere Privilegien von der Wetzlarer Bürgerschaft geschieden. Als Reichsunmittelbare waren sie nur dem Gerichtszwang des RKG unterworfen. Den Kameralen und ihren zum Hausstand gehörenden Angehörigen wurde des weiteren Zoll- und mit Ausnahme der Schatzung Steuerfreiheit gewährt; außerdem sollten sie „aller beschwerung" befreit sein, sie standen unter dem besonderen Schutz des Reiches und genossen Sicherheit und freies Geleit, durften sich aber andererseits wirtschaftlich nicht betätigen. In den Grundzügen waren diese Kameralfreiheiten schon in § 18 der RKGO von 1495 niedergelegt; T. 1, Tit. XLIX, §§ 1-4 der RKGO von 1555 („Von freyheiten, sicherheyt und gleyt der personen des keiserlichen cammergerichts"), die zusammen mit §§ 141 f. des Jüngsten Reichsabschieds von 1654 bei Prozessen um die Kameralfreiheiten die Rechtsgrundlage darstellten, präzisierten diese Regelungen. § 2 erweiterte dabei die Kameralfreiheiten in gewissem Umfang auch auf die am RKG tätigen Rechtspraktikanten. Vgl. hierzu ausführlich *Jost Hausmann*, Die Kameralfreiheiten des Reichskammergerichtspersonals, Köln/Wien 1989; siehe auch *ders.*, Prozesse des Reichskammergerichtspersonals beim Reichskammergericht im 18. Jahrhundert, in: Forschungen aus Akten des Reichskammergerichts, hrsg. v. Bernhard Dieselkamp, Köln/Wien 1984, S.97 (98 f., 111 ff.) und *Georg Schmidt-v. Rhein*, Das Reichskammergericht in Wetzlar, in: NJW 1990, S. 489 (491).

562 Siehe hierzu ausführlich S. 108 ff.

563 Es handelt sich hierbei um *Matthäus Joseph Schick;* vgl. insofern die Biographie.

1.) Ort und Dauer

Da der Gemeine Bescheid vom 30.9.1672 von den zukünftigen Advokaten ein Praktikum im Kameralprozeß forderte, sollte hierfür auf den ersten Blick nur die Ausbildung am Wetzlarer Institutum Iuridicum in Frage gekommen sein.

Tatsächlich gaben auch 139 Anwälte an, sie hätten ihr Praktikum in Wetzlar absolviert; die restlichen 20 waren jedoch nicht in Wetzlar. Somit praktizierten 87,42 % in Wetzlar[564]. Oft wurde Wetzlar jedoch nicht als alleiniger Ausbildungsort genannt. Viele RKG-Anwälte haben an zwei, drei und teilweise auch an vier verschiedenen Orten praktische Erfahrungen gesammelt. Nach Wetzlar am häufigsten wurden Praktika in Göttingen (10), Wien (7), Mainz (6) und Köln (4) abgeleistet. Des weiteren wurden unter anderem Bonn, Jena, Mannheim, Würzburg, Hildesheim, Gießen und Marburg besucht. An den meisten dieser Orte wird das Kameralrecht kaum in der Tiefe zu erlernen gewesen sein wie in Wetzlar[565]. Dennoch verschwiegen die Bewerber diese Ausbildungsabschnitte nicht, obwohl sie - danach oder davor - oft nicht mehr die eigentlich erforderlichen zwei Jahre in Wetzlar praktizierten[566].

Dies allein zeigt schon, daß die Bestimmung des Gemeinen Bescheides von 1672 nicht ausnahmslos befolgt wurde. Das Reichskammergericht scheint auch Praktika, die an anderen Orten absolviert wurden, als gleichwertig neben dem RKG-Praktikum anerkannt zu haben. Noch offenkundiger wird dieser Befund, wenn wir uns den 20 Anwälten zuwenden, bei denen vor ihrer Aufschwörung überhaupt kein Praktikum in Wetzlar nachweisbar ist. Von diesen haben nämlich 12 ausschließlich an anderen Orten als Wetzlar praktiziert[567]; bei den restlichen 8 fehlt hingegen jegliche Ortsangabe, so daß diese außen vor zu bleiben haben. Insgesamt wurden also 7,5 % der Anwälte vom RKG zugelassen, obwohl sie kein Praktikum in Wetzlar vorzeigen konnten. Dies spricht eindeutig dafür, daß man es mit den gesetzlichen Vorgaben nicht allzu genau nahm. Auffällig in diesem Zusammenhang ist, daß sechs dieser zwölf Anwälte ihr Praktikum in

---

[564] *Jahns*, Universität, S. 211 ermittelt eine Quote von 95 % der Anwälte, die ein Praktikum am Reichskammergericht absolviert haben sollen, wobei von dieser Seite aus nicht nachvollzogen werden kann, wie *Jahns* auf diesen Wert kommt.

[565] So spricht *Bergsträsser*, Briefe, S. 2 von der *„Quelle* (für den Reichsprozeß) *zu Wezlar und Wien"* (Einfügung vom Verf.), die für die Ausbildung im Kameralrecht am nützlichsten gewesen sei.

[566] Hierfür gibt es eine Vielzahl von Beispielen. So absolvierte *Ambros Joseph Stephani* ein 2-jähriges Praktikum in Bonn, war aber nur ein halbes Jahr als Praktikant in Wetzlar tätig; *Johann Wilhelm Ludolff* war je ein Jahr in Jena und Wetzlar und *Conrad Gordian Seuter* praktizierte zwei Jahre in Köln und eineinhalb in Wetzlar; vgl. insofern die Biographien.

[567] Es handelte sich um *F. J. D. Bostell, J. A. G. von Brandt, J. R. Capp, J. G. Fürstenau, J. C. Heeser von Lilienthal, C. F. Hofmann, W. C. von Hofmann, F. C. von Sachs, A. von Sachs, W. C. Rothberg, G. W. Stock* und *J. J. Trunk;* vgl. insofern die Biographien.

Göttingen durchführten – auf diesen Sonderfall wird gleich noch ausführlicher eingegangen.

Ähnlich wie bei den Praktikumsorten wurde auch bei der Dauer des Praktikums verfahren: Die Auswertung der 112 Zeitangaben führt zu dem Ergebnis, daß im Großen und Ganzen die 2-Jahres-Vorgabe des Gemeinen Bescheides von 1672 eingehalten, im Einzelfall jedoch Abweichungen zugelassen wurden. Denn die Mehrzahl der Anwälte war tatsächlich sogar länger als zwei Jahre Praktikant, wobei die meisten (38) zwischen zwei und drei Jahren tätig waren. Ein Anwalt (*Eitel Sigmund Schorer*) gab sogar eine neunjährige Praktikantenzeit in Memmingen, Ravensburg und Wetzlar an[568]. Aber es finden sich auch 27 Anwälte, also immerhin 24,1 %, die weniger als zwei Jahre als Praktikant arbeiteten *(siehe Tabelle 14)*. Dies und die Tatsache, daß überhaupt nur 112 Anwälte sich bemüßigt sahen, eine Zeitangabe zu machen, spricht eindeutig dafür, daß die Dauer des Praktikums für die Aufnahme am RKG nicht entscheidend war.

Tabelle 14: Dauer des Praktikums

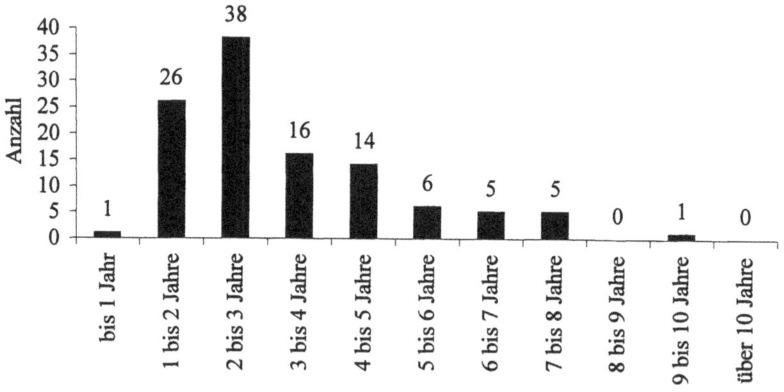

Das Gericht begnügte sich vielmehr damit, die praktischen Fähigkeiten im Kameralrecht gezielt im Spezialexamen nachzuprüfen; das Praktikum spielte insofern nicht die Hauptrolle als Meßlatte für die juristische Qualität der Bewerber.

---

568 Siehe insofern die Biographie.

2.) Sonderfall: Das Göttinger Praktikum

Auch wenn die Bestimmungen des Gemeinen Bescheides von 1672 in der Praxis aufgeweicht wurden, so hatten sie gleichwohl Bestand – mit einer Ausnahme: dem Göttinger Praktikum.

Denn in diesem Fall akzeptierte das RKG nicht nur ein Praktikum an einem anderen Ort, das unter Umständen auch nicht die erforderlichen zwei Jahre dauerte, sondern eine gänzlich verschiedene Ausbildungsform. Bei dem Praktikum in Göttingen handelte es sich nämlich um Unterricht an der Universität. Wie schon gezeigt[569], besuchten die Anwälte in Göttingen in der Regel Prof. Pütters *„collegium elaboratorium practicum"*, worin die Studenten sowohl in Fragen der anwaltlichen als auch in solchen der gerichtlichen Tätigkeit praxisnah ausgebildet wurden. Da von den zehn Anwälten, die als Studenten ein Praktikum in Göttingen absolvierten, nur vier danach auch noch als Praktikant in Wetzlar auftraten[570], die anderen sechs hingegen nicht mehr[571], hat das RKG die universitären Praktika in Göttingen trotz anderslautender Zulassungsvoraussetzungen als ausreichend anerkannt.

Somit konnten die angehenden RKG-Anwälte schon als Studenten in Göttingen den zeitaufwendigsten Teil der nachuniversitären Ausbildung abhandeln. Da alle zehn Studenten erst in der zweiten Hälfte des 18. Jahrhunderts in Göttingen studierten, können wir hierin zudem ein weiteres Zeichen für das sich in diesem Zeitraum verstärkende Bemühen der Wetzlarer Anwälte sehen, möglichst zügig die Voraussetzungen für eine Karriere am Reichskammergericht zu erwerben.

Gleichzeitig sagt dieses Phänomen aber auch einiges über die Zulassungspraxis des Gerichts aus. Die Akzeptanz der Göttinger Praktika als gleichwertig neben dem vorgeschriebenen Praktikum in Wetzlar macht deutlich, daß dem Reichskammergericht zum einen die neuen Unterrichtsformen bekannt waren, und daß es sich ihnen zum anderen auch nicht verschloß. Hier schimmert – entgegen der verbreiteten Meinung von der Rückständigkeit dieser Institution des Alten Reiches im 18. Jahrhundert[572] - ein Stück Wandlungsfähigkeit und Flexibilität durch.

---

[569] Siehe hierzu bereits S. 103 ff. mit den entsprechenden Nachweisen.

[570] Es handelte sich hierbei um *J. Ph. G. von Gülich, J. G. Hert, F. W. von Hofmann* und *J. A. Spinola;* vgl. insofern die Biographien.

[571] Dieser Sachverhalt traf auf *F. J. D. Bostell, C. F. Hofmann, W. C. von Hofmann, W. C. Rothberg, A. von Sachs* und *G. W. Stock* zu; vgl. insofern die Biographien.

[572] In der Wetzlarer Zeit sank die Bedeutung des RKG, da sich die großen Prozesse immer mehr nach Wien verlagerten, was sich auch in sinkenden Prozeßzahlen ausdrückte. Einen zeitgenössischen Beleg für die Verschiebung der Gewichte zwischen RKG und RHR im 18. Jahrhundert finden wir bei *Bergsträsser*, Briefe, S. 54 f.: *„Wäre es Ihr Hauptplan, das*

Und zuletzt bedeutet dies auch, daß sich die Praxis des Reichskammergerichts nicht allzu sehr von der an der Universität Göttingen in den *„collegium elaboratorium practicum"* gelehrten Jurisprudenz unterschieden haben durfte - ganz im Gegensatz zum sonstigen universitären Unterricht, der mit der Rechtswirklichkeit am RKG wohl nicht deckungsgleich war. So gab ein gewisser *Johann Josef Günter* in der ersten Hälfte des 18. Jahrhunderts in seinem ausführlichen Praktikantenratgeber einem unbekannten Adressaten auf, das an der Universität Gehörte mit der reichskammergerichtlichen Praxis zu vergleichen, und zu prüfen, was hiervon zutreffe, und was anders sei[573]. Diese Arbeitsanweisung stellt einen deutlichen Hinweis auf bestehende Differenzen zwischen der universitären Theorie und den tatsächlichen Wetzlarer Verhältnissen dar. Bezogen auf den Sonderfall der praktischen Ausbildung in Göttingen machte sie jedoch augenscheinlich keinen Sinn.

3.) Ausbilder und Inhalte des RKG-Praktikums

Wie schon angedeutet, verdingten sich eine Reihe von Advokaten und Prokuratoren als Ausbilder der Praktikanten in Wetzlar. Anhand der Angaben unserer zukünftigen Anwälte lassen sich jedoch keine einzelnen Ausbilder

---

deutsche Staatsrecht an den höchsten Reichsgerichten zu studiren, so wie sich dort Gelegenheit dazu anbietet; dann würden Sie an dem Reichshofrathe noch eine weit reichhaltigere Quelle als am Kammergerichte finden. Denn dieser hat theils den ausschliessenden Gerichtszwang in Reichs=Lehen=Sachen in Händen, theils wird er von den Reichsständen in ihren eignen Angelegenheiten (caussae illustres) mehr noch, als das letzte angegangen. Reichsstädte und die corpora der Reichsritterschaft haben sich ohnehin fast ganz nach Wien gezogen". Zudem wurde der Prozeß des RKG den Zeitgenossen zum Synonym für Ineffizienz, Verzögerungen und Bestechlichkeit der Richter; vgl. hierzu *Ingrid Scheurmann*, Äußere Geschichte des Reichskammergerichts bis zum Ausgang des 18. Jahrhunderts – Einleitung, in: Frieden durch Recht. Das Reichskammergericht von 1495-1806, hrsg. v. Ingrid Scheurmann, Mainz 1994, S. 193-195 und *Schmidt-v. Rhein*, Reichskammergericht, S. 491-493 mit weiteren Nachweisen und Beispielen. Diese Mängel wurden ab der Mitte des 18. Jahrhunderts auch verstärkt von einer kritischen Reformliteratur aufgegriffen, als deren Protagonist der Göttinger Universitätsprofessor *Johann Stephan Pütter* gilt; siehe insofern insbesondere *Johann Stephan Pütter*, Patriotische Abbildung des heutigen Zustandes beyder höchster Reichsgerichte, worin der Verfall des Reichs-Justizwesens, samt dem daraus bevorstehnden Unheile des ganzen Reichs, und die Mittel, wie demselben vorzubeugen, der Wahrheit gemäß und aus Liebe zum Vaterlande erörtert werden, o. O., 1749.

573 Hinweis auf diese im Hessischen Staatsarchiv Darmstadt, Abt. E 9, Konv. 3 Fasc. 15 zu findende Aufzeichnung aus dem Jahre 1728 bei *Diestelkamp*, Ungenutzte Quellen, S. 126 f. Auch *Bergsträsser*, Briefe, S. 1 betont den Unterschied zwischen der theoretischen Universitätsausbildung und der reichskammergerichtlichen Praxis in Wetzlar.

hervorheben[574]. Denn erstens bezeichneten die Anwälte häufig ihren Ausbilder nicht; vielmehr findet sich oft allein die Angabe des Ortes und der Dauer[575]. Und zweitens handelte es sich, wenn schon der Ausbilder genannt wurde, meistens um den eigenen Vater[576].

Wenn schon nicht die Anwälte einzelne Lehrer hervorheben, so lassen sich die angeseheneren Lehrer zumindest aus der Ausbildungsliteratur für die RKG-Praktikanten ermitteln. Aus der Vielzahl der Schriften[577] sei die Arbeit von *Heinrich Wilhelm Bergsträsser* aus dem Jahr 1788 exemplarisch herausgegriffen. In seinen „Briefen über das Studium eines Praktikanten an dem Reichskammergerichte zu Wezlar" empfiehlt er den auswärtigen Praktikanten am Ende des 18. Jahrhunderts die RKG-Anwälte *Friedrich Jacob Dieterich von Bostell, Johann Joseph Benedikt Maria Loskant, Damian Ferdinand Haas* und *Jacob Abel*[578] als Ausbilder in Kameralsachen. Hier erfahren wir, daß *von Bostell* nur im Winter Vorlesungen hält[579], *Abel* und *Loskant* nur im Sommer und *Haas* ganzjährig[580], sowie daß *Haas* von jedem Zuhörer *„zwei und zwanzig Gulden*

---

574 Vgl. insofern die vielfältigen Namensnennungen in den Biographien.

575 Von den 139 Anwälten, die nachgewiesenermaßen ein Praktikum in Wetzlar ableisteten, gaben lediglich 54 an, wer sie unterrichtete.

576 In 16 Fällen gaben Anwälte an, sie hätten beim eigenen Vater praktiziert. Bei insgesamt nur 54 Angaben stellt dies eine stattliche Quote dar.

577 *Johann Philipp Franz von Bürgel (Fleckenbühl)*, Der Wetzlarische Praktikant oder Anweisung wie und auf was Art ein auswärtiger Jurist und Practicus sich dem Reichs-Cammer-Gerichtlichen Process am leichtesten vorstellen könne. Frankfurt, Mainz 1767; *Jacob Loskandt*, Versuch einer praktischen Anleitung zur Verfassung der an dem Kaiserl. Reichs-Kammergericht üblichen Schriftsätzen mit mehreren beygefügten Schriften aus verschiedenen allda vorkommenden Prozeßgattungen, Wetzlar 1791; *Johann Friedrich Seyfart*, Teutscher Reichsprozeß, wie er bey dem Kayserl. Reichs-Kammergericht und Kayserl. Hofrath, auch in verschiedenen teutschen Provinzen üblich ist, nebst dazu gehörigen Formularbuch, Halle 1738; *Ludwig August Würfel*, Kurze Anleitung zu des Reichs-Kammergerichts Extrajudicial Prozeß, Frankfurt a. M. 1751, 2. Aufl. Wetzlar 1775.

578 Siehe *Bergsträsser*, Briefe, S. 9 ff.

579 Noch einige Jahre zuvor scheint *von Bostell* sowohl im Winter (vom 3.11. bis zum 15.2.) als auch im Sommer (vom 15.4. bis zum 31.7.) Vorlesungen gehalten zu haben; vgl. die „Ausführliche Nachricht von D. Friedrich Jac. Diet. von Bostell, Herzoglich=Sachsen=Meiningischen Hofraths, und des Kaiserlichen und Reichskammergerichts Advokaten, theoretisch=praktischen Vorlesungen über die Kammergerichtspraxin, Wezlar 1781", in: *Bergsträsser*, Briefe, S. 17-32. Auffällig in diesem Zusammenhang ist die Übereinstimmung mit dem universitären Vorlesungszyklus.

580 *Bergsträsser*, Briefe, S. 14 weiß nicht sicher, ob *Haas* tatsächlich ganzjährig liest; aufgrund dessen Beurlaubung von seiner Prokuratorentätigkeit im Jahre 1786 geht er jedoch davon aus.

Ehrengeld" und *von Bostell „wegen der Verbesserung der schriftlichen Aufsätze (...) drei und dreissig Gulden"* nimmt[581].

Laut *Bergsträsser* sollte der junge Praktikant eines der Kollegien der oben genannten Lehrer besuchen[582], um dem vorrangigen Ziel eines reichskammergerichtlichen Praktikums, der Erlangung von Kenntnissen im Kameralprozeß, näher zu kommen[583]. Hierzu empfahl er, *„sich weder mit der Verfassung des Gerichts zu sehr* (zu beschäftigen)*; noch (...) alle (...) Zeit auf die Lektüre der Kameralschriften"* zu verwenden. Denn, so sein Rat an den Leser, *„an jedem andern Orte können Sie das letzte auch thun; aber Kameralakten nach allen verschiednen Gattungen des Reichsprocesses lesen, und selbst Processe von der Art durcharbeiten, bald in der Stelle eines Advokaten, bald eines Richters, das können Sie nirgends anders, als in Wezlar"*[584]. Daher habe sich die Lektüre der Kameralliteratur auf das Nötigste beschränken: *„Pütters und Tafingers Lehrbücher werden Ihnen sicher diese Dienste leisten, wenn Sie das Koncept der Kammergerichtsordnung, so wie es Zwierlein herausgegeben hat (...) nebst dem jüngsten Reichsschlusse zu Hülfe nehmen. Verbinden Sie noch mit diesen Büchern den Wezlarischen Praktikanten und Würfels Anleitung zum Extrajudicialproceß"*[585]. Insbesondere der „Wezlarische Praktikant" des hessen-kasselischen Staatsministers und früheren RKG-Assessors *von Bürgel* legt er den Interessierten ans Herz, da dieses *„vor allen übrigen Lehrbüchern den grosen Vorzug* (hat), *daß darinn das gemeine rechtliche Verfahren dem Kameralprocesse gegenüber gestellt, sorgfältig damit verglichen und die*

---

581 Vgl. *Bergsträsser*, Briefe, S. 14.

582 *Bergsträsser*, Briefe, S. 15 empfiehlt insofern jedoch keinen Anwalt : *„Vor der Hand will ich Ihnen weder zu dem einen, noch zu dem anderen von diesen Lehrern geradezu anrathen."*

583 Vgl. *Bergsträsser*, Briefe, S. 39: *„Auf das gerichtliche Verfahren hingegen verwenden Sie die meiste Aufmerksamkeit. In Reichsprocessen, sey es nun als Advokat, oder als Rath eines Reichstandes, gebrauchen sie es am nöthigsten."*

584 Siehe *Bergsträsser*, Briefe, S. 34.

585 Siehe *Bergsträsser*, Briefe, S. 35. Welches der vielen Werke *Pütters* und *Tafingers* er meinte, wird nicht deutlich. Zweifellos bezog er sich jedoch im übrigen auf *Hans Johann Jacob von Zwierlein*, Concept der auf kayserlichen und des reichs befehl im Jahr 1613 verbesserten Cammergerichts ordnung, auf das sorgfältigste übersehen und mit anmerkungen vermehrt von Johann Jacob Zwirlein königlich Grosbritannischen Hofrath, churfürstlich Braunschweig-Lüneburgischer Hofrath, auch des kayserl. cammergerichts advokaten procuratorn, Giessen 1744; *Johann Philipp Franz von Bürgel (Fleckenbühl)*, Der Wetzlarische Praktikant oder Anweisung wie und auf was Art ein auswärtiger Jurist und Practicus sich dem Reichs-Cammer-Gerichtlichen Process am leichtesten vorstellen könne, Frankfurt, Mainz 1767 und *Ludwig August Würfel*, Kurze Anleitung zu des Reichs-Kammergerichts Extrajudicial Prozeß, Frankfurt a. M. 1751, Wetzlar 1775.

mancherlei Abweichungen des einen von dem andern auf das vollständigste bemerkt sind. Eine solche Methode schafft lichtvolle und bleibende Begriffe"[586].

Beim Studium der Kameralakten empfahl *Bergsträsser* den Corpus Juris Cameralis vergleichend zu Hilfe zu nehmen: „*Mich dünkt, es gäbe keine leichtere* (Methode), *als wenn Sie fleissig Kameralakten mit dem Kompendio in der Hand lesen, und sie sorgfältig damit vergleichen. Es versteht sich, daß Sie vorher die allgemeinen Vorkenntnisse des Reichsprocesses schon inne haben, und bis zu den einzelnen Proceßarten vorgerückt seyn müssen. So nehmen Sie zuerst ein Citationssache vor, und lassen Sie darauf Rechtsfälle aus dem Mandats= und Appellationsprocesse – aus dem Restitutorio und auch Revisionssachen folgen, so weit nehmlich diese bei dem Kammergerichte instruirt werden*"[587]. Bevor jedoch mit dem intensiven Aktenstudium begonnen werden konnte, mußte sich der Praktikant die Grundlagen des Kameralprozesses in den Kollegien erarbeiten.

Einen guten - wenngleich beispielhaften - Überblick über die thematischen Inhalte dieser Kollegien bietet die „*Ausführliche Nachricht von Dr. Friedrich Jacob Dietrich von Bostell, Herzoglich-Sachsen-Meiningischen Hofraths, und des Kaiserlichen und Reichskammergerichts Advokaten, theoretisch-praktischen Vorlesungen über die Kammergerichtspraxin*"[588]. Während der Vorlesungszeit unterrichtete *von Bostell* jeden Morgen zwei Stunden, wobei die „*zweite Stunde (...) gemeiniglich zum Referiren, zur Erlernung praktischer Vortheile und Manipulation mit wirklichen Akten benutzt* (wird)"[589]. Er strukturierte dabei seinen Vortrag ähnlich einer universitären Vorlesung. Zur Verdeutlichung seien an dieser Stelle nur die Hauptgliederungspunkte des ansonsten äußerst detaillierten Programmes widergegeben[590]:

§ 1: Nothwendige Vorübung aus der gemeinen juristischen Praxi

§ 2: Vortrag der kammergerichtlichen inneren Verfassungsmaterie

§ 3: Von der kammergerichtlichen Gerichtsbarkeit

§ 4: Vom kammergerichtlichen Extrajudicialverfahren im Citations=, Mandats= und Appellationsproceß

---

586 Siehe *Bergsträsser*, Briefe, S. 36 (Einfügung vom Verf.).

587 *Bergsträsser*, Briefe, S. 39 f (Einfügung vom Verf.).

588 Abgedruckt bei *Bergsträsser*, Briefe, S. 17-32.

589 Siehe *von Bostell*, Ausführliche Nachricht, § 2, in: *Bergsträsser*, Briefe, S. 18 f.

590 Siehe hierzu *von Bostell*, Ausführliche Nachricht, § 3 - § 9, in: *Bergsträsser*, Briefe, S. 19-31.

§ 5: Vom gerichtlichen Verfahren im Citations=, Mandats= und Appellationsproceß

§ 6: Von einigen besonderen kammergerichtlichen Verfahrensarten

§ 7: Von der kammergerichtlichen Visitation

Der Unterricht *von Bostells* bestand jedoch nicht allein im Vortrag der Rechtsmaterie, sondern beinhaltete zudem praktische Übungen, die in den Zeitplan integriert wurden. Insgesamt forderte er von seinen Schülern 28 kammergerichtliche Ausarbeitungen, die den gesamten Kameralprozeß behandelten. Begonnen wurde mit allgemeinen Abhandlungen über die Prozeßarten (z. B. supplica pro citatione, pro mandato, pro appellationis processibus). Weiter sollten die Praktikanten die Arbeit des Richters erlernen und Relationen (z. B. Extrajudicialrelation in Citationssachen bzw. in Mandatssachen) sowie Urteile mit den einzelnen Arbeitsschritten „species facti", „extractus actorum", „votum" und „sententia" anfertigen. Zudem führte *von Bostell* seine Schüler zum einen in das Handwerk der Advokaten ein und ließ Berichte (z. B. Bericht in einer Unterthanensache gegen den Landesherrn, Gegenbericht in der nehmlichen Sache) sowie Prozeßschriften (z. B. Exceptionsschrift, Replikschrift, Duplikschrift) entwerfen; zum anderen übte er die Tätigkeit der Prokuratoren vor Gericht (z. B. mündlicher Schlußreceß statt Exceptionsschrift). Hierfür veranschlagte *von Bostell* 11 Wochen, so daß die Praktikanten in sechs Wochen je 3 Arbeiten und in fünf Wochen je 2 Arbeiten abzuliefern hatten – ein durchaus beachtenswertes Arbeitspensum. Gleichwohl war er insgesamt der Meinung, *„daß sich diese Vorlesungen für ausstudirte, während ihres Hierseyns mit dieser Wissenschaft allein beschäftigte Rechtsgelehrte, gar wohl in einen viertehalb monatlichen Zeitraum einschränken lassen (...)"*[591].

Für ein umfassendes Praktikum veranschlagte *von Bostell* mithin ungefähr zehn Monate, also eine erheblich unter der für die RKG-Anwälte liegenden Mindestdauer von zwei Jahren. Die Aussage *von Bostells* ist also in erster Linie auf die „gewöhnlichen" Praktikanten gemünzt, die nur vorübergehend nach Wetzlar kamen, um sich Kenntnisse im Kameralprozeß anzueignen und danach wieder in ihre Heimat zurückkehrten, da diese Gruppe das Gros seiner Zuhörer stellte. Solche Praktikanten brauchten natürlich nicht den Stoff in der Tiefe zu erlernen wie die zukünftigen Anwälte. Dessenungeachtet bietet die Differenz zwischen der für eine durchschnittliche Praktikantenausbildung veranschlagten und der von den RKG-Anwälten geforderten Zeit einen wichtigen Anhaltspunkt für die juristische Qualität der Anwälte. Denn allein die zeitlich viel

---

[591] Vgl. insofern *von Bostell*, Ausführliche Nachricht, § 2, in: *Bergsträsser*, Briefe, S. 19.

umfassendere Beschäftigung mit dem Kameralprozeß spricht dafür, daß es sich bei den aufschwörenden Advokaten bereits um Experten auf diesem Rechtsgebiet gehandelt haben muß.

Hinsichtlich der soeben angesprochenen praktischen Ausarbeitungen forderte *Bergsträsser* von den Praktikanten nicht nur den feststehenden Sachverhalt rechtlich zu würdigen und die entsprechende Prozeßschrift zu entwerfen, sondern selbst die Sachgeschichte zu eruieren, wobei besonderes Augenmerk auf den Willen der Partei zu legen sei – denn *„jeder junge Gelehrte sollte sich anstrengen, und sich eine eigne Bahn in der schriftlichen Berabeitung eines Gegenstandes brechen*[592].

Auch hierzu bedurfte es wieder des von *Bergsträsser* so betonten direkten Zugangs zu den Kameralakten. Um diesen zu gewährleisten, legte er dem Leser mit Nachdruck ans Herz, nicht nur die Kollegien der oben genannten Lehrer zu besuchen, sondern zudem die Schreibstube eines RKG-Assessors oder eines -Prokurators[593]. Im Unterschied zu den Kollegien war die Aufnahme in eine Schreibstube für den Praktikanten kostenlos, ein Umstand den Bergsträsser zu Recht hervorhob[594].

Während die Praktikanten in den Schreibstuben der normalen Prokuratoren vor allem Manualakten vorfanden, die scheinbar aber oftmals unleserlich gewesen waren, konnten sie bei den Prokuratoren, die *„zugleich die Feder in der*

---

592 *Bergsträsser*, Briefe, S. 48 f. : *„Nur machen Sie es sich nicht so bequem, wie es gewöhnlich geschieht, daß Sie die Sachgeschichte, die schon vor Ihnen ausgebreitet da liegt, bloß mit der rechtlichen Ausführung zu versehen, und ihr das Gewand einer Proceßschrift zu geben brauchen. Wider diese Art zu arbeiten, habe ich weiter nichts einzuwenden, als daß sie zu leicht ist. (...) Aus diesen* (Akten) *suchen Sie nun vor allen Dingen den Willen der Parthei zu erforschen, damit Sie den Standpunkt haben, woraus Sie Ihren Plan zur Ausarbeitung anlegen können. Die Sachgeschichte zu entwerfen, ist nachher ein leichtes; und auch die rechtliche Ausführung sammt der Begründung der gewählten Proceßart und des Gerichtszwangs hat in den meisten Fällen weniger Schwierigkeit bei sich"* (Einfügung vom Verf.).

593 *Bergsträsser*, Briefe, S. 50 f., 59 ff. Dies betont auch *von Bostell*, Ausführliche Nachricht, § 2, in: *Bergsträsser*, Briefe, S. 19: *„Mehrere Vortheile wird aber freilich derjenige einerndten, welcher, nach erlangter allgemeiner Kenntniß vom ganzen Umfang der Kameralpraxis, noch ein halbes Jahr zusetzen, und eine hiesige Studier= oder Schreibstube besuchen kann."*

594 *„Seit Jahrhunderten sind Assessoren und Prokuratoren des Gerichts so menschenfreundlich gewesen, den jungen Gelehrten in Wezlar mit Rath und That an die Hand zu gehen, wie sie sich in der gerichtlichen Praxis üben, und den Prozeß am Kammergerichte erlernen sollten. Ich sage menschenfreundlich. Denn dieß ist es gewiß, wenn sich ein Mann von vielen Geschäften und ausgbreiteten Kenntnissen unentgeldlich und mit Aufopferung seiner Zeit zu einem Anfänger in der Wissenschaft herabläßt (...)"*; vgl. *Bergsträsser*, Briefe, S. 59.

Sache"[595] führten, auch die Berichte studieren, aber nur *„sofern es zum Gegenbericht gekommen seyn sollte*"[596].

Diese Berichte, die das Kameralkollegium von den Parteien einforderte, konnten daher leichter in den Schreibstuben der Assessoren eingesehen werden. Der Nutzen des Besuchs einer solchen Schreibstube war jedoch nicht auf diesen Vorteil beschränkt. Neben Bittschriften wurden den Praktikanten die Relationen und Gutachten des Assessors sowie die vollständigen Senats- und Plenumsprotokolle[597] zugänglich gemacht, denn *„aus nichts wird dort vor dem Praktikanten, sobald er den Eid der Verschwiegenheit abgelegt hat, ein Geheimniß gemacht*"[598]. Insgesamt bot sich hier den Praktikanten ein reichhaltigeres Studier- und Anschauungsmaterial als in den Schreibstuben der Prokuratoren.

Daher ist es nicht verwunderlich, daß laut *Bergsträsser* vornehmlich die Schreibstuben der RKG-Assessoren frequentiert wurden[599]. Für die angehenden Anwälte kann diese Vorliebe jedoch nicht nachgewiesen werden. Lediglich fünf Anwälte gaben nämlich an, die Schreibstube eines Assessors besucht zu haben. Im Unterschied zu den übrigen Praktikanten in Wetzlar war der umfassendere Einblick, den die Schreibstube eines Assessors bereithielt, für die zukünftigen Anwälte auch nicht von entsprechend großem Nutzen, da ihr Weg in die Anwaltschaft ja bereits vorgezeichnet war. Folgerichtig konzentrierten sie sich auf die Praxis in den Schreibstuben der Prokuratoren. Schon *Bergsträsser* führte hierzu aus: *„Und wenn es wahr ist, daß diese* (die Prokuratoren) *den Prozeß am fertigsten, Assessoren hingegen das Richteramt besser verstehen, so würden diese durch anhaltende Uebung, eher als jene einen geschickten Richter, und Prokuratoren leichter gute Advokaten bilden können*"[600].

Wie schon ausgeführt beinhaltete ein ideales RKG-Praktikum nach Ansicht unseres sachkundigen Zeitzeugen zum einen den Besuch eines Kollegium und zum anderen die Unterweisung in einer Assessor- oder Prokuratoren-Schreibstube. Auch 19 unserer RKG-Anwälte gaben in den Generalexamen zwei verschiedene Ausbilder an, so daß anzunehmen ist, daß diese ihr Praktikum in der angesprochenen Weise strukturierten. Bei den übrigen, die lediglich einen

---

595 Also wenn der Prokurator zugleich als Advokat tätig war; vgl. *Bergsträsser*, Briefe, S. 61.

596 *Bergsträsser*, ebd.

597 *„Jene enthalten die Relationen nebst den Berathschlagungen, so wie sie in den Senaten über die Entscheidung der Sache gepflogen worden sind. Auch finden sie darinn die besondern Prüfungen der zu Kammergerichtsassessorenstellen präsentirten Gelehrten*"; vgl. *Bergsträsser*, Briefe, S. 69.

598 *Bergsträsser*, Briefe, S. 63.

599 *Bergsträsser*, Briefe, S. 60.

600 *Bergsträsser*, Briefe, S. 66; Einfügung vom Verfasser.

Ausbilder nannten, ist hingegen nicht nachweisbar, ob sie bei ihm theoretisch-praktische Vorlesungen besuchten, oder ob sie in seiner Schreibstube geschult wurden. Insofern kann sich die Nennung in den Generalexamina auf beides beziehen. Da viele der Anwälte bereits während ihrer universitären Ausbildung bzw. im Rahmen ihrer Dissertation theoretische Grundlagen im Kameralprozeß erworben hatten, dürfte meines Erachtens die Mehrzahl derjenigen, die nur einen Ausbilder nannte, die Schreibstube eines Prokurators und kein Kollegium besucht haben. Denn der Einblick in die konkrete Prozeßtätigkeit und Arbeitsweise eines Advokaten oder Prokurators sowie die Organisation seiner Schreibstube dürfte für die angehenden Anwälte sinnvoller gewesen sein.

Trotz grundsätzlicher Unterschiede zwischen Vorlesung und Schreibstube gab es jedoch auch durchaus Gemeinsamkeiten und Überschneidungen. Denn auch die Prokuratoren und Assessoren hielten den Praktikanten in ihren Schreibstuben Vorlesungen oder erwarteten die Ausarbeitung verschiedener Prozeßschriften. Hierzu sei nochmals *Bergsträsser* angeführt, der im folgenden zugleich verschiedene Ausbildungsformen in den Schreibstuben beschreibt: „*Nicht alle Schreibstuben sind von gleichem Werthe. Mancher liest den Praktikanten, welchen sein Haus offen steht, ein Kollegium über der Kameralproceß. Ein Andrer giebt Ihnen blos Aktenstöcke zum Durchlesen mit nach Hause. Ein Dritter ertheilt Ihnen die Erlaubniß, täglich zu einer gewissen Zeit seine eignen Arbeiten und Senatsprotokolle auf seinem Studirzimmer zu lesen. Ihn selbst sehen Sie vielleicht Wochenlang nicht. Dieser trägt Ihnen mündlich allerlei Rechtsfälle vor, und läßt Sie aus dem Stegreife ein Urtheil fällen, während ein Fünfter (...) die nützlichen Methoden mit einander verbindet, Sie fleissig in praktischen Aufsätzen, bald in processualischen, bald in richterlichen übt, die Fehler sorgfältig anmerkt, und überhaupt nach einem gewissen Plane mit Ihnen verfährt. Ein solcher Mann, wie der letzte, ist freilich der nützlichste für Sie, aber auch unter allen der seltenste*“[601].

---

[601] *Bergsträsser*, Briefe, S. 64 f.

E) Bewerbung, Aufnahme und Karriere am Reichskammergericht

Als nächste Hürde auf dem Karriereweg der jungen Juristen stand die Bewerbung vor dem Reichskammergericht. Hierbei mußten die Kandidaten zwei Examina, das General- und das Spezialexamen ablegen. Wie bereits ausgeführt wurden nur die zukünftigen Advokaten, nicht aber die Prokuratoren examiniert, da diese sich aus der Gruppe der zugelassenen Advokaten rekrutierten.

Die Generalexamina der Anwälte als solche sind schon vorgestellt worden[602]; sie waren die Hauptquelle der bisherigen Untersuchung und spielten auch bei dem nun zu erforschenden Fragekomplex „Bewerbung, Aufnahme und Karriere am RKG" eine hervorragende Rolle, da aus ihnen wertvolle Informationen gewonnen werden konnten. Auf eine Durchsicht der Spezialexamina, die gerade für das Problem der fachlichen Qualität der Bewerber von Bedeutung sein könnten, mußte aus Gründen der Selbstbeschränkung leider verzichtet werden[603]. Sie fanden daher im Rahmen der folgenden Ausführungen keine Berücksichtigung.

In diesem Zusammenhang stellen jedoch die Generalexamina eine ausreichende Quellengrundlage dar, um die anvisierten Ziele zu erreichen. Erstens lassen sich Aussagen über das Alter der Bewerber treffen, was ein zusätzliches Argument für die These einer Ausbildungsbeschleunigung um die Jahrhundertmitte liefert. Zweitens können die Zulassungskriterien des RKG genauer beschrieben werden. Zu diesem Zweck wurden die Generalexamina der nicht-erfolgreichen Bewerber durchgesehen und mit denen der erfolgreichen verglichen. Und drittens konnte mittels des in den Generalexamina und den Kameralkalendern vorhandenen Quellenmaterials ein Blick auf die Karriere am Reichskammergericht selbst geworfen werden, insbesondere auf die für den Aufstieg vom Advokaten zum Prokurator relevanten Bedingungen.

1.) Alter der Anwälte bei der Ablegung des Generalexamens

Die Ablegung des Generalexamens, dem in der Regel das Spezialexamen unmittelbar folgte, brachte die Anwaltskandidaten zum ersten Mal in unmittelbaren Kontakt mit der Institution „Reichskammergericht". Hier soll nun nicht mehr der Inhalt, sondern das Alter der zukünftigen Anwälte bei der Ablegung des Generalexamens thematisiert werden. Denn wenn in den letzten

---

602 Siehe hierzu bereits S. 44 ff.

603 Die Spezialexamina der Anwälte sind leider nicht mittels eines Kataloges erfaßt; sie befinden sich in den Akten des Untrennbaren Bestand im Bundesarchiv, Außenstelle Frankfurt. Zudem bedürfte es einer umfassenden kritischen Auswertung ihres juristischen Inhaltes, um Aussagen über die fachliche Qualifikation der Berwerber treffen zu können.

Kapiteln immer wieder von einer Beschleunigung der Ausbildung die Rede war, gilt es nun aufzuzeigen, wie alt bzw. wie jung die Bewerber tatsächlich waren.

Da leider nur von 189 der 210 Anwälte das Datum der Ablegung des Generalexamens bekannt ist, mußte sich die Untersuchung auf dieses Zahlenmaterial beschränken. Die weitaus meisten Kandidaten waren bei der Ablegung des Generalexamens zwischen 24 und 28 Jahre alt (insgesamt 110); 40 waren unter 24 Jahren, weitere 31 waren nicht älter als 35 Jahre und immerhin 8 „Nachzügler" waren über 35 Jahre *(siehe Tabelle 15)*.

Tabelle 15: Alter der Anwälte bei Ablegung des Generalexamens

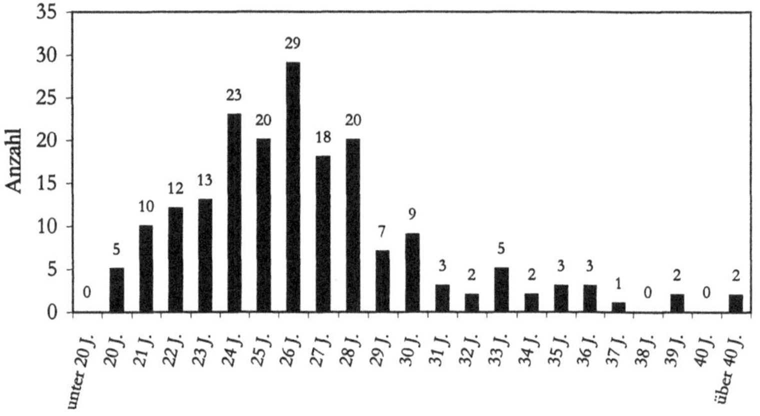

Bei einem Durchschnittsalter von 26,9 Jahren handelte es sich also insgesamt um eine relativ junge Gruppe, die sich um die Aufnahme am Reichskammergericht bewarb. Dementsprechend hatten auch nur wenige der jungen Bewerber vorher einen Beruf ausgeübt[604]; aber auch bei den älteren findet sich kaum einer mit anderweitiger Berufserfahrung[605].

[604] Vgl. insofern die Rubrik „Vorkarriere" bei den Biographien. So war z. B. der 28- jährige *Johannes Goy* zur Zeit der Ablegung des Generalexamens Advokat in Solms-Braunfels; *Johann Jacob Duill* (30 Jahre) war Anwalt in der Grafschaft Wied.

[605] Häufig legt das Alter der Bewerber eine Vorkarriere nahe; eine solche konnte jedoch nur selten auch nachgewiesen werden. Eine Ausnahme bilden insofern die folgenden zwei Beispiele: So war der 43-jährige *Johann Henrich Flender* zuvor Kurtrierischer

Im Einzelfall gibt es sicherlich vielfältige Gründe für ein auffallend niedriges oder besonders hohes Alter der Bewerber[606]. Doch nicht die Einzelschicksale interessieren in diesem Zusammenhang, sondern die Gruppe der Bewerber in ihrer Gesamtheit. Und die werden in der Wetzlarer Epoche des Reichskammergerichts immer jünger. Während bis 1710 die meisten Kandidaten zum Zeitpunkt der Ablegung des Generalexamens noch zwischen 26 und 30 Jahre alt waren, die zweitmeisten älter als 30 Jahre und die wenigstens jünger als 26 Jahre, kehrt sich dieses Verhältnis im Laufe der Zeit um *(siehe Tabelle 16)*. Schon in den vierziger Jahren sind genauso viele Bewerber unter 26 Jahre alt wie es Kandidaten zwischen 26 und 30 Jahren gibt. Über 30 Jahren ist kaum noch einer. Ab den fünfziger Jahren sind dann eindeutig die meisten Bewerber jünger als 26 Jahre. Gegen Ende des Jahrhunderts sinken dann die Zahlen in allen drei Altersklassen rapide ab.

Diese Veränderungen in der Alterstruktur der Bewerber sind ein weiteres eindeutiges Zeichen für die schon anderweitig nachgewiesene Ausbildungsbeschleunigung ab der Mitte des 18. Jahrhunderts. Bisher konnte lediglich gezeigt werden, daß die Anwälte den studentischen Weg sehr zielgerichtet zurücklegten; nun kann diese Erkenntnis um den Aspekt bereichert werden, daß sich dies auch in ihrem Alter zum Zeitpunkt der Bewerbung um eine Advokatenstelle vor dem Reichskammergericht niederschlug.

Propstschultheiß und Syndikus des Marienstifts in Wetzlar; *Johann Bolles* (33 Jahre) war Advokat in Siegen.

606 So legte beispielsweise der 43-jährige kurtrierischer Propstschultheiß und Syndikus des Marienstifts in Wetzlar *Johann Heinrich Flender* am 16.2.1693 das Generalexamen ab und schwor bereits am 15.5.1693, dem Tag der Wiedereröffnung des Reichskammergerichts in Wetzlar, zum Advokaten und (!) Prokurator auf. Da er auch erst im Alter von 40 Jahren an der Universität Gießen zum Lizentiaten promoviert wurde, deutet alles darauf hin, daß er die ihm durch die Verlegung des Reichskammergerichts nach Wetzlar gebotene Karrierechance auch in seinem hohen Alter noch nutzen wollte; hierauf hat schon *Jahns*, Universität, S. 190 f. hingewiesen. Etwas ähnliches gilt für den zum Zeitpunkt seines Generalexamens schon 46-jährigen *Johann Eberhard Frech*. Da er am 3.10.1713 sein Generalexamen ablegte, also genau nach Abschluß der reichskammergerichtlichen Visitation, spricht vieles dafür, daß er sich den nach Jahren der Stagnation am Gericht plötzlich gestiegenen Bedarf an Advokaten zu eigen machte; vgl. hierzu bereits *Tabelle 10* (S. 80) und S. 82. Siehe zur Visitation allgemein *Hans-Jürgen Becker*, Art. Visitation, in: HRG V, Sp. 927 f.; *Klaus Mencke*, Die Visitationen am Reichskammergericht im 16. Jahrhundert. Zugleich ein Beitrag zur Entstehung des Rechtsmittels der Revision, Köln/Wien 1984 (=Quellen und Forschungen zur höchsten Gerichtsbarkeit im Alten Reich 13).

Zwar konnten durchaus noch ein, zwei oder mehr Jahre vergehen, bis die Aufschwörung zum Advokaten erfolgte; das juristische Studium hatten jedoch zum Zeitpunkt der Bewerbung alle Kandidaten bewältigt.

Tabelle 16: Veränderungen des Alters der Anwälte im 18. Jahrhundert zum Zeitpunkt der Ablegung des Generalexamens

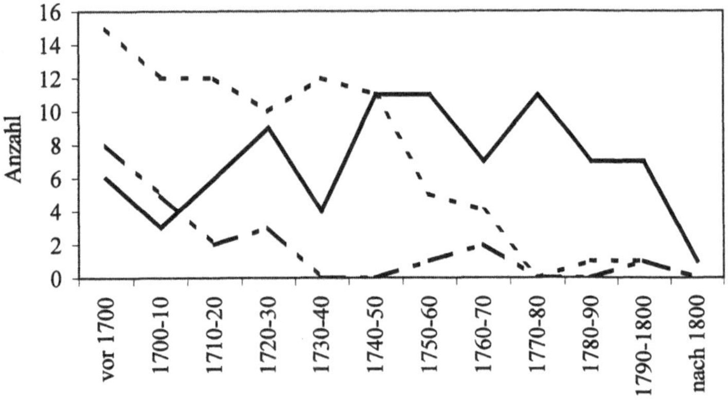

durchgezogene Linie: Alter der Kandidaten bis 25 Jahre
gepunktete Linie: Alter der Kandidaten 26-30 Jahre
Strich-Punkt-Linie: Alter der Kandidaten über 30 Jahre

Die meisten hatten zudem auch schon einen akademischen Grad erworben sowie das Praktikum hinter sich gebracht[607]. Die Anwälte, die sich ab den fünfziger Jahren am RKG bewarben, wußten nicht nur schon sehr lange, welchen beruflichen Weg sie einzuschlagen gedachten, sondern waren aufgrund dieser frühzeitigen Ausrichtung auch noch sehr jung.

[607] Zwar konnte ein Praktikum nicht bei allen Bewerbern nachgewiesen werden; es findet sich jedoch auch nur bei einem einzigen (*Matthäus Joseph Schick*) die Angabe, daß er zum Zeitpunkt des Generalexamens noch kein Praktikum absolviert hat. Bezeichnenderweise schwor er auch erst 6 Jahre später zum Advokaten auf; vgl. insofern die Biographie. Etwas mehr Kandidaten hatten hingegen noch keinen akademischen Titel erworben. Dies holten sie dann in der Regel an der Universität Gießen nach; siehe hierzu ausführlich S. 118 ff.

2.) Die Zulassungsvoraussetzungen anhand der „Nicht-Karrieren“

Die Untersuchung der persönlichen und akademischen Biographien derjenigen Kandidaten, die letztendlich nicht vor Gericht aufschworen, soll helfen, die Auswahlmechanismen und Zulassungsvoraussetzungen des RKG genauer zu beschreiben.

a) Nutzen und Grenzen einer Vergleichsgruppe

Grundsätzlich wird durch die Einbeziehung einer solchen „Vergleichsgruppe“ die Möglichkeit geschaffen, die „Untersuchungsgruppe“ klarer zu erkennen. Aufgrund des Perspektivenwechsels treten nämlich Zusammenhänge und Wirkungsmechanismen hervor, die sonst im Dunkeln geblieben wären. Konkret auf unseren Gegenstand bezogen, heißt das: Die sozialen, familiären und akademischen Voraussetzungen, die die abgelehnten Bewerber im Gegensatz zu den erfolgreichen Bewerber nicht vorweisen konnten oder hinsichtlich derer sie sich von den späteren Anwälten von Grund auf unterschieden, waren für eine Anwaltskarriere am Reichskammergericht konstitutiv. In der Gruppe der „Durchfaller“ spiegeln sich somit die entscheidenden Bedingungen für eine erfolgreiche Bewerbung.

Leider kann dieser Ansatz in unserem Fall nur zu einem begrenzten Erfolg führen, da zum einen die Vergleichsgruppe relativ klein ist, so daß unangreifbare Ergebnisse nicht erwartet werden können. Es wurden nämlich insgesamt nur 23 „Nicht-Karrieren“ ermittelt; bei den restlichen Kandidaten, deren Generalexamina vorliegen, die aber nicht vor dem RKG in Wetzlar aufschworen[608], muß es sich ausweislich ihrer Geburtsdaten bzw. des Zeitpunkts der Ablegung ihres Generalexamens um Juristen gehandelt haben, die sich noch zu Speyerer Zeiten bewarben und durchaus dort auch noch am Reichskammergericht praktiziert haben können. Sie lebten und arbeiteten also außerhalb unseres Untersuchungszeitraums. Und zum anderen sind die konkreten Gründe im Einzelfall für das Nicht-Aufschwören unbekannt. Wenn man bedenkt, daß einige der 23 Wetzlarer Kandidaten möglicherweise nur deshalb nicht als Advokat vor dem RKG aufschworen, weil sie während der Wartezeit zwischen Ablegung des Generalexamens und Zulassung verstarben –

[608] Insofern befinden sich im Untrennbaren Bestand im Bundesarchiv, Außenstelle Frankfurt a. M. die Generalexamina von weiteren acht Juristen: *Ph. L. Arbogast* (BAF AR 1-IV C Bd. 1 fol. 271), *W. v. Briggen* (BAF AR-1-IV C Bd. 1 fol. 452), *J. C. Embonen* (BAF AR 1-IV C Bd. 2 fol. 178), *J. F. Erhard* (BAF AR 1-IV C Bd. 1 fol. 113), *S. Finck* (BAF AR 1-IV C Bd. 1 fol. 452), *G. Fröhlich* (BAF AR 1-IV C Bd. 1 fol. 113v), *M. W. v. Gülchen* (BAF AR 1-IV C Bd. 1 fol. 113), *P S. Hansen* (BAF AR 1-IV C Bd. 1 fol. 265).

da bis auf eine Ausnahme[609] keine Todesdaten bekannt sind, handelt es sich jedoch insofern um eine bloße Vermutung– wird die Aussagekraft eines Vergleiches weiter eingeschränkt. Des weiteren werden einige der Bewerber aufgrund nicht ausreichender juristischer Kenntnisse und Fertigkeiten durchgefallen sein. Diese Dimension erschließt sich uns aber nicht aus den Generalexamina, sondern allein aus den Spezialexamina; aus den vorgenannten Gründen konnten diese jedoch nicht in die Untersuchung miteinbezogen werden.

Nichts desto trotz führt die Untersuchung der „Nicht-Karrieren" bei der Frage nach der Bedeutung der einzelnen Zulassungsvoraussetzungen des RKG weiter – man sollte sich jedoch die angesprochenen Unsicherheiten ständig vergegenwärtigen.

b) Die Mindestvoraussetzungen für eine Zulassung

Zuerst fällt auf, daß die meisten der „Durchfaller"[610] das akademische Mindestprogramm für eine Zulassung am RKG noch nicht vollständig absolviert hatten.

Lediglich 3 der 23 Nicht-Angenommenen hatten bereits ein RKG-Praktikum hinter sich gebracht, und nur zwölf von ihnen waren zum Zeitpunkt des Generalexamens im Besitz eines akademischen Grades. Dies steht im krassen Gegensatz zu den Zahlen der zugelassenen Anwälte[611]. Es zeigt sich, daß bei Nichterfüllung des vorgeschriebenen akademischen Mindestprogramms eine Zulassung ausgeschlossen war; die vom Gericht in Einzelfällen zugelassenen Modifizierungen (z. B. Anerkennung des Praktikums an der Universität Göttingen, verkürzte Dauer des Praktikums) liegen auf einer anderen Ebene, da in diesen Fällen entweder eine Alternativausbildung oder zumindest ein Teil der Pflichtausbildung absolviert worden war. Hier bestätigt sich also das schon

---

[609] Beim Wetzlarer Prokuratorensohn *Johann Kaspar Heinrich Dietz* steht fest, daß er am 25.1.1760 zweieinhalb Jahre nach Ablegung seines Generalexamens am 7.9.1757 verstarb; vgl. BAF AR 1-IV B 2 Bd. 12.

[610] Es handelte sich hierbei um folgende Juristen: *Büsser* (BAF AR 1-IV B 2 Bd. 11), *Conigliano* (BAF AR 1-IV B 2 Bd. 8), *Dietz* (BAF AR 1-IV B 2 Bd. 12), *Ehemann* (BAF AR 1-IV B 2 Bd. 12), *Enigmann* (BAF Ar 1-IV B 2 Bd. 19), *Emmerich* (BAF AR 1-IV B 2 Bd. 12), *Greineisen* (BAF AR 1-IV B 2 Bd. 19), *Held* (BAF AR 1-IV B 2 Bd. 22), *Hertay* (BAF AR 1-IV B 2 Bd. 11), *Kreissler* (BAF AR 1-IV C 4 fol. 169), *Lange* (BAF AR 1-IV B 2 Bd. 22), *Löven* (BAF AR 1-IV B 2 Bd. 9), *Luther* (BAF AR 1-IV B 2 Bd. 12), *Münch* (BAF AR 1-IV B 2 Bd. 23), *Petri* (BAF AR 1-IV B 2 Bd. 22), *Ravensperg* (BAF AR 1-IV B 2 Bd. 11), *Schick* (BAF AR 1-IV B 2 Bd. 21), *Schuler* (BAF AR 1-IV B 2 Bd. 10), *Seeger* (BAF AR 1-IV B 2 Bd. 11), *Sontag* (BAF AR 1-IV A 7 fol. 567), *Vetter* (BAF AR 1-IV B 2 Bd. 11), *Weissbach* (BAF AR 1-IV B 2 Bd. 19) und *Wick* (BAF AR 1-IV C 66 fol. 133).

[611] Siehe hierzu S. 161.

anderweitig gefundene Ergebnis einer grundsätzlichen Orientierung des Gerichts an den normierten Zulassungsvoraussetzungen[612].

Betrachtet man den familiären Hintergrund der „Durchfaller" zeigt sich außerdem, daß die fachliche Qualität der Bewerber das entscheidende Aufnahmekriterium war. Denn die abgelehnten Bewerber unterschieden sich von den Zugelassenen vor allem durch die angeprochenen Defizite in ihrem akademischen Curriculum vitae, weniger durch ihre Herkunft.

Es stammten nämlich 8 der abgelehnten 23 (34,78 %) aus Wetzlar; bei den Zugelassenen waren es 71 von 210 (33,80 %), so daß insofern kein Unterschied auszumachen ist. Auch kamen alle „Durchfaller" wie die Zugelassenen aus einem gutbürgerlichen Milieu. In sechs Fällen arbeitete sogar schon der Vater am Reichskammergericht, viermal davon als Prokurator. Die anderen Väter waren Hofräte, Mediziner, Kanzleidirektoren, Kaufmänner und Syndizi. Das zeigt, daß das RKG in erster Linie auf die fachliche Qualifikation schaute und erst danach den familiären Hintergrund berücksichtigte.

Die Tatsache, daß auch vier Prokuratorensöhne unter den 23 Ablehnungen waren (17,39 %), spricht zudem gegen eine unkritische Bevorzugung der Anwaltskinder und für eine gewisse Durchlässigkeit zugunsten auswärtiger Juristen. Diese Zahl ist jedoch in Relation zur genealogischen Zusammensetzung der Anwaltschaft in der zweiten Hälfte des 18. Jahrhunderts zu sehen. Unter den 77 Advokaten, die nach 1750 am RKG aufschworen, waren 34 Prokuratorensöhne (44,15 %), von den 62, die nach 1760 am RKG zu arbeiten begannen, waren es 31 (50 %) und unter den 37 Advokaten, die nach 1770 ihre Tätigkeit aufnahmen, waren sogar 23 (62,16 %) Prokuratorensöhne. Hinzu kommen noch die Söhne sonstiger Kameraler[613], die die Werte weiter erhöhen. Angesichts dieser Quoten kann trotz der vereinzelten Ablehnung Wetzlarer Bürgersöhne durchaus formuliert werden, daß sich in Wetzlar nach und nach eine Standeselite ausbildete, in die einzudringen auswärtigen Juristen bzw. Nicht-Kameralen immer schwerer fiel.

Die Ursachen für die Ausbildung eines Wetzlarer Anwaltstandes lassen sich bei genauerem Hinsehen aber nicht mehr allein mit dem bloßen Hinweis auf die normierte Bevorzugung gem. § 98 des Visitationsabschiedes von 1713 erklären. Das Gericht hat diese Norm ja nicht in der Weise angewandt, daß Söhne von RKG-Anwälten niemals abgelehnt bzw. ausschließlich zugelassen wurden. Vielmehr gab es sowohl abgelehnte Söhne von RKG-Anwälten als auch zugelassene Advokaten und Prokuratoren, die nicht aus Wetzlar stammten. Auch

---

612 Siehe hierzu ausführlich S. 134 ff., 161 ff.

613 Nach 1750: 6 Söhne sonstiger Kameraler; nach 1760: 4 weitere Kameralsöhne; nach 1770: 2 Kameralsöhne.

läßt sich aus den „Nicht-Karrieren“ nicht erkennen, wie die normierte Bevorzugung in der Praxis ausgesehen haben soll. Da die meisten der „Durchfaller“ im Gegensatz zu den Zugelassenen akademische Defizite hatten, wurden vom RKG keinesfalls schlechter qualifizierte Söhne Wetzlarer Anwälte vorgezogen. Es ist nicht einmal nachweisbar, daß es dies bei gleich guten tat. Unter Berücksichtigung der Defizite ist es stattdessen viel wahrscheinlicher, daß § 98 des Visitationsabschiedes von 1713 seine Wirkungsmacht nicht bei der konkreten Auswahl zwischen den Bewerbern, sondern auf einer ganz anderen Ebene entfaltete. Die Norm hatte vor allem abschreckende Wirkung auf auswärtige Juristen[614]. Im Laufe der Zeit wurden dadurch die Wetzlarer Verhältnisse immer mehr geprägt. Dies ließ dann erst recht auswärtige Juristen davon Abstand nehmen, ihr Glück in Wetzlar zu versuchen. Denn die Tatsache, daß in einem Zeitraum von über 100 Jahren insgesamt nur 23 Kandidaten nicht zugelassen wurden, von denen auch lediglich 15 keine Wetzlarer waren, bedeutet, daß sich schon ein relativ geschlossener und homogener Kreis um die Aufnahme bewarb. Die Vorstellung, nach erfolgter Zulassung mit einer eng verflochtenen Gruppe von Anwaltsfamilien konkurrieren zu müssen, ließ wahrscheinlich viele Juristen von einer Kandidatur Abstand nehmen. Es wird sich insofern um eine Wechselbeziehung gehandelt haben. Die sich immer mehr vergrößernden Anwaltsfamilien schreckten potentielle Bewerber ab, woraufhin sich deren machtvolle Stellung abermals verfestigte. Außerdem hatten die Wetzlarer Söhne auch einen Startvorteil, da sie im Gegensatz zu auswärtigen Juristen ja von frühester Jugend an auf eine Karriere am Reichskammergericht hinarbeiten konnten. Dies blieb außerhalb Wetzlars sicherlich nicht verborgen und wird ebenfalls abschreckend gewirkt haben.

Insgesamt bleibt daher festzuhalten, daß sich in der Gruppe der „Durchfaller“ die Anwälte als eine Standeselite mit hoher fachlicher Qualifikation widerspiegeln. Innerhalb eines durch die Wetzlarer Verhältnisse stark eingeschränkten Kreises möglicher Kandidaten hatte dabei eindeutig das Leistungsprinzip den Vorrang vor dem Familienprinzip, so daß man die Anwälte nicht nur als Standes-, sondern mit gleichem Recht auch als Leistungselite bezeichnen kann.

c) Das Reichskammergericht als „Regulierungsbehörde“

Trotz des unzureichenden Vergleichsmaterials stellt es sicherlich auch keinen Zufall dar, daß die „Nicht-Karrieren“ nicht gleichmäßig über die Wetzlarer Zeit des RKG verteilt sind, sondern hauptsächlich im dritten Viertel des 18.

---

[614] Diesen Aspekt der Wirkungsweise von § 98 des Visitationsabschiedes erwähnt *Jahns*, Universität Gießen, S. 189 (216) nicht.

Jahrhunderts zu finden sind. Bis auf zwei Ausnahmen[615] wurden nämlich alle Generalexamina der erfolglosen Bewerber zwischen 1744 und 1788 abgelegt. Auch die Anzahl der zugelassenen Anwälte war in diesem Zeitraum am höchsten, insbesondere in den 60er – und 70er – Jahren[616]. Hieraus erklärt sich die besonders hohe Mißerfolgsquote.

Zum einen scheint durch den verstärkten Andrang die Anzahl der Ablehnungen angestiegen zu sein. Das RKG ließ offenbar nicht unbegrenzt Advokaten zu. Zwar läßt sich keine absolute Obergrenze ermitteln. Bei ungefähr 60 Zulassungen hat das Gericht aber augenscheinlich die Notbremse gezogen[617]. Dies zeugt von einer gewissen Fürsorge des Gerichts für seine Anwälte, da es den Konkurrenzkampf nicht grenzenlos ausdehnte.

Und zum anderen stieg auch das Frustrationspotential aufgrund längerer Wartezeiten an. Gerade die Bewerber, die zum Zeitpunkt der Ablegung des Generalexamens noch nicht einmal alle Zulassungsvoraussetzungen hatten, mußten sich darauf gefaßt machen, daß noch Jahre vergingen, ehe sie vor dem Gericht aufschwören durften. Denn während die Wartezeit zwischen Generalexamen und Aufschwörung zum Advokaten in der gesamten Wetzlarer Epoche nur knapp über einem Jahr lag[618], betrug sie in dem oben genannten Zeitraum (1744-1788) fast zweieinhalb Jahre. Vermutlich konnte diese Wartezeit nicht ohne Zeitverlust dadurch überbrückt werden, daß die Bewerber die noch fehlenden Zulassungsvoraussetzungen nachholten. Es ist durchaus denkbar, daß das Gericht berücksichtigte, daß andere Kandidaten bei Ablegung des Generalexamens schon „aufschwörungsreif“ waren. Die Bewerber, die diesen Stand noch nicht errreicht hatten, mußten sich wahrscheinlich hinter diesen anstellen. Das RKG ließ also bei zeitgleicher Ablegung des Generalexamens die Kandidaten mit einer vollständigen Ausbildung vor denjenigen aufschwören, denen noch einzelne Ausbildungsabschnitte fehlten. Auf welche Art und Weise ein beispielsweise fehlendes Praktikum auf die Wartezeit angerechnet wurde, läßt sich jedoch aus dem vorliegenden Material nicht ersehen. Die Aussicht hierauf wird jedenfalls einige von ihrem ursprünglichen Plan einer Anwaltskarriere abgebracht und zu anderen, rascher erreichbaren Berufszielen hingeführt haben.

---

615 *J. G. Kreissler* legte sein Generalexamen am 26.3.1696, *J. F. Wick* am 18.7.1800 ab.

616 Vgl. hierzu *Tabelle 10,* S. 80.

617 Siehe *Tabelle 10,* S. 80.

618 Bei der Bestimmung der Wartezeit wurde aus Vereinfachungsgründen nur mit vollen Jahren gerechnet. Das heißt, daß der Berechnung die Jahreszahlen von Generalexamen und Aufschwörung zum Advokaten zugrunde gelegt, nicht aber das genaue Datum mit Tages- und Monatsangabe.

Hinsichtlich der Zulassungspraxis des RKG bedeutet diese Honorierung einer vollständigen Bewerbung durch das Gericht, daß die ansonsten nachgewiesene Beschleunigung der Ausbildung um die Jahrhundertmitte hier an ihre Grenzen stieß. Das Gericht schob dem Versuch, durch eine besonders frühzeitige Ablegung des Generalexamens auch schneller zum Advokaten zugelassen zu werden, einen Riegel vor. Und dies, obwohl die fehlenden Zulassungsvoraussetzungen während der obligatorischen Wartezeit ohne weiteres hätten nachgeholt werden können. Das RKG erwartete vielmehr, daß die Kandidaten zum Zeitpunkt des Generalexamens bereits über ausreichende praktische Erfahrungen in Kameralsachen verfügten.

Die Erhöhung der Wartezeit um die Jahrhundertmitte auf fast zweieinhalb Jahre zeigt außerdem, daß das Gericht in Zeiten ausreichender Versorgung mit Anwälten regulierend eingriff und die Anzahl der Advokaten nicht grenzenlos erhöhte. Mittels dieses Vehikels trug es daher ebenso wie bei den Ablehnungen dazu bei, den wirtschaftlichen Druck unter den konkurrierenden Anwälten zu begrenzen.

3.) Vom Advokaten zum Prokurator

Die vom RKG angenommenen Advokaten unterschieden sich von den sonstigen Advokaten, von denen ebenfalls eine gewisse Zahl in Wetzlar ansässig war, vor allem dadurch, daß sie auf die gewinnträchtigere Prokuratur ein Anwartschaftsrecht hatten[619]. Deren finanzielle Attraktivität ergab sich nicht nur aus den Regelungen über die Prozeßgebühren[620], sondern auch aus dem Umstand, daß viele Prokuratoren von den Reichsständen als besoldete, beamtengleiche „Agenten“ eingestellt wurden[621]. Die Stände, die regelmäßig als Prozeßparteien vor dem Reichskammergericht auftraten, waren daran interessiert, einen Prokurator als ständigen Prozeßvertreter in ihre Dienste zu nehmen, von dem sie zudem verlangten, regelmäßig über politisch bedeutsame Vorgänge in Wetzlar Bericht zu erstatten. Im 18. Jahrhundert überwog sogar diese Tätigkeit, da sich die wichtigen Prozesse immer mehr an den Reichshofrat

---

[619] Vgl. *Smend*, Reichskammergericht, S. 345 f.; *Weitzel*, Anwälte, S. 257. Zudem genossen sie als Kameralpersonen gewisse Privilegien; vgl. hierzu bereits Fn. 561.

[620] Vgl. zu den Prozeßgebühren bereits S. 73 f.

[621] Siehe *Smend*, Reichskammergericht, S. 355. Danach sei die *„Eigenschaft als politische Agenten für die Beziehungen der Stände zum Gericht von viel größerer Bedeutung* (gewesen), *als die von ihnen präsentierten Beisitzer, die nur wenig und mit größter Vorsicht im Interesse ihres Präsentationshofs tätig sein konnten“* (Einfügung vom Verf.).

nach Wien verlagerten[622]. Angesichts solcher gesicherten finanziellen Aussichten strebten die Advokaten verständlicherweise nach der Prokuratur.

Wenn bisher gezeigt werden konnte, daß die Annahme als Advokat bei Vorliegen der - freilich anspruchsvollen - akademischen Voraussetzungen durch familiäre Bande erleichert wurde, stellt sich nun die Frage, ob Kriterien nachweisbar sind, nach denen das Reichskammergericht aus der Gruppe der Advokaten die zukünftigen Prokuratoren auswählte oder ob diese „Beförderung" mehr oder weniger willkürlich erfolgte. Denkbar sind vor allem drei Auswahlprinzipien: Erstens die juristische Qualität der Bewerber, zweitens könnten bestimmte Familien, also die großen Prokuratorendynastien bevorzugt worden sein und drittens ist das Dienstalter der Advokaten ein mögliches Auswahlkriterium.

Leider muß bereits die erstgenannte Möglichkeit außer Acht bleiben, da die fachliche Qualität der Bewerber – abgesehen von den akademischen Mindestvoraussetzungen – aus dem hier vorliegenden Material nicht hervorgeht. Hierzu hätte es weiterer umfangreicher Einzelstudien anhand der Spezialexamina bedurft, die aber aus den genannten Gründen nicht durchführbar waren.

Die Vermutung, daß die Mitglieder der großen Anwaltsfamilien[623] wie die der *Brands*, der *Bostells*, der *Gülichs*, der *Hofmanns* oder der *Zwierleins*[624] bessere Karten beim Kampf um die nächste frei werdende Prokuratorenstelle hatten, bestätigt sich nicht. Dies zeigt sich schon daran, daß sie nicht zügiger als die anderen Prokurator wurden. Maßstab für diese Beurteilung ist die durchschnittliche Wartefrist zwischen der Aufschwörung zur Advokatur und zur Prokuratur. Sie betrug für alle Wetzlarer Anwälte sechs Jahre[625]. Exakt sechs Jahre warteten im Durchschnitt[626] auch die *Zwierleins*, *Brands*, *Bostells* etc., die also keineswegs privilegiert wurden. Mit *Johann Gottfried von Zwierlein* und *Friedrich Jacob Dieterich Bostell* mußten zwei Familienangehörige sogar jeweils 16 Jahre auf ihrer Advokatenstelle ausharren bis sie als Prokurator zugelassen wurden[627]. Ein familiäres Beziehungsgeflecht, das die Zulassung zur

---

622 Siehe hierzu bereits Fn. 572.

623 Ich zähle hierzu alle Familien mit mindestens vier zugelassenen Anwälten. Freilich sind auch andere Einteilungen denkbar; die vorgenommene erreicht aber eine ausreichende Eingrenzung.

624 Vgl. insofern die Biographien.

625 Somit können die Angaben von *Weitzel*, Anwälte, S. 257, der von einer Wartezeit zwischen 3 und 7 Jahren ausgeht, konkretisiert werden.

626 Diese Berechnung basiert auf den Wartezeiten der 21 Anwälte, die aus diesen Familien stammten und die auch Prokurator wurden. Drei weitere Familienmitglieder blieben Advokat.

627 Vgl. insofern die Biographien.

Prokuratur erleichterte, läßt sich demnach nicht nachweisen. Das schließt natürlich nicht aus, daß vereinzelt gute persönliche Bindungen diesen Aufstieg befördert haben werden[628].

Somit bleibt als letztes Auswahlkriterium das Dienstalter der Advokaten. Rein theoretisch bieten sich hierfür zwei Möglichkeiten an: Zum einen könnte das Anwartschaftsrecht der Advokaten mit Erreichen eines bestimmten Dienstalters zum Vollrecht erstarken und zum anderen könnte dem jeweils dienstältesten Advokaten die nächste frei werdende Prokuratorenstelle angeboten worden sein.

Das erste Modell scheidet schon deshalb aus, weil die Advokaten – wie schon angedeutet - nicht alle gleich lang auf ihre Prokuratorenstelle warteten. Dies veranschaulicht *Tabelle 17*, die die Wartezeiten von 135 Prokuratoren[629] zwischen ihrer Aufschwörung zum Advokaten und zum Prokuratoren in chronologischer Reihenfolge auflistet[630]. Dabei zeigt sich ein vollkommen uneinheitliches Bild[631]: Die Wartezeiten schwankten von wenigen Monaten als Minimum bis zu 22, 24 und sogar 27 Jahren als Maximum.

Die Annahme, daß mit Erreichen eines bestimmten Dienstalters regelmäßig die Aufschwörung zum Prokurator erfolgte, geht somit fehl. Ebenso wurde auch nicht die nächste frei werdenden Prokuratorenstellen mit dem jeweils dienstältesten Advokaten besetzt. Denn es lassen sich eine Vielzahl von Fällen nachweisen, in denen ein Dienstjüngerer Prokurator wurde[632]. Außerdem geht diese Annahme von der unzutreffenden Prämisse aus, daß sich die

---

628 Gerade im 18. Jahrhundert war die soziale Trennung zwischen Assessoren und Anwälten am Reichskammergericht besonders scharf, so daß Fälle von Protektion selten vorgekommen sein dürften; vgl hierzu bereits die Nachweise bei Fn. 446.

629 Es konnten nur die Daten von 135 der 146 Prokuratoren ausgewertet werden, da bei 11 Prokuratoren das genaue Aufschwörungsdatum unbekannt ist. Ihre Prokuratorentätigkeit konnte lediglich anhand ihrer Teilnahme an einzelnen Prozessen in den Findbüchern zu den Reichskammergerichtsakten nachgewiesen werden. Diese Fälle häuften sich gegen Ende des 18. Jahrhunderts; vgl. hierzu auch S. 204.

630 Die Ausrichtung der Tabelle nach dem Aufschwörungsdatum ist auch der Grund dafür, daß genauere Jahresangaben an der Längsachse fehlen. Denn die Aufschwörungen zum Advokaten erfolgten unregelmäßig zwischen 1659 und 1805. So schworen beispielweise häufig mehrere Juristen an einem einzigen Tag auf. Zur Orientierung wurden daher auch nur zwei Jahresangaben der Tabelle beigefügt.

631 Insofern hat schon *Smend*, Reichskammergericht, S. 351 mit seiner Feststellung richtig gelegen, daß die *„Prokuratoren aus der Zahl der Advokaten, aber nicht immer nach dem Dienstalter, bestellt wurden."*

632 Ein Beispiel mag diesen Sachverhalt ausreichend illustrieren: So wurde *Johann Paul Besserer* am 29.3.1715 Advokat und am 17.7.1725 Prokurator. *Anselm Franz Spönla* hingegen schwor schon am 20.10.1721 zum Prokurator auf, obwohl er erst am am 27.6.1718 Advokat geworden war.

Zulassungspraxis an der im Reichsabschied von 1570 festgesetzten Höchstzahl von 30 Prokuratoren ausrichtete[633].

Tabelle 17: Dienstalter der RKG-Advokaten bis zur Aufschwörung als Prokurator (in chronologischer Reihenfolge)

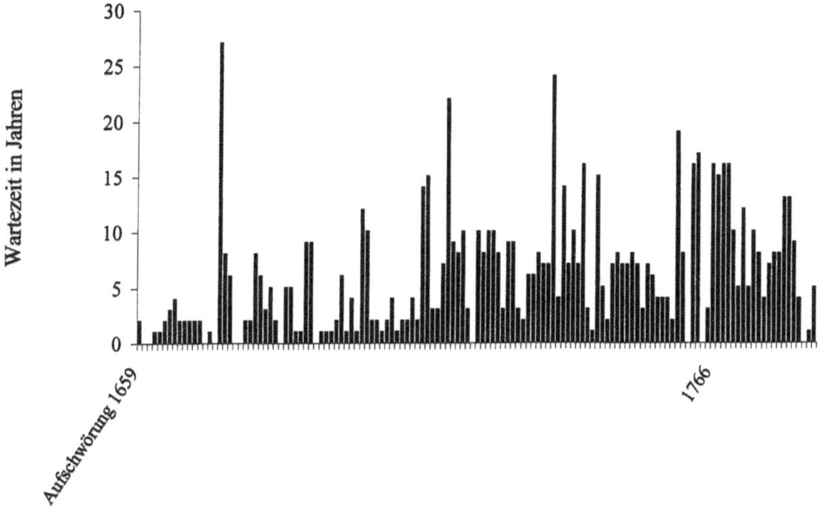

Tatsächlich existierte eine solche Grenze nur auf dem Papier, nicht aber in der Rechtswirklichkeit. Vielmehr hat das Gericht im 18. Jahrhundert weit mehr als 30 Prokuratoren gleichzeitig vor dem RKG praktizieren lassen *(siehe Tabelle 18)*. Während bis einschließlich 1718 die Zahlen noch zwischen 19 und 28 Prokuratoren schwankten, wurde erstmals 1719 die 30er-Grenze mit 31 Prokuratoren überschritten. Mit leichten Schwankungen nach oben und unten pendelten sich die Zahlen auf dieser Stufe bis 1761 ein, um dann rapide auf den Höchstwert von 43 Prokuratoren im Jahre 1763 zu steigen. Bis 1774 waren dann durchgängig ungefähr 40 Prokuratoren gleichzeitig am RKG zugelassen. Dann

633 § 62 des Reichsabschieds von Speier vom 11.12.1570; Text bei *Ludolff*, CJC, Nr. CLXXIX (S. 305-311). Diese Zahl blieb, jedenfalls in normativer Hinsicht bis 1806, maßgeblich. Vgl. insofern T.1, Tit. XXX des Concepts von 1613 und Nr.I, § 99 des Visitationsabschiedes von 1713; beide Texte bei *Ludolff*, CJC, Nr. CCCLX (S. 567-764) und ohne Nr. S. 963-1009. Zuvor hatte sowohl die Visitation von 1531 als auch die RKGO von 1555 die Zahl sogar auf 24 begrenzt.

sank die Zahl allmählich wieder ab, unterschritt die 30er-Grenze aber nur noch zweimal (1786 und 1799)[634].

Somit ist bei der Teilgruppe der Prokuratoren mit einer leichten Phasenverschiebung das gleiche Phänomen wie bei der gesamten Gruppe der Anwälte zu beobachten. Grundsätzlich gilt nämlich auch hier: In den sechziger und siebziger Jahren gab es ein Überangebot, das sich aus der genealogischen Zusammensetzung der Wetzlarer Anwaltschaft erklärt. Denn die Anwälte der zweiten, dritten und teilweise auch vierten Kameralgeneration drängten in diesen Jahren verstärkt in die Prokuratur. Offenbar hat das Reichskammergericht, so jedenfalls der erste Eindruck, nicht sonderlich regulierend in die Zulassung eingegriffen, obwohl es mittels der einschlägigen Normierungen bei den Prokuratoren durchaus die Möglichkeit dazu gehabt hätte.

Tabelle 18: Anzahl der Prokuratoren, die innerhalb eines Jahres am RKG arbeiteten (1693-1806)

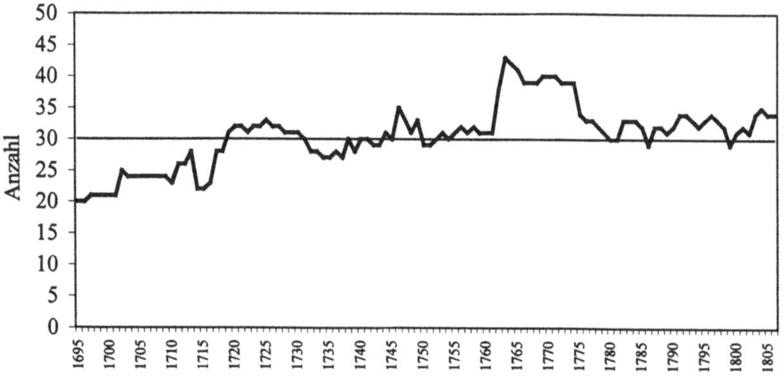

[634] Insofern stimmen die hier ermittelten Werte nicht mit denen von *Baumann*, Prokuratoren, S. 484 f. überein. Zum einen geht *Baumann* von lediglich 143 Prokuratoren aus, während in diesem Zusammenhang 146 Prokuratoren ermittelt werden konnten. Und zum anderen weichen auch die Werte voneinander ab. Zwar hat auch *Baumann* für das Jahr 1763 den Höchststand ermittelt, jedoch mit lediglich 39 Prokuratoren. Der von *Baumann* für 1796 veranschlagte nochmalige Höchststand bestätigt sich nicht; ebensowenig die für die Mitte der dreißiger Jahre ermittelte Spitze und das starke Absinken vor der Schließung des RKG im Jahre 1806.

Wirft man jedoch einen genaueren Blick auf die Wartezeiten der Advokaten relativiert sich dieses Bild. Zwar waren die Wartefristen während der ganzen Wetzlarer Epoche sehr uneinheitlich und schwankten von wenigen Monaten bis zu weit über zwanzig Jahren *(Tabelle 19)*. Dennoch läßt sich ein grober Trend beschreiben. Wie die Kurve in *Tabelle 19* veranschaulicht, stiegen im Großen und Ganzen die Wartefristen an, wobei der Höhepunkt zwischen den fünfziger und Ende der siebziger Jahre des 18. Jahrhunderts mit ungefähr 8 Jahren errreicht wurde[635]; danach sinkt die Wartezeit wieder minimal ab. Damit stimmt überein, daß ungefähr in diesem Zeitraum auch die höchsten Prokuratorenzahlen ausgemacht wurden. Die Advokaten, die zwischen 1750 und 1780 aufschworen, trafen auf einen übersättigten Markt und mußten infolgedessen die längsten Wartefristen in Kauf nehmen.

Tabelle 19: Durchschnittliche Wartezeiten der RKG-Advokaten bis zur Aufschwörung als Prokurator (seit ihrer Aufschwörung zum Advokaten in chronologischer Reihenfolge)

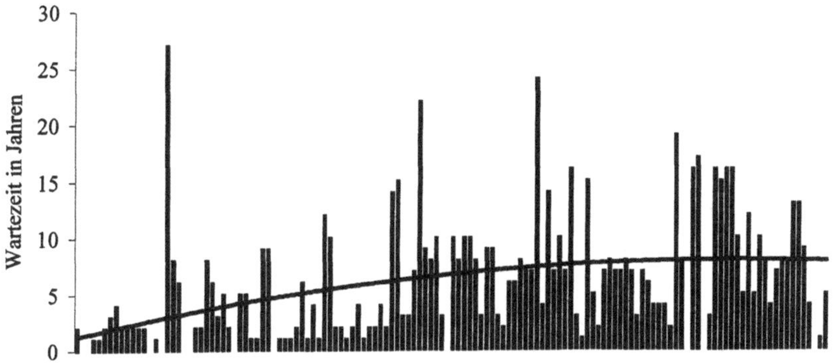

[635] Vgl. hierzu auch *Damian Ferdinand Haas (Anonymus)*, Etwas über den Kammergerichtlichen Gemeinen Bescheid vom 13. May 1785 der Verbesserungsvorschläge, wie selbiger mit älteren Gesetzen zu verbinden und nach diesen die ganze Gerichtsverfassung erst einzurichten sey, wenn er einen justizbeförderlichen Endzweck und Nutzen haben solle, o.O. (Wetzlar) 1786, S. 244 ff., 831 f., 866, der für die Zeit um 1785 eine Wartefrist von zehn bis zwölf Jahren veranschlagt. Hierbei liegt er freilich etwas zu hoch. Die Kurve in *Tabelle 19* zeigt, dass die durchschnittliche Wartezeit zu keinem Zeitpunkt mehr als acht Jahre betrug.

Dies zeigt, daß das Reichskammergericht die Prokuratoren entgegen dem ersten Anschein doch nicht unbegrenzt zuließ, sondern in Zeiten besonders hoher Zahlen, die Wartefristen verlängerte und auf diese Art und Weise die Möglichkeit nutzte, die Anzahl der Prokuratoren zu regulieren. Es hielt sich dabei jedoch nicht an die in der RKGO vorgesehene Höchstzahl und entwickelte auch keine neue, sondern hatte lediglich eine „Schmerzgrenze", die bei ungefähr 40 Prokuratoren lag. Der hinsichtlich der Wartezeit zwischen Generalexamen und Aufschwörung zum Advokaten offengelegte Mechanismus fand also auch bei der Zulassung zur Prokuratur seine Anwendung.

Die Fürsorge des Gerichts für seine Prokuratoren manifestiert sich aber nicht nur an der Regulierung ihrer Anzahl. Am Fall „Haas" läßt sich des weiteren zeigen, daß das Gericht eine verwaiste Prokuratorenstelle auf einen Familienangehörigen übertrug, wenn es der Meinung war, diese Lösung sei am sozial verträglichsten. Der Prokurator *Damian Ferdinand Haas* wurde am 22.10.1787 durch ein unter dem Vorsitz des Kammerrichters gefälltes Urteil von seinem Prokuratorenamt entfernt und zum Advokaten degradiert, da sich das Gericht durch einige Schriften von ihm beleidigt fühlte[636]. Schon am 7. Februar 1787, einen Tag vor Beginn der Vernehmung von *Haas*, trat der RKG-Advokat *Dr. Caspar Tilmann Tils*, der zugleich der Schwiegersohn von *Haas* war, an das Gericht mit der Bitte heran, ihm die Prokuratorenstelle zu übertragen, sofern diese frei werden sollte[637]. *Haas* habe nämlich noch vier unversorgte Kinder. Damit seine Familie nicht wirtschaftlich ruiniert werde, möge das Gericht seinem Anliegen nachkommen. *Haas* selbst schloß sich diesem Gesuch an, denn durch die zügige Übertragung auf seinen Schwiegersohn konnte der Mandantenstamm seiner Kanzlei, die er als Advokat weiterführte, bewahrt werden. Dabei ging es ihm besonders um die finanzkräftigen ständischen Klienten, um die sich nach seinem Abgang als Prokurator ansonsten viele Konkurrenten bemüht hätten. Das Reichskammergericht kam dem Ansinnen der beiden Anwälte nach: *Tils* schwor

---

636 Vgl. hierzu ausführlich *Weitzel*, Haas, S. 5 ff, dessen Erkenntnisse die Grundlage der folgenden Ausführungen bilden. Die Degradierung wurde letztendlich durch die anonym erschienene Schrift *„Etwas über den Kammergerichtlichen Gemeinen Bescheid vom 13. May 1785 oder Verbesserungsvorschläge, wie selbiger mit ältern Gesetzen zu verbinden und nach diesen die ganze Gerichtsverfassung erst einzurichten sey, wenn er einen justizbeförderlichen Endzweck und Nutzen haben solle"* ausgelöst. *Haas*, ein kritischer Kopf und anerkannt hervorragender Jurist, war schon zuvor mit dem Gericht in Konflikt geraten und kurzzeitig suspendiert worden. Durch obige Schrift, die keineswegs ein Pamphlet, sondern vielmehr einen ernsthaften Reformversuch darstellte, fühlten sich die Richter beleidigt, da Haas auf *„scharfe Formulierungen, Zuspitzungen und satirische Elemente nicht verzichtete"*; vgl. *Weitzel*, Haas, S. 8. *Haas* behielt aber bis an sein Lebensende seine Stellung als Advokat; auch erfolgte ausweislich der Sentenz des Urteils die Remotion *„dessen Ehre ohnbeschadet"*.

637 Siehe hierzu mit weiteren Nachweisen *Weitzel*, Haas, S. 26.

am 26.10.1787, also lediglich vier Tage nach der Entlassung von *Haas,* als Prokurator auf[638]. Obwohl die durchschnittliche Wartezeit in den achtziger Jahren zwischen 7 und 8 Jahren lag[639], wartete Tils nur 4 ½ Jahre auf seine Prokuratorenstelle.

Insgesamt lassen sich noch fünf ähnliche Fälle nachweisen, bei denen nach dem Ausscheiden eines Prokurators in unmittelbarem zeitlichen Zusammenhang eine Übertragung der Prokuratorenstelle auf ein Familienmitglied erfolgte. Ausnahmslos war in diesen Fällen die Prokuratorenstelle durch den Tod des Amtsinhabers frei geworden und wurde umgehend mit einem Sohn bzw. einem Bruder des Verstorbenen neu besetzt[640]. Zwar sind hier im Unterschied zum Fall „Haas" die Einzelheiten der Übertragung nicht bekannt; es ist jedoch wahrscheinlich, daß es ebenfalls um den Erhalt der hinterlassenen Kanzlei und die Versorgung der Hinterbliebenen ging. In den meisten dieser Fälle lag die Wartezeit auch deutlich unter der jeweils durchschnittlichen Wartezeit[641]. Das Gericht war somit bei der Besetzung der Prokuratorenstellen auf dem sozialen Auge keineswegs blind, sondern suchte eine vorteilhafte Lösung für die vom Florieren der hinterlassenen Kanzlei abhängige Familie.

Mithin konnte unter bestimmten Voraussetzungen eine Prokuratorenstelle in der Familie gehalten werden. Die Bedingungen hierfür waren erstens, daß der Amtsnachfolger bereits als Advokat vom Gericht zugelassen worden war. Zweitens mußte er aus der Familie des Amtsvorgängers stammen, denn nur seine Verantwortlichkeit für den Unterhalt der Hinterbliebenen ließ es dem Gericht

---

638 Vgl. insofern die Biographie.

639 Vgl. die Kurve in *Tabelle 19.*

640 Es handelte sich hierbei um folgende Fälle: *Lucas Andreas v. Bostell* starb am 2.4.1783, bereits fünf Tage später, am 7.4.1783 schwor sein Sohn *Friedrich Jakob Dietrich v. Bostell* zum Prokurator auf; *Friedrich Henrich v. Gülich* wurde nach seinem Tod am 18.8.1713 von seinem Sohn *Christian Hartmann* am 11.9.1713 „beerbt"; *Christian Jakob v. Zwierlein* (gestorben am 10./11.8.1793) folgte sein Sohn *Carl* im Prokuratorenamt am 26.8.1793 nach und auch bei *Johann Philipp Gottfried v. Gülich* und seinem Sohn *Jakob Philipp* besteht ein enger zeitlicher Zusammenhang, da der Vater am 20.1.1801 verstarb und sein Sohn im selben Jahr erstmals als Prokurator in den Findbüchern verzeichnet ist – das genaue Aufschwörungsdatum ist leider nicht bekannt. Des weiteren folgte *Franz Carl v. Brandt* (Prokurator am 4.6.1798) seinem Bruder *Johann Adolph Georg* nach dessen Tod am 28.2.1798.

641 So wartete *Christian Hartmann v. Gülich* 1713 nur ein Jahr auf seine Prokuratorenstelle, während die durchschnittliche Wartezeit im zweiten Jahrzehnt des 18. Jahrhunderts 2 bis 3 Jahre betrug. Auch die Wartezeiten von *Jakob Philipp v. Gülich* (3 Jahre), *Franz Carl v. Brandt* (1 Monat) und *Carl v. Zwierlein* (knapp 4 Jahre), die allesamt gegen Ende des 18. Jahrhunderts arbeiteten, waren deutlich unter dem Durchschnitt von gut 7 Jahren. Einzig *Friedrich Jakob Dietrich v. Bostell* wartete mit 16 Jahren zwischen 1767 und 1783 länger als die meisten seiner Kollegen.

offenbar als gerechtfertigt erscheinen, ein Prokuratorenamt innerhalb einer Familie direkt weiter zu reichen. Und drittens bedurfte es zur Übertragung immer der Zustimmung des Gerichts. Diese scheint auch nicht immer gewährt worden zu sein. So gelang es den *Duills*, den *Pfeiffers* und den *Scheurers* nicht, das Prokuratorenamt in der Familie zu halten, obwohl ein Abkömmling des verstorbenen Prokurators als Advokat am RKG zugelassen war[642]. Welche Gründe hierfür ausschlaggebend waren, ist nicht bekannt. Möglicherweise bedurften die Hinterbliebenen der Fürsorge des Gerichts nicht oder die Kandidaten waren für eine sofortige Übertragung des Prokuratorenamtes ungeeignet.

4.) Zusammenfassung

Es bleibt daher festzuhalten, daß das RKG bei der Zulassung zur Prokuratur im allgemeinen – abgesehen von dem soeben beschriebenen Sonderfall der sozialen Fürsorge - weder auf familiäre Bande noch auf das Dienstalter der Advokaten Rücksicht nahm. Es handelte vielmehr nach nicht durchschaubaren Kriterien, die von dieser Warte aus als willkürlich bezeichnet werden müssen.

Gerade aufgrund des Fehlens von nachweisbaren Auswahlkriterien spricht jedoch einiges dafür, daß das Gericht die Advokaten wegen ihrer fachlichen Qualitäten zum Prokurator „beförderte" – diese Vermutung läßt sich von dieser Stelle aus zwar nicht belegen, der Ausschluß der denkbaren Gegenargumente rechtfertigt diese Annahme aber umso mehr. Mit der gebotenen Vorsicht kann man also der Gruppe der Prokuratoren das Attribut einer „Leistungselite" innerhalb des Standes der Wetzlarer RKG-Anwälte zuschreiben.

Die Aufschwörung zum Prokurator bedeutete für die insoweit erfolgreichen Anwälte die Erfüllung ihres Karriereziels. Nun hatten sie sowohl in finanzieller als auch gesellschaftlicher Hinsicht die für sie höchstmögliche Sprosse am Wetzlarer RKG erklommen. Sieht man einmal von der Zeit nach Schließung des Gerichts im Jahre 1806 ab, ergriffen die Prokuratoren in der Wetzlarer Zeit auch in aller Regel keine anderen Berufe mehr[643]. Ein Wechsel in ein Assessorenamt war aufgrund der strengen sozialen Trennung zwischen beiden Berufsgruppen im 18. Jahrhundert sowie des spezifischen Präsentationsystems für das

---

[642] *Franz Ernst Duill* wurde nach dem Tod seines Vaters *Johann Jacob* im Jahre 1781 nicht Prokurator; *Johann Jakob Ernst Pfeiffer* gelang dies erst fünf Jahre nach dem Tod seines Vaters *Johann Ludwig* und *Carl Philipp Scheurer* durfte nicht die Prokuratorenstelle seines Großvaters *Johann Hermann* nach dessen Tod am 1.4.1778 übernehmen; vgl. die jeweiligen Biographien.

[643] Vgl. insofern die Biographien sowie die Ausführungen auf S. 205 f.

Assessorat[644] ausgeschlossen. Die Prokuratur - verbunden mit der lukrativen Tätgkeit als Agent eines Reichsstandes - war demnach zugleich Höhepunkt und Abschluß der beruflichen Laufbahn der Anwälte.

Abschließend ist zu fragen, ob die Tätigkeit am RKG für die Anwälte einen gesellschaftlichen Aufstieg darstellte, ob sie also als erste ihrer Familie die Welt des Bildungsbürgertums betraten. Betrachtet man ihre beruflichen Lebenswege unter dem Gesichtspunkt der sozialen Mobilität[645], zeigt sich ein differenziertes Bild:

Zwar muß grundsätzlich festgehalten werden, daß für die Mehrzahl der Anwälte das juristische Studium und die Amtsposition am RKG keinen Aufstieg beinhaltete, weil sie bereits aus dem Bildungsbürgertum stammten[646]. Diese Zuordnung begründet sich vor allem dadurch, daß viele Anwälte in zweiter, dritter oder vierter Generation vor dem RKG tätig waren (53) und daher dem gesellschaftlichen Milieu ihrer Väter verhaftet blieben; dasselbe gilt mehr oder weniger auch für die zwei Söhne des RKG-Arztes *Rothberg*[647]. Des weiteren entstammten auch viele Anwälte, die als erste ihrer Familie vor dem RKG in Wetzlar arbeiteten, dem gebildeten Bürgertum. 69 Anwälte können dieser sozialen Gruppe zugeordnet werden, wobei die Einteilung angesichts der nicht näher erforschten familiären Herkunft naturgemäß grob ausfallen muß, da sie sich ausschließlich an dem im Generalexamen angegebenen Beruf des Vaters orientiert. Zu dieser Gruppe zählen beispielsweise Juristen, Hofräte, Regierungsräte, Senatoren, Professoren, Hofpastoren, Kanzleidirektoren, Generalsteuereinnehmer oder Ärzte[648].

Für eine Reihe von Anwälten bedeutete ein Amt am Reichskammergericht jedoch sehr wohl einen Zuwachs an gesellschaftlichem Prestige.

---

[644] Vgl. hierzu *Jahns*, Juristen, S.1 ff.

[645] Vgl. zur Möglichkeit, im Spätmittelalter und in der frühen Neuzeit durch ein juristisches Studium und eine Amtsposition sozial aufzusteigen und gesellschaftliches Ansehen zu erwerben, allgemein *Ranieri*, Vom Stand zum Beruf, S. 94 f.

[646] So schon *Hahn*, Bürgertum, S. 63.

[647] Es handelt sich hierbei um die Brüder *Wilhelm Christian und Theodor Christian Rothberg;* vgl. die Biographien

[648] Vgl. insofern zur Veranschaulichung die Biographien von *Lucas Andreas v. Bostell, August Culemann, Johann Deckherr, Georg Joseph Dilg, Ernst Carl Christian Fischer, Simon Henrich Gondela, Johann Wilhelm Ludolff, Henrich Philipp Moritz, Johann Rudolph Sachs, Angelus Conrad Daniel Sippmann, Georg Wilhelm Stock, Johann Wolfgang Textor* und *Johann Franz Wolff.*

Zum einen ist hier der auffällige Befund zu nennen, daß zehn Väter den niederen Chargen des reichskammergerichtlichen Personals zuzurechnen sind[649]. Dabei handelt es sich um vier Protonotare, einen Pedell, zwei Leser, einen reitenden Boten, einen Rechner und Kaligraphen sowie einen Kanzleidiener[650]. Für die Söhne dieser Bediensteten beinhaltete die Position eines Advokaten oder Prokurators zweifellos einen sozialen Aufstieg, der auch insofern beachtenswert ist, als hieran deutlich wird, daß sich die Anwälte nicht so entschieden nach unten abzugrenzen vermochten wie die Assessoren[651]. Entsprechende juristische Fähigkeiten vorausgesetzt, konnten die Söhne des unteren RKG-Personals ein Advokaten- bzw. Prokuratorenamt erreichen.

Zum anderen fallen unter die Gruppe der Aufsteiger die Söhne aus Familien, die zum einfachen Bürgertum und nicht zum Bildungsbürgertum gehörten. In 31 Fällen konnte eine derartige Zuordnung getroffen werden[652]. Es handelte sich hierbei um die Söhne von Handwerkern, Gastwirten, Kaufleuten, Amtmännern und Schöffen[653]. Für diese Anwälte war die Zulassung eindeutig mit einem Mobilitätsschub verbunden.

Diese Unterscheidung zwischen einfachem Bürgertum und Bildungsbürgertum vermag den Komplex der sozialen Mobilität jedoch nur grob zu erfassen. Mangels umfassender familien- und sozialgeschichtlicher Studien hinsichtlich der einzelnen Anwälte können jedoch keine genaueren Aussagen getroffen werden. Einzig hinsichtlich der acht aus dem Wetzlarer Stadtbürgertum

---

649 Insgesamt waren 66 Väter am RKG tätig. Hierzu zählen neben den 10 niederen Chargen noch 53 Anwälte, 1 RKG-Arzt und die beiden Abkömmlinge der RKG-Assessoren *Frohn* und *Steinhausen*. Für letztere stellte die Anwaltstätigkeit im Vergleich zur Stellung ihrer Väter jedoch eher einen Rückschritt dar.

650 Vgl. die Biographien von *Joseph Leopold Ehmann, Johann Heinrich Fashauer, Johann Friedrich Christian Feller, Johann Joseph Flach, Franz Philipp Felix v. Greß, Johann Konrad Helfrich, Johann Jacob Joseph Kirschbaum, Gabriel Niederer, Franz Carl v. Sachs* und *Conrad Anton Weißkirch*.

651 So wurde nur *Ehrnfried Klotz* später selbst noch Assessor; *Philipp Ludwig Meckel* war der einzige Anwalt, der zugleich Vater eines Assessors war; vgl. hierzu die jeweiligen Biographien.

652 In 43 Fällen konnte überhaupt kein Beruf des Vaters nachgewiesen werden. Damit ergibt sich folgende Verteilung: 126 Anwälte zählten schon vor Studium und Aufschwörung zum Bildungsbürgertum (in 57 Fällen waren die Väter RKG-Anwälte, -Assessoren und – Medicus, in 69 Fällen entstammten sie dem auswärtigen Bildungsbürgertum); die restlichen 41 Anwälte gehörten dem einfachen Bürgertum an (10 niedere Chargen des RKG-Personals sowie 31 Sonstige).

653 Vgl. beispielhaft die Biographien von *Johann Heinrich Dietz, Johannes Duckenberg, Philipp Jacob Emmerich, Johann Gottlob Fürtenau, Johann Leonhard Grifft, Johann Conrad Gullmann, Christian Philipp Lang, Peter Franz Noel, Johann Albert Ruland, Johann Mathäus Stein, Johann Jacob Trunk* und *Johann Wilhelm Weylach*.

stammenden Anwälte[654] gilt etwas anderes, da die gesellschaftliche Sozialstruktur der Stadt im 18. Jahrhundert und ihre Beziehung zum Reichskammergericht gut erforscht ist[655]. Für diese Söhne des Wetzlarer Bürgertums, die als Kaufleute und Gastwirt, aber auch als Pfarrer, Apotheker, Kon- und Stadtsyndikus nicht zu den Kameralen gehörten, stellte die Zulassung einen Aufstieg dar, da sie von der nach Einkommen und Prestige zweitrangigen Welt des Stadtbürgertums in die erstrangige des Reichskammergerichts wechselten[656]. Insofern bestand kein allzu großer Unterschied zwischen den Abkömmlingen der nicht-akademischen Familien der Kaufleute und Gastwirte und den Söhnen des städtischen Bildungsbürgertums[657]. Die Tätigkeit an einer der höchsten Behörden des Reiches bedeutete für sie alle – unabhängig davon, ob sie zum einfachen Bürgertum oder bereits zum Bildungsbürgertum zählten - eine Verbesserung. Angesichts des Sitzes des Reichskammergerichts in der kleinen Reichsstadt Wetzlar und der damit einhergehenden sozialen Konfrontation zwischen Stadtbürgertum und Kameralen mag dieser Aufstieg dort besonders deutlich empfunden worden sein; es ist aber wahrscheinlich, daß auch für einige auswärtige Abkömmlinge des Bildungsbürgertums die Tätigkeit am RKG eine Steigerung ihres sozialen Ansehens mit sich brachte, auch wenn sie in diesen Fällen nicht so groß gewesen sein mag wie bei den Söhnen der einfachen Familien.

[654] Es handelte sich hierbei um *Siegmund Debus, Gotthard Johann Hert, Sigismund Paul Hiepe, Henrich Jacob Gombel, Wilhelm Theodor Gotthrad Pilger, Johann Christoph Seipp, Joseph Ambros Spinola* und *Ludwig Friedrich Wilhelm Starckmann*; vgl. die Biographien.

[655] Insofern sei auf die ausführliche Untersuchung der Wetzlarer Bürgerschaft durch *Hahn* verwiesen.

[656] Vgl. hierzu *Hahn*, Bürgertum, S. 61 ff., insbesondere S. 67 ff., der ausdrücklich von „zwei Welten in einer Stadt“ spricht.

[657] Siehe *Hahn*, Bürgertum, ebd.

F) Schlußbetrachtung: Ergebnisse und Ausblick

Nun ist es an der Zeit, die Karrieren der Anwälte Revue passieren zu lassen und die gefundenen Ergebnisse zusammenzufassen. Dabei sind die ausschlaggebenden Bedingungen für ein erfolgreiches Berufsleben genauso darzustellen wie das sich hieraus ergebende juristisch-soziale Profil der Anwaltschaft.

Unabdingbar war für jeden Anwalt die Erfüllung des vorgeschriebenen akademischen Minimums. Das Reichskammergericht stellte hohe akademische Hürden für seine Anwälte auf. Dies diente keiner eitlen Selbstdarstellung, sondern der Güte und Akzeptanz der Parteivertreter, die ja auch für die höchsten Reichsstände vor Gericht auftraten. Unzweifelhaft hielt das Gericht diese Anforderungen im Großen und Ganzen auch im 18. Jahrhundert aufrecht. Jeder Anwalt hatte an einer ordentlichen Universität zu studieren, einen Lizentiaten- oder Doktorgrad zu erwerben, ein Praktikum am Reichskammergericht zu absolvieren und die persönliche bzw. fachliche Aufnahmeprüfung in Gestalt des General- und Spezialexamens zu bestehen.

Als nicht notwendig, jedoch als sehr hilfreich für eine Karriere erwies sich zudem die richtige Abstammung: Die Söhne von bereits zugelassenen Advokaten und Prokuratoren hatten nämlich gegenüber anderen Juristen einen Startvorteil, weil sie von Kindesbeinen an auf eine Karriere am Reichskammergericht hinarbeiten konnten. Auf auswärtige Juristen wirkte dies genauso abschreckend wie die Tatsache, daß nach und nach immer mehr Anwaltssöhne zugelassen wurden. Das Gericht rekrutierte seine Advokaten somit vornehmlich aus einer Oligarchie von eng miteinander verflochtenen Juristenfamilien. Diese bildeten im Wetzlar des 18. Jahrhunderts eine Art „Amtsaristokratie"[658], die dem Gericht den erforderlichen Nachschub an Anwälten lieferte. Folglich bewarben sich auswärtige Juristen erst gar nicht um eine Stelle am Reichskammergericht. Eine Karriere am RKG stand daher nur theoretisch jedem begabten jungen Juristen offen; tatsächlich wurden im Laufe des 18. Jahrhunderts immer weniger Juristen zugelassen, die nicht zum Wetzlarer Anwaltsstand gehörten. Es mag sein, daß eine ähnliche Verfestigung und Verkrustung auch schon gegen Ende der Speyerer Zeit bestanden hat, so daß die relative Offenheit zu Beginn der Wetzlarer Periode auf die Verlegung des Gerichts und die damit einhergehenden personellen Umwälzungen innerhalb der Anwaltschaft zurückzuführen ist. Wahrscheinlich ist dies jedoch nicht. Denn erst durch die Einführung der Verwandtenbevorzugung im Jahre 1713 und dessen abschreckende Wirkung auf auswärtige Juristen wurde eine wesentliche Bedingung für die Entstehung der Wetzlarer Anwaltsdynastien gesetzt und das bis dahin deutlicher ausgeprägte Leistungsprinzip eingeschränkt.

---

[658] Vgl. zum Begriff *Ranieri*, Vom Stand zum Beruf, S. 96.

Es gab demnach zwei konstitutive Faktoren, die die Karrieren der Anwälte bestimmten: Die Ausbildung und die Familie. Die Suche nach einer Anwort auf die Frage, welcher von beiden mehr Einfluß hatte bzw. ob die Wetzlarer Anwälte eher eine Leistungs- oder vielmehr eine Standeselite bildeten, zog sich durch die gesamte Arbeit. Die Wahrheit liegt wie so oft in der Mitte: Die Anwälte waren eine Standeselite mit einer ausgesprochen hohen fachlichen Qualifikation.

Zieht man Bilanz, kann weder für die eine noch für die andere Seite ein eindeutiges Überwiegen festgestellt werden. Sowohl für die Klassifikation als „Standeselite", als auch für eine Einordnung unter dem Begriff „Leistungselite" lassen sich ähnlich gute Gründe anführen.

So waren die Anwälte eine Standeselite, weil sie im Laufe des 18. Jahrhunderts immer mehr versippten, regelrechte Anwaltsdynastien ausbildeten und so zu einer Amtsaristokratie wurden. Aber nicht nur der familiäre Faktor spricht für das Charakteristikum einer „Standeselite". Auch die Ausbildungswege der Anwälte zeigen eine Reihe von Besonderheiten, die darauf hindeuten, daß es sich um eine solche handelte.

Bereits ihr Universitätsstudium war zielgerichtet auf die spätere Karriere am Reichskammergericht ausgerichtet bzw. von ihr beinflußt. Durch die guten Karriereaussichten nahmen sie Studium, Promotion und RKG-Praktikum planvoll und möglichst zeit- und kostensparend in Angriff. Dabei bewegten sie sich auf ausgetretenen Pfaden. Vom Studienort Wetzlar wechselten sie zu einer mehr oder weniger beliebigen ordentlichen Universität, um dann an der Universität Gießen während des reichskammergerichtlichen Praktikums zu promovieren. Dieses Verhalten kennzeichnet eine Standeselite, denn die Anwälte brauchten offenbar keine ausgefallenen Ausbildungsabschnitte zu absolvieren, um sich von Mitbewerbern abzusetzen und somit für das RKG zu qualifizieren.

Wesentliches Charakteristikum einer Standeselite ist ferner deren fehlende Mobilität: Die Mitglieder eines Standes werden in diesen hineingeboren und verharren auch darin. Genau dies trifft auf die Anwälte zu. Weder in sozialer noch in geographischer Hinsicht waren sie mobil. Sehr viele stammten schon aus Wetzlar und auch die Aufnahme ans RKG bedeutete nur für wenige von ihnen einen sozialen Mobilitätsschub, da die meisten schon dem RKG-Milieu angehörten, zumindest aber dem Bildungsbürgertum zugerechnet werden können. Die Zulassung bedeutete insbesondere auch keinen Zwischenschritt auf dem Weg zu noch höheren Ehren – wie es *Jahns* beispielsweise für die RKG-Assessoren konstatierte[659] - war sie doch Anfang und Ende ihrer Juristenkarrieren zugleich.

[659] Vgl. *Sigrid Jahns*, Der Aufstieg in die juristische Funktionselite des Alten Reichs, in: Ständische Gesellschaft und soziale Mobilität, hrsg. v. Winfried Schulze unter Mitarbeit v.

Die Wetzlarer Anwälte als einen Stand zu beschreiben, würde jedoch nur der einen Hälfte des Bildes gerecht werden, die andere hingegen verdecken. Denn ihnen müssen auch Attribute einer Leistungselite zugeschrieben werden. Hierbei ist vor allem ihre fachspezifisch hervorragende juristische Qualifikation hervorzuheben. Sie waren Experten auf ihrem ureigenstem Gebiet, jedoch keine allgemein gebildeten juristischen Universalisten.

Die frühzeitige und intensive Spezialisierung auf das vor dem Reichskammergericht relevante Recht zeigt sich besonders deutlich anhand der von ihnen gewählten Dissertationsthemen. Vor allem die hohe Anzahl rein kameralrechtlicher und reichsstaatsrechtlicher Themen, aber auch die vielen Arbeiten mit stark prozessualem Einschlag deuten auf eine vertiefte Beschäftigung mit den am Gericht wichtigen Bereichen hin. Die gewählten Dissertationsthemen sprechen somit für eine gute und sinnvolle Vorbereitung auf die anwaltliche Tätigkeit vor dem RKG. Schon während der Studienjahre bildeten sie sich zu RKG-Spezialisten aus, so daß sie aufgrund der Analyse der Dissertationsthemen mit dem Etikett einer „Leistungselite" zu belegen sind.

Dabei muß als ein weiterer Gesichtspunkt die Praxisorientierung der Ausbildung hervorgehoben werden. Auch aufgrund dessen können sie als Leistungselite charakterisiert werden. Nur Personen, die sich einer Konkurrenzsituation aussetzen, müssen ihre Ausbildung an den Anforderungen der Praxis ausrichten; Mitglieder eines gesicherten Standes haben dies nicht nötig. Zwar hatten die Anwälte kaum Konkurrenz von außen zu fürchten. Der Konkurrenzdruck innerhalb der Anwaltsfamilien war jedoch ganz beträchtlich, vor allem um die Mitte des 18. Jahrhunderts als besonders viele Bewerber auf den Markt drängten. Eine praxisorientierte Ausbildung war daher gerade in dem Zeitraum notwendig, als die innerständische Konkurrenz am größten war.

Die Untersuchung derjenigen Juristen, die sich vor dem Reichskammergericht bewarben, letztendlich aber nicht vor ihm aufschworen, macht zudem deutlich, daß für eine Karriere *zum* RKG die Erfüllung der fachlichen Mindestvoraussetzungen wichtiger war als die richtige Abstammung, wobei nochmals betont werden soll, daß der familiäre Faktor vor allem insofern Wirkungsmacht entfaltete, als sich auswärtige Juristen erst gar nicht bewarben. Eine Analyse der Spezialexamina, die noch nicht ausgewertet sind, läßt jedoch noch weiterführende und genauere Ergebnisse hinsichtlich der Auswahlkriterien des Gerichts und der juristischen Qualität der Anwälte erwarten.

Helmut Gabel, München 1988, S. 353 (387) und *dies.*, Durchgangsposten oder Lebensstellung? Das Kammergerichtsassessorat in den Karriereverläufen frühneuzeitlicher Juristen, in: Geschichte der Zentraljustiz in Mitteleuropa. Festschrift für Bernhard Diestelkamp zum 65. Geburtstag, hrsg v. J.Friedrich Battenberg und Filippo Ranieri, Weimar/Köln/Wien 1994, S. 271-309.

Auch bei der Karriere *am* RKG scheinen die fachlichen Qualitäten von größerer Bedeutung gewesen zu sein als die Zugehörigkeit zu einer bestimmten Familie, da die Zulassung zur Prokuratur höchstwahrscheinlich aufgrund besonderer juristischer Fähigkeiten erfolgte. Es darf jedoch nicht verkannt werden, daß bei der Karriere *am* Gericht die Voraussetzungen andere waren als bei der Karriere *zum* Gericht. Denn nun ging es ja nicht mehr um eine Auswahl zwischen (theoretisch) unzähligen Bewerbern, sondern um eine Auswahl innerhalb der begrenzten Anzahl von Advokaten, also innerhalb des bereits konstituierten Standes. Da bei der Zulassung zur Prokuratur die Mitglieder bestimmter Familien nicht bevorzugt wurden, kann die Gruppe der Prokuratoren nicht als *Stand im Stand* beschrieben werden; vielmehr bildeten die Prokuratoren die fachliche Speerspitze der Anwaltschaft, in die man aufgrund einer besonders überzeugenden Tätigkeit am Gericht aufgenommen wurde. Mit anderen Worten: Sie waren die Leistungselite des Wetzlarer Anwaltsstandes.

Das Reichskammergericht war nicht nur Schauplatz der anwaltlichen Karrieren, sondern nahm als Institution aktiv an deren Gestaltung teil, förderte, verhinderte und beeinflußte sie. Wenn auch schlagwortartig verkürzt möchte ich das RKG in diesem Zusammenhang als eine „Regulierungs- und Überwachungsbehörde“ beschreiben.

Eine „Überwachungsbehörde“, weil das Gericht den fachlichen Standard der Anwälte im General- und Spezialexamen überwachte und sich hierbei weitestgehend an die normierten Zulassungsvoraussetzungen hielt. So akzeptierte es keine Anwälte ohne Studium an einer ordentlichen Universität, ohne RKG-Praktikum oder ohne Promotion. Gleichzeitig demonstrierte das Gericht aber auch seine Flexibilität, indem es nicht stur auf der Einhaltung der Zulassungsnormen bestand, sondern Abweichungen und Ausnahmen insoweit zuließ, als diese sinnvoll waren und die juristische Qualität der Anwälte nicht gefährdeten. Beispiele hierfür sind das Studium in Wetzlar, die Anerkennung der Göttinger Praktika als gleichwertig neben dem RKG-Praktikum oder eine Verkürzung der zweijährigen Praktikumsdauer.

Etwas weiter ausgeholt werden muß, um die Rolle des Gerichts als „Regulierungsbehörde“ zu begründen. Bei der Zulassung befand es sich in einer Zwickmühle: Auf der einen Seite sollten bei der Auswahl die Söhne von bereits angenommenen Anwälten bevorzugt werden. Dies gestaltete sich immer schwieriger, nahm doch die Zahl der Zugelassenen und der in Wetzlar ansässigen Anwälte im Laufe des 18. Jahrhunderts immer mehr zu, so daß auch die Zahl der zu Bevorzugenden anstieg. Und auf der anderen Seite hatte es seine Aufnahmepraxis an den durch die RKGO vorgeschriebenen Höchstzahlen für Advokaten und Prokuratoren zu orientieren, deren Kontingente sehr bald ausgeschöpft waren. Der Lösung des RKG war salomonisch: Es ließ mehr Anwälte zu als vorgeschrieben und erhöhte gleichzeitig die Wartezeiten.

Gleichzeitig begegnete das Gericht damit einer großen Gefahr: Durch die Entstehung einer Amtsaristokratie wurde das wirtschaftliche Gleichgewicht des Wetzlarer Modells gefährdet. Die Verteilungskämpfe zwischen den Anwälten nahmen zu, da immer mehr Juristen in die Anwaltschaft drängten. Ab der Jahrhundertmitte drohte ihr finanzieller Niedergang. Durch die Erhöhung der Wartezeit bzw. durch verstärkte Ablehnungen schützte das RKG die zugelassenen Anwälte gegen unliebsame Konkurrenz. Damit half es den bereits praktizierenden Anwälten, ihr Auskommen zu sichern. Mit Hilfe dieses Regulierungsmechanismuses schob das Gericht auch den Versuchen der Bewerber einen Riegel vor, mittels einer Ausbildungsbeschleunigung im Konkurrenzkampf Vorteile zu erlangen. Denn die Kandidaten, die noch nicht alle Zulassungsvoraussetzungen absolviert hatten, aber trotzdem schon das Generalexamen ablegten, um schneller zugelassen zu werden, mußten längere Wartefristen in Kauf nehmen oder wurden gleich abgelehnt. Der fürsorgliche Aspekt der „Regulierungstätigkeit" zeigte sich auch dann, wenn das Gericht ausnahmsweise eine Prokuratorenstelle nach dem Tod des Amtsinhabers auf einen Verwandten des Verstorbenen übertrug, um den Unterhalt der Familie zu sichern.

Die Anwälte waren sowohl Standes- als auch Leistungselite, ständisch *und* modern. Aufgrund ihrer herausragenden Stellung als Parteivertreter an dem einen höchsten Gericht des Alten Reiches bildeten sie eine exponierte Gruppe in der juristischen Welt des 18. Jahrhunderts. Daher wird man schon deswegen nicht zu dem Ergebnis kommen können, daß die Karrieren der Anwälte beispielhaft für die Karrieren damaliger Juristen waren. Noch mehr jedoch als ihre besondere Funktion haben die oben beschriebenen Bedingungen im Mikrokosmos Wetzlar zur Einzigartigkeit ihrer Karriereverläufe beigetragen.

Wenn *Ranieri* über ihre Zeit schreibt, daß in *„der Gesellschaft des Ancien Regime (...) die soziale Qualität durch Herkunft und Patronage immer wichtiger als wissenschaftliche Ausbildung und berufliche Kompetenz* (bleibt)"[660], gilt dies für die Anwälte am Reichskammergericht somit nur partiell.

Sicherlich ist *Ranieris* Befund angesichts der Versippung, der Verkrustung und der Abschottung gegen Konkurrenz von außen zutreffend. Der ständische Anteil des Profils der Wetzlarer Anwaltschaft bestätigt seine Einschätzung ohne Abstriche. Die Anwälte waren jedoch genauso Vorboten des bürgerlichen Zeitalters, indem sie ihre Karrieremöglichkeit zielgerichtet verfolgten und sich frühzeitig auf die praxisrelevanten Bereiche spezialisierten. Dieses durchaus

[660] *Ranieri*, Vom Stand zum Beruf, S. 88 (Einfügung vom Verf.).

moderne Verhalten zeigt ihre Bereitschaft, ihre berufliche Stellung durch Leistung zu erreichen. Nicht von ungefähr neigten die Anwälte ab der Mitte des 18. Jahrhunderts eindeutig zu den aufgeklärten Universitäten, insbesondere zur Reformuniversität Göttingen. Ihr soziales und juristisches Profil kann daher mit Fug und Recht auch als modern und aufgeklärt bezeichnet werden. Nicht vorhersehbar ist an dieser Stelle, ob und inwieweit diese Einschätzung durch Forschungen über die Rolle der Anwälte in der Kameralliteratur eine Modifikation erfährt. Auch eine umfassende Auswertung anwaltlicher Schriftsätze könnte helfen, das juristische Profil der Anwaltschaft noch weiter zu schärfen.

In der vorliegenden Arbeit wurden Ausbildung, Zulassung und Karrieren der RKG-Anwälte untersucht. Damit verbleibt noch eine Vielzahl an Forschungsfeldern. Denkbar sind beispielsweise Arbeiten über Einfluß und Korpsgeist der Anwälte, über die Organisation ihrer Kanzleien, über Verdienstmöglichkeiten oder über einzelne Lebensschicksale. Natürlich konnten im Rahmen dieses Projekts auch nicht alle Fragen über die Ausbildung und Zulassung geklärt werden - dafür waren die einzelnen Lebenswege zu unterschiedlich, zu individuell. Manche Antworten verbleiben daher angesichts der Aufgabe, aus 210 Einzelschicksalen das Gemeinsame herauszufiltern, auf einer eher allgemeinen Ebene und bieten lediglich eine grobe Orientierung. Der Geschichte dieser Personengruppe vermochte der eingeschlagene Weg gleichwohl gerecht zu werden. Denn erst die Berücksichtigung sowohl sozial- als auch rechtshistorischer Fragestellungen führte zu einem umfassenden Verständnis der Anwälte: Es reichte nicht aus, ihre Personalstruktur zu erarbeiten, ihre Karrierewege nachzuzeichnen, ohne dabei auch die Inhalte der damaligen juristischen Ausbildung sowie die einschlägigen Rechtsnormen als Zulassungsvoraussetzungen zu berücksichtigen. Gerade bei der Frage, ob es sich bei Advokaten und Prokuratoren um eine Leistungs- oder Standeselite handelte, bedurfte es dieses spezifisch interdisziplinären Ansatzes. Nur so war es möglich, das juristische und soziale Profil dieser Personengruppe nachzuzeichnen.

2. Hauptteil: Die Biographien der Anwälte am Reichskammergericht in seiner Wetzlarer Zeit (1693-1806)

A) Aufnahmegrundsätze

Die Anwälte am Reichskammergericht stellen nicht nur in ihrer Gesamtheit ein interessantes und lohnendes Forschungsobjekt dar, sondern auch in ihrer Individualität. Um auch in Zukunft Interesse an den Wetzlarer Advokaten und Prokuratoren zu wecken, sollen im folgenden ihre Einzelbiographien zur Verfügung gestellt werden. Damit können künftige Forschungsarbeiten auf einem gesicherten Fundament aufbauen.

Dieses Unterfangen erfüllt aber auch noch einen weiteren Zweck. Die Anwaltsbiographien stellen nämlich einen Wert an sich dar, handelte es sich doch bei den Anwälten des Reichskammergerichts um Mitglieder einer juristischen Elite im Heiligen Römischen Reich des 18. Jahrhunderts, mithin um eine herausragende Gruppe innerhalb des Verfassungsgefüges des Alten Reichs.

Die alphabethisch geordneten Biographien der Anwälte sind alle nach einem bestimmten Schema aufgebaut. Begonnen wird mit dem Familien- und Vornamen des Anwalts, wobei abweichende Schreibweisen mittels Klammern kenntlich gemacht werden. Die eigentliche Biographie ist grundsätzlich in vier Abschnitte eingeteilt:

- I. Persönliche Daten

- II. Ausbildung

- III. Karriere am RKG

- IV. Nachweise.

Dieser Aufbau erfährt nur Modifizierungen, soweit entsprechende Daten nicht ermittelt werden können und wenn entweder eine Vor-, Neben- oder Nachkarriere des Anwalts festgestellt wird.

1.) Persönliche Daten

Hier werden, soweit vorhanden, Geburtstag und –ort, Todestag und –ort, Name und Beruf des Vaters, Mädchenname der Mutter, Konfession, Mädchenname der Ehefrau, Heiratsdatum sowie die Söhne des Anwalts verzeichnet, sofern diese selbst am Reichskammergericht (insbesondere als Advokat oder Prokurator) Karriere machten.

Das angegebene Geburtsdatum konnte in einer Reihe von Fällen grob anhand der Altersangaben der Anwälte bei Ablegung des Generalexamens errechnet werden;

oft fanden sich jedoch in den Stammtafeln im Stadtarchiv Wetzlar genauere Angaben. Auch einige Studentenverzeichnisse[661] enthielten Geburtsdaten, wobei nicht immer eindeutig ist, ob nicht stattdessen im Einklang mit der christlichen Lehre das Taufdatum gemeint war[662]. Sofern sich die gefundenen Angaben widersprechen, werden beide Möglichkeiten aufgenommen.

Die Generalexamina fragten explizit nach dem Herkunftsort und nicht nach dem Geburtsort. Da in der Regel beide Orte jedoch identisch sein dürften, wird dazwischen nicht unterschieden. Die Frage nach der geographischen Provenienz der Anwälte läßt sich auch ohne eine solche Unterscheidung beantworten.

Wenn, was häufig der Fall war, kein genaues Todesdatum angegeben werden kann, wird stattdessen der letzte Eintrag in den Kameralkalendern verzeichnet. Da die allermeisten Anwälte (dies gilt für die Gruppe der Prokuratoren noch mehr als für die der Advokaten) ihr Leben lang am Reichskammergericht blieben, bietet dieses Datum zumindest einen ungefähren Anhaltspunkt für den Todeszeitpunkt des Anwalts.

Beim Nachweis des Vaters wird dessen Beruf mitangegeben, um zum einen die soziale Herkunft des Anwalts einordnen zu können; zum anderen sollen auch die Fälle kenntlich gemacht werden, bei denen der Vater selbst schon ein vom Reichskammergericht angenommener Anwalt war. Ebenso wird bei den Angaben bzgl. der Mutter und der Ehefrau die Abstammung besonders hervorgehoben, wenn es sich um eine Tochter (oder sonstige Verwandte) eines RKG-Anwalts handelte; dies jedoch nur, wenn das Verwandtschaftsverhältnis gesichert ist.

Hingegen wird immer nachgewiesen, wenn der Sohn eines Anwalts ebenfalls als Anwalt Karriere am Reichskammergericht machte. Verzichtet wird der Übersichtlichkeit halber auf einen Nachweis der Verwandtschaftsverhältnisse über die vorhergehende und folgende Generation hinaus.

2.) Ausbildung

Im Abschnitt „Ausbildung“ werden die Studienuniversität bzw. der Studienort, an dem keine ordentliche Universität bestand, die Promotionsuniversität, das Immatrikulationsjahr und das Thema der Inaugural(Übungs-)disputation

---

[661] Geburtsdaten konnten dem „Verzeichnis der Studierenden der alten Universität Mainz“ sowie dem Trierer „Verzeichnis der an der juristischen Fakultät von 1739-1794 immatrikulirten Studenten und einiger an derselben Fakultät wirkender Professoren“ entnommen werden.

[662] Diese Annahme liegt nahe, da sich die oben genannten Studentenverzeichnisse hinsichtlich des Geburtsdatums auf Einträge in Kirchenbüchern beziehen.

verzeichnet. Des weiteren wird im Rahmen des Praktikums der Ort, die Dauer, der Ausbilder sowie der Praktikumsbeginn aufgenommen.

Die Daten hinsichtlich Studien- und Promotionsuniversität wurden aus den Angaben der Anwälte in den Generalexamina gewonnen und mit den einschlägigen Universitätsmatrikeln verglichen. Dabei war teilweise eine Korrektur erforderlich. So ergaben die Immatrikulationsdaten, daß es sich einige wenige Male[663] bei der von den Kandidaten in den Generalexamina angegebenen Studienuniversität tatsächlich um eine Promotionsuniversität handeln mußte. Denn das Immatrikulationsdatum lag in diesen Fällen in unmittelbarem zeitlichen Zusammenhang mit dem Datum der Inauguraldisputation und gleichzeitig in großem zeitlichen Abstand zu der vorhergehenden Immatrikulation an einer anderen Universität. Die Angabe der Anwälte, sie hätten an dieser Universität studiert und nicht nur promoviert, konnte mithin nicht zutreffen. Eine Korrektur der Angaben in den Generalexamina wurde jedoch nur vorgenommen, wenn sich auch ein entsprechender Eintrag in den Immatrikulationslisten fand, der auf eine Immatrikulation nur zum Zwecke des Graderwerbs hinwies[664]. Zwar ist es grundsätzlich denkbar, daß der Student schon zuvor an der betreffenden Universität eingeschrieben war bzw. ohne sich einzuschreiben dort studierte[665], wahrscheinlicher ist jedoch, daß bei den Angaben in den Generalexamina nicht zwischen Studienuniversität und Promotionsuniversität in der Weise unterschieden wurde, wie dies im Rahmen dieser Arbeit der Fall ist.

In gleichem Maße waren die von den Anwälten angegebenen Daten zu Studienjahr und Studiendauer einer kritischen Überprüfung zu unterziehen. Die Zeitangaben in den Generalexamina sind eher vage, so daß auf sie verzichtet wurde, wenn eine Hochschulimmatrikulation nachgewiesen werden konnte. Zwar sagt diese nichts über die Dauer des Studiums an der betreffenden Hochschule aus; sie bietet jedoch einen hinreichenden Anknüpfungspunkt für die Erfassung des universitären Ausbildungsganges, wohingegen eine Aussage über die juristische Studiendauer angesichts der Tatsache, daß die Kandidaten hierzu teilweise noch das Gymnasium bzw. die philosophischen Grundkurse zählten, ohnehin nicht möglich ist. Auch beziehen sich die Zeitangaben in den Generalexamina in der Regel auf die Dauer des gesamten Studiums an mehreren Universitäten, so daß eine Einordnung des zeitlichen Verbleibs an einer der

[663] Betroffen hiervon ist insbesondere die Universität Gießen als ausgesprochene Promotionsuniversität, aber auch die Universität Marburg.

[664] Z. B.: J.U.Candidatus; J.U. Licentiandus; pro licentia disputarus; pro gradu disputarus; pro gradu Dris in utroque jure disputarus; cum pro gradu disputaret; jurim studiosus pro licentia disputaturus; Candidatus iur. pro licentia disputaturus; candidatus iuris, qui pro licentia disputabat; pro licentia in iure disputaturus.

[665] Hierauf hat schon *Eulenberg*, Frequenz, S. 8 hingewiesen.

Universitäten ausscheidet. Wo aber keinerlei Immatrikulationen nachweisbar sind, werden die Angaben in den Generalexamina beibehalten, um eine grobe zeitliche Orientierung zu ermöglichen. Dies gilt insbesondere für den Studienort Wetzlar, da hier mangels einer ordentlichen Universität keinerlei Matrikel vorhanden sind.

Die von den Anwälten als Respondenten angefertigten Dissertationen werden alle, soweit sie ermittelt werden konnten, erfaßt. Hierbei wird im Rahmen der Darstellung zwischen den reinen *Übungsdisputation*en und den Inauguraldisputationen, die zur Erlangung eines akademischen Grades abgelegt wurden, unterschieden. Die Disputationen werden, wenn möglich, mit Präses verzeichnet. Ebenfalls wird die Seitenzahl und das Disputationsdatum angegeben. In einigen wenigen Fällen kann neben (bzw. anstelle) dem Datum des Disputationsaktes das Datum des Promotionsaktes angegeben werden.

Da außer einem ordentlichen juristischen Studium und dem Erwerb eines akademischen Grades auch ein Praktikum im reichskammergerichtlichen Prozeß Zulassungsvoraussetzung war, wird dieses ebenfalls im Rahmen dieses Abschnittes verzeichnet.

3.) Karriere am RKG

Hier werden die Daten der Ablegung des Generalexamens sowie der Aufschwörung zum Advokaten und gegebenenfalls zum Prokurator aufgenommen.

Sofern ein Anwalt in den Kameralkalendern lediglich als Advokat verzeichnet ist, ausweislich der Findbücher jedoch auch als Prozeßvertreter vor Gericht auftrat[666], ist dies kenntlich gemacht. Es wird davon ausgegangen, daß diesem Anwalt das Prokuratorenamt übertragen wurde, auch wenn ein Aufschwörungsdatum nicht ermittelt werden kann[667]. Nachweisbar ist jedoch das Jahr der Vollmachterteilung für den entsprechenden Prozeß. Hierbei habe ich mich auf die Angabe des Jahres der ersten nachgewiesenen Bevollmächtigung beschränkt, die in der Regel auch dem Jahr des Prozeßbeginns entsprechen dürfte. Weitere Prozesse, an denen der Anwalt als Prokurator beteiligt war, sind

---

666 Es handelt sich hierbei um eine Gruppe von 15 Personen, wobei die überwiegende Anzahl in den letzten Jahren des Reichskammergerichts als Prokuratoren auftraten, ohne dementsprechend in den Kameralkalendern verzeichnet zu sein. Hierbei ist jedoch zu beachten, daß für die Jahre 1800-1805 keine Kameralkalender existieren, so daß hierin ein Grund für den mangelnden Nachweis zu sehen ist.

667 Ausnahmsweise mag in Einzelfällen auch ein Advokat vor Gericht aufgetreten sein, ohne vorher in das Prokuratorenamt eingesetzt worden zu sein; dies wurde jedoch nicht gesondert untersucht.

lediglich im Rahmen der „Nachweise“ unter Angabe der Prozeßnummer in den Findbüchern verzeichnet.

4.) Vor-, Neben-, Nachkarriere

Einige Anwälte waren bereits vor ihrer Aufschwörung zum Advokaten, gleichzeitig während ihrer anwaltlichen Tätigkeit am Reichskammergericht oder aber nach dessen Schließung im Jahre 1806 in anderer Funktion beruflich tätig. Dies ist jeweils unter den Überschriften „Vor-, Neben- oder Nachkarriere“ in den Einzelbiographien angegeben.

Der Grund für die Aufnahme der Vorkarrieren liegt darin, daß sich hierdurch der Ausbildungsweg des Anwalts verdeutlicht. Sie werden jedoch nur verzeichnet, wenn die konkrete Tätigkeit ermittelt werden konnte. So legt in einigen Fällen das relativ hohe Alter der Kandidaten bei Ablegung des Generalexamens zwar eine Vorkarriere nahe[668], mangels Kenntnis von deren Inhalt muß ein Hinweis hierauf jedoch unterbleiben.

Die wenigen[669] Nebenkarrieren, die ermittelt werden können, werden in die Einzelbiographien aufgenommen, weil sie den persönlichen Werdegang des Anwalts während seiner Tätigkeit am Reichskammergericht beleuchten[670]. Eine Aufnahme findet jedoch auch hier nur statt, wenn die Nebenkarriere bekannt ist. Zwar weisen insbesondere die Kameralkalender des ausgehenden 18. Jahrhunderts eine Reihe von Anwälten als „abwesend“ aus, was auf eine Nebenkarriere schließen läßt[671], eine Aufnahme muß in diesen Fällen jedoch unterbleiben.

Unter der Überschrift „Nachkarriere“ sind in Abgrenzung zu den „Nebenkarrieren“ allein diejenigen beruflichen Tätigkeiten der Anwälte erfaßt, die diese nach Schließung des Reichskammergerichts im Jahre 1806 ausübten[672].

---

668 So sind 31 Anwälte bei Ablegung des Generalexamens 30 Jahre und älter, davon immerhin noch 9 Anwälte 35 Jahre und älter und davon sogar 2 Anwälte 40 Jahre und älter.

669 Es konnten nur in drei Fällen Nebenkarrieren verzeichnet werden.

670 Die Nebenkarrieren wurden ausnahmslos schon nach kurzer Tätigkeit – in der Regel lediglich als Advokat – angetreten. Dies deutet auf schlechte Verdienst- und Karrieremöglichkeiten am RKG hin.

671 So wurde beispielsweise *Dr. Kirschbaum*, auch nachdem er Professor in Heidelberg geworden war, nach wie vor in den Kameralkalendern geführt, jedoch mit dem Zusatz „abwesend“.

672 Es handelt sich hierbei um 9 Fälle.

5.) Nachweise

Die Rubrik „Nachweise“ verzeichnet alle den jeweiligen Anwalt betreffende Quellen; in Einzelfällen auch Aufsätze, die sich mit einem Anwalt gesondert befassen. Alle diese Quellen finden sich mit ihrem vollständigen Titel im Quellen- und Literaturverzeichnis.

Aufgrund ihrer Bedeutung und der Verständlichkeit halber ist auf folgende Nachweise gesondert einzugehen:

Die wichtigste Quelle für die Erstellung der Biographien sind die Generalexamina, folgen diese doch im wesentlichen den Angaben der angehenden Anwälte, die sie selbst im Rahmen des Generalexamens vor dem Reichskammergericht gemacht haben. Die noch erhaltenen Generalexamina des 18. Jahrhunderts befinden sich im Untrennbaren Bestand des Bundesarchivs, Außenstelle Frankfurt[673]. Die Zitierung der Generalexamina entspricht der im Zettelkatalog des Bundesarchivs, Außenstelle Frankfurt vorgeschlagenen Weise.

Die persönlichen Angaben der Anwälte wurden mit den von Siegfried Rösch angelegten genealogischen Tafeln im Stadtarchiv Wetzlar verglichen und gegebenenfalls korrigiert. Die benutzten Stammtafeln werden unter der Auszeichnung StAW RöSt mit der Nummer des einschlägigen Aktenbandes nachgewiesen.

Für die Identifizierung der einzelnen Advokaten und Prokuratoren ebenfalls von großer Bedeutung sind „Des kaiserlichen und Reichskammergerichtskalender”, die Kameralkalender. Da die Anwälte oft über sehr lange Zeiträume in den Kameralkalendern verzeichnet sind, wird auf eine Zitierung der einzelnen Kameralkalender nach Jahreszahlen verzichtet und in den Nachweisen zu den einzelnen Biographien allein auf die Quelle „Kameralkalender” hingewiesen.

Bei der Angabe der Fundstellen ist ferner zu beachten, daß für eine Reihe von Dissertationen kein mir bekannter gedruckter Nachweis vorliegt, da sie allein in der Datenbank des Max-Planck-Instituts für Europäische Rechtsgeschichte ausfindig gemacht werden konnten, die im Rahmen des Forschungsprojekts über Juristen im 17. und 18. Jahrhundert aufgebaut wird. In diesen Fällen kann lediglich auf die Datenbank verwiesen werden; ansonsten sind als Fundstellen die einschlägigen Dissertationensammlungen angegeben.

---

[673] Bestand BAF AR 1-IV B und BAF AR 1-IV C. Dies gilt jedoch nicht für die Generalexamina der Anwälte, die noch vor dem Reichskammergericht in Speyer tätig waren und mit diesem nach Wetzlar übersiedelten. Denn die hier interessierenden Bestände aus der 2. Hälfte des 17. Jahrhunderts sind bei der Zerstörung Speyers untergegangen. Daher waren die persönlichen und juristischen Daten der Anwälte, die sowohl in Speyer als auch in Wetzlar tätig waren, kaum zu rekonstruieren.

Hinsichtlich der Tätigkeit als Prokuratoren lassen sich die bis dahin insbesondere in den Generalexamina und den Kameralkalendern gefundenen Daten anhand der Findbücher zu den Reichskammergerichtsprozessen überprüfen und bestätigen[674]. Da diese Prokuratoren in einer Vielzahl von Findbüchern verzeichnet sind, wird auf einen exakten Nachweis verzichtet und allein auf die Tatsache hingewiesen, daß die betreffenden Prokuratoren in den „Findbüchern" stehen. Von dieser Zitierweise wird jedoch abgewichen, wenn ein in den Kameralkalendern nur als Advokat bezeichneter Anwalt ausweislich der Findbücher auch als Prozeßvertreter vor Gericht auftrat. Dann wird die entsprechende Prozeßnummer in dem jeweiligen Findbuch aufgenommen.

[674] So ließen sich – bis auf *Johann (Thomas) Andreas Dietz* - alle Prokuratoren in den eingesehenen Findbüchern nachweisen.

B) Biographien

Nr. 1
Abel, Jacob (Adam)

I. Persönliche Daten

* 3.6.1754 in Wetzlar
\+ 30.6./2.10.1819 in Wetzlar

Konfession: römisch-katholisch

Vater: Adam Abel
Mutter: Catharina geb. Schröder

Heirat mit Maria Magdalena geb. von Hahn (1755-1824) im Jahr 1786

II. Ausbildung

Studium: Wetzlar (privat bei Rat Bernecker), Würzburg (imm. 26.11.1772)

Promotion in Gießen (imm. 14.4.1781) zum Lizentiaten
Inauguraldisputation: "De extraiudiciali remedii restitutionis in integrum in supremo camerae imperialis iudicio introductione, per conclusum visitationis novissimae de VI. maii MDCCLXVIII. Generatim non sublata, neque adeo tanquam informi reiicienda." 42 S., 14.4.1781.

Praktikum: 5 Jahre in Wetzlar bei Lt. Haas und Lt. Loskant

III. Karriere am RKG

Generalexamen: 26.9.1778
Aufschwörung Advokat: 19.5.1783
Aufschwörung Prokurator: 8.1.1790

IV. Nachkarriere

Fachlehrer der Rechtsschule in Wetzlar (1808); Großherzoglich hessischer Hoheitsrichter (Wetterau); Großherzoglich frankfurtischer Justizrat

V. Nachweise

BAF AR 1-IV B 2 Bd. 19; Kameralkalender; StAW RöSt 30; Biogr. Rep.(A) Nr. 23, Disp. Nr. 790; Findbuch; Matrikel Würzburg I Nr. 20902; Matrikel Gießen II S.18; Schüling S. 238; Scheurmann S. 235.

Nr. 2
Adami, Johann Conrad Jacob

I. Persönliche Daten

* 1709 in Hanau
+ unbekannt (in den Kameralkalendern bis 1792 nachgewiesen)

Augsburger Konfession

Vater: Daniel Adami, Senator in Hanau und Assessor des Handelskollegs, Bürgermeister
Mutter: Maria Margaretha geb. Straub

II. Ausbildung

Studium: Magdeburg, Hanau (imm. 9.9.1724), Straßburg (imm. 16.5.1727), Halle (imm. 16.10.1728)

Promotion in Duisburg (imm. 28.5.1731) zum Lizentiaten
Inauguraldisputation: "De collatione donationis." 39 S.,September 1731

Praktikum: 8 Monate in Hanau und in Wetzlar bei Dr. Ziegler

III. Karriere am RKG

Generalexamen: 20.7.1739
Aufschwörung Advokat: 23.12.1739
Aufschwörung Prokurator: 5.9.1763

IV. Nebenkarriere

1737-1759: Syndikus in Hanau

V. Nachweise

BAF AR 1-IV B 2 Bd. 7; Kameralkalender; Biogr. Rep. (A) Nr. 146, Disp. Nr.588; Komorowski S. 68; Findbuch; Matrikel Straßburg II S. 356; Matrikel Halle S. 2; Mitglieder.

Nr. 3
Albrecht, Johann Conrad

I. Persönliche Daten

* 1634 in Speyer/Neuburg
+ unbekannt (in den Kameralkalendern bis 1703 nachgewiesen)

Vater: Johann Conrad Albrecht
Mutter: Maria Susanna geb. Meystetter

Konfession: römisch-katholisch

II. Ausbildung

Studium: Köln, Löwen, Perugia (imm. 20.3.1655)

Akademischer Grad: Lizentiat

III. Karriere am RKG

Generalexamen: 7.1.1657
Aufschwörung Advokat: 30.1.1661
Aufschwörung Prokurator: 13.2.1661

IV. Nachweise

BAF AR 1-IV C Bd. 1 fol. 41; Kameralkalender; Findbuch; Matrikel der deutschen Nation in Perugia (1579-1727) S. 106 (Nr.1460); Biogr. Rep. (A) Nr. 412.

Nr. 4
Andreae, Philipp Daniel (Anton)

I. Persönliche Daten

* 1700 in Herborn (Nassau-Land)
+ unbekannt (in den Kameralkalendern bis 1742 nachgewiesen)

Vater: Johann Nikolaus Andreae, Buchhändler in Herborn
Mutter: Catharina geb. Hensch (Pfalz)

II. Ausbildung

Studium: Herborn (imm. stud. phil. 28.4.1714, imm.stud. iur.1718), Halle (imm. stud. iur. 7.7.1721)

Übungsdisputation in Herborn: “De oneribus territorialibus principum regetium”, in der Folgeauflage mit dem Zusatz “Von den landesherrlichen Pflichten Regierender Fürsten” unter Präses Johann Ludwig Wiederholdt. 16.8.1720

Promotion zum Doktor in Halle
Inauguraldisputation: “De uso practico actionum bonae fidei et stricti iuris” unter Präses Nicolaus Hieronymus Gundling. 108 S., 3.10.1724

Praktikum: in Wetzlar (1726)

III. Karriere am RKG

Generalexamen: 7.9.1726
Aufschwörung Advokat: 30.5.1727

IV. Nachweise

BAF AR 1-IV C 15 fol. 93; Kameralkalender; Biogr. Rep. (A) Nr. 797, Disp. Nr. 544, 567 ; Mundt Nr. 439, 440; Matrikel Herborn S. 725 Nr. 601; Matrikel Halle S. 7; Schmidt-Scharff S. 300.

Nr. 5
Appold(t), Georg Nikolaus (Niclas)

I. Persönliche Daten

* 1671 (Anhalt)
\+ unbekannt (in den Kameralkalendern bis 1703 nachgewiesen)

Vater: Johann Georg Appold
Mutter: Anna Catharina geb. Mohr

Augsburger Konfession

II. Ausbildung

Studium: Jena (imm. 30.5.1690), Leipzig (imm. WS 1692/93)

Promotion in Gießen (imm. 28.6.1694) zum Lizentiaten
Inauguraldisputation: "De signo pacis, Von dem Burg=Frieden" unter Präses Dr. Nizio. 6.9.1694.

Praktikum: in Wetzlar (1694)

III. Karriere am RKG

Generalexamen: 26.3.1696
Aufschwörung Advokat: 3.4.1696

IV. Nachweise

BAF AR 1-IV C 4 fol. 169; Kameralkalender; Matrikel Gießen I S. 122; Matrikel Jena II S. 14; Matrikel Leipzig II S. 9; Schüling 1 Nr. 1492; Schmidt-Scharff S. 299.

Nr. 6
Bau(e)r, Ignatius Franz

I. Persönliche Daten

* 1712 in Löwenstein-Wertheim	*Vater*: Johann Wilhelm Bauer,
+ unbekannt (in den Kameral-	Rat des Fürsten von Wertheim
kalendern bis 1747 nachgewiesen)	*Mutter*: Maria geb. Henricius

Konfession: römisch-katholisch

II. Ausbildung

Studium: Heidelberg (imm. log. 7.12.1730, bacc. 1731, mag. 1731, 1733/34 iur. utr. auditor)

Promotion in Gießen (imm. 23.4.1738) zum Lizentiaten
Inauguraldisputation: "Quaestiones miscellanae ex vario jure desumptae." 39 S., April 1738.

Praktikum: 2 Jahre in Wetzlar (1736-38)

III. Karriere am RKG

Generalexamen: 2.6.1738
Aufschwörung Advokat: 23.12.1738
Prokurator (1744)

IV. Nachweise

BAF AR 1-IV B 2 Bd. 6; Kameralkalender; Schüling S. 140; Findbuch StA Osnabrück Nr. 616; Matrikel Gießen II S.23; Matrikel Heidelberg IV S. 71,447,448,545,547.

Nr. 7
Besserer, Johann Paul (d. Ä.)

I. Persönliche Daten

* 5.4.1691 in Schweinfurt
+ 17.6.1762 in Wetzlar

Augsburger Konfession

Erste Heirat mit Anna Dorothea Hofmann (1698-1717)

Vater: Georg Besserer, Assessor des Rates von Schweinfurt
Mutter: Rosina geb. (unbekannt)

Vater des gleichnamigen RKG-Prokurators Johann Paul Besserer (aus 1. Ehe)

Zweite Heirat mit Rebecca Klenck
(1689-1744)

II. Ausbildung

Studium: Leipzig (imm. SS 1709), Halle, Tübingen (imm. 28.11.1710), Heidelberg (imm. 28.12.1713)

Promotion in Heidelberg zum Doktor
Inauguraldisputation: "De restitutione in integrum adversus Sententiam inappellabilem." 1714.

Praktikum: 2 Jahre in Wien und Wetzlar (1713-15)

III. Karriere am RKG

Generalexamen: 11.2.1715
Aufschwörung Advokat: 29.3.1715
Aufschwörung Prokurator: 17.7.1725

IV. Nachweise

BAF AR 1-IV B 2 Bd. 1; StAW RöSt 30a; Kameralkalender; Fahnenberg S. 293; Findbuch; Matrikel Leipzig II S. 29; Matrikel Tübingen Nr. 30875; Matrikel Heidelberg IV S. 27.

Nr. 8
Besserer, Johann Paul (d. J.)

I. Persönliche Daten

* Mai 1717 in Wetzlar
+ 9.6.1783 in Wetzlar

Augsburger Konfession

Heirat mit Anna Barbara Kupferschmidt (1720-1793)

Vater: Johann Paul Besserer, RKG-Prokurator
Mutter: Anna Dorothea geb. Hofmann

Vater des RKG-Advokaten Johann Wilhelm Besserer

II. Ausbildung

Studium: Marburg (imm. 30.6.1735)

Promotion in Gießen (imm. 4.4.1744) zum Lizentiaten
Inauguraldisputation: "De interventione post sententiam." 40 S., März 1744.
Praktikum: in Wetzlar (1742-44)

III. Karriere am RKG

Generalexamen: 12.6.1744
Aufschwörung Advokat: 9.4.1745
Aufschwörung Prokurator: 23.12.1752

IV. Nachweise

BAF AR 1-IV B 2 Bd. 6; StAW RöSt 30 a; Kameralkalender; Fahnenberg S. 285; Schüling S. 161; Findbuch; Matrikel Gießen II S. 28; Matrikel Marburg (Suchbuch) S. 23; Mitglieder.

Nr. 9
Besserer, Johann Wilhelm

I. Persönliche Daten

* 1753 in Wetzlar
+ 24.1.1789 in Wetzlar

Augsburger Konfession

Vater: Johann Paul Besserer, RKG-Prokurator
Mutter: Anna Barbara geb. Kupferschmidt

II. Ausbildung

Studium: Gießen (imm. 10.4.1770), Göttingen (imm. 26.4.1775)

Promotion in Gießen zum Lizentiaten
Inauguraldisputation: "De foro competente provocationis ex lege diffamari tum secundum jus commune quam ordinationem cameralem" unter Präses Johann Christoph Koch. 40 S., März 1777.

Praktikum: 1 Jahr

III. Karriere am RKG
Generalexamen: 31.5.1777
Aufschwörung Advokat: 19.5.1783

IV. Nachweise

BAF AR 1-IV B 2 Bd. 19; StAW RöSt 30a; Kameralkalender; Schüling S. 229; Fahnenberg S. 281; Matrikel Gießen II S. 28; Matrikel Göttingen S. 214 (Nr. 10060).

Nr. 10
Biß(ss)ing, Friedrich Wilhelm

I. Persönliche Daten

* 1753 in Wetzlar
+ 29.3.1818 (Ort unbekannt)

Vater: Johann Adam Bissing, RKG-Prokurator
Mutter: Barbara geb. Deuren

Konfession: römisch-katholisch

II. Ausbildung

Studium: Salzburg (1770-1773)

Promotion in Salzburg zum Lizentiaten

Praktikum: 3 Jahre in Wetzlar (1774-77)

III. Karriere am RKG

Generalexamen: 15.5.1777
Aufschwörung Advokat: 14.11.1777
Aufschwörung Prokurator: 26.10.1787

IV. Nachkarriere

Stadtgerichtsdirektor (Ort unbekannt)

V. Nachweise

BAF AR 1-IV B 2 Bd. 19; Kameralkalender; Findbuch.

Nr. 11
Bissing, Johann Adam

I. Persönliche Daten

* 10.8.1720 in Mainz
+ unbekannt (in den Kameralkalendern bis 1763 nachgewiesen)

Vater: Adam Bissing, Granenmeister, Ratsherr, kurfürstl. Kammerdiener in Mainz
Mutter: Eva geb. Voss

Konfession: römisch-katholisch

Heirat mit Barbara Deuren

Vater des RKG-Prokurators Friedrich Wilhelm Bissing

II. Ausbildung

Studium: Mainz (bacc. phil. 9.7.1737, mag. 8.7.1738), Würzburg (imm. 16.11.1742)

Promotion in Würzburg zum Lizentiaten
Inauguraldisputation: "Dissertatio inaugurales juridica historico-diplomatico-publica de potestate judiciaria S. R. I. principum" unter Präses Johann Jacob Joseph Sündermahler.
119 S., 11.12.1743.

Praktikum: 2 Jahre in Wetzlar (1744-46)

III. Karriere am RKG

Generalexamen: 14.2.1746
Aufschwörung Advokat: 27.6.1746
Aufschwörung Prokurator: 7.7.1749

IV. Nachweise

BAF AR 1-IV B 2 Bd. 10; Kameralkalender; Mälzer Nr. 1224; Findbuch; Verzeichnis Mainz S. 76; Matrikel Würzburg Nr. 15963.

Nr. 12
Blavier, Eberhard Claudius Carl

I. Persönliche Daten

* 1695 in Lüttich
\+ unbekannt (in den Kameralkalendern bis 1765 nachgewiesen)

Konfession: römisch-katholisch

Vater: Simon Blavier, Polizeikommissar in Lüttich
Mutter: Maria Ysabella geb. von My

Heirat mit Maria Barbara geb. Ton am 3.11.1726

II. Ausbildung

Studium: Löwen, Pont-à-Mousson, Mainz

Promotion zum Lizentiaten in Pont-à-Mousson

III. Karriere am RKG

Generalexamen: 19.7.1723
Aufschwörung Advokat: 2.6.1724
Aufschwörung Prokurator: 4.7.1746

IV. Nachweise

BAF AR 1-IV C 13 fol. 56; Kameralkalender; Findbuch; Verzeichnis Mainz S. 80.

Nr. 13
Bolles, Franz Christoph

I. Persönliche Daten

* 1715 in Wetzlar
+ unbekannt (in den Kameralkalendern bis 1764 nachgewiesen)

Vater: Christoph Henrich Joseph Bolles
Mutter: Maria Dorothea geb. (unbekannt)

Konfession: römisch-katholisch

II. Ausbildung

Studium: Wetzlar (privat), Würzburg

Promotion in Gießen (imm. 30.9.1738) zum Lizentiaten
Inauguraldisputation: "Sistens succinctam explicationem constitutionis imperii de arrestis, praesertim ad ductum C.O.C.P.II. tit.XXIV." 24 S., 30.9.1738.

III. Karriere am RKG

Sekretär am RKG
Generalexamen: 6.2.1736 (Bewerbung zum RKG-Notar)
Aufschwörung Advokat: 23.12.1738
Aufschwörung Prokurator: 12.12.1740

IV. Nachweise

BAF AR 1-IV B 2 Bd. 5; Kameralkalender; Schüling S. 140; Fahnenberg S. 270; Findbuch; Matrikel Gießen II S. 32.

Nr. 14
Bolles, Johann

I. Persönliche Daten

* 1682 in Köln
+ unbekannt (in den Kameral-
kalendern bis 1729 nachgewiesen)

Vater: Johannes Bolles
Mutter: Maria Elisabeth geb. Heusibb

Konfession: römisch-katholisch

II. Ausbildung

Studium: Wetzlar (privat), Paderborn

Promotion in Gießen (imm. 4.6.1714) zum Lizentiaten
Inauguraldisputation: "De judicii petitorii ac possessorii, uti et possessorii ordinarii ac summarii, differentia." 28 S., 12.6.1714.

Praktikum: 6 Jahre in Siegen

III. Vorkarriere

Advokat in Siegen

IV. Karriere am RKG

Generalexamen: 11.2.1715
Aufschwörung Advokat: 24.5.1715

V. Nachweise

BAF AR 1-IV B 2 Bd. 1; Kameralkalender; Schüling S. 69; Matrikel Gießen II S. 32.

Nr. 15
Bostel (von), Andreas

I. Persönliche Daten

* 1773 in Wetzlar
+ 16.10.1835 (Ort unbekannt)

Augsburger Konfession

Vater: Friedr. Jacob Dietrich Bostell, RKG-Prokurator
Mutter: Anna Margarethe Francisca geb. Dietz

II. Ausbildung

Studium: Marburg (imm. 10.5.1794), Tübingen (imm. 28.10.1795)

Akademischer Grad: Lizentiat

Praktikum: 2 Jahre in Wetzlar beim Vater F. J. D. Bostell

III. Karriere am RKG

Generalexamen: 20.4.1799
Aufschwörung Advokat: 7.6.1799
Prokurator (1803)

IV. Nachweise

BAF AR 1-IV C 65 fol. 93; StAW RöSt 31; Kameralkalender; Findbuch StA Osnabrück Nr. 470, 1043; Matrikel Marburg (Suchbuch) S. 33; Matrikel Tübingen Nr. 39189.

Nr. 16
Bostell von, (Salentin) Philipp (Wilhelm)

I. Persönliche Daten

* 10.2.1757 in Wetzlar
+ 14.11.1844 in Wetzlar

Augsburger Konfession

Vater: Lucas Andreas von Bostell, RKG-Prokurator
Mutter: Rosine Elisabeth Wilhelmine geb. von Gülich

Heirat mit Walburga von Gülich (1767-1839)

II. Ausbildung

Studium: Göttingen (imm. 22.10.1775)

Promotion in Gießen (imm. 25.5.1791) zum Lizentiaten
"Lic. Jur. creatus" (Disputationsthema konnte nicht ermittelt werden), 1791.

Praktikum: 1 Jahr in Wetzlar

III. Karriere am RKG

Generalexamen: 19.7.1780
Aufschwörung Advokat: 27.5.1791
Prokurator (1801)

IV. Nachkarriere

1816-1826 Polizeidirektor in Wetzlar

V. Nachweise

BAF AR 1-IV B 2 Bd. 20; StAW RöSt 31; Schüling S. 261, 276; Findbuch HStA Stuttgart Nr. 1188, 1191, 1386; Matrikel Göttingen S. 219 (Nr. 10311); Matrikel Gießen II S. 33; Mitglieder.

Nr. 17

Bostell von, Lucas Andreas

I. Persönliche Daten

* 4.3.1708 in Hamburg
+ 2.4.1783 in Wetzlar

Augsburger Konfession

Heirat mit Rosine Elisabeth Wilhelmine von Gülich (1717-1789) am 14.4.1739

Vater: Andreas Bostell, Senator in Hamburg, Lit. jur.
Mutter: Anna Maria geb. Overbeck

Vater des RKG-Prokurators Friedrich Jakob Dietrich und des RKG-Advokaten Philipp v. Bostell

II. Ausbildung

Studium: Leipzig (imm. 25.2.1729), Straßburg (imm. stud iur. 13.4.1733, imm. cand. iur. 22.9.1734))

Übungsdisputation in Leipzig "De usu hodierno patriae potestatis Romanae in foris Germaniae" unter Präses Ferdinand August Hommel. 92 S., 11.1.1732.
Promotion in Straßburg zum Lizentiaten
Inauguraldisputation: "De contributione propter iactum marinum, vulgo havaria". 56 S., 6.5.1735.

Praktikum: 2 Jahre in Wien und Wetzlar (bei Graf v. Styrum)

III. Karriere am RKG

Generalexamen: 20.7.1739
Aufschwörung Advokat: 23.12.1739
Aufschwörung Prokurator: 4.6.1746

IV. Nachweise

BAF AR 1-IV B 2 Bd. 7; Kameralkalender; StAW RöSt 31; Mundt Nr. 3702; Findbuch; Biogr. Rep.(Datenbank); Straßburg Matrikel II S. 368 (Nr. 5108), II S. 573 (Nr. 1258); Matrikel Leipzig III S. 37; Mitglieder.

Nr. 18
Bostell, Friedrich Jacob Dieterich

I. Persönliche Daten

* 4.10.1744 in Wetzlar
\+ 25.5.1810 in Wetzlar

Augsburger Konfession

Heirat mit Anna Margarethe Franziska Dietz (1750-1796)

Vater: Lucas Andreas von Bostell, RGK-Prokurator
Mutter: Rosine Elisabeth Wilhelm. geb. von Gülich

Vater des RKG-Advokaten Andreas Bostel

II. Ausbildung

Studium: Tübingen (imm. 28.4.1763), Göttingen (imm. 24.10.1765)

Promotion in Gießen (imm. 29.12.1766) zum Doktor
Inauguraldisputation: "De origine renunciatorum filiarum illustrium ex diplomatibus medii aevi eruta." 24 S., 30.12.1766.

Praktikum: 1 Jahr in Göttingen

III. Karriere am RKG

Generalexamen: 22.1.1767
Aufschwörung Advokat: 7.9.1767
Aufschwörung Prokurator: 7.4.1783

IV. Nachweise
BAF AR 1-IV B 2 Bd. 15; StAW RöSt 31; Schüling S. 209; Findbuch; Matrikel Göttingen S. 159 (Nr. 7275); Matrikel Gießen II S. 33; Matrikel Tübingen Nr. 36121; Mitglieder.

Nr. 19
Bra(i)llard(t), Georg Petrus (Christian Henrich)

I. Persönliche Daten

* 1670 in Mainz
\+ unbekannt (in den Kameralkalendern bis 1703 nachgewiesen)

Vater: Georg Petrus Braillardt
Mutter: Elisabeth Maria geb. Ludwig

Konfession: römisch-katholisch

II. Ausbildung

Studium: Mainz (mag. phil. 1688, imm. cand. iur. 7.5.1695), Prag (3 Jahre)

Promotion in Mainz zum Lizentiaten am 9.5.1695
Theses inaugurales iuridicae unter Fr. R. de Haaren verteidigt am 9.5.1695

Praktikum: 2 1/2 Jahre in Wetzlar und 1/2 Jahr in Wien

III. Karriere am RKG

Generalexamen: 26.3.1696
Aufschwörung Advokat: 3.4.1696

IV. Nachweise

BAF AR 1-IV C 4 fol. 170; Kameralkalender; Verzeichnis Mainz S. 99.

Nr. 20
Brack, He(i)nrich (Joseph)

I. Persönliche Daten

* 1726 in Wetzlar
\+ 17.7.1798 in Wetzlar

Vater: Wilhelm Maximilian Brack, RKG-Prokurator
Mutter: Maria Felizitas geb. Schmitz

Konfession: römisch-katholisch

II. Ausbildung

Studium: Würzburg (imm. 26.11.1744), Wetzlar (privat/1747)

Promotion in Gießen (imm. 2.3.1750) zum Lizentiaten
Inauguraldisputation: "Theses inaugurales theoretico-practicae ex jure civili, Romano, Germanico canonico et feudali." 12 S., 13.3.1750

Praktikum: 2 Jahre in Wetzlar beim Vater W. M. Brack

III. Karriere am RKG

Generalexamen: 6.4.1750
Aufschwörung Advokat: 17.7.1750
Aufschwörung Prokurator: 24.3.1752

IV. Nachweise

BAF AR 1-IV B 2 Bd. 11; Kameralkalender; Schüling S. 175; Findbuch; Matrikel Gießen II S. 33; Matrikel Würzburg Nr. 16340

Nr. 21
Brack, Wilhelm Maximilian

I. Persönliche Daten

* 1694 in Düsseldorf + unbekannt (in den Kameral- kalendern bis 1765 nachgewiesen)	*Vater*: Johann Franz Brack, Kaufmann in Düsseldorf *Mutter*: Anna Juditha geb. Hassel
Konfession: römisch-katholisch	Vater des RKG-Prokurators Henrich Josef Brack

II. Ausbildung

Studium: Hamm, Duisburg, Gießen (imm. 25.9.1717), Heidelberg

Promotion in Heidelberg (imm. 22.7.1720) zum Lizentiaten
Inauguraldisputation: "De iuramento suppletorio, et inani per illud facta probatione" unter Präses Carl Otto Thyllius. 22 S., Februar 1721.

Praktikum: in Wetzlar (1719)

III. Karriere am RKG

Generalexamen: 28.2.1722
Aufschwörung Advokat: 27.3.1722
Aufschwörung Prokurator: 17.7.1725

IV. Nachweise

BAF AR 1-IV C 12 fol. 637v; Kameralkalender; Findbuch; Schmidt-Scharff S. 299; Biogr. Rep. (Datenbank); Matrikel Gießen II S. 33; Matrikel Heidelberg IV S. 44.

Nr. 22
Brand von, Johann Christoph

I. Persönliche Daten

* 1718 in Oldendorf an der Weser + 5.1.1780 in Wetzlar	*Vater*: Jakob Brand, Kanzleidirektor in Hohensolms *Mutter*: Anna Elisabeth geb. Morhard
Augsburger Konfession	

II. Ausbildung

Studium: Rinteln, Marburg (imm. 4.4. 1736), Jena (imm. 12.4.1738)

Promotion in Marburg zum Lizentiaten
Inauguraldisputation:"De ordine, Juris Cameralis Compendio dogmatice ac historice conscribendo, maxime congruo." 1741.

Praktikum: in Wetzlar und in Rinteln für 4 Jahre (1740-44)

III. Karriere am RKG

Generalexamen: 12.6.1744
Aufschwörung Advokat: 9.4.1745
Aufschwörung Prokurator: 23.12.1752

IV. Nachweise

BAF AR 1-IV B 2 Bd. 8; Kameralkalender; Fahnenberg S. 279; Findbuch; Matrikel Marburg (Suchbuch) S. 35; Matrikel Jena III S. 311; Mitglieder.

Nr. 23
Brand(t) von, (Johann) Ferdinand Wilhelm genannt Flender

I. Persönliche Daten

* 6.3.1726 in Wetzlar
+ 3.1.1786 in Wetzlar

Vater: Johann Adolf Brand, RKG-Prokurator
Mutter: Ernestine geb. Flender

Konfession: römisch-katholisch

Erste Heirat mit Maria Dorothea Kirschbaum (1729-63), 6.10.1750

Zweite Heirat mit Maria Anna Weigold (+1788) im Jahr 1764

Vater des RKG-Prokurators Johann Adolf Georg von Brandt, des RKG-Prokurators Franz Carl Brandt (beide aus 1. Ehe) sowie des RKG-Advokaten Aloys Joseph Brandt (aus 2. Ehe).

II. Ausbildung

Studium: Wetzlar (privat bei Lt. Helfrich und Lt. Werner für 4 Jahre), Marburg (imm. 12.10.1745)

Promotion in Marburg zum Lizentiaten
Inauguraldisputation: "De natura bonorum avitorum vulgo Stammgüter jure Germanico in dominio minus pleno consist. Atque inde sumenda interpretatione in fideicommissis familiae." 80 S., September 1746.

Praktikum: in Marburg ("collegium practicum") und Wetzlar

III. Karriere am RKG

Generalexamen: 21.2.1747
Aufschwörung Advokat: 10.5.1748
Aufschwörung Prokurator: 7.7.1749

IV. Nachweise

BAF AR 1-IV B 2 Bd. 10; StAW RöSt 31; Kameralkalender; Mundt Nr. 3780; Findbuch; Matrikel Marburg (Suchbuch) S. 35; Mitglieder.

Nr. 24
Brand, Johann Adolf

I. Persönliche Daten

* 1684 in Geisecken (Diozöse Köln)
\+ 14.6.1754 in Wetzlar

Vater: Johannes Brand
Mutter: Catharina geb. Lanphe

Konfession: römisch-katholisch

Heirat mit Ernestine Flender (1687-1754) am 1.9.1716

Vater des RKG-Prokurators (Johann) Ferdinand Wilhelm Brandt genannt Flender

II. Ausbildung

Studium: Prag, Löwen (insgesamt 4 Jahre)

Promotion in Duisburg (imm. 27.5.1716) zum Doktor
Inauguraldisputation: "De possessione ut modo acquirendi fructus". 24 S., 1716.
Praktikum: in Wien, Wetzlar und Prag (1715)

III. Karriere am RKG

Generalexamen: 31.7.1716
Aufschwörung Advokat: 16.9.1716
Aufschwörung Prokurator: 19.4.1717

IV. Nachweise

BAF AR 1-IV B 2 Bd. 1; StAW RöSt 31; Kameralkalender; Komorowski S.60; Findbuch; Matrikel Duisburg S. 133.

Nr. 25
Brandt von, Johann Adolph Georg

I. Persönliche Daten

* 7.7.1751 in Wetzlar
\+ 28.2.1798 in Wetzlar

Konfession: römisch-katholisch

Vater: Johann Ferdinand Wilhelm von Brand(t) genannt Flender, RKG-Prokurator
Mutter: Maria Dorothea geb. Kirschbaum

Heirat mit Helene Eleonore Phil. (Nachname unbekannt) (1767-1816) am 16.3.1794

II. Ausbildung

Studium: Wetzlar (privat beim Vater und bei Rat Bernecker), Würzburg, Heidelberg (imm. 30.10.1769)

Promotion in Gießen (imm. 16.8.1777) zum Lizentiaten im Jahr 1777 "Pro licentia disputaturus." (lediglich Promotionsankündigung)

Praktikum: in Heidelberg beim Onkel, dem RKG-Advokaten J. J. J. Kirschbaum

III. Karriere am RKG

Generalexamen: 28.5.1777
Aufschwörung Advokat: 14.11.1777
Aufschwörung Prokurator: 21.6.1782

IV. Nachweise

BAF AR 1-IV B 2 Bd. 19; StA RöSt 31; Kameralkalender; Schüling S.VIII; Findbuch; Matrikel Gießen II S. 33; Matrikel Heidelberg IV S. 250.

Nr. 26
Brandt, Aloys (Joseph)

I. Persönliche Daten

* 7.5.1772 in Wetzlar
\+ unbekannt (in den Kameralkalendern bis 1806 nachgewiesen)

Vater: Johann Ferdinand Wilhelm von Brand(t) genannt Flender, RKG-Prokurator
Mutter: Maria Anna geb. Weig(ch)old

II. Ausbildung

Studium: Gießen (imm. 30.10.1793)
Akademischer Grad: Lizentiat

III. Karriere am RKG

Generalexamen: 20.4.1799
Aufschwörung Advokat: 7.6.1799

IV. Nachweise

BAF AR 1-IV C 65 fol. 93; StAW RöSt 31; Kameralkalender; Matrikel Gießen II S. 33.

Nr. 27
Brandt, Franz C(K)arl

I. Persönliche Daten

* 20.5.1763 in Wetzlar
\+ 11.4.1822 in Rees

Konfession: römisch-katholisch

Heirat mit Maria Schöninger (1759-1837)

Vater: Johann Ferdinand Wilhelm von Brandt genannt Flender, RKG-Prokurator
Mutter: Maria Dorothea geb. Kirschbaum

II. Ausbildung

Studium: Heidelberg (imm. 13.5.1781)

Akademischer Grad: Lizentiat

Praktikum: in Wetzlar beim Vater für 1 1/2 Jahre; Beginn: 1783

III. Karriere am RKG

Generalexamen: 14.3.1785
Aufschwörung Advokat: 21.5.1798
Aufschwörung Prokurator: 4.6.1798

IV. Nachkarriere

Richter in Rees

V. Nachweise

BAF AR 1-IV B 2 Bd. 22; StAW RöSt 31; Kameralkalender; Findbuch; Matrikel Heidelberg IV S. 317.

Nr. 28
Buchholz, Johann August

I. Persönliche Daten

* 30.5.1739 in Lübeck
+ 25.7.1822 in Wetzlar

Augsburger Konfession

Vater: Carl Buchholtz (1711-1770), Dr. iur., Prokurator des Obergerichts in Lübeck
Mutter: Maria Elisabeth geb. Pfleg (Fleege) (1713-1781)

Heirat mit Luise Friederike von Bostel (1743-1793) am 3.12.1765

II. Ausbildung

Studium: Rostock (imm. 1757), Göttingen (imm. 16.5.1759)

Promotion in Gießen (imm. 31.12.1762) zum Doktor
Inauguraldisputation: "De imperatiris (?) juris Lubecensis: Soll, Muss, Gebühret zu theilen, eorumque maxime neglectorum quibusdam effectibus" unter Präses Franz Justus Kortholt. 48 S., 16.8.1763.

Praktikum: in Wetzlar bei Dr. v. Zwierlein für 2 Jahre (1761-63)

III. Karriere am RKG

Generalexamen: 30.8.1763
Aufschwörung Advokat: 13.4.1764
Aufschwörung Prokurator: 23.3.1781

IV. Nachweise

BAF AR 1-IV B 2 Bd. 13; StAW RöSt 31 a; Kameralkalender; Schüling S. 200; Findbuch; Matrikel Göttingen S. 130 (Nr. 5813); Matrikel Gießen II S. 35; Matrikel Rostock (Register) S. 121.

Nr. 29
Buff, Johann Wilhelm (Eberhard)

I. Persönliche Daten

* 9.12.1758 in Wetzlar
+ 13.3.1831 in Wetzlar

Augsburger Konfession

Vater: Heinrich Adam Buff, Landschreiber des Deutschen Ordens
Mutter: Magdalena Ernestina geb. Fei(y)ler

Heirat mit Annemarie Brandt (1757-1822)

II. Ausbildung

Studium: Gießen (imm. stud phil. 26.12.1773, stud. iur. 16.4.1777), Wetzlar (privat/1778)
Promotion in Gießen (imm. 29.10.1787) zum Lizentiaten
Disputationsdatum: 1.11.1787

Praktikum: in Wetzlar für 1 1/2 Jahre; Beginn: 1781

III. Karriere am RKG

Generalexamen: 1.7.1783
Aufschwörung Advokat: 16.11.1787
Prokurator (1803)

IV. Nachweise

BAF AR 1-IV B 2 Bd. 22; StAW RöSt 32; Kameralkalender; Schüling S. 251; Rösch S. 31; Findbuch HStA Stuttgart Nr. 1188; Schüling S. 276; Matrikel Gießen II S. 37

Nr. 30
Büsser, Georg David

I. Persönliche Daten

* 23.8.1731 in Wetzlar
+ 23.1.1789 in Wetzlar

Vater: Johann David Büsser, Syndikus
Mutter: Maria Susanna geb. Seipp

Augsburger Konfession

Erste Heirat mit Elisabeth Margarethe (Nachname unbekannt) (1734-1765)

Zweite Heirat mit Johanna Hert (1750-1816)

II. Ausbildung

Studium: Wetzlar (privat für 2 Jahre), Göttingen (imm. 29.4.1750)

Promotion in Gießen (imm. 29.8.1752) zum Lizentiaten
Inauguraldisputation: "De refutatione emphyteuseos." 27 S., 29.8.1752.

Praktikum: in Wetzlar für 2 Jahre (1753-55)

III. Karriere am RKG

Generalexamen: 3.2.1753
Aufschwörung Advokat: 17.3.1758

IV. Nachweise

BAF AR 1-IV B 2 Bd. 11; StAW RöSt 31 a; Kameralkalender; Schüling S. 181; Schmidt-Scharff S. 303; Matrikel Göttingen S. 81 (Nr. 3490/3499); Matrikel Gießen II S. 36.
(Es existierte noch ein zweiter Georg David Büsser. der ebenfalls in Göttingen und Gießen studierte und auch am 3.2.1753 sein *Generalexamen* ablegte, aber später nicht zum Advokaten aufschwor ((*Vater*: Henrich Ludwig Büsser (Arzt); *Mutter*: Barbara Margaretha geb. Schmiz; Nachweise: BAF AR 1-IV B 2 Bd. 11; StAW RöSt 31 a; Matrikel Gießen und Matrikel Göttingen. Ein Georg David Büsser war außerdem zwischen 1763 und 1769 Ratsschreiber und Konsyndikus der Stadt Wetzlar.)) Die Daten beider Büssers sind in den Quellen vollkommen vermischt, so daß eine definitive Biographie nicht gegeben werden kann.)

Nr. 31
C(K)app, Johann Reichardt

I. Persönliche Daten

* 1624 in Speyer
+ 1697 (Ort unbekannt)

Vater: Gerhard Kapp
Mutter: Johanna geb. Kast

II. Ausbildung

Studium: Straßburg (imm. stud. phil. 11.4.1642, imm. cand.iur. 4.4.1655, Examen 14.4.1655)
Promotion in Straßburg zum Doktor am 20.3.1656)
Inauguraldisputation: "De feudo ecclesiastico, vulgo Krumbstabs-Lehen" unter Präses Gambs. 24.1.1656.

Praktikum: in Speyer und in Westfalen

III. Karriere am RKG

Generalexamen: 9.12.1657
Aufschwörung Advokat: 10.12.1657

IV. Nachweise

BAF AR 1-IV C Bd. 1 fol. 113v; Kameralkalender; Matrikel Straßburg I S. 315 (Nr. 1334), II S. 512 (Nr. 221); Biogr. Rep. (C) Nr. 106, Disp. Nr. 442.

Nr. 32
Clarwasser, Henrich Wilhelm

I. Persönliche Daten

* 1721 in Mannheim
+ 16.5.1757 (Ort unbekannt)

Vater: Johann Wilhelm Clarwasser, kurpfälzischer Hofkontrolleur
Mutter: Anna Maria geb. Bram

II. Ausbildung

Studium: Heidelberg (imm. 12.12.1737, bacc. 1738, mag. 1739, stud. iur. 1740)
Promotion in Heidelberg zum Doktor unter Präses Franc. Christian Hennemann (20.2.1743).
Praktikum: in Mannheim und in Wetzlar bei Lt. Lang und Dr. Zwirlein für insgesamt 2 Jahre

III. Karriere am RKG

Generalexamen: 21.2.1747
Aufschwörung Advokat: 10.5.1748
Prokurator (1753)

IV. Nachweise

BAF AR 1-IV B 2 Bd. 10; Kameralkalender; Findbuch HStA Stuttgart Nr. 893, 1145, 1146, 1200, 1280.1445, 1494; Matrikel Heidelberg IV S. 98, 126, 457, 458, 558 560 Anm. 2.

Nr. 33
Clauder, Joachim Christoph

I. Persönliche Daten

* 1706 in Derenburg/Halberstadt
+ unbekannt

Vater: Israel Clauder, Lizentiat; theologischer Superintendant in Bielefeld
Mutter: (Vorname unbekannt) geb. Holzhausen

II. Ausbildung

Studium: Wetzlar (privat), Halle (imm. stud .iur. 13.10.1725), Bielefeld (imm. 1728)
Promotion in Gießen (imm. 26.4.1731) zum Doktor
Inauguraldisputation: "De sententiis paritoriis in camera imperiali usitatis." 32 S., 8.5.1731.
Praktikum: in Bielefeld und in Wetzlar für insgesamt 4 Jahre (1727-31)

III. Karriere am RKG

Generalexamen: 10.9.1731
Aufschwörung Advokat: 20.12.1731

IV. Nachweise

BAF AR 1-IV B 2 Bd. 2; Kameralkalender; Biogr. Rep. (C) Nr. 374, Disp. Nr. 911; Schüling S. 121; Mundt Nr. 5307; Fahnenberg S. 278; Matrikel Gießen II S. 44; Matrikel Halle-Wittenberg S. 79.

Nr. 34
C(K)ulemann, August

I. Persönliche Daten

* 1733 in Detmold/Grafschaft Lippe
+ unbekannt

Vater: Gerhard Culemann, Rat eines Grafen
Mutter: Amalia geb. Hildebrand

Augsburger Konfession

II. Ausbildung

Studium: Göttingen (imm. 6.4.1752), Halle für insgesamt 5 Jahre

Promotion in Gießen (imm.10.3.1763) zum Doktor
Inauguraldisputation: "Theses ex jure vario desumtae." 11.3.1763.

Praktikum: 7 Jahre in Wetzlar (1756-63)

III. Karriere am RKG

Generalexamen: 20.6.1763
Aufschwörung Advokat: 5.9.1763

IV. Nachweise

BAF AR 1-IV B 2 Bd. 13; Kameralkalender; Schüling S. 199; Schmidt-Scharff S. 305; Matrikel Göttingen Nr. 3982; Matrikel Gießen II S. 57

Nr. 35
Debus, Si(e)gmund (Sigismund)

I. Persönliche Daten

* 1708 in Wetzlar
+ unbekannt (in den Kameralkalendern bis 1763 nachgewiesen)

Vater: Philipp Heinrich Debus, Schöffe und Kaufmann in Wetzlar
Mutter: Anna Catharina geb. Petri

II. Ausbildung

Studium: Wetzlar (privat), Halle (imm. stud. iur. 23.4.1728)

Promotion in Halle zum Doktor
Inauguraldisputation: "De apprehensione possessionis" unter Praeses Simon Peter Gasser.66 S., Oktober 1731.

Praktikum: 1 1/2 Jahre in Wetzlar bei Dr. Dietz

III. Karriere am RKG

Generalexamen: 3.3.1733
Aufschwörung Advokat: 15.7.1735

IV. Nachweise

BAF AR 1-IV B 2 Bd. 3; Kameralkalender; Biogr. Rep. (D) Nr. 143, Disp. Nr. 762; Mundt Nr. 6235; Matrikel Halle-Wittenberg S. 115.

Nr. 36
Deckherr, Johann

I. Persönliche Daten

* 1650 in Straßburg
+ 1694 (Ort unbekannt)

Vater: Friedrich Deckherr, Rechtsprofessor in Straßburg
Mutter: (unbekannt)

II. Ausbildung

Studium: Straßburg (imm. cand. iur. 17.8.1669)

Promotion in Straßburg zum Doktor am 30.5.1672
Inauguraldisputation: "De dubio." 43 S., 2.10.1669.

III. Karriere am RKG

Generalexamen: (unbekannt)
Aufschwörung Advokat: 7.7.1673
Aufschwörung Prokurator: 7.7.1675

IV. Nachweise

Biogr. Rep. (D) Nr, 157, Disp. Nr. 362; Kameralkalender; Findbuch; Matrikel Straßburg II S. 523 (Nr. 380).

Nr. 37
Deuren, Johann Melchior

I. Persönliche Daten

* 29.8.1686 in Koblenz
\+ 25.11.1750 in Wetzlar

Vater: Johann(es) Deuren (1652-1728), Senator in Koblenz
Mutter: Katharina geb. Hunssdörfer (gest. 1742)

Konfession: römisch-katholisch

Heirat mit A. M. Gertrud Rosenbaum (1695-1757) im Jahr 1717

II. Ausbildung

Studium: Gießen (imm. 22.10.1703)

Übungsdisputation: "De effectibus iuventarii non confect." unter Präses Johann Nikolaus Hert im November 1706 in Gießen.
Promotion in Mainz am 14.12.1711 unter Präses Honcamp zum Lizentiaten

Praktikum: 3 1/2 Jahre in Wetzlar

III. Karriere am RKG

Generalexamen: 19.7.1712
Aufschwörung Advokat: 28.9.1712
Aufschwörung Prokurator: 11.9.1713

IV. Nachweise

BAF AR 1-IV C 6 fol. 430v; StAW RöSt 33; Kameralkalender; Biogr. Rep (D) Nr. 275, Disp. Nr. 518; Findbuch; Matrikel Gießen I S. 152; Verzeichnis Mainz S. 241.

Nr. 38
Di(ü)mpf(f)el, Christian Christoph

I. Persönliche Daten

* 4.2.1677 in Regensburg
\+ unbekannt (in den Kameralkalendern bis 1725 nachgewiesen)

Vater: Johann Albrecht D(i)ümpel, Kaufmann in Regensburg
Mutter: Ursula geb. Kohlhoffer

Augsburger Konfession

II. Ausbildung

Studium: Jena (imm. 20.5.1697), Leipzig

Promotion in Jena zum Lizentiaten
Inauguraldisputation: "De mercatore falso censum profitente" unter Präses Johann Philipp Slevogt. 48 S., November 1701.

III. Karriere am RKG

Generalexamen: 18.3.1711
Aufschwörung Advokat: 20.3.1711
Aufschwörung Prokurator: 30.10.1711

IV. Nachweise

BAF AR 1-IV C 6 fol. 71; Kameralkalender; Biogr. Rep (D) Nr. 427, Disp. Nr. 566; Mundt Nr. 6563; Findbuch; Matrikel Jena II S. 208.

Nr. 39
Dietz, Friedrich (Cornelius)

I. Persönliche Daten

* Februar 1778 in Wetzlar
+ 10.3.1848 in Wetzlar

Augsburger Konfession

Vater: Johann Jakob Christian Dietz, RKG-Prokurator
Mutter: Karoline geb. Buff

Heirat mit Rosine von Bostel (1784-1864) am 25.12.1804

II. Ausbildung

Studium: Göttingen (imm. 3.5.1797)

Akademischer Grad: Doktor

Praktikum: ¾ Jahr in Wetzlar

III. Karriere am RKG

Generalexamen: 18.7.1800
Aufschwörung Advokat: 12.7.1802

IV. Nachkarriere

Bundesarchiv-Kommissar

V. Nachweise

BAF AR 1-IV C 66 fol. 132; StAW RöSt 33; Kameralkalender; Göttingen Matrikel Nr. 17924.

Nr. 40
Dietz, Johann (Thomas) Andreas

I. Persönliche Daten

* 15.7.1701 in Wetzlar
+ 11.8.1752 in Wetzlar

Vater: Johann Heinrich Dietz, RKG-Prokurator
Mutter: Anna Wilhelmine geb. G(K)leen

Erste Heirat mit Anna Margarethe Hymme (1711-1733) am 7.7.1729

Zweite Heirat mit Susanna Maria Cornelia Lindheimer am 29.4.1742

Vater des RKG-Advokaten J. K. H. Dietz (aus 1. Ehe) und des RKG-Prokurators J. J. Chr. Dietz (aus 2. Ehe)

II. Ausbildung

Studium: Wetzlar (privat), Straßburg (imm. stud. iur. 4.9.1721, imm. cand. iur. 3.1.1724)
Promotion zum Lizentiaten in Straßburg
Inauguraldisputation: "De proclamate Camerali." 1724.

III. Karriere am RKG

Generalexamen: 29.4.1726
Aufschwörung Advokat: 17.7.1726
Aufschwörung Prokurator: 2.9.1735

IV. Nachweise

BAF AR 1-IV C 15 fol. 62; StAW RöSt 33; Biogr. Rep. (D) Nr. 391; Kameralkalender; Fahnenberg S. 280; Matrikel Straßburg II S. 347 (Nr. 4500), II S. 562 (Nr. 1027); Mitglieder.

Nr. 41
Dietz, Johann Heinrich

I. Persönliche Daten

* 20.5.1658 in Friedberg/Hessen
+ 16.12.1739 in Wetzlar

Vater: Nikolaus Dietz, Faßbinder in Friedberg
Mutter: Anna Katharina geb. Fender

Erste Heirat mit Maria Margarethe Herpel (1660-1690) am 5.7.1687

Vater des RKG-Prokurators (Thomas) Andreas Dietz

Zweite Heirat mit Anna Wilhelmine G(K)leen im Jahr 1698

II. Ausbildung

Studium: Wittenberg (imm. 28.4.1677), Gießen

Promotion in Basel (imm. cand. iur. WS 1687/88) zum Doktor
Inauguraldisputation: "Sacratissimi imperatoris Iustiniani regulae iuris diversae" unter Präses Jakob Brinkard. 21 S., 23.5.1687.

Praktikum: 7 Jahre in Friedberg und Wetzlar

III. Karriere am RKG

Generalexamen: 9.6.1694
Aufschwörung Advokat: 6.7.1694
Aufschwörung Prokurator: 7.4.1702

IV. Nachweise

BAF AR 1-IV C 4 fol. 124; StAW RöSt 33; Kameralkalender; Biogr. Rep. (D) Nr. 395, Disp. Nr. 470; Mommsen Nr. 1856; Findbuch; Matrikel Basel IV S. 199 (Nr. 1186); Matrikel Gießen I S. 82; Immatrikulationsdatum Wittenberg nach Matrikel Basel.

Nr. 42
Dietz, Johann Jacob Christian

I. Persönliche Daten

* 1.4.1749 in Wetzlar
+ 28.4.1807 in Wetzlar

Augsburger Konfession

Vater: Johann (Thomas) Andreas Dietz, RKG-Prokurator
Stiefvater: Johann Friedrich Lang-(e)n), RKG-Prokurator
Mutter: Susanna Maria Cornelia geb. Lindheimer

Heirat mit Karoline Buff (1751-1815) am 19.6.1777

Vater des RKG-Advokaten Friedrich (Cornelius) Dietz

II. Ausbildung

Studium: Gymnasium Itstein (5 Jahre), Tübingen (imm. 29.10.1768), Marburg (imm. 7.10.1769)

Promotion in Marburg zum Lizentiaten
Inauguraldisputation: "De spolio qualificato" unter Präses Aemilius Ludwig Hombergk zu Vach. 31 S., 2.7.1771.

Praktikum: 1 Jahr in Wetzlar beim Stiefvater J. F. Lang

III. Karriere am RKG

Generalexamen: 16.5.1771
Aufschwörung Advokat: 14.11.1777
Aufschwörung Prokurator: 26.10.1787

IV. Nachweise

BAF AR 1-IV A 7 fol. 568; StAW RöSt 33; Kameralkalender; Biogr. Rep. (D) Nr. 397, Disp. Nr. 923; Mundt Nr. 6534; Fahnenberg S. 277; Findbuch; Matrikel Marburg (Suchbuch) S. 65; Matrikel Tübingen Nr. 36699; Mitglieder.

Nr. 43
Dilg, Georg Joseph (Ignaz)

I. Persönliche Daten

* 1739 Marktgrafschaft Baden
+ unbekannt (in den Kameralkalendern bis 1778 nachgewiesen)

Vater: Ignatz Dilg, Generalsteuereinnehmer in Baden
Mutter: Franziska, geb. Sattler

II. Ausbildung

Studium: Straßburg (imm. stud. iur. 5.6.1758), Mainz (3 Jahre)

Promotion in Gießen (imm. 9.4.1767) zum Lizentiaten
Inauguraldisputation: "Theses ex universo iure." 9.4.1767.

Praktikum: in Wetzlar (1763-1767)

III. Vorkarriere

zum Zeitpunkt der Promotion war Dilg Sekretär des Grafen von Spaur (ks. Rat und Richter am RKG).

IV. Karriere am RKG

Generalexamen: 5.5.1767
Aufschwörung Advokat: 7.9.1767

V. Nachweise

BAF AR 1-IV B 2 Bd. 15; Kameralkalender; Biogr. Rep. (D) Nr. 409, Disp. Nr. 903; Schüling S. 211. Schmidt-Scharff S. 306; Matrikel Gießen II S. 61; Matrikel Straßburg II S. 418 (Nr. 6521).

Nr. 44
Döler, Joachim (Johann) He(i)nrich

I. Persönliche Daten

* 14.9.1680 in Speyer
+ unbekannt (in den Kameralkalendern bis 1731 nachgewiesen)

Vater: Johann Georg Döler, Advokat und Prokurator
Mutter: Martha geb. Hausmann

Augsburger Konfession

II. Ausbildung

Studium: Gießen (imm. 30.8.1699), Jena (1 Jahr), Groningen

Promotion in Groningen zum Doktor im Jahr 1706

Praktikum: in Wetzlar (3 Jahre) und in der Grafschaft Homburg (1711-1715)

III. Karriere am RKG

Generalexamen: 11.2.1715
Aufschwörung Advokat: 29.3.1715

IV. Nachweise

BAF AR 1-IV B 2 Bd. 1 fol. 14 ff.; Kameralkalender; Matrikel Gießen I S. 137

Nr. 45
Duckenberg, Johannes

I. Persönliche Daten

* 1702 in Marburg
+ unbekannt (in den Kameral-
kalendern bis 1740 nachgewiesen)

Vater: Ferdinand Duckenberg, Schneider
Mutter: Maria Gertrud geb. Will

Augsburger Konfession

II. Ausbildung

Studium: Marburg (imm. 2.9.1719), Rinteln (1725)

Promotion in Rinteln zum Lizentiaten
Inauguraldisputation: "Observationes circa homicidium dolosum eiusdemque poenam" unter Praeses Friedrich Ulrich Pestel. 16.9.1735.

Praktikum: insgesamt 2 1/2 Jahre (seit 1735), davon 1/2 Jahr (1737) in Wetzlar bei Dr. Goy

III. Karriere am RKG

Generalexamen: 5.6.1737
Aufschwörung Advokat: 20.9.1737

IV. Nachweise

BAF AR 1-IV B 2 Bd. 6; Kameralkalender; Biogr. Rep. (D) Nr. 703, Disp. Nr. 772; Schmidt-Scharff S. 301; Matrikel Marburg (Suchbuch) S. 70; Studenten Rinteln S. 32 (Nr. 438).

Nr. 46
Duil(l), Johann Jacob

I. Persönliche Daten

*1700 in Wulfershausen, Grafschaft Wied
+ Mai 1781 (Ort unbekannt)

Vater: Johannes Duil(l), Administrator in der Grafschaft Berlenburg
Mutter: Anna Katharina geb. Hoffmann

Augsburger Konfession

Heirat mit Maria Anna Bürmann

Vater des RKG-Advokaten Franz (Friedrich) Ernst Duil

II. Ausbildung

Studium: Herborn (imm. 1716), Marburg (imm. 26.4.1721), Wetzlar

Promotion zum Lizentiaten in Marburg
Inauguraldisputation: "De iure emtoris praedii, expellendi eius conductorem." 40 S., 2.5.1730.

III. Vorkarriere

zum Zeitpunkt der *Promotion* war Duill Anwalt in der Grafschaft Wied

IV. Karriere am RKG

Generalexamen: 5.10.1730
Aufschwörung Advokat: 27.10.1730
Aufschwörung Prokurator: 18.3.1740

V. Nachweise

BAF AR 1-IV B 2 Bd. 2; StAW RöSt 33; Kameralkalender; Biogr. Rep. (D) Nr. 751, Disp. Nr. 757; Mundt Nr. 7048; Findbuch; Matrikel Marburg (Suchbuch) S. 70; Matrikel Herborn (Register) S. 552.

Nr. 47
Duill, Franz (Friedrich) Ernst

I. Persönliche Daten

* 1736 Run(c)kel/Grafsch. Wied
\+ 31.5.1791 in Wetzlar

Vater: Johann Jacob Duill, Prokurator am RKG
Mutter: Maria Anna geb. Bu(ü)rmann

Augsburger Konfession

II. Ausbildung

Studium: Wetzlar (bei Lt. Bernegger), Marburg (imm. 14.4.1755)

Promotion in Marburg zum Lizentiaten
Inauguraldisputation: "De iudiciis censoriis vulgo Ruge-Gerichten speciatim de iis, quae in dynastia Wedano-Roncaliensi semel per annum solemniter celebrantur." September 1758.

Praktikum: in Wetzlar bei Dr. Rasor für 1 Jahr (1758)

III. Karriere am RKG

Generalexamen: 8.3.1759
Aufschwörung Advokat: 8.5.1761
Prokurator (1781)

IV. Nachweise

BAF AR 1-IV B 2 Bd. 12; StAW RöSt 33; Kameralkalender; Biogr. Rep. (D) Nr. 750, Disp. Nr. 880; Findbuch HStA Wiesbaden Nr. 2905, 3265, 3266, 3267, 3386, 3387; Matrikel Marburg (Suchbuch) S. 70.

Nr. 48
Eh(e)mann, Joseph Leopold (Ferdinand)

I. Persönliche Daten

* 1739 in Bartenstein/Franken
\+ unbekannt (in den Kameralkalendern bis 1775 nachgewiesen)

Vater: Ferdinand Ehemann, Pedell am RKG
Mutter: Juliana geb. Fischer

II. Ausbildung

Studium: Wetzlar, Marburg (imm. 30.4.1760)

Promotion in Gießen (imm. 28.7.1763) zum Lizentiaten
Inauguraldisputation: "Theses inaugurales." 28.7.1763.

Praktikum: in Wetzlar bei den Ltn. Loskant und Haas (1761-1763)

III. Karriere am RKG

Generalexamen: 20.6.1763
Aufschwörung Advokat: 3.3.1764

IV. Nachweise

BAF AR 1-IV B 2 Bd. 13; Kameralkalender; Biogr. Rep. (E) S. 143; Ranieri, Jur. Diss. Nr. 50889; Schüling S. 199; Schmidt-Scharff S. 306; Matrikel Gießen II S. 65; Matrikel Marburg (Suchbuch) S. 74.

Nr. 49
Eichrodt, Johann

I. Persönliche Daten

* in Speyer
+ (unbekannt, in den Kameralkalendern bis 1699 nachgewiesen)

II. Ausbildung

Studium: Freiburg (imm. 15.11.1653), Würzburg (imm. 22.1.1655), Ingolstadt (imm. 12.6.1656)

Akademischer Grad: Lizentiat

III. Karriere am RKG

Aufschwörung Advokat: 19.5.1659
Aufschwörung Prokurator: 13.2.1661

IV. Nachweise

Kameralkalender; Biogr. Rep. (E) S. 183; Findbuch; Matrikel Würzburg Nr. 5205; Matrikel Ingolstadt II/2 S. 808/24; Matrikel Freiburg I 2 S. 932/32.

Nr. 50
Em(m)erich, Philipp Jacob

I. Persönliche Daten

* 1740 in Wetzlar
+ 5.4.1808 (Ort unbekannt)

Konfession: römisch-katholisch

Vater: Johann Sebastian Emmerich (1703-69), Postmeister in Wetzlar
Mutter: Maria Katharina geb. Frech (1701-1787)

Heirat mit Katharina Merzig am 28.12.1767

II. Ausbildung

Studium: Wetzlar, Mainz (4 Jahre)

Promotion in Gießen (imm. 28.7.1763) zum Lizentiaten
Inauguraldisputation: "Dissertatio inauguralis tractans quaestionem: An regalia possint praescribi?" 16 S., 28.7.1763.

Praktikum: in Wetzlar bei den Ltn. Haas und Brand (1761-63)

III. Karriere am RKG

Generalexamen: 20.6.1763
Aufschwörung Advokat: 3.3.1764
Aufschwörung Prokurator: 5.7.1780

IV. Nachweise

BAF AR 1-IV B 2 Bd. 13; RöSt StAW 34; Kameralkalender; Schüling S. 200; Findbuch; Schmidt-Scharff S. 306, Matrikel Gießen II S. 67; Mitglieder.

Nr. 51
Endt am, Georg Philipp

I. Persönliche Daten

unbekannt (in den Kameralkalendern bis 1694 nachgewiesen)

II. Karriere am RKG

Aufschwörung Advokat: 7.2.1651

III. Nachweis

Kameralkalender

Nr. 52
Erhardt, Johann Georg

I. Persönliche Daten

* 1651 in Speyer
+ 9.1.1702 (Ort unbekannt)

Vater: Eucharius Erhard(t)
Mutter: Anna geb. Bremer

Augsburger Konfession

II. Ausbildung

Studium: Altdorf (imm. 20.9.1670), Straßburg (imm. stud. iur. 20.8.1673), Heidelberg

Promotion in Heidelberg zum Doktor
Inauguraldisputation: "Iura opificum emendata sive disputatio inauguralis de iuribus, statutis, pactis, et consuetudinibus opificum in constitutionibus imp. emendatis vel emendandis".
26 S., 30.10.1675

III. Karriere am RKG

Generalexamen: 19.4.1678
Aufschwörung Advokat: 22.3.1678
Aufschwörung Prokurator: 27.10.1680

IV. Nachweise

BAF AR 1-IV C Bd. 2 fol. 178; Kameralkalender; Biogr. Rep. (E) S. 426; Ranieri, Jur. Diss. Nr. 50345; Findbuch; Matrikel Altdorf Nr. 11098; Matrikel Straßburg II S. 298.

Nr. 53
Faber, Johann Justus

I. Persönliche Daten

* 1658 (Ort unbekannt)
+ 27.7.1735 in Wetzlar

Erste Heirat mit Eleonore Margarethe geb. v. Eib (1669-1702), 30.12.1693

Zweite Heirat mit Anna Katharina geb. v. Krebs (1686-1762) am 17.11.1705

II. Ausbildung

Akademischer Grad: Doktor

III. Karriere am RKG

Aufschwörung Advokat: 12.12.1684
Aufschwörung Prokurator: 27.3.1711

IV. Nachweise

Kameralkalender; RöSt StAW 34; Findbuch.

Nr. 54
Fashauer, Johann Heinrich

I. Persönliche Daten

* 1748 in Wetzlar
\+ 6.9.1790 (Ort unbekannt)

Vater: Christian Fashauer, reitender Bote am RKG
Mutter: Margarete geb. Frech

Konfession: römisch-katholisch

II. Ausbildung

Studium: Wetzlar, Marburg (imm. 14.4.1768)

Promotion zum Lizentiaten in Gießen (imm. 14.11.1787) in Abwesenheit

III. Karriere am RKG

Generalexamen: 18.7.1787
Aufschwörung Advokat: 16.11.1787

IV. Nachweise

BAF AR 1-IV B 2 Bd. 21; Kameralkalender; Schüling S. 251; Gießen Matrikel II S. 84.

Nr. 55
F(o)eller, Johann Friedrich Christian

I. Persönliche Daten

* 1751 in Wetzlar
\+ 28.7.1810 (Ort unbekannt)

Vater: Johann Wilhelm Feller, Kaligraph, Rechner am RKG
Mutter: Christine Elisabeth geb. Solden(au)

Augsburger Konfession

II. Ausbildung

Studium: Wetzlar (8 ½ Jahre bei Rat Bernecker, Dr. Balemann, RKG-Prokurator Werner), Gießen (imm. 6.4.1768)

Promotion in Gießen zum Lizentiaten
Inauguraldisputation: "Theses inaugurales". 29.10.1787.

Praktikum: in Wetzlar bei Rat Bernecker und Dr. Bostel (1772)

III. Karriere am RKG

Generalexamen: 3.8.1781
Aufschwörung Advokat: 16.11.1787
Prokurator (1800)

IV. Nachweise

BAF AR 1-IV B 2 Bd. 21; Kameralkalender; Schüling S. 251; Findbuch HStA Wiesbaden Nr. 3269, 3208, 3441; Schmidt-Scharff S. 309; Matrikel Gießen II S. 71.

Nr. 56
Fenner, Christian Friedrich

I. Persönliche Daten

* 1720 in Lauterbach	*Vater*: Johann Jakob Fenner, Kircheninspektor
+ unbekannt (in den Kameralkalendern bis 1764 nachgewiesen)	*Mutter*: Kunigunde geb. Goy

Augsburger Konfession

II. Ausbildung

Studium: Marburg (imm. 11.5.1737), Jena (imm. 2.10.1738)

Promotion in Marburg zum Lizentiaten
Inauguraldisputation: „De appellatione extrajudiciali, an impediat attentata.“ 1742.
Praktikum: 4 Jahre in Wetzlar bei Dr. Goy (1740-44)

III. Karriere am RKG

Generalexamen: 12.6.1744
Aufschwörung Advokat: 9.4.1745

IV. Nachweise

BAF AR I - IV B 2 Bd. 8; Kameralkalender; Fahnenberg S. 281; Matrikel Marburg (Suchbuch) S. 86; Matrikel Jena III S. 324.

Nr. 57
Fischer, Ernst Carl Christian

I. Persönliche Daten

* 1713 in Weilburg (Nassau)
+ 1763 (Ort unbekannt)

Augsburger Konfession

Vater: Anton Christian Fischer, Regierungsrat in Weilburg
Mutter: Johanna Dorothea geb. Klendein

II. Ausbildung

Studium: in Gießen (imm. 11.4.1733), Jena (6.10.1734), Halle

Promotion in Marburg (imm. 21.11.1740) zum Doktor
Inauguraldisputation: „De actione spolii." 27 S., 19.12.1740.

Praktikum: 5 Jahre in Wetzlar ab 1737

III. Karriere am RKG

Generalexamen: 30.5.1742
Aufschwörung Advokat: 24.10.1742
Prokurator (1756)

IV. Nachweise

BAF AR 1 - IV B 2 Bd. 8; Kameralkalender; Mundt Nr. 8902; Findbuch HStA Stuttgart Nr. 1494; Matrikel Gießen II S. 72; Matrikel Marburg (Suchbuch) S. 88; Matrikel Jena III S. 239.

Nr. 58
Flach, Franz Albert

I. Persönliche Daten

* 19.10.1764 in Wetzlar
+ unbekannt

Konfession: römisch-katholisch

Vater: Johann Joseph Flach, Prokurator am RKG
Mutter: Antonia geb. Wolff

Heirat mit Dorothea geb. Kirschbaum

Halbbruder des RKG-Prokurators Joseph Franz Flach

II. Ausbildung

Studium: Wetzlar (4 Jahre bei Rat Bernecker), Heidelberg (imm. 15.11.1781)

Akademischer Grad: Lizentiat

Praktikum: 1 ½ Jahre in Wetzlar bei Lt. Brack und beim Vater Johann Joseph Flach

III. Karriere am RKG

Generalexamen: 14.3.1785
Aufschwörung Advokat: 16.11.1787
Aufschwörung Prokurator: 23.12.1796

IV. Nachweise

BAF AR 1 - IV B 2 Bd. 22; STAW RöST 34; Kameralkalender; Findbuch; Matrikel Heidelberg IV S. 318.

Nr. 59
Flach, Johann Joseph

I. Persönliche Daten

* 15.11.1731 in Wetzlar
+ 5/6.8.1781 in Wetzlar

Konfession: römisch-katholisch

Erste Heirat mit Antonia geb. Wolff (+ 1773) am 4.10.1763

Zweite Heirat mit Katharina Ther. geb. Reuss (1739-1807), 27.10.1773

Vater: Johann Martin Flach (1688-1755), Protonotar am RKG
Mutter: Franziska Albertina geb. Feiner (+ 1773)

Vater der RKG-Prokuratoren Franz Albert (aus erster Ehe) und Joseph Franz Flach (aus zweiter Ehe)

II. Ausbildung

Studium: Wetzlar, Mainz (imm. 2.5.1750), Marburg (imm. 13.10.1752)

Promotion in Marburg (imm. 13.10.1752) zum Lizentiaten
Inauguraldisputation: „De eo quod justum est circa mandatarium fines mandati excedentem.“ 21 S., 25.10.1752.

Praktikum: 2 Jahre in Wetzlar bei Lt. Loskant

III. Karriere am RKG

Generalexamen: 3.2.1753
Aufschwörung Advokat: 21.3.1755
Aufschwörung Prokurator: 1.7.1762

IV. Nachweise

BAF AR 1 - IV B 2 Bd. 11; STAW RöST 34; Kameralkalender; Mundt Nr. 8992; Findbuch; Biogr. Rep. (Datenbank); Matrikel Marburg (Suchbuch) S. 89; verzeichnis Mainz S. 325.

Nr. 60
Flach, Joseph Franz

I. Persönliche Daten

* 21.11.1775 in Wetzlar
\+ unbekannt (in den Kameralkalendern bis 1806 nachgewiesen)

Vater: Johann Joseph Flach, Prokurator am RKG
Mutter: Katharina Theresia geb. Reuss

Konfession: römisch-katholisch

Heirat mit Maria Magdalena Huckehorn

Halbbruder des RKG-Prokurators Franz Albert Flach

II. Ausbildung

Studium: Gießen (imm. 14.5.1794)

Akademischer Grad: Lizentiat

III. Karriere am RKG

Generalexamen: 20.4.1799
Aufschwörung Advokat: 7./17.6.1799
Aufschwörung Prokurator: 27.1.1804

IV. Nachweise

BAF AR 1 - IV C 65 fol. 93; STAW RöST 34; Kameralkalender; Findbuch; Matrikel Gießen II S. 73.

Nr. 61
Flender, Johann Anton Friedrich (Henrich)

I. Persönliche Daten

* 22.1.1679 in Wetzlar
+ 27.12.1713 in Wetzlar

Konfession: römisch-katholisch

Vater: Johann Henrich Flender, Prokurator am RKG
Mutter: Claudia Elisabetha geb. Klinck

Heirat mit Anna Regina Antonius

II. Ausbildung

Studium: Wetzlar, Gießen (imm. 25.4.1697)

Übungsdisputation: „De servitute tacite constituta, dissertatio" unter Präses Johann Nikolaus Hert. 16.3.1699.
Promotion in Gießen zum Lizentiaten
Inauguraldisputation: „De differentiis ultimarum voluntatum et conventionum." 20 S., 28.9.1699.

Praktikum: in Wetzlar beim Vater Johann Henrich Flender (für einige Jahre)

III. Karriere am RKG

Generalexamen: 1.4.1702
Aufschwörung Advokat: 17.7.1702
Prokurator (1713)

IV. Nachweise

BAF AR 1 - IV C 4 fol.300; STAW RöST 34, Kameralkalender; Schüling 1, Nr. 1644 und 1658; Findbuch HStA Stuttgart Nr. 792; Biogr. Rep. (Datenbank); Matrikel Gießen I. S. 130.

Nr. 62
Flender, Johann Georg

I. Persönliche Daten

* 1701 in Nassau / Siegen	*Vater*: Johann Flender,
+ unbekannt (in den Kameral-	Senator in Siegen
kalendern bis 1731 nachgewiesen)	*Mutter*: unbekannt

Konfession: römisch-katholisch

II. Ausbildung

Studium: Würzburg

Promotion in Marburg (imm. 21.9.1726) zum Lizentiaten
Inauguraldisputation: „De jurisdictione imperatoris Romano-Germanici et supremorum imperii tribunalium." 48 S., 8.10.1726.

III. Karriere am RKG

Generalexamen: 6.11.1726
Aufschwörung Advokat: 30.5.1727

IV. Nachweise

BAF AR 1 - IV C 15 fol. 96; Kameralkalender; Mundt Nr. 9077; Fahnenberg S. 249; Matrikel Marburg (Suchbuch) S. 89.

Nr. 63
Flender, Johann Henrich

I. Persönliche Daten

* 2.1.1650 in Nassau-Siegen	*Vater*: Henrich Flender
+ 14.4.1726 in Wetzlar	*Mutter*: Elisabeth geb. Culpach

Konfession: römisch-katholisch

Heirat mit Claudia Elisabetha Klinck (1646-1719)	Vater des RKG-Advokaten Johann Anton Friedrich Flender

II. Ausbildung

Studium: Köln, Marburg (imm. 9.5.1670)

Promotion in Gießen (imm. 11.2.1690) zum Lizentiaten
Inauguraldisputation: „De re monetaria." 27.2.1690.

III. Vorkarriere

Kurtrierischer Propstschultheiß und Syndikus des Marienstifts in Wetzlar (seit 1674)

IV. Karriere am RKG

Generalexamen: 16.2.1693
Aufschwörung Advokat: 15.5.1693
Aufschwörung Prokurator: 15.5.1693

V. Nachweise

BAF AR 1 - IV C 4 fol. 77; Kameralkalender; STAW RöST 34; Schüling 1, Nr. 1392; Findbuch; Matrikel Gießen I S. 110; Matrikel Marburg (Suchbuch) S. 89.

Nr. 64
Föller, Johann Adam Anton

I. Persönliche Daten

* 1700 in Köln
\+ unbekannt (in den Kameralkalendern bis 1729 nachgewiesen)

Vater: Arnold Henrich Föller, Dr. iur., Advokat in Köln
Mutter: Anna geb. Gehmann

Konfession: römisch-katholisch

II. Ausbildung

Studium: Köln (1716)

Promotion in Köln zu Lizentiaten im Jahre 1721

Praktikum: 2 Jahre in Köln und 1 Jahr in Wetzlar

III. Karriere am RKG

Generalexamen: 27.1.1723
Aufschwörung Advokat: 19.2.1723

IV. Nachweise

BAF AR 1 - IV C 13 fol. 18v; Kameralkalender.

Nr. 65
Forsch, Elias Adam

I. Persönliche Daten

* 1713 in Gemünden/Franken	*Vater*: Johann Wilhelm Forsch,
+ unbekannt (in den Kameral-	kurmainzischer Zolleinnehmer
kalendern bis 1748 nachgewiesen)	*Mutter*: Anastasia geb. Rosmann

II. Ausbildung

Studium: Würzburg (2 Jahre), Mainz (4 Jahre)

Promotion in Mainz zum Lizentiaten im Jahre 1736

Praktikum: 1 ½ Jahre in Mainz und 9 Monate in Wetzlar (1735-37)

III. Karriere am RKG

Generalexamen: 5.6.1737
Aufschwörung Advokat: 20.9.1737
Aufschwörung Prokurator: 18.3.1740

IV. Nachweise

BAF AR 1 - IV B 2 Bd. 6; Kameralkalender; Findbuch.

Nr. 66
Frech, Johann Eberhard

I. Persönliche Daten

* 2.6.1667 in Wetzlar	*Vater*: Jost (Jacob) Frech
+ 18.5.1734 (Ort unbekannt)	*Mutter*: Christina geb. Weisel

Augsburger Konfession

Heirat mit Maria Elisabeth geb.	Vater des RKG-Prokurators Johann
Helcker (Hölscher) (1699-1789)	Eberhard Philipp Christoph Frech

II. Ausbildung

Studium: Gießen (imm. 31.5.1689), Wittenberg, Jena (imm. 14.6.1692)

Promotion in Gießen zum Doktor
Inauguraldisputation: „De jure tutelae necessariae." 1.11.1694.

III. Karriere am RKG

Generalexamen: 3.10.1713
Aufschwörung Advokat: 28.2.1714
Aufschwörung Prokurator: 16.1.1726

IV. Nachweise

BAF AR 1 - IV C 7 fol. 224; Kameralkalender; STAW RöST 34; Schüling 1, Nr. 1498; Findbuch; Matrikel Gießen I S. 109; Matrikel Jena II S. 274.

Nr. 67
Frech, Johann Eberhard Philipp Christoph

I. Persönliche Daten

* 21.5.1730 in Wetzlar
+ 16.11.1780 in Wetzlar

Augburger Konfession

Vater: Johann Eberhard Frech, Prokurator am RKG
Mutter: Maria Elisabeth geb. Helcker (Hölscher)

Heirat mit Wilhelmine Friderike Ruland am 27.10.1772

II. Ausbildung

Studium: Wetzlar (1750), Gießen (imm. 11.12.1752), Göttingen (imm. 3.5.1753)
Promotion in Gießen (imm. 10.5.1758) zum Lizentiaten
Inauguraldisputation: „Dissertatio inauguralis juridica sistens quaestionem: An jurisdictio camerae imperialis ex lege unica codicis quando imperator inter pupillos vel viduas etc. sit fundata?" 8 S., 12.5.1758.

Praktikum: 4 Jahre in Wetzlar ab 1754

III. Karriere am RKG

Generalexamen: 2.8.1758
Aufschwörung Advokat: 8.5.1761
Aufschwörung Prokurator: 5.7.1780

IV. Nachweise

BAF AR 1 - IV B 2 Bd. 12; STAW RöST 34; Kameralkalender; Schüling S. 192; Fahnenberg S. 256; Findbuch; Gießen Matrikel II S. 75; Göttingen Matrikel Nr. 4283.

Nr. 68
Frech, Johann Sebastian

I. Persönliche Daten
* 29.1.1757 in Wetzlar
+ 1.12.1831 (Ort unbekannt)

Augsburger Konfession

Heirat mit Maria Anna Hofmann (1772-1847) am 2.5.1793

Vater: Heinrich Philipp Frech, Hauptmann des Oberrheinischen Kreises
Mutter: Anna Margarete geb Gerlach (verw. Simon)

Neffe des RKG-Prokurators Philipp Christoph Frech

II. Ausbildung

Studium: Gießen (imm. 18.9.1775), Wetzlar (2 Jahre)

Promotion in Gießen zum Doktor
Inauguraldisputation: „Periculum quaestionis ceterum forensis de bonis suis collectas magistratui domicilii pendere obligetur.“ 50 S., 27.5.1779.

Praktikum: in Wetzlar bei Lt. Bostel und Assessor v. Dittfurth (1777)

III. Karriere am RKG

Generalexamen: 19.7.1780
Aufschwörung Advokat: 19.5.1783
Aufschwörung Prokurator: 6.6.1791

IV. Nachweise

BAF AR 1 - IV B 2 Bd.20; Kameralkalender; STAW RöST 34; Schüling S. 234; Findbuch; Schmidt-Scharff S. 311; Matrikel Gießen II S. 75.

Nr. 69
Frohn von, Peter (Josef) Anton

I. Persönliche Daten

* 1774 in Koblenz
\+ unbekannt

Vater: Ludwig von Frohn,
Assessor am RKG
Mutter: Margaretha geb. Ott

Konfession: römisch-katholisch

II. Ausbildung

Studium: Gießen (imm. 28.4.1790), Würzburg (imm. 26.11.1791), Marburg (imm. 19.4.1793)
Akademischer Grad: Lizentiat

Praktikum: beim Vater Ludwig von Frohn in Wetzlar (1798)

III. Karriere am RKG

Generalexamen: 31.3.1798
Aufschwörung Advokat: 21.5.1798

IV. Nachweise

BAR AR 1 - IV C 64 fol. 98; Kameralkalender; Schmidt-Scharff S. 316; Matrikel Gießen II S. 77; Matrikel Würzburg Nr. 23352; Matrikel Marburg (Suchbuch) S. 94.

Nr. 70
Fuchs, Johann Paul

I. Persönliche Daten

* Speyer
\+ unbekannt (in den Kameralkalendern bis 1714 nachgewiesen)

II. Ausbildung

Promotion in Tübingen zum Doktor
Inauguraldisputation: „Inimicita cum potioribus, quos in jure habet, effectibus" unter Präses Johann Andreas Frommann.40 S., November 1667.

III. Karriere am RKG

Aufschwörung Advokat: 7.7.1670
Aufschwörung Prokurator: 7.7.1672

IV. Nachweise

Kameralkalender; Mundt Nr. 9971; Findbuch; Biogr. Rep. (Datenbank).

Nr. 71
Fürstenau, Johann Gottlob

I. Persönliche Daten

* 1743 in Lübeck
\+ 9.5.1815 (Ort unbekannt)

Augsburger Konfession

Vater: Bernhard Carl Fürstenau, Kaufmann in Lübeck
Mutter: Johanna Friederika geb. Carpzow

II. Ausbildung

Studium: Helmstedt (imm. 10.4.1761)

Promotion in Kiel (imm. 11.12.1767) zum Doktor
Inauguraldisputation: "De dispositione usufructuaria matris viduae ex iure Germanico speciatim Lubecensi." 56 S., 1767.

Praktikum: 3 Jahre in Lübeck

III. Karriere am RKG

Generalexamen: 16.5.1771
Aufschwörung Advokat: 14.11.1777
Aufschwörung Prokurator: 6.11.1789

IV. Nachweise

BAF AR 1 - IV A 7 fol. 568v; Kameralkalender; Findbuch; Biogr. Rep. (Datenbank); Matrikel Helmstedt Nr. 9671; Album Kiel Nr. 5056; Mitglieder.

Nr. 72
Geibel, Georg Andreas

I. Persönliche Daten

* 15.7.1672 in Lundorf(f)/Hessen
+ 11.2.1732 in Wetzlar

Augsburger Konfession

Erste Heirat mit Anna Magdalena Wieger (+ 1702) am 14.10.1699
Zweite Heirat mit Maria Lucretia Arcolina (1679-1740)

Vater: Johann Balthasar Geibel, Syndicus
Mutter: Anna Katharina geb. Gissler

Vater des RKG-Advokaten Johann Daniel Geibel (aus zweiter Ehe)

II. Ausbildung

Studium: Gießen (imm. 12.3.1687), Marburg

Promotion in Gießen zum Lizentiaten im Jahre 1696

Praktikum: 5 Jahre im Fürstentum Waldens/Hessen, 3 Jahre in Wetzlar

III. Karriere am RKG

Generalexamen: 1.3.1697
Aufschwörung Advokat: 18.3.1697
Aufschwörung Prokurator: 7.4.1702

IV. Nebenkarriere

1722 Landrat und Stadtvogt

IV. Nachweise

BAF AR 1 - IV C 4 fol. 200; Kameralkalender; STAW RöST 35; Findbuch; Matrikel Gießen I S. 102.

Nr. 73
Geibel, Johann Daniel

I. Persönliche Daten
* 25.7.1706 in Wetzlar
+ 28.3.1732 in Wetzlar

Augsburger Konfession

Vater: Georg Andreas Geibel, Prokurator im RKG
Mutter: Maria Lucretia geb. Arcolina

II. Ausbildung

Studium: Wetzlar (1722), Altdorf (imm. 16.6.1725)

Promotion in Altdorf zum Lizentiaten im Jahre 1729
Inauguraldisputation: "Tritum sermone proverbium: Parvi fures suspenduntur, magni dimittuntur, vel in crumena puniuntur, sive marsupio reconduntur, Kleine Diebe hängt man, die grossen läßt man laufen, oder strafft man im Beutel" unter Präses Johann Georg Fichtner. 152 S., November 1726.
Praktikum: beim Vater Georg Andreas Geibel in Wetzlar

III. Karriere am RKG

Generalexamen: 2.6.1729
Aufschwörung Advokat: 16.9.1729

IV. Nachweise

Kameralkalender; BAF AR 1 - IV B 2 Bd. 2; STAW RöST 35; Biogr. Rep. (Datenbank); Matrikel Altdorf Nr. 16122.

Nr. 74
Gerster, Johann Valentin

I. Persönliche Daten

* 1728 in Winkel/Rheingau
\+ unbekannt (in den Kameralkalendern bis 1760 nachgewiesen)

Vater: Johann Peter Gerster, Schöffe Winkel/Rheingau, im Dienst des Frhr. v. Greifenklau
Mutter: Christina geb. Rheinberger

Konfession: römisch-katholisch

II. Ausbildung

Studium: Mainz (20.9.1747 bacc. phil., 20.9.1748 mag. phil.)

Promotion in Marburg (imm. 13.10.1752) zum Lizentiaten
Inauguraldisputation: "De perduellione". 28 S., 26.10.1752.

Praktikum: 2 Jahre in Wetzlar bei Ltn. Gondela und Loskant

III. Karriere am RKG

Generalexamen: 3.2.1753
Aufschwörung Advokat: 21.3.1755

IV. Nachweise

BAF AR 1 - IV B 2 Bd. 11; Kameralkalender; Biogr. Rep. (Datenbank); Verzeichnis Mainz S. 365; Matrikel Marburg (Suchbuch) S. 102.

Nr. 75
Goll, (Fidel) Carl Amand

I. Persönliche Daten

* 1729 in Oberkirch/Straßburg
+ 2.3.1794

Vater: Franz Remigius Goll
Mutter: Maria Theresia geb. Rokopff

Konfession: römisch-katholisch

Heirat mit Katharina geb. Bonn, Tochter des RKG-Protonotars Bonn

Vater des RKG-Advokaten Ignatz Goll

II. Ausbildung

Studium: Straßburg (imm. stud. iur. 9.11.1748, imm. cand. iur. 13.6.1750)

Übungsdisputation in Straßburg: "De collationibus bonorum positiones selectas exhibens" unter Präses Johann Wieger. 16 S., 11.5.1750.

Promotion in Straßburg zum Lizentiaten

Praktikum: 2 Jahre in Wetzlar bei Lt. Bissing (1751-53)

III. Karriere am RKG

Generalexamen: 3.2.1753
Aufschwörung Advokat: 21.3.1755
Aufschwörung Prokurator: 1.7.1762

IV. Nachweise

BAF AR 1 - IV B 2 Bd. 11; Kameralkalender; Findbuch; Biogr. Rep. (Datenbank); Schmidt-Scharff S. 303; Matrikel Straßburg II S. 397 (Nr. 5918), II S. 591 (Nr. 1623).

Nr. 76
Goll, Igna(t)z

I. Persönliche Daten

* 1774 in Wetzlar
\+ unbekannt

Konfession: römisch-katholisch

Vater: Fidel Carl Amand Goll, Prokurator am RKG
Mutter: Katharina geb.Bonn, Tochter des RKG-Protonotars

II. Ausbildung

Studium: Wetzlar (bei Rat Bernecker), Marburg (imm. 1.5.1794)

Akademischer Grad: Lizentiat

Praktikum: in Wetzlar

III. Karriere am RKG

Generalexamen: 31.3.1798
Aufschwörung Advokat: 21.5.1798
Prokurator (1804)

IV. Nachweise

BAF AR 1 - IV C 64 fol. 98; Kameralkalender; Findbuch StA Osnabrück Nr. 5; Matrikel Marburg (Suchbuch) S. 109.

Nr. 77
Gombel, Henrich Jacob

I. Persönliche Daten

* 1756 in Wetzlar
\+ 30.12.1819 (Ort unbekannt)

Augsburger Konfession

Vater: Konrad Gombel (1706-1770), Gastwirt in Wetzlar
Mutter: Maria Carolina geb. Kirschner (1720-1758)

Heirat mit Johanette geb. Lange (1755-1816)

II. Ausbildung

Studium: Göttingen (imm. 16.10.1774)

Promotion in Gießen (imm. 28.6.1778) zum Doktor
Inauguraldisputation: „Generalia praecepta de austraegis, praesertim de caussis, in quibus illis locus sit." 32 S., Juni 1778.

Praktikum: 1 Jahr in Wetzlar (1777)

III. Karriere am RKG

Generalexamen: 20.10.1778
Aufschwörung Advokat: 19.5.1783
Aufschwörung Prokurator: 27.5.1791

IV. Nachweise

BAF AR 1 - IV B 2 Bd. 19; Kameralkalender; STAW RöST 35; Schüling S. 232; Fahnenberg S. 261; Findbuch; Schmidt-Scharff S. 311; Matrikel Göttingen Nr. 9935; Matrikel Gießen II S. 84; Mitglieder.

Nr. 78
Gondela, Simon Henrich

I. Persönliche Daten

* 1700 in Detmold/Westfalen
+ 12.11.1785 (Ort unbekannt)

Augsburger Konfession

Vater: Simon Henrich Gondela,
Gräflich Lippischer Hofpastor
Mutter: Johanna geb. Denie

Heirat mit Margaretha Ziegler (1700-1733)

II. Ausbildung

Studium: Halle (imm. stud. iur. 9.10.1721), Wetzlar (privat)

Promotion in Marburg (imm. 23.4.1726) zum Lizentiaten
Inauguraldisputation: "De amissione et redintegratione Actorum". 1726.

Praktikum: 3 Jahre in Wetzlar

III. Karriere am RKG

Generalexamen: 7.9.1726
Aufschwörung Advokat: 30.5.1727
Aufschwörung Prokurator: 2.9.1735

IV. Nachweise

BAF AR 1-IV C 15 fol. 93; StAW RöSt 35; Kameralkalender; Fahnenberg S. 284; Findbuch; Matrikel Halle-Wittenberg S. 178; Matrikel Marburg (Suchbuch) S. 109.

Nr. 79
Göring, Georg Nikolaus

I. Persönliche Daten

* 1675 in Nürnberg
+ unbekannt (in den Kameralkalendern bis 1714 nachgewiesen)

Vater: Nikolaus Göring
Mutter: unbekannt

Augsburger Konfession

II. Ausbildung

Studium: Altdorf (imm. stud. iur. 2.6.1691/25.4.1693)

Übungsdisputation in Altdorf: "De obligatione forensium ex iure statutario" unter Präses Heinrich Hildebrand. 32 S., 5.2.1698.

Promotion in Altdorf zum Lizentiaten
Inauguraldisputation: "De redintergrationi matrimonii." 32 S., 2.3.1699.

III. Karriere am RKG

Generalexamen: 4.3.1701
Aufschwörung Advokat: 18.3.1701

IV. Nachweise

BAF AR 1 - IV C 4 fol. 284; Kameralkalender; Mundt Nr. 11107; Biogr. Rep. (Datenbank); Matrikel Altdorf Nr. 12659, 12839.

Nr. 80
Goy, Johann (es)

I. Persönliche Daten

* 1687 in Marburg
+ 2.10.1745 (Ort unbekannt)

Augsburger Konfession

Vater: Johannes Goy,
Oberster Steuereinnehmer des Fürsten von Hessen-Kassel und Marburger Bürgermeister
Mutter: Anna Katharina geb. Heuser

II. Ausbildung

Studium: Marburg (imm. 13.11.1700), Gießen (imm. 14.5.1705)

Übungsdisputation in Gießen: "De necessaria ultimarum voluntatum praelectione" unter Präses Melchior Dethmar Grolmann. 54 S., 23.12.1709.

Promotion in Gießen zum Lizentiaten (später wohl auch noch zum Doktor)
Inauguraldisputation: "De transmissione hereditatis ex capite sanguinis." 32 S., 6.11.1710

III. Vorkarriere

zur Zeit der Ablegung des Generalexamens war Johanes Goy Advokat in Solms-Braunfels.

IV. Karriere am RKG

Generalexamen: 11.2.1715
Aufschwörung Advokat: 29.3.1715
Aufschwörung Prokurator: 24.5.1717

V. Nachweise

BAF AR 1 - IV B 2 Bd. 1; Kameralkalender; Schüling S. 46, 51; Findbuch; Marburg Matrikel (Suchbuch) S. 110; Gießen Matrikel I S. 159.

Nr. 81
Greineisen, Johann Eberhard

I. Persönliche Daten

* 1709 in Erbach
+ 20.8.1775 (Ort unbekannt)

Augsburger Konfession

Vater: Johann Ludwig Greineisen,
Hofrat des Grafen von Erbach
Mutter: Anna Katharina geb. Fabri

Heirat mit Dorothea geb. Weisenbruch

II. Ausbildung

Studium: Jena (imm. 8.10.1727), Straßburg (imm stud. iur. 5.7.1731, imm. cand. iur. 28.4.1732)
Promotion in Straßburg zum Lizentiaten
Inauguraldisputation: "De canone emphyteuticario". 27 S., 11.9.1732.

Praktikum: 2 Jahre in Wetzlar (1735-37)

III. Karriere am RKG

Generalexamen: 5.7.1737
Aufschwörung Advokat: 20.9.1737
Aufschwörung Prokurator: 4.7.1746

IV. Nachweise

BAF AR 1 - IV B 2 Bd. 6; Kameralkalender; Findbuch; Schmidt-Scharff S. 301; Biogr. Rep. (Datenbank); Matrikel Jena III S. 87; Matrikel Straßburg II S. 364 (Nr. 4990), II S. 570 (Nr. 1196).

Nr. 82
Greß(ss) von, Franz Philipp Felix

I. Persönliche Daten

* 1738 in Reichenberg/Grafschaft Katzenellenbogen
+ 26.1.1804 (Ort unbekannt)

Vater: Johann Liborius Gress, Leser am RKG
Mutter: Maria Sabina geb. Gelb

Konfession: römisch-katholisch

II. Ausbildung

Studium: Wetzlar, Trier

Akademischer Grad: Doktor

Praktikum: in Wetzlar und Reichenberg

III. Karriere am RKG

Generalexamen: 4.8.1760
Aufschwörung Advokat: 3.9.1763
Aufschwörung Prokurator: 5.9.1763

IV. Nachweise

BAF AR 1 - IV B 2 Bd. 12; Kameralkalender; Findbuch.

Nr. 83
G(K)rifft, Johann Leonhard

I. Persönliche Daten

* 1690 in Fulda
+ unbekannt (in den Kameralkalendern bis 1740 nachgewiesen)

Vater: Matthias Grifft, Amtmann in Mackenzell
Mutter: unbekannt

Konfession: römisch-katholisch

II. Ausbildung

Studium: Heidelberg (imm. 20.5.1712), Würzburg (imm. 30.1.1713)

Promotion in Gießen (imm. 24.8.1716) zum Lizentiaten

Praktikum: 2 Jahre in Wien und in Wetzlar bei den Ltn. Jung und Obrist (1714-16)

III. Karriere am RKG

Generalexamen: 24.10.1716
Aufschwörung Advokat: 19.4.1717
Aufschwörung Prokurator: 20.12.1719

IV. Nachweise

BAF AR 1 - IV B 2 Bd. 1; Kameralkalender; Findbuch; Matrikel Heidelberg IV S. 23; Matrikel Würzburg Nr. 11959; Matrikel Gießen II S. 54.

Nr. 84
Gros (s), Johann David

I. Persönliche Daten

* 1721 in Wetzlar
\+ 28.8.1776 (Ort unbekannt)

Vater: Johann Gros,
kgl. schwedischer Postmeister
Mutter: Anna Juliana geb. Winkler

Augsburger Konfession

II. Ausbildung

Studium: Jena (imm. 8.10.1742)

Promotion in Gießen (imm. 12.9.1747) zum Lizentiaten
Inauguraldisputation: „De attentatis mandatum attentatorum revocatorium excludentibus et non excludentibus." 28 S., 15.8.1747.

Praktikum: 3 Jahre in Wetzlar bei Lt. Loskant (1745-48)

III. Karriere am RKG

Generalexamen: 30.5.1748
Aufschwörung Advokat: 8.5.1761

IV. Nachweise

BAF AR 1 - IV B 2 Bd.10; Kameralkalender; Schüling S. 169; Fahnenberg S. 282; Matrikel Jena III S. 401; Matrikel Gießen II S. 87.

Nr. 85
Gülchen(r) (von), Johann Ulrich

I. Persönliche Daten

* 6.2.1664 in Speyer
\+ 4.8.1730 in Wetzlar

Vater: Abraham Albrecht Ludwig
von Gülchen (+ 1671),
Prokurator am RKG in Speyer
Mutter: Sophia Magdalena geb.
Sieber (1633-1700)

Erste Heirat mit Sophia Katharina Erhard (1668-1691) im Jahr 1687

Zweite Heirat mit Dorothea Christ (1676-1724) im Jahr 1693

II. Ausbildung

Promotion in Tübingen zum Doktor
Inauguraldisputation: „De obligatione alternativa“ unter Präses Johann Adam Kurrer. 70 S., 5.3.1686.

III. Karriere am RKG

Aufschwörung Advokat: 11.3.1687
Aufschwörung Prokurator: 31.10.1687

IV. Nachweise

Kameralkalender; STAW RöST 36; Mundt Nr. 12118; Biogr. Rep. (Datenbank); Findbuch.

Nr. 86
Gülich von, Christian Ludwig

I. Persönliche Daten

* 17.12.1765 in Wetzlar
\+ 4.6.1832 in Wetzlar

Vater: Johann Ph. G. (von) Gülich, Prokurator am RKG
Mutter: Maria Anna geb. Rüding

Augsburger Konfession

Heirat mit Marianne Susanna Lochhausen (1776-1799)

Bruder des RKG-Advokaten Jakob Philipp von Gülich

II. Ausbildung

Studium: Gießen (imm. 14.10.1783) und in Mainz 2 Jahre (1785)

Promotion in Gießen (imm. 12.3.1789) zum Lizentiaten am 17.3.1789

Praktikum: in Mainz und beim Vater Johann Philipp Gottfried von Gülich in Wetzlar

III. Karriere am RKG

Generalexamen: 6.11.1787
Aufschwörung Advokat: 10.9.1790

IV. Nachweise

BAF AR 1 - IV B 2 Bd. 23; Kameralkalender; StAW RöSt 36; Schüling S. 254; Matrikel Gießen II S. 88.

Nr. 87
Gülich von, Jakob Philipp

I. Persönliche Daten

* 18.3.1777 in Wetzlar
+ 30.11.1843 in Rostock

Augsburger Konfession

Heirat mit Christine von Flotow (1794 - 1846)

Vater: Johann Ph. G. (von) Gülich, Prokurator am RKG
Mutter: Margarethe geb. Rüding

Bruder des RKG-Advokaten Christian Ludwig von Gülich

II. Ausbildung

Studium: Stuttgart (imm. 26.10.1791), Marburg (imm. 25.10.1794)

Akademischer Grad: Lizentiat

Praktikum: in Wetzlar beim Vater (2 Jahre)

III. Karriere am RKG

Generalexamen: 31.3.1798
Aufschwörung Advokat: 21.5.1798
Prokurator (1801)

IV.Nachkarriere:

Direktor der Justizkanzlei Rostock, Großherzoglich, mecklenburg-schwerinerischer geheimer Hofrat.

V. Nachweise

BAF AR 1 - IV C 64 fol. 98; Kameralkalender; STAW RöST 36; Findbuch HStA Stuttgart Nr. 1191; Verzeichnis Stuttgart S. 412 (Nr. 1432); Matrikel Marburg (Suchbuch) S. 117.

Nr. 88
Gülich von, Johann Philipp Gottfried

I. Persönliche Daten

* 7.8.1729 in Wetzlar
\+ 20./21.1.1801 (Ort unbekannt)

Augsburger Konfession

Vater: Christian Hartmann Gülich, Prokurator am RKG
Mutter: Sophia Rosina geb. von Gülchen

Erste Heirat mit Maria Anna Rüding (1737-1800)
Zweite Heirat mit Margarethe Rüding

Vater des RKG-Prokurators Jakob Philipp v. Gülich

II. Ausbildung

Studium: Göttingen (imm. 10.4.1749)
Promotion in Göttingen zum Doktor
Inauguraldisputation: „De jure primariarum precum Caesaro in fundationibus imperii mediatis" unter Präses Georg Heinrich Ayrer. 62 S., 28.03.1752.
Praktikum: in Göttingen und in Wetzlar

III. Karriere am RKG

Generalexamen: 3.2.1753
Aufschwörung Advokat: 21.3.1755
Aufschwörung Prokurator: 1.7.1762

IV. Nachweise

BAF AR 1 - IV B 2 Bd. 11; Kameralkalender; STAW RöST 36; Mundt Nr. 12123; Findbuch; Matrikel Göttingen Nr. 3053.

Nr. 89
Gülich, Christian Hartmann

I. Persönliche Daten

* 18.8.1681 in Speyer
+ 18.3.1738 in Wetzlar

Augsburger Konfession

Heirat mit Sophia Rosina von Gülchen (1688-1759), 13.3.1710

Vater: Friedrich Henrich Gülich, Prokurator am RKG
Mutter: Elisabeth Louise geb. Be(ö)sch

Vater des RKG-Prokurators Johann Philipp Gottfried v. Gülich

II. Ausbildung

Studium: Jena (imm. 4.6.1701, Examen rigorosum 28.4.1706)

Promotion in Jena zum Doktor
Inauguraldisputation: "De pacto dominium in emtione venditione usque ad pretii solutionem reservante" unter Präses Johann Bernhard Friese. 31 S., Juni 1706
Praktikum: in Wetzlar (6 Jahre)

III. Karriere am RKG

Generalexamen: 19.7.1712
Aufschwörung Advokat: 28.9.1712
Aufschwörung Prokurator: 11.9.1713

IV. Nachweise

BAF AR 1 - IV C 6 fol.430; Kameralkalender; STAW RöST 36; Biogr. Rep. (Datenbank); Findbuch; Matrikel Jena II S. 338.

Nr. 90
Gülich, Friedrich Henrich

I. Persönliche Daten

* 13.9.1646 in Speyer
\+ 18.8.1713 in Wetzlar

Vater: Henrich Gülich (1607-1655), Prokurator am RKG in Speyer
Mutter: Justine Magdalena geb. Kühorn (1615-1666)

Heirat mit Rosina Elisabeth Louise Be(ö)sch (1651-1723)

Vater des RKG-Prokurators Christian Hartmann Gülich

II. Ausbildung

Akademischer Grad: Doktor

III. Karriere am RKG

Aufschwörung Advokat: 13.12.1675
Aufschwörung Prokurator: 12.12.1677

IV. Nachweise
Kameralkalender; STAW RöST 36; Findbuch.

Nr. 91
Gullmann, Johann Conrad

I. Persönliche Daten

* 1704 in Mainz
\+ unbekannt (in den Kameralkalendern bis 1748 nachgewiesen)

Vater: Franz Hyronimus Gulmann, Amtmann der Mainzer Kathedrale St. Victor
Mutter: Anna Maria geb. Heer

Konfession: römisch-katholisch

II. Ausbildung

Studium: Mainz (bacc. phil. 1721, mag. phil. 1722)

Übungsdisputation unter Präses Ernst am 22.12.1724
Promotion in Mainz unter Präses Ernst zum Lizentiaten im Jahre 1728

Praktikum: 3 Jahre in Wetzlar

III. Karriere am RKG

Generalexamen: 2.4.1732
Aufschwörung Advokat: 16.7.1732

IV. Nachweise

BAF AR 1 - IV B 2 Bd. 3; Kameralkalender; Verzeichnis Mainz S. 394 f.

Nr. 92
Haas, Damian Ferdinand

I. Persönliche Daten

* 1723 in Wittlich/Kurfst. Trier
+ 5.4.1805

Vater: Peter Matthias Haas, Balleiamt in Trier
Mutter: Anna Sybilla geb. Hammes

Konfession: römisch-katholisch

Erste Heirat mit Maria Christina Molter, verw. Schulz im Jahre 1755

Zweite Heirat mit Maria Johanna Spinola (* 1730) im Jahre 1760, Schwester des RKG-Prokurators Spinola

II. Ausbildung

Studium: Trier (imm. 1746), Göttingen

Übungsdisputation in Gießen: „De monarchia S.R.J. limitata contra Hippolitum a Lapide, Severinum Monzambanum, aliosque recentiores ex historia, legibus imperii earumque analogia asserta.“ 48 S., 1750.

Promotion in Gießen (imm. 7.10.1750) zum Lizentiaten
Inauguraldisputation: „Florum sparsio ex universo jure.“ 8 S., 17.10.1750.

Praktikum: 2 Jahre in Köln und 4 Jahre in Wetzlar bei Lt. Lang (1747-53)

III. Karriere am RKG

Generalexamen: 3.2.1753
Aufschwörung Advokat: 21.3.1755
Aufschwörung Prokurator: 1.7.1762
Rückstufung zum Advokaten: 22.10.1787

IV. Nachweise

BAF AR 1 - IV B 2 Bd. 11; Kameralkalender; Schüling S. 176 und S. 177; Findbuch; Verzeichnis Trier S. 199; Matrikel Gießen II S. 88; Weitzel, Haas.

Nr. 93
Hab(b)e)e, Anton

I. Persönliche Daten

* 1711 in Oberursel	*Vater*: Hartmann Habee (Habbe), Kaufmann
+ unbekannt (in den Kameralkalendern bis 1746 nachgewiesen)	*Mutter*: Elisabeth geb. Bergard

Konfession: römisch-katholisch

II. Ausbildung

Studium: Mainz (3 Jahre), Prag (3 Jahre)

Promotion in Gießen (imm. 30.10.1737) zum Lizentiaten
Inauguraldisputation: „Humana immortalitas in familiarum nobilium conservationem adinventa, sive dissertatio de fideicommissis familiarum perpetuis.“ 58 S., 30.10.1737.

Praktikum: 10 Monate in Wetzlar (1737) und 6 Monate in Prag

III. Karriere am RKG

Generalexamen: 2.6.1738
Aufschwörung Advokat: 23.12.1738
Aufschwörung Prokurator: 30.4.1744

IV. Nachweise

BAF AR 1 - IV B 2 Bd. 6; Kameralkalender; Schüling S. 139; Findbuch; Matrikel Gießen II S. 88.

Nr. 94
Hamm, Johann Daniel

I. Persönliche Daten

* 1701 in Wimpfen (Schwaben)	*Vater*: Johann Peter Hamm, Bürgermeister in Wimpfen
+ unbekannt (in den Kameralkalendern bis 1748 nachgewiesen)	*Mutter*: Maria Justina geb. Heidelia

Augsbuger Konfession

II. Ausbildung

Studium: Tübingen (imm. 15.11.1714), Jena (imm. 4.11.1719)

Promotion in Marburg (imm. 1.8.1727) zum Doktor
Inauguraldisputation: „De recusatione judicis suspecti in genere, et in specie de illicita recusatione supremorum Sac. Rom. Imprii tribunalium." 28 S., 9.8.1727.
Praktikum: in Wetzlar

III. Karriere am RKG

Generalexamen: 13.1.1728
Aufschwörung Advokat: 16.7.1728

IV. Nachweise

BAF AR 1 - IV C 16 fol. 2; Kameralkalender; Mundt Nr. 12961; Fahnenberg S. 281; Biogr. Rep. (Datenbank); Matrikel Tübingen Nr. 31285; Matrikel Jena II S. 351; Matrikel Marburg (Suchbuch) S. 122.

Nr. 95
Has(s)e, Johann Bernhard Christian

I. Persönliche Daten

* 1718 in Münster (Westfalen)
+ unbekannt (in den Kameralkalendern bis 1764 nachgewiesen)

Vater: Johann Franz Hase, Advokat in Münster
Mutter: Maria Katharina geb. Münstermann

Konfession: römisch-katholisch

II. Ausbildung

Studium: Salzburg (1738-41)

Promotion in Gießen (imm. 4.12.1743) zum Lizentiaten
Inauguraldisputation: „De restitutione in integrum adversus sententias summorum i (I) mperii d(D)icasteriorum remedio ordinario." 76 S., 5.12.1743.
Praktikum: 2 ½ Jahre in Wetzlar (1742-44)

III. Karriere am RKG

Generalexamen: 12.6.1744
Aufschwörung Advokat: 9.4.1745

IV. Nachweise

BAF AR 1 - IV B 2 Bd. 8; Kameralkalender; Schüling S. 159; Fahnenberg S. 292; Matrikel Gießen II S. 92.

Nr. 96
Heeser von Lilienthal, Johann Conrad

I. Persönliche Daten

* 21.2.1698 in Wetzlar
\+ 7.8.1752 in Wetzlar

Konfession: römisch-katholisch

Vater: Wilhelm Heeser, RKG-Prokurator
Mutter: Katharina Charlotte Johanna geb. Albrecht von Lauterbach

II. Ausbildung

Studium: Köln (1719), Gießen (imm. 16.12.1722)

Promotion in Gießen zum Lizentiaten
Inauguraldisputation: "Theses de jure vitae et necis in liberos (ad t 2.I. de patr. potest)." 24 S., August 1726.

Praktikum: ½ Jahr in Gießen

III. Karriere am RKG

Generalexamen: 21.5.1726
Aufschwörung Advokat: 22.5.1730
Aufschwörung Prokurator: 17.7.1730

IV. Nachweise

BAF AR 1-IV C 15 fol. 70; StAW RöSt 37; Kameralkalender; Schüling S. 107; Findbuch; Biogr. Rep. (Datenbank); Matrikel Gießen II S. 93.

Nr. 97
Heeser, Wilhelm

I. Persönliche Daten

* 24.4.1668 in Rheinfeld
\+ 26.12.1735 in Wetzlar

Vater: Johann Heeser (+ 1690), Kanzlei in Nassau-Hessen
Mutter: unbekannt

Konfession: römisch-katholisch

Heirat mit Katharina Charlotte Johanna Albrecht v. Lauterbach (+ 1732)

Vater des RKG-Prokurators Johann Conrad Heeser von Lilienthal

II. Ausbildung

Studium: Köln, Gießen (imm. 3.11.1688)

Promotion in Gießen zum Lizentiaten
Inauguraldisputation: „Conclusiones juridicae de donationibus inter vivos prohibitis." 44 S., November 1696.

III. Karriere am RKG

Generalexamen: 23.9.1697
Aufschwörung Advokat: 29.10.1697
Aufschwörung Prokurator: 17.2.1699

IV. Nachweise

BAF AR 1 - IV C 4 fol. 218; Kameralkalender; STAW RöST 37; Schüling 1, Nr. 1544; Mundt Nr. 13841; Findbuch; Matrikel Gießen I S. 107.

Nr. 98
Helf(f)erich, Johann K(C)onrad

I. Persönliche Daten

* 1675 in Speyer
\+ 1740 (Ort unbekannt)

Vater: Nikolaus Helfferich, Kanzleidiener am RKG
Mutter: Katharina geb. Klein

Vater des RKG-Prokurators Ferdinand Wilhelm Anton Helffrich

II. Ausbildung

Studium: Erfurt, Wetzlar

Promotion in Marburg (imm. 30.5.1701) zum Lizentiaten
Inauguraldisputation: „De inventario in genere." 38 S., 9.6.1701.

III. Karriere am RKG

Generalexamen: 1.4.1702
Aufschwörung Advokat: 17.7.1702
Aufschwörung Prokurator: 27.3.1711

IV. Nachweise

BAF AR 1 - IV C 4 fol. 300; Kameralkalender; Mundt Nr. 14171; Findbuch; Matrikel Marburg (Suchbuch) S. 137.

Nr. 99
Helffrich, Ferdinand Wilhelm Anton

I. Persönliche Daten

* 6.8.1718
\+ 12.9.1799

Konfession: römisch-katholisch

Erste Heirat mit Maria Rosa Lill (1718-1756)
Zweite Heirat mit Maria Anna Kirschbaum (1720-1799)

Vater: Johann Konrad Helfferich, Prokurator am RKG
Mutter: unbekannt

Vater des RKG-Prokurators Johann Peter Paul Helffrich (aus erster Ehe)

II. Ausbildung

Akademischer Grad: Lizentiat

III. Karriere am RKG

Aufschwörung Advokat: 11.5.1742
Aufschwörung Prokurator: 4.7.1746

IV. Nachweise

Kameralkalender; StAW RöSt 37; Findbuch.

Nr. 100
Helffrich, Johann Peter Paul

I. Persönliche Daten

* 1745 in Wetzlar + 23.11.1820 (Ort unbekannt)	*Vater*: Ferdinand Wilhelm Anton Helffrich, Prokurator am RKG *Mutter*: Maria Rosa geb. Lill

Konfession: römisch-katholisch

II. Ausbildung

Studium: Würzburg (imm. 5.12.1765)

Promotion in Würzburg zum Lizentiaten
Inauguraldisputation: „De remedio revisionis adversus Sententiam consormem, locum non habente." 1777.

III. Karriere am RKG

Generalexamen: 12.7.1771
Aufschwörung Advokat: 14.11.1777
Aufschwörung Prokurator: 3.6.1782

IV. Nachweise

BAF AR 1 - IV A 7 fol. 612; Kameralkalender; Fahnenberg S. 294; Findbuch; Matrikel Würzburg Nr. 19882; Mitglieder.

Nr. 101
Hert, Gotthard Johann

I. Persönliche Daten

* 25.11.1708 in Wetzlar + 21.1.1766 in Wetzlar Augsburger Konfession	*Vater*: Johannes Hert (1683-1752), Senator und Kaufmann in Wetzlar, Bruder des RKG-Prokurators Ludwig Ernst Hert *Mutter*: Charitas geb. Buch
Heirat mit Maria Judith Reichmann	Vater des RKG-Prokurators Johann Gotthard Hert

II. Ausbildung

Studium: Gießen (imm. 29.3.1724), Halle (imm. stud. iur. 20.5.1726), Straßburg (imm. stud. iur. 12.5.1728, imm. cand. iur. 11.5.1729)

Promotion in Straßburg zum Lizentiaten
Inauguraldisputation: "De rescissione conclusionis in causa." 46 S., 25.5.1729.
Praktikum: 1 Jahr in Wetzlar beim Onkel Ludwig Ernst Hert

III. Karriere am RKG

Generalexamen: 27.2.1730
Aufschwörung Advokat: 22.5.1730
Aufschwörung Prokurator: 18.3.1740

IV. Nachweise

BAF AR 1-IV B 2 Bd. 2; StAW RöSt 38; Kameralkalender; Findbuch; Biogr. Rep. (Datenbank); Matrikel Gießen II S. 96; Matrikel Halle-Wittenberg S. 221; Matrikel Straßburg II S. 358 (Nr. 4795), II S. 567 (Nr. 1134); Mitglieder.

Nr. 102
Hert, Johann Gotthart(d)

I. Persönliche Daten

* 10.8.1745 in Wetzlar
+ 25.4.1808 in Wetzlar

Augsburger Konfession

Vater: Gotthard Johann Hert, Prokurator am RKG
Mutter: Maria Judith geb. Reichmann

Heirat mit Komtesse Louise Fürstin Weid-Runkel

II. Ausbildung

Studium: Göttingen (imm. 16.4.1763)

Promotion in Gießen (imm. 31.1.1766) zum Doktor
Inauguraldisputation: „De immunitate ab operis, ab obligatione reparationis viarum publicarum non excusante." 8 S., 31.1.1766.

Praktikum: in Göttingen bei Prof. Pütter und in Wetzlar beim Vater Gotthard Johann Hert

III. Karriere am RKG

Generalexamen: 6.2.1766
Aufschwörung Advokat: 21.3.1766
Aufschwörung Prokurator: 23.3.1781

IV. Nachweise

BAF AR 1 - IV B 2 Bd. 15; Kameralkalender; STAW RöST 38; Schüling S. 207; Findbuch; Matrikel Göttingen Nr. 6404; Matrikel Gießen II S. 96; Mitglieder.

Nr. 103
Hert, Ludwig Ernst

I. Persönliche Daten

* 1.10.1677 in Wetzlar
+ 23.1.1732 in Wetzlar

Augsburger Konfession

Vater: (Johann) Conrad Hert (1633-1724), Schöffe, Bürgermeister und Ratsherr
Mutter: Maria Elisabeth geb. Pelargus (1643-1701)

Bruder des RKG-Prokurators Gotthard Johann Hert

II. Ausbildung

Studium: Gießen (imm. 20.12.1693)

Übungsdisputation: „De subjectione territoriali“ unter Präses Johann Nikolaus Hert.
Promotion in Gießen zum Lizentiaten
Inauguraldisputation: „De actionibus adjectitiae qualitatis.“ 20 S., 20.7.1699.
Praktikum: in Wetzlar bei Dr. Marquart

III. Karriere am RKG

Generalexamen: 1.4.1702
Aufschwörung Advokat: 17.7.1702
Aufschwörung Prokurator: 27.3.1711

IV. Nachweise

BAF AR 1 - IV C 4 fol. 300; Kameralkalender; Mundt Nr. 14734; StAW RöSt 38; Schüling 1, Nr. 1602 und 1649; Findbuch; Matrikel Gießen I S. 121.

Nr. 104
Hiepe, Sig(is)mund Paul

I. Persönliche Daten

* 17.8.1770 in Wetzlar
+ 3.5.1845 in Frankfurt am Main

Augsburger Konfession

Vater: Johann Carl Hiepe (1711-78), Apotheker und Stadtschöffe in Wetzlar
Mutter: Maria Margaretha geb. Hofmann (1738/39-1833)

Heirat mit (Vorname unbekannt) geb. Herzog

II. Ausbildung

Studium: Marburg (imm. 25.10.1789), Göttingen (imm. 8.5.1791)

Promotion in Göttingen zum Doktor
Inauguraldisputation: „De electione fori inter summa imperii tribunalia pacto inter status S. R. I. litigantes in perpetuum non definienda." 48 S., 15.10.1792.
Praktikum: 4 Jahre in Wetzlar (1794-98)

III. Karriere am RKG

Generalexamen: 31.3.1798
Aufschwörung Advokat: 21.5.1798

IV. Nachkarriere:

Rechtsanwalt in Frankfurt (ab 1799), Rat und Bürgermeister von Frankfurt.

V. Nachweise

BAF AR 1 - IV C 64 fol. 98; Kameralkalender; STAW RöST 38; Mundt Nr. 15100; Biogr. Rep. (Datenbank); Matrikel Göttingen Nr. 15929, Matrikel Marburg (Suchbuch) S. 140.

Nr. 105
Hofmann, Caspar Friedrich

I. Persönliche Daten

* 11.11.1740 in Wetzlar
+ 24.11.1814 in Wetzlar

Augsburger Konfession

Heirat mit Johanna Elis. Freudenberg (1742-1814) im Jahr 1765

Vater: Georg Melchior Hofmann, Prokurator am RKG
Mutter: Anna Margaretha (Agnes) geb. von Giechen

Vater der RKG-Advokaten Friedrich Wilhelm und Wilhelm Christoph von Hofmann

II. Ausbildung

Studium: Marburg (imm. 10.4.1758), Göttingen (imm. 22.10.1759)

Promotion in Göttingen zum Doktor
Inauguraldisputation: „De summorum imperii tribunalium concurrente jurisdictione ejusque conflictu in caussis antiquioribus ex ipsorum tribunalium origine dijudicando“ unter Präses Johann Stephan Pütter. 64 S., 15.11.1760.

Praktikum: in Göttingen

III. Karriere am RKG

Generalexamen: 12.12.1760
Aufschwörung Advokat: 8.5.1761
Aufschwörung Prokurator: 11.10.1769

IV. Nachweise

BAF AR 1 - IV B 2 Bd.12; Kameralkalender; STAW RöST 38; Fahnenberg S. 252 und S. 290; Mundt Nr. 15504; Findbuch; Matrikel Marburg (Suchbuch) S. 145; Matrikel Göttingen Nr. 5928; Mitglieder.

Nr. 106
Hofmann (von), Friedrich Wilhelm

I. Persönliche Daten

* 30.12.1766 in Wetzlar
\+ 10.8.1828 in Stuttgart

Augsburger Konfession

Vater: Caspar Friedrich Hofmann, Prokurator am RKG
Mutter: Johanna Elisabeth geb. Freudenberg

Bruder des RKG-Advokaten Wilhelm Christoph von Hofmann

II. Ausbildung

Studium: Gießen (imm. 3.5.1783), Göttingen (imm. 13.10.1784)

Promotion in Göttingen zum Doktor
Inauguraldisputation: „Observationes quaedam juris et processus Camerae imperialis." 51 S., 1786.
Praktikum: in Göttingen bei Prof. Pütter und in Wetzlar beim Vater Caspar Friedrich Hoffmann

III. Karriere am RKG

Generalexamen: 30.3.1787
Aufschwörung Advokat: 9.11.1789
Prokurator (1800)

IV. Nachweise

BAF AR 1 - IV B 2 Bd. 23; Kameralkalender; STAW RöST 38; Fahnenberg S. 286; Findbuch HStA München Nr. 1871, 1872, 1877; Biogr. Rep. (Datenbank), Matrikel Göttingen Nr. 13601; Matrikel Gießen II S. 103.

Nr. 107
Hofmann, Georg Melchior

I. Persönliche Daten

* 22.8.1688 in Speyer
+ 19.3.1781 in Wetzlar

Augsburger Konfession
Erste Heirat mit Marie Magdalena Spor (+ 1735) am 17.12.1726

Zweite Heirat mit Anna Margaretha (Agnes) von Gienchen

Vater: Johann Friedrich Hoffmann, Prokurator am RKG
Mutter: Anna Margaretha geb. Goll

Vater des RKG-Prokurators Caspar Friedrich Hofmann

II. Ausbildung

Studium: Gießen (imm. 17.9.1705), Heidelberg (imm. 20.8.1710)

Promotion in Gießen zum Lizentiaten; Erwerb der Doktorwürde in Heidelberg am 24.10.1710.
Inauguraldisputation: „Rusticus seditiosus" unter Präses Immanuel Weber, August 1707.

Praktikum: 2 Jahre in Wetzlar

III. Karriere am RKG

Generalexamen: 29.5.1713
Aufschwörung Advokat: 7.7.1713
Aufschwörung Prokurator: 24.5.1717

IV. Nachweise

BAF AR 1 - IV C 7 fol. 147; Kameralkalender; STAW RöST 38; Schüling S. 29; Findbuch; Matrikel Gießen I S. 161; Matrikel Heidelberg IV S. 17; Mitglieder.

Nr. 108
Hof(f)mann, Johann Friedrich

I. Persönliche Daten

* 3.4.1660 in Trarbach an der Mosel + 6.10.1735 in Wetzlar	*Vater*: Johann Hoffmann *Mutter*: Anna Regina geb. Rambacher

Augsburger Konfession

Heirat mit Anna Margaretha Goll (1663-1728)	Vater des RKG-Prokurators Georg Melchior Hoffmann

II. Ausbildung

Studium: Straßburg (imm. stud. phil. 18.4.1677, imm. cand. iur. 27.4.1683)

Promotion in Straßburg zum Doktor
Inauguraldisputation: "De commorientibus." 40 S., Juni 1683.

III. Karriere am RKG

Generalexamen: 1.12.1685
Aufschwörung Advokat: 10.12.1685
Aufschwörung Prokurator: 15.5.1693

IV. Nachweise

BAF AR 1 - IV C 2 fol. 604; Kameralkalender; STAW RöST 38; Fahnenberg S. 260; Findbuch; Biogr. Rep. (Datenbank); Matrikel Straßburg I S. 371 (Nr. 3136), II S. 535 (Nr. 517).

Nr. 109
Hofmann von, Wilhelm Christoph

I. Persönliche Daten

* 1784 in Wetzlar
\+ unbekannt (in den Kameralkalendern bis 1806 nachgewiesen)

Augsburger Konfession

Vater: Caspar Friedrich Hofmann, Prokurator am RKG
Mutter: Johanna Elisabeth geb. Freudenberg

Bruder des RKG-Advokaten Friedrich Wilhelm von Hofmann

II. Ausbildung

Studium: Gießen (imm. 23.4.1801), Göttingen (imm. 10.5.1802)

Akademischer Grad: Lizentiat

Praktikum: in Göttingen

III. Karriere am RKG

Generalexamen: 18.3.1805
Aufschwörung Advokat: 3.4.1805

IV. Nachweise

BAF AR 1 - IV C 71 fol. 52 a; Kameralkalender; Matrikel Gießen II S. 104; Matrikel Göttingen Nr. 19773.

Nr. 110
Högele, Franz Philipp

I. Persönliche Daten

unbekannt (in den Kameralkalendern bis 1714 nachgewiesen)

II. Ausbildung

Akademischer Grad: Doktor

III. Karriere am RKG

Aufschwörung Advokat: 7.7.1671
Aufschwörung Prokurator: 15.6.1674

IV. Nachweise

Kameralkalender; Findbuch.

Nr. 111
Hoscher, Georg Wilhelm

I. Persönliche Daten

* 11.12.1733 in Mainz
+ unbekannt

Konfession: römisch-katholisch

Vater: Johann Melchior Hoscher, kurf. Mainzer Truchseß und Stallmeister
Mutter: Anna Maria geb. Widermann

II. Ausbildung

Studium: Mainz (cand. iur. 13.5.1763)

Promotion in Mainz zum Lizentiaten
Verteidigung der Thesen am 16.3.1764 unter L.P. Behlen und J. Horix

Praktikum: 2 Jahre in Wetzlar

III. Karriere am RKG
Generalexamen: 11.6.1766
Aufschwörung Advokat: 7.9.1767

IV. Nachweise

BAF AR 1 - IV B 2 Bd. 15; Kameralkalender; Verzeichnis Mainz S. 478.

Nr. 112
Jung, Fran(t)z Petrus (Peter)

I. Persönliche Daten

* 1663 in Ringen/Rheingau
\+ 26.8.1737 in Wetzlar

Vater: Franz Philipp Jung
Mutter: Anna Catharina geb. Nortdeck

Konfession: römisch-katholisch

Erste Heirat mit Eva Elisabeth von Gülchen am 14.6.1693

Zweite Heirat mit Elisabeth Niderer im Jahr 1702

II. Ausbildung

Studium: Straßburg (imm. stud. iur. 10.12.1683), Löwen

Promotion in Gießen (imm. 9.7.1692) zum Lizentiaten
Inauguraldisputation: „De constitutione feudi novi." 28 S., August 1692

III. Karriere am RKG

Generalexamen: 8.2.1693
Aufschwörung Advokat: 15.5.1693
Aufschwörung Prokurator: 5.7.1695

IV. Nachweise

Kameralkalender; STAW RöST 39; Mundt Nr. 17179; Schüling 1, Nr. 1445; Findbuch; Straßburg Matrikel II S. 307 (Nr. 3408); Matrikel Gießen I S. 118.

Nr. 113
Kirschbaum, Johann Jacob Joseph

I. Persönliche Daten

* 26.3.1721 Schar(l)lott(d)enbach/Worms
\+ 7.6.1804 in Heidelberg

Vater: Johann Bonifazius Kirschbaum (1692-1781), Lektor am RKG
Mutter: Maria Anna Anastasia geb. Hardy (1700-1793)

Konfession: römisch-katholisch

Erste Heirat mit M. Stephani Antonie Hennesmann am 17.5.1757

Zweite Heirat mit Elenore Otto (1743-1814) am 19.8.1766

II. Ausbildung

Studium: Wetzlar (Ltn. Loskant und Baur), Mainz (stud. iur. 3.3.1746)

Promotion in Mainz zum Lizentiaten (später auch Erwerb des Doktorgrades)
Inauguraldisputation: "De proedria prae liberis Imperii civitatibus competente immediatae Imperii nobilitati huiusque qualitate ad votum et sessionem in comitiis" unter Präses Hahn, 24.5.1746.

Praktikum: 3 Jahre in Wetzlar bei den Ltn. Lang und Moritz (1744-47)

III. Karriere am RKG

Generalexamen: 21.2.1747
Aufschwörung Advokat: 17.7.1749

IV. Nebenkarriere

seit 1756 Professor des Völkerrechts und Hofgerichtsrat in Mainz; 1757 Professor Praxeos und Rektor in Heidelberg; Dekan der juristischen Fakultät in Heidelberg (1765,1772,1778,1783,1793,1798), Prokanzler in Heidelberg (1799).

V. Nachweise

BAF AR 1 - IV B 2 Bd. 10; Kameralkalender; STAW RöST 40; Biogr. Rep. (Datenbank); Verzeichnis Mainz S. 168.

Nr. 114
Klotz, Ehrnfried

I. Persönliche Daten

* 1657 in Reichenberg/Vogtland
\+ unbekannt (in den Kameralkalendern bis 1714 nachgewiesen)

Vater: Gottfried Klotz
Mutter: Christina geb. Dorlei

Augsburger Konfession

II. Ausbildung

Studium: Jena (imm. WS 1673), Basel (cand. iur. 1682/83)

Promotion in Basel zum Doktor
Inauguraldisputation: „Observationes ad Ordinationem Camerae (de 1654) quibus explicatur, in quibus articulis ipsa a jure civilii recedat.“ 50 S., 12.5.1683.

III. Karriere am RKG

Generalexamen: 17.2.1693
Aufschwörung Advokat: 15.5.1693
Aufschwörung Prokurator: 5.7.1695

IV. Nebenkarriere

RKG-Assessor (Generalexamen am 14.2.1711).

V. Nachweise

BAF AR 1 - IV C 6 fol. 41; Kameralkalender; Mommsen Nr. 1823; Fahnenberg S. 241; Findbuch; Matrikel Jena III S. 146; Matrikel Basel IV S. 160 (Nr. 959).

Nr. 115
Knoch, Friedrich Philipp

I. Persönliche Daten

* 1724 in Frankfurt am Main
+ unbekannt (in den Kameralkalendern bis 1765 nachgewiesen)

Vater: Friedrich Daniel Knoch, Buchhändler in Frankfurt
Mutter: Anna Margaretha geb. Sparr

Augsburger Konfession

II. Ausbildung

Studium: Wittenberg (1743, 2 Jahre) und in Jena (3 Jahre)

Promotion in Gießen (imm. 26.3.1749) zum Doktor
Inauguraldisputation: „Dissertatio inauguralis juridica de laudatione et nominatione authoris ad praxin in specie judicii camerae imperialis accomodata.“ 52 S., 27.3.1749.

III. Karriere am RKG

Generalexamen: 11.7.1749
Aufschwörung Advokat: 17.7.1750

IV. Nachweise

BAF AR 1 - IV B 2 Bd. 11; Kameralkalender; Schüling S. 173; Fahnenberg S. 284; Matrikel Gießen II S. 47.

Nr. 116
Krebs, Franz Henrich

I. Persönliche Daten

* unbekannt
+ 27.1.1702

II. Ausbildung

Akademischer Grad: Doktor

III. Karriere am RKG

Aufschwörung Advokat: 7.7.1675
Aufschwörung Prokurator: 12.12.1677

IV. Nachweise

Kameralkalender; Findbuch.

Nr. 117
Kuhn, Johann Friedrich

I. Persönliche Daten

* 1697 in Trier
+ unbekannt (in den Kameralkalendern bis 1729 nachgewiesen)

Vater: Johann Martin Kuhn
Mutter: Maria Margaretha geb. Müller

Konfession: römisch-katholisch

II. Ausbildung

Studium: in Mainz (1718) für 4 Jahre

Promotion in Mainz zum Lizentiaten

Praktikum: in Mainz und in Wetzlar

III. Karriere am RKG

Generalexamen: 29.1.1723
Aufschwörung Advokat: 19.2.1723

IV. Nachweise

BAF AR 1 - IV C 13 fol. 18 v.; Kameralkalender.

Nr. 118
Lang (e)n), Johann Friedrich

I. Persönliche Daten

* 1725 in Wallau
+ 24.4.1822 in Wetzlar

Augsburger Konfession

Vater: Johann Georg Lang, Schöffe
Mutter: Maria Katharina geb. Bechthold

Heirat mit Susanne geb. Lindheimer (1718-1794), verw. Dietz, Tochter des RKG-Prokurators Lindheimer

II. Ausbildung

Studium: Jena (imm. 14.12.1747)

Promotion in Gießen (imm. 14.8.1753) zum Lizentiaten
Inauguraldisputation: „Theses inaugurales ex universo jure." 8 S., 14.8.1753.
Praktikum: 3 Jahre in Wetzlar bei Lt. Dietz ab 1749

III. Karriere am RKG

Generalexamen: 3.2.1753
Aufschwörung Advokat: 21.3.1755
Aufschwörung Prokurator: 5.9.1763

IV. Nachweise

BAF AR 1 - IV B 2 Bd. 11; Kameralkalender; STAW RöST 41; Schüling S. 183; Fahnenberg S. 292; Findbuch; Matrikel Jena III S. 516; Matrikel Gießen II S. 109.

Nr. 119
Lang, Christian Philipp

I. Persönliche Daten

* 1707 in Messelhausen/Franken
+ 6.7.1750

Konfession: römisch-katholisch

Vater: Johann Joseph Lang, Amtmann
Mutter: Eleonora Rosina geb. (unbekannt)

II. Ausbildung

Studium: Friedberg, Würzburg (imm. 15.12.1727)

Promotion in Würzburg zum Lizentiaten
Inauguraldisputation: "De jure eminenti ecclesiarum cathedralium cum annexis ex universo jure corollariis" unter Praeses Leonardo Carlier. 28 S., 14.2.1733.

Inauguraldisputation: "De justitia et judicio revisorio universitatum cum annexis ternis ex omni jure corollariis" unter Praeses Leonardo Carlier. 28 S., 27.4.1733.
Praktikum: in Würzburg, Mergentheim und Wetzlar (1733)

III. Karriere am RKG

Generalexamen: 17.6.1735
Aufschwörung Advokat: 5.12.1735
Aufschwörung Prokurator: 2.6.1738

IV. Nachweise

BAF AR 1-IV B 2 Bd. 4; Kameralkalender; Mälzer Nr. 1161 und Nr. 1162; Findbuch; Schmidt-Scharff S. 301; Matrikel Würzburg Nr. 14019.

Nr. 120
Lindheimer, Cornelius

I. Persönliche Daten

* 30.4.1671 in Frankfurt am Main
+ 31.8.1722 in Wetzlar

Vater: Johannes Lindheimer
Mutter: Anna Helena geb. Windeck

Augsburger Konfession

Heirat mit Katharina geb. Seip (1680-1759)

II. Ausbildung

Studium: Marburg (imm. 11.4.1687), Frankfurt/O. (imm. 18.5.1691)

Promotion in Gießen (imm. 26.9.1696) zum Doktor
Inauguraldisputation: „Dissertatio inauguralis exhibens positiones, pro explicatione jurisprudentiae universalis." Oktober 1696.

Praktikum: in Frankfurt, Wien und in Wetzlar

III. Karriere am RKG

Generalexamen: 1.3.1697
Aufschwörung Advokat: 18.3.1697
Aufschwörung Prokurator: 7.4.1702

IV. Nachweise

BAF AR 1 – IV C 4 fol. 201; Kameralkalender; STAW RöST 41; Schüling 1, Nr. 1543; Findbuch; Biogr. Rep. (Datenbank); Matrikel Marburg (Suchbuch) S. 198; Matrikel Frankfurt/O. II S. 218; Matrikel Gießen I S. 128.

Nr. 121
Lorsbach, Johann Wilhelm

I. Persönliche Daten

* 1756 in Wetzlar
+ unbekannt (in den Kameralkalendern bis 1806 nachgewiesen)

Vater: Martin Lorsbach, reformierter Pastor
Mutter: Maria Magdalena geb. Brand

Augsburger Konfession

II. Ausbildung

Studium: Wetzlar (6 Jahre), Göttingen (imm. 14.10.1773)

Akademischer Grad: Lizentiat

Praktikum: in Wetzlar bei Lt. Bostell und Rat Bernecker (1775)

III. Karriere am RKG

Generalexamen: 31.5.1777
Aufschwörung Advokat: 19.5.1783
Aufschwörung Prokurator: 23.12.1796

IV. Nachweise

BAF AR 1 - IV B 2 Bd. 19; Kameralkalender; Findbuch; Schmidt-Scharff S. 310; Matrikel Göttingen Nr. 9622.

Nr. 122
Loskant, Jacob

I. Persönliche Daten

* 25.7.1712 in Fritzlar / Hessen
+ 9.11.1797 in Wetzlar

Vater: Johann Loskant, Kaufmann
Mutter: Elisabeth geb. Dieterich

Konfession: römisch-katholisch

Erste Heirat mit Henriette Franziska geb.Niederer (+ 1752)am 6.6.1752

Zweite *Heirat* mit Salome geb. Fuchs (+ 1771) am 23.11.1760

Vater des RKG-Prokurators Johann Joseph Benedikt Maria Loskant

II. Ausbildung

Studium: Mainz (3 Jahre), Marburg (imm. 27.8.1734)

Akademischer Grad: Lizentiat

Praktikum: 2 Jahre in Wetzlar ab 1736

III. Karriere am RKG

Generalexamen: 2.6.1738
Aufschwörung Advokat: 23.12.1738
Aufschwörung Prokurator: 4.7.1746

IV. Nachweise

BAF AR 1 - IV B 2 Bd. 6; Kameralkalender; STAW RöST 42; Fahnenberg S. 279; Findbuch; Matrikel Marburg (Suchbuch) S. 202.

Nr. 123
Loskant, Johann Joseph Benedikt Maria

I. Persönliche Daten

* 26.9.1761 in Wetzlar
+ 6.12.1796 in Wetzlar

Vater: Jacob Loskant, Prokurator am RKG
Mutter: Salome geb. Fuchs

Konfession: römisch-katholisch

Heirat mit Karoline Wilhelmine Antoinette de Penasse am 30.1.1785

II. Ausbildung

Studium: Wetzlar (bei Rat Bernecker für 4 Jahre), Würzburg (imm. 26.11.1778)
Promotion in Gießen (imm. 16.6.1781) zum Lizentiaten
Inauguraldisputation: "Quaenam inter octo vias, electores, principes vel principali dignitate condecoratos coram Austraegis conveniendi, actori inferioris ordinis sit utilissima, ideoque prae aliis digenda." Juni 1781.

Praktikum: bei Lt. Haas sowie beim Vater Jacob Loskant in Wetzlar

III. Karriere am RKG

Generalexamen: 14.11.1781
Aufschwörung Advokat: 19.5.1783
Aufschwörung Prokurator: 27.5.1791

IV. Nachweise

BAF AR 1-IV B 2 Bd. 21; Kameralkalender; StAW RöSt 42; Kameralkalender; Schüling S. 238; Findbuch; Matrikel Würzburg Nr. 21655; Matrikel Gießen II S. 117.

Nr. 124
Ludolff (ph), Johann Wilhelm

I. Persönliche Daten

* 1687 in Erfurt
+ unbekannt (in den Kameralkalendern bis 1775 nachgewiesen)

Augsburger Konfession

Heirat mit Elisabeth Dorothea Zeller

Vater: Hiob Ludolph, Mathematikprofessor, 1. Bürgermeister von Erfurt
Mutter: Anna Rebecca geb. (unbekannt)

Vater des RKG-Prokurators Georg Wilhelm Ludolff

II. Ausbildung

Studium: Erfurt (6 Jahre)

Promotion in Erfurt zum Doktor

Praktikum: in Jena (1 Jahr) und Wetzlar (1 Jahr) seit 1713

III. Karriere am RKG

Generalexamen: 9.7.1715
Aufschwörung Advokat: 20.9.1715
Aufschwörung Prokurator: 24.5.1717

IV. Nachweise

BAF AR 1-IV B 2 Bd. 1; Kameralkalender; StAW RöSt 42 a; Kameralkalender; Fahnenberg S. 123; Findbuch.

Nr. 125
Ludolff, Georg Wilhelm

I. Persönliche Daten

* 5.4.1721 in Wetzlar + 24.1.1780 Augsburger Konfession	*Vater*: Johann Wilhelm Ludolph, Prokurator am RKG *Mutter*: Elisabeth Dorothea geb. Zeller

II. Ausbildung

Studium: Jena (imm. 8.10.1742)

Promotion in Gießen (imm. 29.5.1747) zum Lizentiaten
Inauguraldisputation: „Dissertatio juridica de jurisdictione compromissaria tum generatim, tum speciatim August. (ae) c (C) amerae i (I) mp. judicii ad conc. ordinat. cam. p. II. t. XXIX." 76 S., 30.5.1747.

III. Karriere am RKG

Generalexamen: 23.6.1747
Aufschwörung Advokat: 10.5.1748
Aufschwörung Prokurator: 5.9.1763

IV. Nachweise

BAF AR 1 - IV B 2 Bd. 10; Kameralkalender; STAW RöST 42; Schüling S. 168; Fahnenberg S. 251; Findbuch; Matrikel Jena III S. 401; Matrikel Gießen II S. 118.

Nr. 126
Mainone, Ferdinand Wilhelm

I. Persönliche Daten

* 1763 in Wetzlar + unbekannt	*Vater*: Johann Wilhelm Mainone, Prokurator am RKG *Mutter*: Anna geb. Bolles

Konfession: römisch-katholisch

II. Ausbildung

Studium: Gießen (imm. 15.5.1791), Marburg (imm. 27.10.1793)

Akademischer Grad: Lizentiat

Praktikum: 2 Jahre in Wetzlar (ab 1796)

III. Karriere am RKG

Generalexamen: 31.3.1798
Aufschwörung Advokat: 15.3.1799
Aufschwörung Prokurator: 27. 6.1800

IV. Nachweise

BAF AR 1 - IV C 64 fol. 98; Kameralkalender; Findbuch; Matrikel Gießen II S. 119; Matrikel Marburg (Suchbuch) S. 206.

Nr. 127
Mainone, Johann Wilhelm

I. Persönliche Daten

* 1739 in Neuwied + unbekannt (in den Kameral- kalendern bis 1806 nachgewiesen)	*Vater*: Johann Peter Mainone, Generaleinnehmer beim Grafen von Neuwied *Mutter*: Elisabeth geb. Ehemann

Konfession: römisch-katholisch

Vater des RKG-Prokurators Ferdinand Wilhelm Mainone	*Heirat* mit Anna geb. Bolles, Tochter des RKG-Prokurators Franz Christoph Bolles

II. Ausbildung

Studium: privat (1758) und in Würzburg (3 Jahre)

Promotion in Trier (imm. 1764) zum Doktor im Mai 1764

Praktikum: 1 Jahr in Wetzlar (1762)

III. Karriere am RKG

Generalexamen: 23.5.1764
Aufschwörung Advokat: 4.6.1764
Aufschwörung Prokurator: 18.6.1764

IV. Nachweise

BAF AR 1 – IV B 2 Bd. 14; Kameralkalender; Weißler S 126 f.; Haas I, 247; II, 730; Findbuch; Schmidt-Scharff S. 306; Verzeichnis Trier S. 202.

Nr. 128
Man(t)z, Peter Caspar Ignatius

I. Persönliche Daten

* 23.11.1717 in Mainz
+ unbekannt (in den Kameralkalendern bis 1749 nachgewiesen)

Konfession: römisch-katholisch

Vater: Joseph Thomas Mantz, Dr. jur., Advokat, Rat, Ältester der Universität Mainz
Mutter: Anna Elisabeth geb. Dheit

Heirat mit Charlotte geb. Rudolph am 12.7.1742

II. Ausbildung

Studium: Mainz (bacc. phil. 12.7.1735, cand. iur. 17.5.1738), Jena (1 Jahr)

Promotion in Gießen (imm. 19.11.1738) zum Lizentiaten
Inauguraldisputation: "Dissertatio inauguralis juridica, sistens quaestiones, ex diverso jure desumptas." 46 S., 20.11.1738.

Praktikum: beim Vater für 1 Jahr und 1 Jahr in Wetzlar bei Lt. Lang (ab 1737)

III. Karriere am RKG

Generalexamen: 20.7.1739
Aufschwörung Advokat: 23.12.1739

IV. Nachweise

BAF AR 1-IV B 2 Bd. 7; Kameralkalender; Schüling S. 141; Fahnenberg S. 259; Verzeichnis Mainz S. 547; Matrikel Gießen II S. 120.

Nr. 129
Marquardt, Gotthard Johann

I. Persönliche Daten

* 5.5.1645 in Lübeck
+ 27.7.1710 in Wetzlar

Heirat mit Anna Cathar. geb. Mohr (1653-1687)

II. Ausbildung

Akademischer Grad: Doktor

III. Karriere am RKG

Aufschwörung Advokat: 20.10.1671
Aufschwörung Prokurator: 5.7.1675

IV. Nachweise

Kameralkalender; STAW RöST 42; Findbuch.

Nr. 130
Math(t)iowitz, Thomas

I. Persönliche Daten

* 1736 in Wetzlar
+ 15.10.1781 in Koblenz

Konfession: römisch-katholisch

Vater: Antonius Mathiowitz, Hofmaler beim Grafen v. Ingelheim
Mutter: Maria Dorothea geb. Bebelmann

II. Ausbildung

Studium: Mainz (bacc. phil. 5.9.1755, mag. phil. 6.9.1756, stud. iur. 1757)

Promotion in Gießen (imm. 28.1.1767) zum Lizentiaten
Inauguraldisputation: „Schediasma juridicum inaugurale de fundamento praejudiciorum." 16 S., 29.1.1767.

Praktikum: 2 Jahre in Wetzlar (ab 1764)

III. Karriere am RKG

Generalexamen: 12.2.1767
Aufschwörung Advokat: 7.9.1767

IV. Nachweise

BAF AR 1 – IV B 2 Bd. 15, Kameralkalender; Schüling S. 211; Fahnenberg S. 242; Findbuch; Schmidt-Scharff S. 307; Verzeichnis Mainz S. 554; Matrikel Gießen II S. 121.

Nr. 131
Meckel, Philipp Ludwig

I. Persönliche Daten

* 31.8.1693 in Frankfurt a. M.
+ 30.4.1764 in Wetzlar

Augsburger Konfession

Vater des RKG-Assessors Georg Ludwig Meckel von Hembach

Vater: Ludwig Nikolaus Meckel, Bürgermeister von Worms
Mutter: unbekannt

Heirat mit Magdalena Möller, Tochter des RKG-Medicus (1675-1727)

II. Ausbildung

Studium: Worms (privat), Straßburg, Gießen (imm. 23.6.1714)

Promotion in Gießen zum Doktor
Inauguraldisputation: "De assessoribus illustris Camerae imperialis quatenus dicuntur senatores romani." 30 S. 1721.

Praktikum: in Wetzlar (1718)

III. Karriere am RKG

Generalexamen: 21.4.1721
Aufschwörung Advokat: 16.7.1721
Aufschwörung Prokurator: 17.7.1723

IV. Nachweise

BAF AR 1-IV C fol. 138; StAW RöSt 43; Kameralkalender; Schüling S. 90; Fahnenberg S. 243; Findbuch; Schmidt-Scharff S. 299; Matrikel Gießen II S. 121.

Nr. 132
Meyer, Johann

I. Persönliche Daten

* 1666 in Bremen	*Vater*: Johann Meyer
+ unbekannt (in den Kameral-kalendern bis 1725 nachgewiesen)	*Mutter*: Elisabeth geb. Neumann

Augsburger Konfession

II. Ausbildung

Studium: in Bremen (1688), Groningen und in Marburg (imm. 27.10.1688)

Promotion in Marburg zum Doktor im Jahr 1695

Praktikum: in Bremen und Wetzlar (1694)

III. Karriere am RKG

Generalexamen: 26.3.1696
Aufschwörung Advokat: 3.4.1696
Aufschwörung Prokurator: 17.2.1699

IV. Nachweise

BAF AR 1 - IV C 4 fol. 169; Kameralkalender; Findbuch; Schmidt-Scharff S. 299; Matrikel Marburg (Suchbuch) S. 217.

Nr. 133
Moritz, Henrich Philipp

I. Persönliche Daten

* 1711 in Worms	*Vater*: Philipp Christian Moritz, Senator in Worms
+ unbekannt (in den Kameral-kalendern bis 1749 nachgewiesen)	*Mutter:* unbekannt

Augsburger Konfession

II. Ausbildung

Studium: Straßburg (imm. stud. iur. 19.10.173, imm. cand. iur. 25.10.1737)

Promotion in Straßburg zum Lizentiaten
Inauguraldisputation: "De privilegio austregali." 28 S., 1738.

Praktikum: 3 Jahre in Wetzlar bei Dr. Zwierlein (ab 1737)

III. Karriere am RKG

Generalexamen: 24.11.1740
Aufschwörung Advokat: 11.5.1742

IV. Nachweise

BAF AR 1 – IV B 2 Bd. 7; Kameralkalender; Biogr. Rep. (Datenbank); Matrikel Straßburg II S. 365 (Nr. 5001), II S. 576 (Nr. 1344).

Nr. 134
Mueg, Georg Friedrich

I. Persönliche Daten

* 1649 in Speyer
+ 24.9.1711 in Wetzlar

Vater: Johann Carl Mueg (1609-72), Prokurator am RKG
Mutter: Anna Christine geb. Goll

Erste Heirat mit Eva Maria geb. L(Z)enck (+ 1674) im Jahr 1671

Zweite Heirat mit Sabine Barbara geb. von Gülchen (1654 -1707) im Jahr 1676

II. Ausbildung

Studium: Straßburg (imm. stud. iur. 5.5.1669, imm. cand. iur. 14.11.1670)

Übungsdisputation: „De litispendentia praecipuè Camerali.“ 1676.

Promotion in Straßburg zum Doktor
Inauguraldisputation: "De pertinentiis vulgo Zugehörungen." 38 S., Februar 1671.

III. Karriere am RKG

Aufschwörung Advokat: 7.7.1673
Aufschwörung Prokurator: 7.7.1675

IV. Nachweise
Kameralkalender; STAW RöST 43; Fahnenberg S. 284; Findbuch; Biogr. Rep. (Datenbank); Matrikel Straßburg II S. 287 (Nr. 2828), II S. 526 (Nr. 416).

Nr. 135
Müller, Hiob Friedrich genannt Mylius

I. Persönliche Daten

* 1700 in Rheinhardbrunn/Gotha
\+ unbekannt (in den Kameralkalendern bis 1747 nachgewiesen)

Konfession: römisch-katholisch

Vater: Georg Friedrich Müller, Schatzmeister d. Präfektur Rheinhardbrunn/Gotha
Mutter: Sophia Katharina geb. Vergenius

II. Ausbildung

Studium: Halle (imm. 7.10.1720) und Jena (1726)

Promotion in Gießen (imm. 29.4.1733) zum Lizentiaten
Inauguraldisputation: "Dissertatio inauguralis juridica de judicii cameralis origine, constitutione, progressu, sustentatione ac jurisdictione in genere." 20 S., April 1733.

Praktikum: Wetzlar (1726-28), Gotha (1728-30)

III. Karriere am RKG

Generalexamen: 16.7.1733
Aufschwörung Advokat: 15.7.1735

IV. Nachweise

BAF AR 1 - IV B 2 Bd. 3; Kameralkalender; Schüling S. 127; Fahnenberg S. 238; Matrikel Halle-Wittenberg S. 303; Matrikel Gießen II S. 129.

Nr. 136
Müller, Johann Matthäus

I. Persönliche Daten

* in Marktbreit/Franken
\+ unbekannt (in den Kameralkalendern bis 1747 nachgewiesen)

Vater: Christian Müller, Apotheker, Bürgermeister,Marktvorsteher in Marktbreit; Senatsmitglied in Worms
Mutter: Anna Katharina geb. Rheinhold

II. Ausbildung

Studium: Straßburg (imm. stud. iur. 12.5.1721), Heidelberg (imm. 20.8.1727)

Übungsdisputation in Straßburg: "Dissertatio iuridica varias questiones de molitoribus et molis, exhibens" unter Präses Johann Georg Scherz. 42 S., 27.1.1724.
Promotion in Heidelberg zum Lizentiaten
Inauguraldisputation: "Disputatio inauguralis per novem ex iure selecta themata" unter Präses Franz Christian Hennemann. 18 S., 11.12.1727.

Praktikum: in Wetzlar (1725)

III. Karriere am RKG

Generalexamen: 29.5.1728
Aufschwörung Advokat: 16.7.1728
Aufschwörung Prokurator: 2.6.1738

IV. Nachweise

BAF AR 1 - IV C 16 fol. 43; Kameralkalender; Findbuch; Biogr. Rep. (Datenbank); Schmidt-Scharff S. 300; Matrikel Straßburg II S. 346 (Nr. 4482); Matrikel Heidelberg IV S. 60.

Nr. 137
Nidderer, Johann Philipp

I. Persönliche Daten

(unbekannt, in den Kameralkalendern bis 1699 nachgewiesen)

II.Ausbildung

Akademischer Grad: Lizentiat

III. Karriere am RKG

Aufschwörung Advokat: 23.3.1664
Aufschwörung Prokurator: 23.3.1664

IV. Nachweise

Kameralkalender; Findbuch.

Nr. 138
Niederer, Gabriel

I. Persönliche Daten

* 1728 in Wetzlar
\+ 6.5.1809

Vater: Johann Philipp Niederer, Protonotar am RKG
Mutter: Maria Barbara geb. Schau

Konfession: römisch-katholisch

II. Ausbildung

Studium: Wetzlar (bei Dr. Werner), Mainz (cand. iur. 10.1.1748)

Promotion in Mainz zum Lizentiaten
Inauguraldisputation: „De eo quod justum est in causis Spolii, et praecipue an in iis obtineant austraegae“ unter Hahn. 25.5.1752.

Praktikum: (ab 1752)

III. Karriere am RKG

Generalexamen: 3.2.1753
Aufschwörung Advokat: 21.3.1755
Aufschwörung Prokurator: 4.9.1758

IV. Nachweise

BAF AR 1 - IV B 2 Bd. 11; Kameralkalender; Fahnenberg S. 277; Findbuch; Verzeichnis Mainz S. 607.

Nr. 139
Noel, Peter Franz

I. Persönliche Daten

* 24.9.1736 in Mainz
\+ unbekannt (in den Kameralkalendern bis 1806 nachgewiesen)

Vater: Franz Noel, Weinhändler in Mainz
Mutter: Johanna Maria geb. Spanier

Konfession: römisch-katholisch

II. Ausbildung

Studium: in Mainz (bacc. phil. 11.9.1753, stud. iur. 1758)

Promotion in Gießen (imm. 26.3.1765) zum Doktor
Inauguraldisputation: „Theses ex vario jure." („ohne Vorsitz"), 27.3.1765.

Praktikum: 1 Jahr in Wetzlar (ab 1764)

III. Karriere am RKG

Generalexamen: 6.5.1765
Aufschwörung Advokat: 17.7.1765

IV. Nachweise
BAF AR 1 – IV B 2 Bd. 14; Kameralkalender; Schüling S. 203; Verzeichnis Mainz S. 609; Matrikel Gießen II S. 135.

Nr. 140
Obrist, Johann Baptist

I. Persönliche Daten

* 1678 in Mühlbach/Tirol
+ unbekannt (in den Kameralkalendern bis 1731 nachgewiesen)

Vater: Bartholomäus Obrist, Bürger in Mühlbach
Mutter: Eva geb. Linerin

Konfession: römisch-katholisch

II. Ausbildung

Studium: Wien (1700 -1704), Mainz

Promotion zum Lizentiaten in Mainz (unter v. Haaren am 11.12.1711) und zum Doktor in Freiburg (am 1.12.1716)

Praktikum: 4 Jahre, davon 2 Jahre in Wetzlar

III. Karriere am RKG

Generalexamen: 19.7.1712
Aufschwörung Advokat: 28.9.1712
Aufschwörung Prokurator: 15.11.1713

IV. Nebenkarriere

Professor für "institutiones et processus civiles camerales" an der Universität Freiburg

V. Nachweise

BAF AR 1-IV C 6 fol. 431; Kameralkalender; Findbuch; Verzeichnis Mainz S. 613.

Nr. 141
Oliva, Alexander Theodor

I. Persönliche Daten

* 1692
+ (unbekannt, in den Kameral-
kalendern bis 1723 nachgewiesen)

Vater: Philipp Oliva
Mutter: Elisabeth geb. Dahmen

Konfession: römisch-katholisch

II. Ausbildung

Studium: Löwen (5 Jahre)

Promotion in Löwen zum Lizentiaten

Praktikum: Brüssel (1714), Wetzlar (1718)

III. Karriere am RKG

Generalexamen: 9.3.1718
Aufschwörung Advokat: 27.6.1718

IV. Nachweise

BAF AR 1-IV B 2 Bd. 1; Kameralkalender; Schmidt-Scharff S. 299.

Nr. 142
Pfeiffer, Johann Jacob Ernst

I.Persönliche Daten

* 1717 in Wetzlar
+ 8.9.1769 (Ort unbekannt)

Augsburger Konfession

Vater: Johann Ludwig Pfeiffer,
Prokurator am RKG
Mutter: Elisabeth Katharina geb.
Clemm

II. Ausbildung

Studium:Marburg (imm. 9.4.1736)

Promotion zum Lizentiaten in Marburg
Inauguraldisputation: "De successione descendentium legitima civili." 32 S., März 1742.

Praktikum: 2 Jahre in Wetzlar (ab 1742)

III. Karriere am RKG

Generalexamen: 12.6.1744
Aufschwörung Advokat: 9.4.1745
Aufschwörung Prokurator: 17.7.1755

IV. Nachweise

BAF AR 1-IV B 2 Bd. 8; Kameralkalender; Findbuch; Biogr. Rep. (Datenbank); Matrikel Marburg (Suchbuch) S. 246.

Nr. 143
Pfeiffer, Johann Ludwig

I. Persönliche Daten

* 1687 Grafschaft Leiningen/Pfalz
+ 1750

Augsburger Konfession

Heirat mit Elisabeth Katharina geb. Clemm

Vater: Georg Friedrich Pfeiffer, Regierungssekretär in Weilburg
Mutter: Margaretha geb. Franck

Vater des RKG-Prokurators Johann Jakob Ernst Pfeiffer

II. Ausbildung

Studium: Gießen (imm. 22.4.1705)

Promotion in Heidelberg zum Doktor
Inauguraldisputation: "De contractu simulato" unter Präses Johann Friedrich Hertling. 23 S., 20.3.1711.

III. Karriere am RKG

Generalexamen: 29.5.1713
Aufschwörung Advokat: 7.7.1713
Aufschwörung Prokurator: 20.12.1719

IV.Nachweise

BAF AR 1-IV C 7 fol. 147; Kameralkalender; Findbuch; Biogr. Rep. (Datenbank); Matrikel Gießen I S. 159.

Nr. 144
Pilger, Wilhelm Theodor Gotthard

I. Persönliche Daten

* 14.9.1767 in Wetzlar
\+ unbekannt (in den Kameralkalendern bis 1806 nachgewiesen)

Vater: Wilhelm Arnold Henrich Pilger (1732-69), Pfarrer in Wetzlar
Mutter: Friderike Catharina geb. Dernegger

Konfession: Augsburger Konfession
Erste Heirat mit Luise Friderike geb. von Bostel (1772-1800), 14.10.1792
Zweite Heirat mit Juliane Sophie geb. Caps am 22.6.1800

II. Ausbildung

Promotion in Marburg (imm. 18.4.1787) zum Doktor
Inauguraldisputation: "De litterarum informatoriarum redemptione, vulgo von der Berichts-Auslösung." 1789.

III. Karriere am RKG

Aufschwörung Advokat: 27.5.1791
Prokurator (1795)

IV. Nachweise

Kameralkalender; STAW RöST 45 P-Q; Fahnenberg, S. 273; Findbuch HStA Wiesbaden Nr. 2840; Matrikel Marburg (Suchbuch) S. 248.

Nr. 145
Plato, Heinrich Johann

I. Persönliche Daten

* 1672 in Speyer
\+ unbekannt (in den Kameralkalendern bis 1714 nachgewiesen)

Vater: Abraham Plato
Mutter: Susanna Margaretha geb. Marschall

Augsburger Konfession

II. Ausbildung

Studium: Jena (imm. 9.7.1692), Leipzig (imm. WS 1696)

Übungsdisputation in Leipzig: "De putativo dominio utili" unter Präses Bartholomäus Leonhard Schwendendörffer. 16 S., 22.9.1697.

Promotion in Gießen (imm. 2.3.1700) zum Lizentiaten
Inauguraldisputation: „De appellatione prohibita" unter Präses Dr. Nizio. März 1700.

Praktikum: 2 ½ Jahre, davon 1 Semester in Regensburg und 2 Jahre in Wetzlar

III. Karriere am RKG

Generalexamen: 4.3.1701
Aufschwörung Advokat: 18.3.1701

IV. Nachweise

BAF AR 1- IV C 4 fol. 284; Kameralkalender; Schüling 1, Nr. 1679; Biogr. Rep. (Datenbank); Matrikel Jena II S. 597; Matrikel Leipzig II S. 335; Matrikel Gießen I S. 139.

Nr. 146
Plönnies Edler von, Georg Friedrich

I. Persönliche Daten

* 1710 in Wesel	*Vater*: Emmerich Philipp von Plönnies, Architekt
+ unbekannt (in den Kameralkalendern bis 1764 nachgewiesen)	*Mutter*: Anna Magdalena geb. Ernst

Augsburger Konfession

II. Ausbildung

Studium: Marburg (imm. 16.6.1727)

Promotion in Gießen (imm. 2.5.1738) zum Doktor
Inauguraldisputation: "Dissertatio inauguralis juridica,qua praecipua et controversa locationis conductionis capita scientifice explicantur." 99 S., Mai 1738.

Praktikum: 2 Jahre in Wetzlar bei Lt. Ziegler (ab 1737)

III. Karriere am RKG

Generalexamen: 9.1.1739
Aufschwörung Advokat:17.7.1739

IV. Nachweise

BAF AR 1-IV B 2 Bd. 7; Kameralkalender; Schüling, S. 140; Schmidt-Scharff S. 301; Matrikel Marburg (Suchbuch) S. 249; Matrikel Gießen II S. 142.

Nr. 147
Pulian, Johann Philipp

I. Persönliche Daten

unbekannt (in den Kameralkalendern bis 1714 nachgewiesen)

II. Ausbildung

Akademischer Grad: Doktor

III. Karriere am RKG

Aufschwörung Advokat: 11.3.1687
Aufschwörung Prokurator:15.5.1693

IV. Nachweise

Kameralkalender; Findbuch.

Nr. 148
Rasor, Philipp Jacob

I. Persönliche Daten

* 1727 in Worms
+ 9.1.1802

Vater: Georg Jacob Rasor, Konsul in Worms
Mutter: Anna Regina geb. Herzberger

Augsburger Konfession

II. Ausbildung

Studium: Jena (imm. 20.4.1744)

Promotion in Gießen (imm. 28.8.1752) zum Doktor
Inauguraldisputation: „De remedio revisionis adversus decreta extrajudicialia, quibus processus speciatim vero appelationis in Augustissimo c (C) amerae i (I) mperialis judicio denegantur." 82 S., 1752.
Praktikum: 4 Jahre in Wetzlar bei Dr. Zwierlein (ab 1748)

III. Karriere am RKG

Generalexamen: 3.2.1753
Aufschwörung Advokat: 21.3.1755
Aufschwörung Prokurator: 5.9.1763

IV. Nachweise

BAF AR 1 – IV B 2 Bd. 11; Kameralkalender, Schüling S. 181, Fahnenberg S. 274; Findbuch; Schmidt-Scharff S. 302; Matrikel Jena III S. 431; Matrikel Gießen II S. 145.

Nr. 149
Role(l)mann, Johann Adam

I. Persönliche Daten

+ 20.2.1707

II. Ausbildung

Akademischer Grad: Lizentiat

III. Karriere am RKG

Aufschwörung Advokat: 4.7.1680
Aufschwörung Prokurator: 27.10.1680

IV. Nachweise

Kameralkalender; Findbuch.

Nr. 150
Roth(d)berg, Theodor Christian

I. Persönliche Daten

* 1735 in Diez/Nassau
\+ unbekannt (bis 1791 in den Findbüchern nachgewiesen)

Vater: Heinrich Christoph Rodberg, Medicus am RKG (Dr.)
Mutter: Justina geb. Gertner

Augsburger Konfession

Halbbruder des RKG-Prokurators Wilhelm Christian Roth(d)berg

II. Ausbildung

Studium: Gießen (1753), Marburg (imm. 27.10.1753)

Promotion in Gießen (imm. 11.4.1758) zum Lizentiaten
Inauguraldisputation: „De successione lineali in aevo jurisprudentiae romanizantis non praesumenda, in aliquot theses redactum." 8 S., 12.4.1758.

Praktikum: 3 Jahre in Wetzlar (ab 1755)

III. Karriere am RKG

Generalexamen: 2.8.1758
Aufschwörung Advokat: 8.5.1761
Prokurator (1791)

IV. Nachweise

BAF AR 1-IV B 2 Bd. 12; Kameralkalender; Schüling S. 192; Findbuch HStA Wiesbaden Nr. 3163; Biogr. Rep. (Datenbank); Matrikel Marburg (Suchbuch) S. 268; Matrikel Gießen II S. 153.

Nr. 151
Rot(h)berg, Wilhelm Christian

I. Persönliche Daten

* 1745 in Wetzlar
\+ 25.4.1799

Vater: Heinrich Christoph Rodberg, Medicus am RKG (Dr.)
Mutter: Augusta Elisabeth geb. Gertner

Augsburger Konfession

Halbbruder des RKG-Advokaten Theodor Christian Roth(d)berg

II. Ausbildung

Studium: Göttingen (imm. 9.5.1763), Gießen

Promotion in Gießen zum Doktor
Inauguraldisputation: „De justa revisionis sententiarum cameralium restrictione, in aliquot theses redactum." 31 S., 10.6.1766

Praktikum: 2 Jahre in Göttingen bei Dr. Pütter

III. Karriere am RKG

Generalexamen: 11.6.1766
Aufschwörung Advokat: 7.9.1767
Aufschwörung Prokurator: 7.4.1783

IV. Nachweise

BAF AR 1 - IV B 2 Bd. 15; Kameralkalender; Schüling S. 208; Fahnenberg S. 296; Findbuch; Matrikel Göttingen Nr. 6526; Mitglieder.

Nr. 152
Ru(e)bens, Peter Bernhard

I. Persönliche Daten

+ unbekannt (in den Kameralkalendern bis 1714 nachgewiesen)

Vater: Nikolaus Rubens
Mutter: Beatrix geb. Mercker

Konfession: römisch-katholisch

II. Ausbildung

Studium: Köln, Düsseldorf (privat), Mainz

Promotion in Mainz zum Lizentiaten am 13.3.1699

III. Karriere am RKG

Generalexamen: 14.10.1699
Aufschwörung Advokat: 20.10.1699

IV. Nachweise

BAF AR I - IV C 4 fol. 254; Kameralkalender; Verzeichnis Mainz S. 668.

Nr. 153
Ruland, Johann Albert

I. Persönliche Daten

* 1712 in Essen	*Vater*: Arnold Ruland
+ 24.6.1775	*Mutter*: Katharina geb. Marcus

Konfession: Augsburger Konfession

II. Ausbildung

Studium: Duisburg (imm. 4.5.1729), Köln (1 Jahr), Marburg (imm. 18.4.1731)
Promotion in Gießen (imm. 9.10.1737)
Inauguraldisputation: „De differentitiis quibusdam mandatorum sine et cum clausula." 16 S.
Praktikum: 6 Jahre in Wetzlar bei Dr. Goy (ab 1733)

III. Karriere am RKG

Generalexamen: 9.1.1739
Aufschwörung Advokat: 17.7.1739
Aufschwörung Prokurator: 4.7.1746

IV. Nachweise

BAF AR 1-IV B 7; Kameralkalender; Schüling S. 139; Fahnenberg S 276; Findbuch; Matrikel Duisburg S. 157; Matrikel Marburg (Suchbuch) S. 273; Matrikel Gießen II S. 155.

Nr. 154
Rutland, Johann (vormals Ruland; zur Unterscheidung von Lt. Ruland)

I. Persönliche Daten

* 27.11.1701 in Eichheim	*Vater*: Valentin Rutland, Bürgermeister von Eichheim und Ulm
+ unbekannt (in den Kameralkalendern bis 1764 nachgewiesen)	*Mutter*: Anna geb. Buck

Augsburger Konfession

II. Ausbildung

Studium: Straßburg (1723, imm. cand. iur. 21.5.1729, examinatus esset 1729)

Promotion in Straßburg zum Lizentiaten 1733

Praktikum: in Straßburg und in Wetzlar

III.Karriere am RKG

Generalexamen: 24.11.1740
Aufschwörung Advokat: 11.5.1742

IV.Nachweise

BAF AR 1-IV B 2 Bd. 7; Kameralkalender; Matrikel Straßburg II S. 567 (Nr. 1136).

Nr. 155
Sachs von, Arnold

I. Persönliche Daten

* 31.3.1780 in Wetzlar
+ 29.5.1851 in Wiesbaden

Vater: Franz Karl von Sachs, Prokurator am RKG
Mutter: Anna Maria geb. Hellfrich

Konfession: römisch-katholisch

Heirat mit Juliane geb. Werlé (1789-1866) am 1.1.1810

II. Ausbildung

Studium: Jena (2 ½ Jahre, 1797), Göttingen (imm. 8.5.1800)

Akademischer Grad: Doktor

Praktikum: 1 ½ Jahre in Göttingen bei Prof. Pütter und in Hildesheim (insgesamt 2 Jahre)

III. Karriere am RKG

Generalexamen: 23.6.1802
Aufschwörung Advokat:27.8.1802

IV. Nachweise

BAF AR 1 - IV C 68 fol. 110; Kameralkalender, STAW RöST 46; Matrikel Göttingen Nr. 19064.

Nr. 156
Sachs von, Franz Carl

I. Persönliche Daten

* 20.6.1744 in Wetzlar
+ 5.5.1821 in Wetzlar

Vater: Georg Matthias von Sachs, Protonotar am RKG
Mutter: Anna Regina geb. Bolles

Konfession: römisch-katholisch

Heirat mit Anna Maria geb. Hell-(f)frich (1750-1834) am 20.10.1771

Vater des RKG-Advokaten Arnold von Sachs

II. Ausbildung

Studium: privat (Dr. Trautmann, 3 Sem. in Wetzlar), Trier (imm. 1763), Göttingen (imm. 21.10.1763)
Promotion in Gießen zum Doktor
Inauguraldisputation: „Commentatio juridica inauguralis de usuris fructum.“ 39 S., 12.12.1765
Praktikum: 1 Jahr in Hildesheim (1764)

III. Karriere am RKG

Generalexamen: 16.12.1765
Aufschwörung Advokat: 3.3 1766
Aufschwörung Prokurator: 11.10.1769

IV. Nachweise

BAF AR I – IV B 2 Bd. 14, Kameralkalender; STAW RöST 46; Schüling S. 204; Findbuch; Verzeichnis Trier S. 204; Matrikel Göttingen Nr. 6636; Mitglieder.

Nr. 157
Sachs, Johann Rudolph

I. Persönliche Daten

* 23.2.1686 in Straßburg
+ 4.3.1730 in Wetzlar

Vater: Christoph Melchior Sachs (1654-1725), Dr. jur., (1701: Subdeligierter beim RKG)

Augsburger Konfession

Mutter: Johanna geb. Schrag
(verwandt mit RKG-Assessor
Dr. Schrag)

Heirat mit Elisabeth geb. von Steinhausen (1685-1728) am 8.7.1710

II. Ausbildung

Studium: Gießen (imm. 5.9.1702)

Übungsdisputation: „Dissertatio juridica de victore in expensas condemnando“ unter Präses: Bernhard Ludwig Mollenbeck. 48 S., Dezember 1705.
Promotion in Gießen zum Doktor
Inauguraldisputation: „De doctore juris minore restituendo et non restituendo in integrum“,
32 S., 15.9.1707.

Praktikum: in Wetzlar

III. Karriere am RKG

Generalexamen: 19.4.1713
Aufschwörung Advokat: 12.5.1713.
Aufschwörung Prokurator: 6.6.1714

IV. Nachweise

BAF AR 1 – IV C 7 fol. 110; Kameralkalender; STAW RöST 46; Schüling S. 20, 29; Findbuch; Matrikel Gießen I. S. 147.

Nr. 158
Sachsensche, Franz Adolph

I. Persönliche Daten

* 1691 in Luna/Grafschaft Mark
+ unbekannt (in den Kameralkalendern bis 1719 nachgewiesen)

Vater: Heinrich Sachsensche,
Pastor in Luna
Mutter: Elisabeth geb. Westhoven

Augsburger Konfession

II. Ausbildung

Studium: Gymnasium Gotha (1707), Straßburg (imm. stud. iur. 22.5.1713, imm. cand. iur. 17.4.1714)

Promotion in Straßburg zum Lizentiaten (1715)

Praktikum: in Hamm und Straßburg (4 Jahre), Wetzlar (3 Jahre)

III. Karriere am RKG

Generalexamen: 5.7.1715
Aufschwörung Advokat: 20.9.1715

IV. Nachweise

BAF AR 1 - IV B 2 Bd. 1; Kameralkalender; Matrikel Straßburg II S. 336 (Nr. 4189), II S. 552 (Nr. 792).

Nr. 159
Sauer, Johann Wilhelm

I. Persönliche Daten

* 1707 in Köln
\+ unbekannt (in den Kameralkalendern bis 1736 nachgewiesen)

Vater: Johann Andreas Gerhard Sauer, Regierungsrat in Köln
Mutter: Maria Theodora geb. Schombeck

Konfession: römisch-katholisch

II. Ausbildung

Studium: Köln

Promotion in Köln zum Lizentiaten

III. Karriere am RKG

Generalexamen: 2.4.1732
Aufschwörung Advokat: 16.7.1732

IV. Nachweise

BAF AR I - IV B 2 Bd. 3; Kameralkalender.

Nr. 160
Scheffer, (Georg) Samuel

I. Persönliche Daten

* 1693 in Dinkelsbühl
\+ unbekannt (in den Kameralkalendern bis 1740 nachgewiesen)

Vater: Samuel Scheffer, Bürgermeister in Dinkelsbühl
Mutter: Ursula geb. Baumgartner

Augsburger Konfession

II. Ausbildung

Studium: Jena (imm. 14.5.1712), Tübingen (2 ½ Jahre), Halle (imm. 3.11.1714)
Promotion in Erfurt (imm. 1719) zum Lizentiaten
Inauguraldisputation: "De stigmatibus in facie" unter Präses Ernst Tenzell. 28 S., 20.12.1719.
Praktikum in Dinkelsbühl beim Vater und in Wien (2 Jahre)

III. Karriere am RKG

Generalexamen: 18.1.1721
Aufschwörung Advokat: 4.4.1721
Aufschwörung Prokurator: 2.9.1735

IV. Nachweise

BAF AR 1 - IV C 11 fol. 16; Kameralkalender, Findbuch; Biogr. Rep. (Datenbank); Matrikel Jena II S. 686; Matrikel Halle-Wittenberg S. 379; Verzeichnis Erfurt II S. 83.

Nr. 161
Scheurer, Caesar

I. Persönliche Daten

* 1712 in Oberwelz
\+ 31.10.1789

Vater: Georg Philipp Scheurer, Inspektor und Pastor in Oberwelz in der Grafsch. Braunfels
Mutter: Maria geb. Bremer

Augsburger Konfession

Heirat mit Elisabeth geb. Geibel

Vater des RKG-Advokaten Carl Philipp Scheurer

II. Ausbildung

Studium: Marburg (imm. 27.99.1728), Herborn, Halle (insgesamt 5 1/2 Jahre)
Promotion in Halle zum Lizentiaten
Inauguraldisputation: "De successione hereditaria coniugum ex pactis dotalibus" unter Präses Justus Henning Böhmer. 52 S., 1734.

Praktikum in Wetzlar (1735)

III. Karriere am RKG

Generalexamen: 17.6.1735
Aufschwörung Advokat: 5.12.1735
Aufschwörung Prokurator: 30.4.1744

IV. Nachweise

BAF AR 1-IV B 2 Bd. 4; Kameralkalender; Findbuch; Biogr. Rep.(Datenbank); Schmidt-Scharff S. 301; Matrikel Marburg (Suchbuch) S. 287.

Nr. 162
Scheurer, Carl Philipp

I. Persönliche Daten

* 1738 in Wetzlar	*Vater*: Caesar Scheurer, Prokurator am RKG
+ unbekannt (in den Kameralkalendern bis 1786 nachgewiesen)	*Mutter*: Elisabeth geb. Geibel

Augsburger Konfession

II. Ausbildung

Studium: Marburg (imm. 18.10.1756), Göttingen (imm. 2.5.1757)

Promotion in Gießen (imm. 12.2.1766) zum Doktor
Inauguraldisputation: „De liberis heredibus suis ad probationem abstentionis non obligatis" unter Präses Johann Christoph Koch. 28 S., 3.2.1766.
Praktikum: in Wetzlar ("einige Jahre")

III. Karriere am RKG

Generalexamen: 27.2.1766
Aufschwörung Advokat: 21.3.1766

IV. Nachweise

BAF AR 1 - IV B 2 Bd. 15 ; Kameralkalender; Schüling S 207; Matrikel Marburg (Suchbuch) S. 287; Matrikel Göttingen Nr. 5422; Matrikel Gießen II S. 161; Mitglieder.

Nr. 163
Scheurer, Johann Hermann

I. Persönliche Daten

* 1688 in Braunfels
+ 1.4.1778

Vater: Johann Konrad Scheurer, Kirchenrat in Braunfels
Mutter: Anna Magdalena geb. Bilesin

Augsburger Konfession

II. Ausbildung

Studium: Gießen, Marburg, Groningen für insgesamt 9 ½ Jahre

Promotion in Groningen zum Doktor

Praktikum: in Wetzlar und Braunfels für 7 Jahre (ab 1708)

III. Karriere am RKG

Generalexamen: 27.6.1715
Aufschwörung Advokat: 20.9.1715
Aufschwörung Prokurator: 20.12.1719

IV. Nachweise

BAF AR 1-IV B 2 Bd. 2; Kameralkalender; Findbuch.

Nr. 164
Schick, Hermann Joseph Valentin

I. Persönliche Daten

* 28.5.1733 in Mainz
+ 26.12.1789 in Wetzlar

Konfession: römisch-katholisch

Heirat mit Maria Magdalena geb. Lang, Tochter des RKG-Prokurators

Vater: Johann Wendelinus Schick, Rat und Bürger in Mainz
Mutter: Josepha Theresia geb. Alfius

Vater des RKG-Advokaten Matthäus Joseph Schick

II. Ausbildung

Studium: Mainz (1747), Ingolstadt (imm. stud. iur. 18.11.1757)

Promotion zum Lizentiaten in Ingolstadt

Praktikum: 1 Jahr in Wetzlar bei Lt. Loskant (1757)

III. Karriere am RKG

Generalexamen: 7.9.1757
Aufschwörung Advokat: 17.3.1758
Aufschwörung Prokurator: 1.7.1762

IV. Nachweise

BAF AR 1 - IV B 2 Bd. 12; Kameralkalender; STAW RöST 46; Findbuch; Schmidt-Scharff S. 305; Verzeichnis Mainz S. 700; Matrikel Ingolstadt III/2 S. 51 (Nr. 804).

Nr. 165
Schick, Matthäus Joseph

I. Persönliche Daten

* 1764 in Wetzlar
+ 1813 in Frankfurt a. M.

Konfession: römisch-katholisch

Vater: Hermann Joseph Valentin Schick, Prokurator am RKG
Mutter: Maria Magdalena geb. Lang (Tochter des RKG-Prokurators Lang)

Heirat mit Alexandrine Wilhelmine geb. Haas

II. Ausbildung

Studium: Wetzlar, Gießen (imm. 23.10.1783)

Promotion in Gießen zum Doktor
Inauguraldisputation: „Tractatus juris publici de illicita instantiarum multiplicatione, et in specie von der Cabinets-Instanz.“ 79. S., 23.8.1788. (Dissertation erschien in dt. Übersetzung 1802)

III. Karriere am RKG

Generalexamen: 25.11.1784 (als Kandidat für „Notariata Camerae Imperialis“)
Sekretär am RKG
Aufschwörung Advokat: 8.1.1790
Prokurator (1803)

IV.Nachweise

BAF AR 1 - IV B 2 Bd. 22; Kameralkalender; STAW RöST 46; Schüling S. 253; Fahnenberg S 250; Findbuch HStA Stuttgart Nr. 1191; Biogr. Rep. (Datenbank); Matrikel Gießen II S. 161.

Nr. 166
Schmid, Johann Nikolaus

I. Persönliche Daten

* 1676 in Frankfurt am Main
\+ unbekannt (in den Kameralkalendern bis 1739 nachgewiesen)

Vater: Kaspar Schmidt, Bürger in Frankfurt
Mutter: (unbekannt)

Augsburger Konfession

II. Ausbildung

Studium: Straßburg (5 Jahre), Erfurt (imm. 1704)

Übungsdisputation in Straßburg: "De iuris publici servitutibus sive de iuribus in alieno territorio tam in genere, quam quoad species praecipuas exercitatio iuridica" unter Präses Johann Heinrich Feltz. 24 S., 19.5.1701.

Promotion in Erfurt zum Lizentiaten im Jahre 1704

Praktikum: 3 Jahre in Wetzlar (ab 1708)

III. Karriere am RKG

Generalexamen: 11.2.1711
Aufschwörung Advokat: 29.3.1715
Aufschwörung Prokurator: 16.5.1716

IV. Nachweise

BAF AR 1 - IV B 2 Bd. 1; Kameralkalender; Findbuch; Biogr. Rep. (Datenbank); Verzeichnis Erfurt II S. 92.

Nr. 167
Schorer, Eitel Siegmund

I. Persönliche Daten

* 1667 in Memmingen	*Vater*: Christoph Schorer
+ unbekannt (in den Kameralkalendern bis 1714 nachgewiesen)	*Mutter*: Anna Felizitas geb. Lupp

Augsburger Konfession

II. Ausbildung

Studium: Jena (imm. 26.4.1684)

Promotion in Wittenberg zum Lizentiaten im Jahre 1688 unter Präses Dr. Ziegler
Praktikum: in Memmingen, Ravensburg, Wetzlar (insgesamt 9 Jahre)

III. Karriere am RKG

Generalexamen: 1.3.1697
Aufschwörung Advokat: 18.3.1697
Aufschwörung Prokurator: 7.4.1702

IV. Nachweise

BAF AR 1 - IV C 4 fol. 200; Kameralkalender; Findbuch; Matrikel Jena II S. 721.

Nr. 168
Schorlemer von, Johann Itel

I. Persönliche Daten

unbekannt (in den Kameralkalendern bis 1748 geführt)

II. Ausbildung

Akademischer Grad: Lizentiat

III. Karriere am RKG

Aufschwörung Advokat: 1.4.1735

IV. Nachweise

Kameralkalender.

Nr. 169
Schriels, Henrich

I. Persönliche Daten

* 1672 in Köln
\+ unbekannt (in den Kameralkalendern bis 1703 nachgewiesen)

Vater: Johannes Schriels
Mutter: Anna Maria geb. Mörbes

Konfession: römisch-katholisch

II. Ausbildung

Studium: Köln 5 Jahre (1690)

Promotion in Gießen (imm. 25.9.1695) zum Lizentiaten
Inauguraldisputation: „De locatione et conductione nec non emphyteusi." Oktober 1695.
Praktikum: Köln (2 Jahre), Wetzlar (1 Jahr)

III. Karriere am RKG

Generalexamen: 11.3.1697
Aufschwörung Advokat: 18.3.1697
Aufschwörung Prokurator: 29.10.1697

IV. Nachweise

BAF AR 1 - IV C 4 fol. 202; Kameralkalender; Schüling 1, Nr. 1510; Findbuch; Matrikel Gießen I S. 125.

Nr. 170
Schultz, Samuel

I. Persönliche Daten

* 1703 in Regensburg
+ unbekannt (in den Kameralkalendern bis 1740 nachgewiesen)

Vater: Georg Laurentius Schultz, Militärpräfekt, Zeughausverwalter
Mutter: Elisabeth geb. Koch

Augsburger Konfession

II. Ausbildung

Studium: Halle (imm. 6.5.1724)

Promotion in Gießen (imm. 15.10.1730) zum Lizentiaten
Inauguraldisputation: „De pauperibus in camera litigantibus." 28 S., Oktober 1730.
Praktikum: Wetzlar (1730)

III. Karriere am RKG

Generalexamen: 13.2.1731
Aufschwörung Advokat: 16.7.1731

IV. Nachweise

BAF AR 1 - IV B 2 Bd. 2; Kameralkalender; Schüling S. 120; Schmidt-Scharff S. 301; Matrikel Halle-Wittenberg S. 408; Matrikel Gießen II S. 171.

Nr. 171
Seiblin, Johann Heinrich

I. Persönliche Daten

unbekannt (in den Kameralkalendern bis 1694 nachgewiesen)

II. Ausbildung

Akademischer Grad: Doktor

III. Karriere am RKG

Aufschwörung Advokat: 7.7.1670
Aufschwörung Prokurator: 3.3.1671

IV. Nachweise

Kameralkalender; Findbuch.

Nr. 172
Seiffa(e)rt, Conrad Henrich

I. Persönliche Daten

* 1696 in Alsfeld/Oberhessen
\+ unbekannt (in den Kameralkalendern bis 1729 nachgewiesen)

Vater: Johannes Christianus Seiffert, Oberstwachtmeister
Mutter: Sophia Elisabeth Christina geb. Kornmann

Augsburger Konfession

II. Ausbildung

Studium: Gießen (imm. 30.3.1713), Halle (imm 21.4.1716)

Promotion in Gießen zum Doktor
Inauguraldisputation: "De commodis et incommodis ex adhaesione appelationis in partes litigantes redundantibus, occasione pr. legis fin. C. de Appell" unter Präses Lucas Frantz. 47 S., 15.6.1719.

Praktikum: 2 Jahre in Wetzlar bei Dr. Geibel (ab 1719)

III. Karriere am RKG

Generalexamen: 21.4.1721
Aufschwörung Advokat: 16.7.1721

IV. Nachweise

BAF AR 1 - IV C 11 fol. 138; Kameralkalender; Schüling S. 87; Matrikel Halle-Wittenberg S. 416; Matrikel Gießen II S. 175.

Nr. 173
Seip(p), Johann Christoph

I. Persönliche Daten

* 26.6.1693 in Wetzlar
+ 18.6.1776 in Wetzlar

Augsburger Konfession

Vater: Johann David Seipp (1652-1729), Dr. iur., Hofgerichtsprokurator, Stadtsyndikus von Wetzlar
Mutter: Katharina Elisabeth geb. Steubner zu Marburg (1657-1724)

Heirat mit Charlotte Wilhelmine Dorothea Brinck (1701-1732)

II. Ausbildung

Studium: Marburg (imm. 30.10.1708), Wetzlar, Wien

Promotion in Duisburg (imm. 29.6.1719) zum Doktor
Inauguraldisputation: "Dissertatio inauguralis juridica exhibens selectas quasdam ex jure publico, camerali, feudali, et communi controversas questiones." 30 S., 18.7.1719

Praktikum: in Wetzlar beim Vater

III. Karriere am RKG

Generalexamen: 21.4.1721
Aufschwörung Advokat: 16.7.1721
Aufschwörung Prokurator: 20.9.1736

IV. Nachweise

BAF AR 1-IV C 11 fol. 138; StAW RöSt 48; Kameralkalender; Komorowski S. 62; Findbuch; Matrikel Marburg (Suchbuch) S. 308; Matrikel Duisburg S. 137.

Nr. 174
Seuter, Conrad Gordian

I. Persönliche Daten

* 1719 in Köln
\+ unbekannt (in den Kameralkalendern bis 1799 nachgewiesen)

Vater: Matthäus Seuter, Dr. med.
Mutter: Klara Ursula geb. Weyler

Augsburger Konfession

II. Ausbildung

Studium: Köln, Göttingen (imm. 6.10.1741), Leiden (insgesamt 6 Jahre)

Promotion in Leiden mit Erwerb des Doktorgrades im Jahre 1743

Praktikum: Köln (2 Jahre), Wetzlar (1 ½ Jahre) ab dem Jahre 1742

III. Karriere am RKG

Generalexamen: 2.6.1745
Aufschwörung Advokat: 27.6.1746
Aufschwörung Prokurator: 1.7.1762

IV. Nachweise

BAF AR 1 - IV B 2 Bd. 9; Kameralkalender; Findbuch; Matrikel Göttingen Nr. 1470.

Nr. 175
Sip(p)mann, Angelus Conrad (Daniel)

I. Persönliche Daten

* 7.7.1729 in Darmstadt
\+ 25.11.1798

Augsburger Konfession

Vater: Philipp Angelus Sippmann (1702-51), Regierungsrat in Hessen-Darmstadt
Mutter: Maria Magdalena geb. Klippstein (1710-1787)

Heirat mit Elisabeth geb. Besserer, Tochter des Prokurators Besserer (1728-1805)

Vater des RKG-Prokurators Paul Sippmann

II. Ausbildung

Studium: Jena (imm. 26.4.1747)

Übungsdisputation: „Commentatio juris naturalis de testamento in statu naturali valido, ex genuinis jurisprudentiae naturalis principiis deducit.“ 40 S. (erschienen Wetzlar 1754, Winckler)

Promotion in Gießen (imm. 28.3.1757) zum Doktor
Inauguraldisputation: „Systema Jurisdictonis supremae in Imperio R.G. , praecipue illius, quae a Camerae Imper. Judicio exercetur.“ (Frankfurt 1758.)

Praktikum: 4 Jahre in Wetzlar

III. Karriere am RKG

Generalexamen: 7.9.1757
Aufschwörung Advokat: 17.3.1758
Aufschwörung Prokurator:18.6.1764

IV. Nachweise

BAF AR 1 - IV B 2 Bd. 12; Kameralkalender; StAW RöST 48 ; Schüling S. 189; Fahnenberg S. 250; Findbuch; Biogr. Rep. (Datenbank); Matrikel Jena III S. 502; Matrikel Gießen II S. 177.

Nr. 176
Sipmann, Paul

I. Persönliche Daten

<table>
<tr><td>* 28.1.1761 in Wetzlar
+ 28.10.1822

Augsburger Konfession</td><td>Vater: Angelus Conrad Sippmann,
Prokurator am RKG
Mutter: Elisabeth geb. Besserer
(Tochter des RKG-Prokurators
Johann Paul Besserer)</td></tr>
</table>

Heirat mit Elisabeth Caroline Luise geb. Kühnlein (1771-1804)

II. Ausbildung

Studium: Gießen (imm. 13.10.1778), Göttingen (imm. 14.5.1781)

Promotion in Gießen zum Lizentiaten am 1.3.1785

Praktikum: 1 Jahr in Wetzlar (ab 1782)

III. Karriere am RKG

Generalexamen: 20.5.1783
Aufschwörung Advokat: 18.3.1785
Aufschwörung Prokurator: 30.4.1798

IV. Nachkarriere

Stadtgerichtsrat in Wetzlar (1814)

V. Nachweise

BAF AR 1 - IV B 2 Bd. 22; Kameralkalender, STAW RöST 48; Schüling S. 246; Findbuch; Matrikel Gießen II S. 177; Matrikel Göttingen Nr. 12403.

Nr. 177
Speckmann (von), Johann Stephan

I. Persönliche Daten

* 13.8.1676 in Münster/Westfalen
\+ 11.12.1751 in Wetzlar

Konfession: römisch-katholisch

Vater: Paul Speckmann,
Krämer in Münster
Mutter: Gertrud geb. Brostorp

Erste Heirat mit Maria Kunigunde geb. Mertloch am 7.1.1701

Zweite Heirat mit Susanna geb. von Gra(o)ssinger im Jahre 1714

II. Ausbildung

Studium: Münster, Helmstedt (imm. 14.6.1697), Straßburg

Promotion in Duisburg (imm. 15.3.1700) zum Doktor
Inauguraldisputation: „De condictione indebiti." 18 S., März 1700.

III. Karriere am RKG

Generalexamen: 4.3.1701.
Aufschwörung Advokat: 18.3.1701
Aufschwörung Prokurator: 7.4.1702

IV. Nachweise

BAF AR 1 - IV C 4 fol. 284; Kameralkalender; STAW RöST 49; Komorowski S. 45; Findbuch; Matrikel Helmstedt Nr. 1918; Matrikel Duisburg S. 108.

Nr. 178
Spinola, Joseph Ambros

I. Persönliche Daten

* 9.1.1733 in Wetzlar
+ 9.10.1766

Vater: Gabriel Spinola (+ 1740), Kaufmann in Wetzlar
Mutter: Anna Ursula geb. Löhr

Konfession: römisch-katholisch

II. Ausbildung

Studium: privat, Göttingen (imm. 24.10.1754)

Promotion in Gießen (imm. 21.12.1755) zum Lizentiaten

Praktikum: Göttingen bei Prof. Pütter (1755), Wetzlar bei Lt. Gerster (1755)

III. Karriere am RKG

Generalexamen: 14.1.1756
Aufschwörung Advokat: 8.5.1761
Aufschwörung Prokurator: 5.9.1763

IV. Nachweise

BAF AR 1 - IV B 2 Bd. 12; Kameralkalender; STAW RöST 49 ; Findbuch; Schmidt-Scharff S. 304; Matrikel Göttingen Nr. 4715; Matrikel Gießen II S. 180.

Nr. 179
Spoe(ö)nla, Anselm Frank

I. Persönliche Daten

* 1694 in Erfurt
+ unbekannt (in den Kameralkalendern bis 1744 nachgewiesen)

Vater: Michael Spönla
Mutter: Lucretia geb. Jacobi

Konfession: römisch-katholisch

II. Ausbildung

Studium: Erfurt (imm. 1708)

Promotion in Gießen (imm. 17.1.1718) zum Lizentiaten
Inauguraldisputation: „De foro et privilegiis practicantium in Camera imperiali:" 24 S., 1.2.1718.

Praktikum: Erfurt, Wetzlar (insgesamt 2 Jahre)

III. Karriere am RKG

Generalexamen: 9.3.1718
Aufschwörung Advokat: 27.6.1718
Aufschwörung Prokurator: 20.10.1720

IV. Nachweise

BAF AR 1 - IV B 2 Bd. 1; Kameralkalender; Schüling S. 84; Fahnenberg S. 248; Findbuch; Verzeichnis Erfurt II S. 113; Matrikel Gießen II S. 180.

Nr. 180
Starckmann, Ludwig Friedrich Wilhelm

I. Persönliche Daten

* 1688 in Wetzlar
\+ unbekannt (in den Kameralkalendern bis 1723 nachgewiesen)

Augsburger Konfession

Vater: (Vorname unbekannt) Starckmann, Konsyndikus in Wetzlar
Mutter: Elisabetha Katharina geb. Kornacher

II. Ausbildung

Studium: Gießen (imm. 5.5.1706)

Promotion in Gießen zum Lizentiaten
Inauguraldisputation: „De foro competente." 40 S., 10.8.1713

Praktikum in Wetzlar bei Dres. Faber und Lindheimer und in der Grafschaft Solms-Braunfels für insgesamt 4 Jahre (ab 1711)

III. Karriere am RKG

Generalexamen: 11.2.1715
Aufschwörung Advokat: 29.3.1715

IV. Nachweise

BAF AR 1 - IV B 2 Bd. 1, Kameralkalender; Schüling S. 66; Matrikel Gießen I S. 163.

Nr. 181
Stein, Johann Matthäus

I. Persönliche Daten

* 1732 in Schwalbach/Hessen
+ unbekannt (in den Kameralkalendern bis 1775 nachgewiesen)

Vater: Johann Philipp Stein, Gastwirt in Schwalbach
Mutter: Anna Maria geb. Dauxen

Augsburger Konfession

II. Ausbildung

Studium: Halle (1748), Magdeburg (insgesamt 3 Jahre)

Promotion in Gießen (imm. 22.1.1758) zum Lizentiaten
Inauguraldisputation: „Theses ex vario jure desumtae." 6 S., 23.1.1758.

Praktikum: 7 Jahre in Wetzlar (ab 1751)

III. Karriere am RKG

Generalexamen: 13.2.1758
Aufschwörung Advokat: 17.3.1758

IV. Nachweise

BAF AR 1 - IV B 2 Bd. 12; Kameralkalender, Schüling S. 192.

Nr. 182
Steinhausen, Conrad Franz

I. Persönliche Daten

* in Speyer
\+ 1726

Heirat mit Ludovica geb. Schutz (+ 1722)

Vater: Johann Melchior Steinhausen (1622-1674), Assessor am RKG (1658)
Mutter: Anna Kath. geb. von Esch

II. Ausbildung

Studium: Mainz (1674)

Akademischer Grad: Lizentiat

III. Karriere am RKG

Aufschwörung Advokat: 30.10.1682
Aufschwörung Prokurator: 6.7.1683

IV. Nachweise

Kameralkalender; STAW RöST 49; Findbuch.

Nr. 183
Stephani, Ambros Joseph

I. Persönliche Daten

* 1687 in Bonn
\+ 11.12.1750

Vater: Friedrich Stephani
Mutter: Gertrud geb. Areken

Konfession: römisch-katholisch

II. Ausbildung

Studium: Köln (1706-1707), Duisburg (imm. 10.12.1708)
Promotion in Duisburg zum Lizentiaten
Inauguraldisputation: "De collatione bonorum et dotis." 20 S., 30.3.1711.

Praktikum: 2 Jahre in Bonn und ½ Jahr in Wetzlar (ab 1711)

III. Karriere am RKG

Generalexamen: 27.2.1714
Aufschwörung Advokat: 23.3.1714
Aufschwörung Prokurator: 1.7.1715

IV. Nachweise

BAF AR 1-IV C 7 fol. 313b; Kameralkalender; Komorowski S. 56; Findbuch; Matrikel Duisburg S. 123.

Nr. 184
Stock, Georg Wilhelm

I. Persönliche Daten

* 1730 in Braunfels/Grafsch. Solms
+ unbekannt (in den Kameralkalendern bis 1801 nachgewiesen)

Vater: Johann Matthias Stock, Rat des Fürsten von Solms
Mutter: Katharina Christina geb. Kreis

Augsburger Konfession

II. Ausbildung

Studium: Marburg (imm. 4.11.1747), Göttingen (imm. 30.10.1750)

Promotion in Göttingen zum Lizentiaten
Inauguraldisputation zusammen mit einem anderen Kandidaten: „Praemissa commentatinescula de jure et officio judicis circa interpretatione privilegiorum tum in genere, tum speciatim in territoriis Germaniae“ unter Präses Johann Stephan Pütter. 20 S., 12.10.1758.

Inauguraldisputation: “De iure et officio summorum Imperii tribunalium circa interpretationem legum Imperii” unter Präses Johann Stephan Pütter. 68 S., 14.10.1758.

Praktikum: in Göttingen und beim Vater in Braunfels

III. Karriere am RKG

Generalexamen: 18.6.1759
Aufschwörung Advokat: 8.5.1761

IV. Nachweise

BAF AR 1 - IV B 2 Bd. 12; Kameralkalender; Biogr. Rep. (Datenbank); Mundt Nr. 27299; Matrikel Marburg (Suchbuch) S. 322; Matrikel Göttingen Nr. 3637.

Nr. 185
Textor, Johann Wolfgang

I. Persönliche Daten

* 1693 in Frankfurt am Main
+ unbekannt (in den Kameralkalendern bis 1729 nachgewiesen)

Augsburger Konfession

Vater: (Vorname unbekannt) Textor, Advokat, kurfürstlicher Hofrat
Mutter: Maria Katharina geb. Appel (Tochter d. Senators in Frankfurt a. Main)

II. Ausbildung

Studium: Altdorf (imm. 2.5.1713)

Promotion in Altdorf zum Lizentiate
Inauguraldisputation: "De feudis Imperii propriis non oblatis annumerandis." 40 S., 17.6.1717.
Praktikum: 2 Jahre in Wetzlar bei Dr. Schmidt und Dr. Dimpfel (ab 1719)

III. Karriere am RKG

Generalexamen: 21.4.1721
Aufschwörung Advokat: 16.7.1721

IV. Nachweise

BAF AR 1 - IV C 11 fol. 138; Kameralkalender; Biogr. Rep. (Datenbank); Matrikel Altdorf Nr. 15201.

Nr. 186
Thon(n)et, Johann Peter

I. Persönliche Daten

* 1689 in Köln
+ unbekannt (in den Kameral-
kalendern bis 1725 nachgewiesen)

Vater: Johann Adolf T(h)onnet,
Senator in Köln
Mutter: Maria Magdalena geb.Keires

Konfession: römisch-katholisch

II. Ausbildung

Studium: in Köln (4 ½ Jahre)

Promotion in Mainz zum Lizentiaten unter Haren im Jahr 1715

Praktikum: 4 Jahre in Wetzlar bei Lt. Jung und ½ Jahr allein (ab 1711)

III. Karriere am RKG

Generalexamen: 22.6.1715
Aufschwörung Advokat:8.7.1715
Aufschwörung Prokurator: 24.5.1717

IV. Nachweise

BAF AR 1 - IV B 2 Bd. 1; Kameralkalender; Findbuch; Verzeichnis Mainz S. 245.

Nr. 187
Tils, Caspar Tillmann Gottfried

I. Persönliche Daten

* 1756 in Hildesheim
+ 7.2.1821

Vater: Philipp Anton Tils, Hofrat d.
Fürsten v. Hildesheim und
Kapitelsyndikus
Mutter: Franziska geb. Hansen

Konfession: römisch-katholisch

Heirat mit Therese Haas (Tochter des RKG-Prokurators Damian Ferdinand Haas)

II. Ausbildung

Studium: Göttingen (imm. 20.10.1774)

Promotion in Gießen zum Doktor
Inauguraldisputation: „Positionis ex universo jure." 8 S., 23.11.1780.

Praktikum: für 1 Jahr in Wetzlar (1779)

III. Karriere am RKG

Generalexamen: 19.7.1780
Aufschwörung Advokat: 19.5.1783
Aufschwörung Prokurator: 26.10.1787

IV. Nachweise

BAF AR 1-IV B Bd. 20; Kameralkalender; Schüling S. 236; Weitzel, Haas S. 26; Findbuch; Schmidt-Scharff S. 311; Matrikel Göttingen Nr. 9958.

Nr. 188
Trunk, Johann Jacob

I. Persönliche Daten

* 11.7.1745 in Herrnsheim/Worms
+ unbekannt (nach 1802 bei Worms)

Vater: Christoph Trunck, Schuster
Mutter: Katharina geb. Janson

Konfession: römisch-katholisch

II. Ausbildung

Studium: Mainz (bacc. phil. 7.9.1762, mag. 22.11.1770), Würzburg (imm. 13.3.1775), Göttingen (imm. 11.10.1775)

Promotion in Gießen (imm. 26.8.1782) zum Doktor
Inauguraldisputation: „Eminentia S.R.I. Principum electorum et S.R.E. Cardinalium inter se collecta, et ad juris regulas exacta." 56 S., 26.8.1782

Praktikum: 6 Jahre in Worms und Mainz (ab 1776)

III. Karriere am RKG

Generalexamen: 7.10.1782
Aufschwörung Advokat: 18.3.1785

IV. Nebenkarriere

Beamter in Amorbach (Forst), Oberforstmeister in Freiburg i. Br. (April 1787), Professor in Bonn (Frühjahr 1792), Aufenthalt in Worms (1794/95)

IV. Nachweise

BAF AR 1 - IV B 2 Bd. 21; Kameralkalender; Schüling S. 241; Fahnenberg S. 263; Verzeichnis Mainz S. 271; Matrikel Würzburg Nr. 21320; Matrikel Göttingen Nr. 10251.342; Matrikel Gießen II S. 191.

Nr. 189
Vergenius, Georg Friedrich

I. Persönliche Daten

* 1666 in Speyer
\+ unbekannt (in den Kameralkalendern bis 1732 nachgewiesen)

Vater: Johann Georg Vergenius, Prokurator am RKG in Speyer
Mutter: Johanna Margaretha geb. Gülchen (*1647)

Augsburger Konfession

Erste Heirat mit Margarethe Elisabeth geb. Nüeber, 29.9.1705

Zweite Heirat mit Dorothea Elisabeth geb. Schnedder (1699-1762)

Vater des RKG-Prokurators Johann Georg Karl Vergenius

II. Ausbildung

Studium: Tübingen (imm. 19.7.1684), privates Collegium

Promotion in Erfurt (imm. 1688) zum Lizentiaten im Jahre 1695

Praktikum: in Erfurt, Wetzlar und Gießen

III. Karriere am RKG

Generalexamen: 26.3.1696
Aufschwörung Advokat: 3.4.1696
Aufschwörung Prokurator: 7.4.1702

IV. Nachweise

BAF AR 1 - IV C 4 fol. 170; Kameralkalender; STAW RöSt 50; Findbuch; Matrikel Tübingen Nr. 28096; Verzeichnis Erfurt II S. 133.

Nr. 190
Vergenius, Johann Georg Carl

I. Persönliche Daten

* 23.4.1729 In Wetzlar
\+ 15.2.1791 in Wetzlar

Augsburger Konfession

Vater: Georg Friedrich Vergenius, Prokurator am RKG
Mutter: Dorothea Elisabeth geb. Schnedder (Tochter eines Hofrates)

Heirat mit Charlotte Christine Johanna geb. Rothberg am 13.5.1765

II. Ausbildung

Studium: Jena (imm. 21.7.1749)

Promotion in Gießen (imm. 10.5.1758) zum Lizentiaten
Inauguraldisputation: „Thema de jure et processu camerali in genere redactum in theses." 24 S., 12.5.1758.

Praktikum: 5 Jahre in Wetzlar (ab 1753)

III. Karriere am RKG

Generalexamen: 2.8.1758
Aufschwörung Advokat: 8.5.1761
Aufschwörung Prokurator: 22.4.1765

IV. Nachweise

BAF AR 1 - IV B 2 Bd. 12; STAW RöST 50; Kameralkalender; Schüling S 193; Findbuch; Fahnenberg S. 96 und S. 284; Matrikel Jena III S. 549; Matrikel Gießen II S. 194; Mitglieder.

Nr. 191
Wahl (von), Johann Jacob

I. Persönliche Daten

* 14.11.1687 in Pommern
\+ 7.2.1728 in Wetzlar

Vater: Joachim Wahl
Mutter: Eleonore geb. Treyberg

Augsburger Konfession

Heirat mit Susanna Dorothea geb. von Gülchen (1699-1763)

II. Ausbildung

Studium: Greifswald (2 Jahre, 1705), Rostock, Gießen (imm. 30.6.1708)

Übungsdisputation in Gießen: „Specimen academicum ex jure publico universali et Germanico, de divisione regnorum vel quasi“ unter Präses Johann Nikolaus Hert. 48 S., 15.04.1710.

Übungsdisputation in Gießen: „Summa doctrinae de praesciptione rerum ad civitatis rectorem regulariter pertinentium.“ 8 S., 21.10.1710.

Promotion in Gießen zum Lizentiaten
Inauguraldisputation: „De distractu conventionali.“ 32 S., Juli 1710.

III. Karriere am RKG

Generalexamen: 19.7.1712
Aufschwörung Advokat: 28.9.1712
Aufschwörung Prokurator: 28.2.1714

IV. Nachweise

BAF AR 1 - IV C 6 fol. 431v.; Kameralkalender, STAW RöST 51; Schüling S. 49, S. 50 und S. 51; Findbuch; Matrikel Gießen II S. 199.

Nr. 192
Waldschmidt, Georg Wilhelm

I. Persönliche Daten

* 1702 in Wetzlar
\+ unbekannt (in den Kameralkalendern bis 1742 nachgewiesen)

Vater: Johann Georg Waldschmidt
Mutter: Anna Margaretha geb. Gratz

Augsburger Konfession

II. Ausbildung

Studium: Wetzlar, Gießen (imm. 13.10.1721)

Promotion in Gießen zum Lizentiaten
Inauguraldisputation: „De jure ulteriorum.“ 60 S., 24.11.1728.

Praktikum: 5 Jahre in Wetzlar bei Lt. Vergenius und Dr. Scheurer u.a. (ab 1725)

III. Karriere am RKG

Generalexamen: 1.2.1730
Aufschwörung Advokat: 22.5.1730
Aufschwörung Prokurator: 2.6.1738

IV. Nachweise

BAF AR 1 - IV B 2 Bd. 2; Kameralkalender; Schüling S. 114; Findbuch; Matrikel Gießen II S. 199.

Nr. 193
Weber, Immanuel (Emanuel)

I. Persönliche Daten

* 1699 in Gießen
+ unbekannt (in den Kameralkalendern bis 1731 nachgewiesen)

Vater: Immanuel Weber, Rat und Rechtsprofessor an der Universität Gießen
Mutter: Anna Katharina geb. Risin

Augsburger Konfession

II. Ausbildung

Studium: Gießen (imm. 2.4.1716)

Promotion in Gießen zum Lizentiaten
Inauguraldisputation: "De iure S. R. I. publico non scripto, vulgo Des H. R. R. Herkommen." 39 S., 7.1.1723.
Praktikum: in Gießen beim Vater und in Wetzlar

III. Karriere am RKG

Generalexamen: 26.8.1723
Aufschwörung Advokat: 2.6.1724

IV. Nachweise

BAF AR 1 - IV C 13 fol. 60v; Kameralklender; Fahnenberg S. 282; Biogr. Rep. (Datenbank); Matrikel Gießen II. S. 200.

Nr. 194
Weißkirch, Conrad Anton

I. Persönliche Daten

* 1709 in Wetzlar	*Vater*: Johann Weißkirch, Protonotar am RKG
+ unbekannt (in den Kameralkalendern bis 1758 nachgewiesen)	*Mutter*: Maria Margaretha geb. Wüst

Konfession: römisch-katholisch

II. Ausbildung

Studium: Wetzlar (privat/1725), Trier (3 Jahre)

Promotion zum Lizentiaten in Trier

Praktikum: in Wetzlar bei Dr. Vergenius u.a. (1724-1729)

III. Karriere am RKG

Generalexamen: 10.1.1730
Aufschwörung Advokat: 22.5.1730
Aufschwörung Prokurator: 29.1.1738

IV. Nachweise

BAF AR 1-IV B 2 Bd. 2; Kameralkalender; Findbuch.

Nr. 195
Werner, Johann

I. Persönliche Daten

* 1699 in Walldürn	*Vater*: Adam Werner
+ unbekannt (in den Kameralkalendern bis 1781 nachgewiesen)	*Mutter*: Agnes geb. Trauboldt

Konfession: römisch-katholisch

Heirat mit Helene Ross am 5.6.1730	Vater des RKG-Generalfiskals Franz Albert Werner

II. Ausbildung

Studium: Mainz (bacc. phil. 11.7.1719, mag. phil. 1720, stud. iur. 1723-29)

Promotion in Mainz zum Lizentiaten
Inauguraldisputation: "De nonnullis specialibus iniuriarum" unter Präses Johann Valentin Strauss. 23 S., 17.9.1729.

Praktikum: Mainz, Wetzlar (bei Dr. Deuren)

III. Karriere am RKG

Generalexamen: 10.1.1730
Aufschwörung Advokat: 22.5.1730
Aufschwörung Prokurator: 18.3.1740

IV. Nachweise

BAF AR 1-IV B 2 Bd. 2; Kameralkalender; Findbuch; Biogr. Rep. (Datenbank); Verzeichnis Mainz S. 826.

Nr. 196
Wey(i)lach, Johann Wilhelm

I. Persönliche Daten

* 1696 in Selters/Erzstift Trier
\+ 5.9.1765

Vater: Engelbert Weylach, Brunnenmeister
Mutter: (unbekannt)

Konfession: römisch-katholisch

Heirat mit Maria Magdalena Tripler

Vater der RKG-Advokaten Felix Maximilian und Johann Thomas Marianus Weylach

II. Ausbildung

Studium: Mainz, Gießen (imm. 23.6.1717)

Promotion in Duisburg (imm. 20.9.1719) zum Lizentiaten
Inauguraldisputation: „Dissertatio inauguralis juridica exhibens selectas conclusiones de privilegiis Austregarum." 28 S., 18.9.1720

Praktikum: für 3 Jahre (ab 1718)

III. Karriere am RKG

Generalexamen: 18.1.1721
Aufschwörung Advokat: 4.4.1721
Aufschwörung Prokurator: 17.7.1725

IV. Nachweise

BAF AR 1-IV C 11 fol. 16; Kameralkalender; Komorowski S. 63; Fahnenberg S. 261; Findbuch; Matrikel Gießen II S. 205; Matrikel Duisburg S. 138.

Nr. 197
Weylach, Felix Maximilian

I. Persönliche Daten

* 1738 in Wetzlar
+ unbekannt (in den Kameralkalendern bis 1765 nachgewiesen)

Vater: Johann Wilhelm Weylach, Prokurator am RKG
Mutter: Maria Magdalena geb. Tripler

Konfession: römisch-katholisch

II. Ausbildung

Studium: Wetzlar (2 Jahre), Würzburg, Marburg (imm. 22.11.1757)

Promotion in Marburg zum Lizentiaten
Inauguraldisputation: „De retractu, quo non utuntur cives Wetzlarienses adversus Personas Camerales." 1758.
Praktikum in Wetzlar beim Vater; zudem Teilnahme an akademischen Kurs für ½ Jahr (ab 1758)

III. Karriere am RKG

Generalexamen: 8.3.1759
Aufschwörung Advokat: 8.5.1761

IV. Nachweise

BAF AR 1 - IV B 2 Bd. 2; Kameralkalender; Fahnenberg S. 248; Matrikel Marburg (Suchbuch) S. 361.

Nr. 198
Weylach, Johann Thomas Marianus

I. Persönliche Daten

* 1722 in Wetzlar
\+ Februar 1749

Konfession: römisch-katholisch

Vater: Johann Wilhelm Weylach,
Prokurator am RKG
Mutter: Maria Magdalena geb.
Tripler

II. Ausbildung

Studium: Wetzlar, Mainz, Marburg, Trier (imm. 1742)

Übungsdisputation in Trier: "Exercitatio canonico-civilis de patria potestate ad titulum XVII. libri IV. Decretalium" unter Johannes Heis. 22.8.1742.

Promotion in Trier zum Doktor
Inauguraldisputation: "De iure quartarum." 24 S., 17.9.1742.

Praktikum: 1 ½ Jahre in Wetzlar (ab 1743)

III. Karriere am RKG

Generalexamen: 12.6.1744
Aufschwörung Advokat: 9.4.1745

IV. Nachweise

BAF AR 1 - IV B 2 Bd. 8; Kameralkalender; Biogr. Rep. (Datenbank); Verzeichnis Trier S. 206.

Nr. 199
Wick(h), Johann Jacob

I. Persönliche Daten

* 1728 in Ulm
\+ 16.1.1800

Augsburger Konfession

Vater: Georg Wick,
Kaufmann und Senator in Ulm
Mutter: Anna Maria geb. Frick

Heirat einer Tochter des RKG-Prokurators Johann Paul Besserer

II. Ausbildung

Studium: Halle (1748), Göttingen (imm. 15.4.1750), Marburg (imm. 2.4.1751)
Promotion in Marburg zum Doktor
Inauguraldisputation: "De iure liberarum Imp. Civitatum adspirandi ad simultaneum re – et correlationem in comitiis Imp. R. G. ex voto decisivo ipsis competente fluente." 76 S., 18.11.1751.

Praktikum: 1 Jahr in Wetzlar bei Lt. Brand (1753)

III. Karriere am RKG

Generalexamen: 3.2.1753
Aufschwörung Advokat: 21.3.1755
Aufschwörung Prokurator: 1.7.1762

IV. Nachweise

BAF AR 1 - IV B 2 Bd. 11; Kameralkalender; Findbuch, Biogr. Rep. (Datenbank); Matrikel Göttingen Nr. 3451; Matrikel Marburg (Suchbuch) S. 361, Baumann S. 491.

Nr. 200
Wigand, Johann Christian

I. Persönliche Daten

* 1674 in Würzburg
+ unbekannt (in den Kameralkalendern bis 1747 nachgewiesen)

Vater: Balthasar Wi(e)gand
Mutter: Maria Felizitas geb. Bayer

Konfession: römisch-katholisch

II. Ausbildung

Studium: Würzburg (imm. 12.3.1691)

Promotion in Gießen (imm. 24.10.1700) zum Lizentiaten
Inauguraldisputation: „Controversae Juris positiones ex prima pandectarum parte selectae." 16.12.1700.

III. Karriere am RKG

Generalexamen: 4.3.1701
Aufschwörung Advokat: 18.3.1701
Aufschwörung Prokurator: 7.4.1702

IV. Nachweise

BAF AR 1 - IV C 4 fol. 284; Kameralkalender, Schüling 1, Nr. 1688; Findbuch; Matrikel Würzburg nr. 9192; Matrikel Gießen I S. 141.

Nr. 201
Wolff, Johann Franz

I. Persönliche Daten

* 7.10.1700 in Mainz
+ 1.9.1779

Konfession: römisch-katholisch

Vater: Johann Martin Franz Wolff, Hofrat in Mainz, Stadtgerichtsassessor
Mutter: Anna Clara geb. Dalmann

II. Ausbildung

Studium: Mainz (bacc. phil. 1720, mag. phil 1721, stud. iur. 1721-1725)
Promotion in Mainz zum Lizentiaten unter Johann Valentin Strauss am 31.3.1729
Praktikum: Mainz, Mannheim, Frankfurt und 1726 in Wetzlar

III. Karriere am RKG

Generalexamen: 2.6.1729
Aufschwörung Advokat: 16.9.1729
Aufschwörung Prokurator: 9.1.1732

IV. Nachweise

BAF AR 1-IV B 2 Bd. 2; Kameralkalender; Findbuch; Schmidt-Scharff S. 300; Verzeichnis Mainz S. 844.

Nr. 202
Zeller, Johann Ulrich

I. Persönliche Daten

unbekannt (in den Kameralkalendern bis 1714 nachgewiesen)

II. Ausbildung

Akademischer Grad: Doktor

III. Karriere am RKG

Generalexamen: 7.7.1670
Aufschwörung Advokat: 3.3.1671

IV. Nachweise

Kameralkalender.

Nr. 203
Ziegler, Georg Ludwig

I. Persönliche Daten

* 1729 in Wetzlar
+ unbekannt (in den Kameralkalendern bis 1763 nachgewiesen)

Vater: Wilhelm Ludwig Ziegler, Prokurator am RKG
Mutter: Maria Magdalena geb. von Savigny

Augsburger Konfession

II. Ausbildung

Studium: Halle, Marburg (imm. 12.8.1746), Göttingen (imm. 21.4.1751)

Promotion in Marburg zum Lizentiaten

Praktikum: 1 Jahr in Wetzlar beim Vater (ab 1753)

III. Karriere am RKG

Generalexamen: 3.2.1753
Aufschwörung Advokat: 17.7.1755

IV. Nachweise

BAF AR 1 - IV B 2 Bd. 11; Kameralkalender; Schmidt-Scharff S. 303; Matrikel Marburg (Suchbuch) S. 375; Matrikel Göttingen Nr. 3679.

Nr. 204
Ziegler, Ludwig

I. Persönliche Daten

* 1652 in Speyer
+ unbekannt (in den Kameralkalendern bis 1715 nachgewiesen)

Vater: Ludwig Ziegler
Mutter: unbekannt

Augsburger Konfession

Heirat mit Rosina geb. Atzenhouver

Vater des RKG-Prokurators Wilhelm Ludwig Ziegler

II. Ausbildung

Studium: Straßburg, Heidelberg (1667), Basel

Übungsdisputation: „De juramento litis decisorio" unter Präses Nikolaus Passavant. 12 S., 12.3.1672.

Promotion in Basel zum Doktor

III. Karriere am RKG

Generalexamen: 27.2.1682
Aufschwörung Advokat: 6.7.1683
Aufschwörung Prokurator: 6.7.1683

IV. Nachweise

BAF AR 1 - IV C 2 fol. 392; Kameralkalender; Mommsen Nr. 1732; Findbuch; Matrikel Basel IV S. 30 (Nr. 180); Studium Heidelberg nach Matrikel Basel.

Nr. 205
Ziegler, Wilhelm Ludwig

I. Persönliche Daten

* 1687 in Speyer + 5.9.1764	*Vater*: Ludwig Ziegler, Prokurator am RKG in Speyer *Mutter*: Rosina geb. Atzenhouver
Augsburger Konfession	
Heirat Maria Magdalena von Savigny	Vater des RKG-Advokaten Georg Ludwig Ziegler

II. Ausbildung

Studium: Marburg (imm. 3.9.1701), Utrecht, Leiden

Promotion in Marburg zum Lizentiaten

III. Karriere am RKG

Generalexamen: 27.1.1723
Aufschwörung Advokat: 19.2.1723
Aufschwörung Prokurator: 6.5.1726

IV. Nachweise

BAF AR 1-IV C 13 fol. 19; Kameralkalender; Findbuch; Matrikel Marburg (Suchbuch) S. 375.

Nr. 206
Zucketto, Johann Baptist

I. Persönliche Daten

* 1691 in Trier + unbekannt (in den Kameralkalendern bis 1731 nachgewiesen)	*Vater*: Franz Zucketto, Schöffe in Ürzig/Trier *Mutter*: Anna Sibilla geb. Seelbach

Konfession: römisch-katholisch

II. Ausbildung

Studium: Wien (2 Jahre ab 1711), Trier (1 Jahr)

Promotion in Duisburg (imm. 5.6.1716) zum Lizentiaten
Inauguraldisputation: „Disputatio inauguralis juridica historici, politico, theoretico practica de peregrinantibus academicis sive de iis qui studiorum causa in alienis civitatibus degunt." 36 S., 16.10.1716.

Praktikum: 1 Jahr in Wetzlar bei Dres. Hofmann und Deuren (ab 1715)

III. Karriere am RKG

Generalexamen: 27.11.1716
Aufschwörung Advokat: 19.4.1717

IV. Nachweise

BAF AR 1 - IV B 2 Bd. 1; Kameralkalender; Komorowski S. 61; Matrikel Duisburg S. 133.

Nr. 207
Zwi(e)rlein (von), (Hans) Johann Jacob

I. Persönliche Daten

* 9.2.1699 in Worms
+ 21.6.1772 in Winnerod/Wetterau

Augsburger Konfession

Heirat mit Elisabeth Dorothea (von) Wahl (1718-1797) am 18.2.1737

Vater: Johann Friedrich Zwirlein, Krämer, Handelsmann, Bader, Chirurgus

Mutter: Anna Maria geb. Scheff (Schäffer), Tochter des Bürgermeisters von Nürnberg

Vater der RKG-Prokuratoren Christian Jacob und Johann Gottfried von Zwierlein

II. Ausbildung

Studium: Jena (imm. 5.5.1717)

Promotion in Jena zum Lizentiaten
Inauguraldisputation: „De favore ultimarum voluntatum". 38 S., 5.9.1721.

Erwerb des Doktorgrades in Göttingen (1741)

Praktikum: 1 Jahr in Wetzlar (1722)

III. Karriere am RKG

Generalexamen: 27.1.1723
Aufschwörung Advokat: 19.2.1723
Aufschwörung Prokurator: 17.7.1730

IV. Nachweise

BAF AR 1-IV C 13 fol. 19; StAW RöSt 53; Kameralkalender; Roth S. 111; Fahnenberg S. 140; Weißler S. 157; Findbuch; Biogr. Rep. (Datenbank) Schmidt-Scharff S. 300; Matrikel Jena II S. 930; Mitglieder.

Nr. 208
Zwierlein von, (Hans Johann) Carl

I. Persönliche Daten

* 3.1.1766 in Wetzlar
+ 9.6.1850 in Geisenheim/Rheingau

Augsburger Konfession

Vater: Christian Jacob von Zwierlein, Prokurator am RKG
Mutter: Friederike geb. Hopfer

Heirat mit Maria Magdalena geb. von Gülich

II. Ausbildung

Studium: Göttingen (imm. 29.4.1784)

Promotion in Göttingen zum Doktor

Praktikum: in Wetzlar beim Vater

III. Karriere am RKG

Generalexamen: 24.9.1787
Aufschwörung Advokat: 9.11.1789
Aufschwörung Prokurator: 26.8.1793

IV. Nachkarriere

Geheimrat in Geisenheim

V. Nachweise

BAF AR 1 - IV B 2 Bd. 23; Kameralkalender; Roth S. 105 ff.; Findbuch; StAW RöSt 53; Matrikel Göttingen Nr. 13439, Baumann S. 489.

Nr. 209
Zwierlein von, Christian Jacob

I. Persönliche Daten

* 4.12.1737 in Wetzlar
+ 10./11.8.1793 in Langsdorf/Wetterau

Augsburger Konfession
Heirat mit Friederike geb. von Hopfer
am 2.5.1766

Vater: Johann Jacob von Zwierlein, Prokurator am RKG
Mutter: Elisabeth Dorothea geb. (von) Wahl

Vater des RKG-Prokurators Johann Karl von Zwierlein

II. Ausbildung

Studium: Gießen (imm. 30.7.1749), Göttingen (imm. 9.4.1755)

Promotion in Göttingen zum Doktor
Inauguraldisputation: „De litteris requisitorialibus ex usu Romanorum et Germanorum." 78 S., April 1758.

III. Karriere am RKG

Generalexamen: 31.5.1758
Aufschwörung Advokat: 17.3.1758
Aufschwörung Prokurator: 1.7.1762

IV. Nachweise

BAF AR 1 - IV B 2 Bd. 12, Kameralkalender; Roth S. 105 ff.; Fahnenberg S. 152, S. 290; Weißler S. 157; Findbuch; Biogr. Rep. (Datenbank); StAW RöSt 53; Matrikel Gießen II S. 212; Matrikel Göttingen Nr. 4753; Mitglieder.

Nr. 210
Zwierlein von, Johann Gottfried

I. Persönliche Daten

* 13.3.1743 in Wetzlar
+ 29.7.1786 in Wetzlar

Augsburger Konfession

Vater: Johann Jacob von Zwierlein, Prokurator am RKG
Mutter: Elisabeth Dorothea geb. (von) Wahl

Heirat mit Louise geb. von Buseck

II. Ausbildung

Studium: Jena (imm. 20.4.1762), Göttingen (imm. 14.5.1764)

Promotion in Göttingen zum Doktor
Inauguraldisputation: „De ordine judiciario ab Austraegis observando“ 1765.
Praktikum: 2 Jahre in Wetzlar beim Vater (ab 1764)

III. Karriere am RKG

Generalexamen: 25.1.1766
Aufschwörung Advokat: 21.3.1766
Aufschwörung Prokurator: 3.6.1782

IV. Nachweise

BAF AR 1 - IV B 2 Bd. 15; Kameralkalender; Roth S. 105 ff.; Fahnenberg S. 259; Findbuch; StAW RöSt 53; Matrikel Jena III S. 797; Matrikel Göttingen Nr. 6825; Mitglieder.

RECHTSHISTORISCHE REIHE

Band 1 Studien zu den germanischen Volksrechten. Gedächtnisschrift für Wilhelm Ebel. Vorträge gehalten auf dem Fest-Symposion anläßlich des 70. Geburtstages von Wilhelm Ebel am 16. Juni 1978 in Göttingen. Götz Landwehr (Hrsg.) 1982.

Band 2 Hans Poeschel: Die Statuten der Banken, Sparkassen und Kreditgenossenschaften in Hamburg und Altona von 1710 bis 1889. 1978.

Band 3 Thomas Kolbeck: Juristenschwemmen, Untersuchungen über den juristischen Arbeitsmarkt im 19. und 20. Jahrhundert. 1978.

Band 4 Norbert Hempel: Richterleitbilder in der Weimarer Republik. 1978.

Band 5 Rolf Stratmann: Die Scheinbußen im mittelalterlichen Recht. 1978.

Band 6 Martin C. Lockert: Die niedersächsischen Stadtrechte zwischen Aller und Weser. Vorkommen und Verflechtungen. Eine Bestandsaufnahme. 1979.

Band 7 Joachim Rückert/Wolfgang Friedrich: Betriebliche Arbeiterausschüsse in Deutschland, Großbritannien und Frankreich im späten 19. und frühen 20. Jahrhundert. Eine vergleichende Studie zur Entwicklung des kollektiven Arbeitsrechts. 1979.

Band 8 Peter Bender: Die Rezeption des römischen Rechts im Urteil der deutschen Rechtswissenschaft. 1979.

Band 9 Friedrich Karl Alsdorf: Untersuchungen zur Rechtsgestalt und Teilung deutscher Ganerbenburgen. 1980.

Band 10 Dietmar Willoweit/Winfried Schich (Hrsg.): Studien zur Geschichte des sächsisch-magdeburgischen Rechts in Deutschland und Polen (Sammelband). 1980.

Band 11 Brigitte Hempel: Der Entwurf einer Polizeiordnung für das Herzogtum Sachsen-Lauenburg aus dem Jahre 1591. 1980.

Band 12 Klaus-Detlev Godau-Schüttke: Rechtsverwalter des Reiches. Staatssekretär Dr. Curt Joël. 1981.

Band 13 Rainer Polley: Anton Friedrich Justus Thibaut (AD 1772-1840) in seinen Selbstzeugnissen und Briefen. Teil 1: Abhandlung. Teil 2: Briefwechsel. Teil 3: Register zum Briefwechsel. 1982.

Band 14 Michael Wettengel: Der Streit um die Vogtei Kelkheim 1275-1276. Ein kanonischer Prozeß.1981.

Band 15 Otto Wilhelm Krause: Naturrechtler des sechzehnten Jahrhunderts. Ihre Bedeutung für die Entwicklung eines natürlichen Privatrechts. 1982.

Band 16 Helga Spindler: Von der Genossenschaft zur Betriebsgemeinschaft. Kritische Darstellung der Sozialrechtslehre Otto von Gierkes. 1982.

Band 17 Holger Otte: Gustav Radbruchs Kieler Jahre 1919 - 1926. 1982.

Band 18 Rüdiger Teuner: Die fuldische Ritterschaft 1510 - 1656. 1982.

Band 19 Gerhard Dilcher/Rudolf Hoke/Gian Savino Pene Vidari/Hans Winterberg (Hrsg.): Grundrechte im 19. Jahrhundert. 1982.

Band 20 Karl-Hans Schloßstein: Die westfälischen Fabrikengerichtsdeputationen - Vorbilder, Werdegang und Scheitern. 1982.

Band 21 Birger Schulz: Der Republikanische Richterbund (1921-1933). 1982.

Band 22 Engelbert Krause: Die gegenseitigen Unterhaltsansprüche zwischen Eltern und Kindern in der deutschen Privatrechtsgeschichte. 1982.

Band 46 Bärbel Baum: Der Stabreim im Recht. Vorkommen und Bedeutung des Stabreims in Antike und Mittelalter. 1986.

Band 47 Hans Popp: Die nationalsozialistische Sicht einiger Institute des Zivilprozeß- und Gerichtsverfassungsrechts. 1986.

Band 48 John Karl-Heinz Montag: Die Lehrdarstellung des Handelsrechts von Georg Friedrich von Martens bis Meno Pöhls. Die Wissenschaft des Handelsrechts im ersten Drittel des 19. Jahrhunderts. 1986.

Band 49 Volker D. Anhäusser: Das internationale Obligationenrecht in der höchstrichterlichen Rechtsprechung des 19. Jahrhunderts. 1986.

Band 50 Udo Beer: Die Juden, das Recht und die Republik. Verbandswesen und Rechtsschutz 1919-1933. 1986.

Band 51 Herbert Grziwotz: Der moderne Verfassungsbegriff und die "Römische Verfassung" in der deutschen Forschung des 19. und 20. Jahrhunderts. 1986.

Band 52 Ralf Conradi: Karl Friedrich Eichhorn als Staatsrechtslehrer. Seine Göttinger Vorlesung über "Das Staatsrecht der deutschen Bundesstaaten" nach einer Kollegmitschrift aus dem Wintersemester 1821/22. 1987.

Band 53 Dieter Dannreuther: Der Zivilprozeß als Gegenstand der Rechtspolitik im Deutschen Reich 1871 - 1945. Ein Beitrag zur Geschichte des Zivilprozeßrechts in Deutschland. 1987.

Band 54 Stephan Felix Pauly: Organisation, Geschichte und Praxis der Gesetzesauslegung des (Königlich) Preußischen Oberverwaltungsgerichtes 1875 - 1933. 1987.

Band 55 Rüdiger Schulz: Die Entstehung des Seerechts des Allgemeinen Deutschen Handelsgesetzbuches unter besonderer Berücksichtigung der Bestimmungen über die Reederei, den Schiffer und die Schiffsmannschaft. 1987.

Band 56 Reinhold Reis: Deutsches Privatrecht in den Weistümern der Zenten Schriesheim und Kirchheim. 1987.

Band 57 Jürgen Christoph: Die politischen Reichsamnestien 1918 - 1933. 1987.

Band 58 Gerhard Oberkofler/Eduard Rabofsky: Hans Kelsen im Kriegseinsatz der k.u.k.-Wehrmacht. Eine kritische Würdigung seiner militärtheoretischen Angebote. 1988.

Band 59 Arne Wulff: Staatssekretär Prof. Dr. Dr. h.c. Franz Schlegelberger. 1876-1970. 1991.

Band 60 Gerhard Köbler (Hrsg.): Wege europäischer Rechtsgeschichte. Karl Kroeschell zum 60. Geburtstag. 1987.

Band 61 Rüdiger Hütte: Der Gemeinschaftsgedanke in den Erbrechtsreformen des Dritten Reichs. 1988.

Band 62 Markus Göldner: Politische Symbole der europäischen Integration. Fahne, Hymne, Hauptstadt, Paß, Briefmarke, Auszeichnungen. 1988.

Band 63 Wolfgang Kröner: Freiheitsstrafe und Strafvollzug in den Herzogtümern Schleswig, Holstein und Lauenburg von 1700 bis 1864. 1988.

Band 64 Werner Gaile: Die Norder Theelacht. 1988.

Band 65 Karl v. Kempis: Andreas Gaill (1526 - 1587). Zum Leben und Werk eines Juristen der frühen Neuzeit. 1988.

Band 66 Wolf-Rüdiger Osburg: Die Verwaltung Hamburgs in der Franzosenzeit. 1811-1814. 1988.

Band 67 Christian Schudnagies: Hans Frank. Aufstieg und Fall des NS-Juristen und Generalgouverneurs. 1988.

Band 68 Otmar Jung: Senatspräsident Freymuth. Richter, Sozialdemokrat und Pazifist in der Weimarer Republik. Eine politische Biographie. 1989.

Band 69 Joachim Lohner: Das landeshauptmannschaftliche Gericht in Oberösterreich zu Beginn der Neuzeit. Eine Darstellung des oberösterreichischen Prozeßrechts am obersten Territorialgericht des Landes anhand der oberösterreichischen Landtafel.1989.

Band 70 Bernd Klemann: Rudolf von Jhering und die Historische Rechtsschule. 1989.

Band 71 Adalbert Langer: Männer um die österreichische Zivilprozeßordnung 1895. Zusammenspiel / Soziales Ziel. 1990.

Band 72 Robert-Dieter Klee: Die Landessuperintendentur Lauenburg. Ursprung und Entwicklung sowie Ende der Sonderstellung des Kirchenkreises Herzogtum Lauenburg durch die nordelbische Kirchenvereinigung. 1989.

Band 73 Heinrich Herrmann: Die Gehöferschaften im Bezirk Trier. 1989.

Band 74 Wilhelm Brauneder, Franz Baltzarek (Hrsg.): Modell einer neuen Wirtschaftsordnung. Wirtschaftsverwaltung in Österreich 1914 - 1918. 1991.

Band 75 Thomas Dreyer: Die "Assecuranz- und Haverey-Ordnung" der Freien und Hansestadt Hamburg von 1731. 1990.

Band 76 Bernhard Sendler: Die Rechtssprache in den süddeutschen Stadtrechtsreformationen. 1990.

Band 77 Brigitte Lehmann: Ehevereinbarungen im 19. und 20. Jahrhundert. 1990.

Band 78 Michael Sunnus: Der NS-Rechtswahrerbund (1928-1945). Zur Geschichte der nationalsozialistischen Juristenorganisation. 1990.

Band 79 Stefan Schulz: Die historische Entwicklung des Rechts an Bienen. (§§ 961 - 964 BGB). 1990.

Band 80 Gerhard Lingelbach, Heiner Lück (Hrsg.): Deutsches Recht zwischen Sachsenspiegel und Aufklärung. Rolf Lieberwirth zum 70. Geburtstag dargebracht von Schülern, Freunden und Kollegen, herausgegeben von Gerhard Lingelbach und Heiner Lück. 1991.

Band 81 Manfred Krohn: Die deutsche Justiz im Urteil der Nationalsozialisten 1920 - 1933. 1991.

Band 82 Angelika Kühn: Privilegierung nationaler Minderheiten im Wahlrecht der Bundesrepublik Deutschland und Schleswig-Holsteins. 1991.

Band 83 Georg Brun: Leben und Werk des Rechtshistorikers Heinrich Mitteis unter besonderer Berücksichtigung seines Verhältnisses zum Nationalsozialismus. 1991.

Band 84 Wolfgang Simon: Claudius Freiherr von Schwerin. Rechtshistoriker während dreier Epochen deutscher Geschichte. 1991.

Band 85 Friedrich-Carl Wachs: Das Verordnungswerk des Reichsdemobilmachungsamtes. Stabilisierender Faktor zu Beginn der Weimarer Republik. 1991.

Band 86 Jens-Uwe Petersen: Die Vorgeschichte und die Entstehung des Mieterschutzgesetzes von 1923 nebst der Anordnung für das Verfahren vor dem Mieteinigungsamt und der Beschwerdestelle. 1991.

Band 87 Ulrike Haibach: Familienrecht in der Rechtssprache. Die historische Entwicklung zentraler Ausdrücke des geltenden Familienrechts. 1991.

Band 88 Joern Christian Nissen: Die Beratungen des Seeversicherungsausschusses der Akademie für Deutsches Recht zu einem neuen Seeversicherungsgesetz (1934-1939). Ein Beitrag zur Entwicklung der allgemeinen Lehren des Seeversicherungsrechts unter besonderer Berücksichtigung des Handelsgesetzbuchs und der Allgemeinen Deutschen Seeversicherungs-Bedingungen 1919. 1991.

Band 89 Diethard Bühler: Die Entstehung der allgemeinen Vertragsschluß-Vorschriften im Allgemeinen Deutschen Handelsgesetzbuch (ADHGB) von 1861. Ein Beitrag zur Kodifikationsgeschichte des Privatrechts im 19. Jahrhundert. 1991.

Band 90 Gerhard Oberkofler: Die Vertreter des Römischen Rechts mit deutscher Unterrichtssprache an der Karls-Universität in Prag. Vom Vormärz bis 1945. 1991.

Band 91 Ulrich Andermann: Ritterliche Gewalt und bürgerliche Selbstbehauptung. Untersuchungen zur Kriminalisierung und Bekämpfung des spätmittelalterlichen Raubrittertums am Beispiel norddeutscher Hansestädte. 1991.

Band 92 Heinz Marcus Hanke: Luftkrieg und Zivilbevölkerung. Der kriegsvölkerrechtliche Schutz der Zivilbevölkerung gegen Luftbombardements von den Anfängen bis zum Ausbruch des Zweiten Weltkrieges. 1991.

Band 93 Kirsten Kraglund: Familien- und Erbrecht. Materielles Recht und Methoden der Rechtsanwendung in der Rechtsprechung des Oberappellationsgerichts der vier Freien Städte Deutschlands zu Lübeck. 1991.

Band 94 Reinhard Lorenz: Die politische und rechtliche Stellung des Proletariats in Preußen in der Zeit zwischen den Reformen und der Revolution 1848/49. 1991.

Band 95 Eric Hilgendorf: Die Entwicklungsgeschichte der parlamentarischen Redefreiheit in Deutschland. 1991.

Band 96 Hans J. Reiter: Die Handelsgesellschaft Villeroy & Boch von der Gründung 1836 bis zum Jahr 1878. 1992.

Band 97 Martin Johannes Heller: Reform der deutschen Rechtssprache im 18. Jahrhundert. 1992.

Band 98 Michael Kotulla: Die Tragweite der Grundrechte der revidierten preußischen Verfassung vom 31.01.1850. 1992.

Band 99 Michael Siefener: Hexerei im Spiegel der Rechtstheorie. Das crimen magiae in der Literatur von 1574 bis 1608. 1992.

Band 100 Andreas Ebert-Weidenfeller: Hamburgisches Kaufmannsrecht im 17. und 18. Jahrhundert. Die Rechtsprechung des Rates und des Reichskammergerichtes. 1992.

Band 101 Enno Bommel: Die Entstehung der Verwirkungslehre in der Krise des Positivismus. 1992.

Band 102 Ralph Steppacher: Die Berücksichtigung der bäuerlichen Postulate bei der Entstehung des ZGB und der Revision des OR. Ein Beitrag zur schweizerischen Kodifikationsgeschichte (1893 - 1912). 1992.

Band 103 Martin Fleckenstein: Die Todesstrafe im Werk Carl Joseph Anton Mittermaiers (1787 - 1867). Zur Entwicklungsgeschichte eines Werkbereichs und seiner Bedeutung für Theorie- und Methodenbildung. 1992.

Band 104 Jörn Eckert: Der Kampf um die Familienfideikommisse in Deutschland. Studien zum Absterben eines Rechtsinstitutes. 1992.

Band 105 Jörg Grotkopp: Beamtentum und Staatsformwechsel. Die Auswirkungen der Staatsformwechsel von 1918, 1933 und 1945 auf das Beamtenrecht und die personelle Zusammensetzung der deutschen Beamtenschaft. 1992.

Band 106 Andreas Rohde: Die Garantiehaftung des Vermieters und ihr Verhältnis zum Unmöglichkeitsrecht in dogmengeschichtlicher und modernrechtlicher Sicht. 1992.

Band 107 Tjark Siefke Kunstreich: Gesamtvertretung. Eine historisch-systematische Darstellung. 1992.

Band 108 Jürgen Krüger: Blindheit und Königtum. Die Blindheit des Königs Georg V. von Hannover als verfassungsrechtliches Problem. 1992.

Band 109 Wolfgang Putschek: Ständische Verfassung und autoritäre Verfassungspraxis in Österreich 1933-1938 mit Dokumentenanhang. Verfassung und Verfassungswirklichkeit. Mit einem Anhang: Denkschriften von Rechtsanwalt Dr. Erich Führer 1936/37. 1993.

Band 110 Klaus Hofmann: Die Verdrängung der Juden aus öffentlichem Dienst und selbständigen Berufen in Regensburg 1933-1939. 1993.

Band 111 Franz Kilger: Die Entwicklung des Telegraphenrechts im 19. Jahrhundert mit besonderer Berücksichtigung der technischen Entwicklung. Telegraphenrecht im 19. Jahrhundert. 1993.

Band 112 Wilhelm Brauneder (Hrsg.): Heiliges Römisches Reich und moderne Staatlichkeit. 1993.

Band 113 Thomas Heinrich: Das preußische Nichtehelichenrecht: Von der Aufklärung zur Reaktion. 1993.

Band 114 Gerald Kohl: Jagd und Revolution. Das Jagdrecht in den Jahren 1848 und 1849. 1993.

Band 115 Christian Schudnagies: Der Kriegs- oder Belagerungszustand im Deutschen Reich während des Ersten Weltkrieges. Eine Studie zur Entwicklung und Handhabung des deutschen Ausnahmezustandsrechts bis 1918. 1994.

Band 116 Elisabeth Bellmann: Die Internationale Kriminalistische Vereinigung (1889-1933). 1994.

Band 117 Julia Pfannkuch: Volksrichterausbildung in Sachsen 1945-1950. 1993.

Band 118 Jörg Offen: Von der Verwaltungsgemeinschaft des BGB von 1896 zur Zugewinngemeinschaft des Gleichberechtigungsgesetzes von 1957. 1994.

Band 119 Dorothee Kohlhas-Müller: Untersuchungen zur Rechtsstellung Theoderichs des Großen. 1995.

Band 120 Monika Rose: Das Gerichtswesen des Herzogtums Pfalz-Zweibrücken im 18. Jahrhundert. Ein Beitrag zur territorialen Gerichtsbarkeit im Alten Reich. 1994.

Band 121 Jörn Eckert / Hans Hattenhauer (Hrsg.): Bibel und Recht. Rechtshistorisches Kolloquium 9. - 13. Juni 1992 an der Christian-Albrechts-Universität zu Kiel. 1994.

Band 122 Robert Martin Mizia: Der Rechtsbegriff der Autonomie und die Begründung des Privatfürstenrechts in der deutschen Rechtswissenschaft des 19. Jahrhunderts. 1995.

Band 123 Walther Graf von Plettenberg: Das Fortleben des Liber Iudiciorum in Asturien/León (8. - 13. Jh.). 1994.

Band 124 Wolfgang Schulz: Das deutsche Börsengesetz. Die Entstehungsgeschichte und wirtschaftlichen Auswirkungen des Börsengesetzes von 1896. 1994.

Band 125 Frank Hagemann: Der Untersuchungsausschuß Freiheitlicher Juristen. 1949 – 1969. 1994.

Band 126 Andreas Rethmeier: "Nürnberger Rassegesetze" und Entrechtung der Juden im Zivilrecht. 1995.

Band 127 Edith Grether: Die Poesie der Throne. Die Juristen in der Fruchtbringenden Gesellschaft. 1995.

Band 128 Anna Bartels-Ishikawa: Der Lippische Thronfolgestreit. Eine Studie zu verfassungsrechtlichen Problemen des Deutschen Kaiserreiches im Spiegel der zeitgenössischen Staats. 1995.

Band 129 Jörg Schmidt: Otto Koellreutter 1883-1972. Sein Leben, sein Werk, seine Zeit. 1995.

Band 130 Christian Hattenhauer: Wahl und Krönung Franz II. AD 1792. Das Heilige Reich krönt seinen letzten Kaiser - Das Tagebuch des Reichsquartiermeisters Hieronymus Gottfried von Müller und Anlagen. 1995.

Band 131 Jutta v. der Decken: Das Seearbeitsrecht im Hamburger Stadtrecht von 1301 bis 1603. 1995.

Band 132 Detlev Schmidt: Die Reform des Rechts der Handelsvertreter von 1953. 1995.

Band 133 Gabi Roßdeutscher: Privatautonomie im Scheidungsrecht. Scheidungsbezogene Vereinbarungen in den letzten 200 Jahren. 1995.

Band 134 Harald Kahlenberg: Leben und Werk des Rechtshistorikers Walther Merk. Ein Beispiel für das Verhältnis von Rechtsgeschichte und Nationalsozialismus. 1995.

Band 135 Michael Steitz: Adelbert Düringer am Reichsgericht (1902-1915). Seine aktienrechtlichen Entscheidungen und sein Einfluß auf das Aktienrecht in Deutschland. 1995.

Band 136 Christian Becker: Beata Justorum Translatio. Juristen in schleswig-holsteinischen Leichenpredigten. 1996.

Band 137 Christoph Seiler: Vom Allgemeinen Landrecht zum Bürgerlichen Gesetzbuch. Dargestellt am Beispiel der höchstrichterlichen Judikatur zum kaufrechtlichen Sachmängelgewährleistungsrecht. 1996.

Band 138 Bernd Mayer: Die Vertrauensmännerausschüsse auf den preußischen Steinkohlegruben an der Saar. Entstehung und Wirken. Eine rechtshistorische Untersuchung. 1996.

Band 139 Rochus Scholl: Juden und Judenrecht im Herzogtum Pfalz-Zweibrücken. Ein Beitrag zur Rechtsgeschichte eines deutschen Kleinstaates am Ende des alten Reiches. 1996.

Band 140 Meike Bursch: Judentaufe und frühneuzeitliches Strafrecht. Die Verfahren gegen Christian Treu aus Weener/Ostfriesland 1720-1728. 1996.

Band 141 Markus Hillenbrand: Fürstliche Eheverträge. Gottorfer Hausrecht 1544 - 1773. 1996.

Band 142 Ulf Häder: Das gemeinschaftliche Oberappellationsgericht thüringischer Staaten in Jena. Ein Beitrag zur Geschichte des Gerichtswesens im 19. Jahrhundert. 1996.

Band 143 Andreas Bauer: Das Gnadenbitten in der Strafrechtspflege des 15. und 16. Jahrhunderts. Dargestellt unter besonderer Berücksichtigung von Quellen der Vorarlberger Gerichtsbezirke Feldkirch und des Hinteren Bregenzerwaldes. 1996.

Band 144 Christian Wirth: Der Jurist Johann Andreas Georg Friedrich Rebmann zwischen Revolution und Restauration. 1996.

Band 145 Stefanie Müller: Die Rechtsprechung des Hanseatischen Oberlandesgerichts zum persönlichen Eherecht in Hamburgischen Gerichtsfällen von 1879 -1900. 1996.

Band 146 Jean-Nicolas Morisset: Der Frachtvertrag in der *Ordonnance de la marine* von 1681. 1996.

Band 147 Dirk Lentfer: Die Glogauer Landesprivilegien des Andreas Gryphius von 1653. 1996.

Band 148 Wencke Mull: Die Haftung für Einsturzschäden nach den §§ 836-838 BGB in der Rechtsprechung des Reichsgerichts. 1996.

Band 149 Renate Zelger: Teufelsverträge. Märchen, Sage, Schwank, Legende im Spiegel der Rechtsgeschichte. 1996.

Band 150 Guido Kraß: Das Arrestverfahren in Frankfurt am Main im Spätmittelalter. 1996.

Band 151 F. Benedict Heyn: Die Entwicklung des Eisenbahnfrachtrechts von den Anfängen bis zur Einführung des Allgemeinen Deutschen Handelsgesetzbuches (ADHGB). 1996.

Band 152 Thomas Lang: Die Staats- und Verfassungslehre Carl Salomo Zachariaes. 1996.

Band 153 Michael Hebeis: Karl Anton von Martini (1726-1800). Leben und Werk. 1996.

Band 154 Gerald Hubert: Die Diskussion um die rechtliche Natur der Bizone in den Jahren 1947-1949. 1996.

Band 155 Christof Horn: Die Rechtsprechung des Reichsgerichts in Ehescheidungssachen der Jahre 1900 bis 1905. 1996.

Band 156 Hermann Nehlsen / Georg Brun (Hrsg.): Münchener rechtshistorische Studien zum Nationalsozialismus. 1996.

Band 157 Jan Otto Clemens Kehrberg: Die Entwicklung des Elektrizitätsrechts in Deutschland. Der Weg zum Energiewirtschaftsgesetz von 1935. 1997.

Band 158 Johannes Tradt: Der Religionsprozeß gegen den Zopfschulzen (1791-1799). Ein Beitrag zur protestantischen Lehrpflicht und Lehrzucht in Brandenburg-Preußen gegen Ende des 18. Jahrhunderts. 1997.

Band 159 Dietmar Olsen: Das kaufrechtliche Sachmängelgewährleistungsrecht des Code civil in der Rechtsprechung deutscher Gerichte im 19. Jahrhundert. Ein Beitrag zur Ablösung der Partikularrechte durch das BGB. 1997.

Band 160 Ulrich Bernhardt: Die Deutsche Akademie für Staats- und Rechtswissenschaft „Walter Ulbricht" 1948-1971. 1997.

Band 161 Claudia Susan Hoppe: Die Bürgschaft im Rechtsleben Hamburgs von 1600 bis 1900. 1997.

Band 162 Franz-Rudolf Ecker: Die Entwicklung des Bergrechts im Saarbrücker Steinkohlenrevier bis zum Ende des 18. Jahrhunderts. Ein Vergleich mit dem älteren deutschen Bergrecht. 1997.

Band 163 Anne Katrin Rückert: Politik und Privatrecht in der „konservativen Revolution". 1997.

Band 164 Gisbert Laube: Der Reichskunstwart. Geschichte einer Kulturbehörde 1919-1933. 1997.

Band 165 Nicolas Lührig: Die Diskussion über die Reform der Juristenausbildung von 1945 bis 1995. 1997.

Band 166 Regula Gerber Jenni: Die Emanzipation der mehrjährigen Frauenzimmer. Frauen im bernischen Privatrecht des 19. Jahrhunderts. 1997.

Band 167 Mischa A. Färber: Das gemeinschaftliche Testament in der höchstrichterlichen Rechtsprechung zum Allgemeinen Preußischen Landrecht und zum BGB. Ein Beitrag zur Ablösung der Partikularrechte durch das BGB. 1997.

Band 168 Catherine Antoinette Gasser: Philipp Lotmar 1850-1922. Professor der Universität Bern. Sein Engagement für das Schweizerische Arbeitsrecht. 1997.

Band 169 Lars Immisch: Der sozialistische Richter in der DDR und seine Unabhängigkeit. Der Versuch eines Rechtsvergleiches zum Unabhängigkeitsbegriff in der bundesdeutschen Rechtsordnung. 1997.

Band 170 Jessica Jacobi: Besitzschutz vor dem Reichskammergericht. Die friedenssichernde Funktion der Besitzschutzklagen am Reichskammergericht im 16. Jahrhundert, dargestellt anhand von Kameralisten. 1998.

Band 171 Ewald Hügemann: Die Geschichte des öffentlichen und privaten Mietpreisrechts vom Ersten Weltkrieg bis zum Gesetz zur Regelung der Miethöhe von 1974. 1998.

Band 172 Lutz Rentzow: Die Entstehungs- und Wirkungsgeschichte der Vernewerten Landesordnung für das Königreich Böhmen von 1627. 1998.

Band 173 Sabine Stürmer: Mühlenrecht im Herzogtum Pfalz-Zweibrücken während des 18. Jahrhunderts. Ein Beitrag zum Wirtschaftsrecht eines deutschen Kleinstaates im Alten Reich. 1998.

Band 174 Mario Bogisch: *Nemo testis in re sua*. Das Problem der Zeugnisfähigkeit bei der Anwendung der deutschen Zivilprozeßordnung von 1877. 1998.

Band 175 Rainer Oßwald: Pactane sunt servanda? Freiwilligkeit, Zwang und Unverbindlichkeitserklärungen im islamischen Vertragsrecht malikitischer Schule. 1998.

Band 176 Bettina Kern: Der preußische BGB-Entwurf von 1842. 1998.

Band 177 Inken Fuhrmann: Die Diskussion über die Einführung der fakultativen Zivilehe in Deutschland und Österreich seit Mitte des 19. Jahrhunderts. 1998.

Band 178 Annette Rieck: Der Heilige Ivo von Hélory (1247-1303). Advocatus pauperum und Patron der Juristen. 1998.

Band 179 Frank Bottenberg: Die Hamburgische Strafprozeßordnung von 1869. 1998.

Band 180 Matthias Krauß: Das kursächsische Postrecht von seinen Anfängen bis zum Ende des Alten Reichs. 1998.

Band 181 Torsten Schmidt: Die Entmündigung von den Anfängen des BGB bis zu ihrer Ablösung durch das Institut der Betreuung. 1998.

Band 182 Christian Nunn: Rudolf Müller-Erzbach. 1874-1959. Von der realen Methode über die Interessenjurisprudenz zum kausalen Rechtsdenken (Leben und Werk). 1998.

Band 183 Christian Ortloff: Das staatskirchenrechtliche System Wilhelm Traugott Krugs. Glaubens- und Gewissensfreiheit – eine Forderung der Vernunft. 1998.

Band 184 Christian Hattenhauer: Schuldenregulierung nach dem Westfälischen Frieden. Der sog. § *de indaganda* und seine Umsetzung im Jüngsten Reichsabschied (AD 1648 und 1654). 1998.

Band 185 Werner Schubert: Preußen im Vormärz. Die Verhandlungen der Provinziallandtage von Brandenburg, Pommern, Posen, Sachsen und Schlesien sowie – im Anhang – von Ostpreußen, Westfalen und der Rheinprovinz (1841-1845). 1998.

Band 186 Silvia Schumacher: Das Rechtsverhältnis zwischen Eltern und Kindern in der Privatrechtsgeschichte. 1999.

Band 187 Kai Sommer: Die Strafbarkeit der Homosexualität von der Kaiserzeit bis zum Nationalsozialismus. Eine Analyse der Straftatbestände im Strafgesetzbuch und in den Reformentwürfen (1871-1945). 1998.

Band 188 Jan Erik Backhaus: Volksrichterkarrieren in der DDR. 1999.

Band 189 Ralf Ruhnau: Die Fürstlich Thurn und Taxissche Privatgerichtsbarkeit in Regensburg. Ein Kuriosum der deutschen Rechtsgeschichte. 1999.

Band 190 Antonio Grilli: Die französische Justizorganisation am linken Rheinufer 1797-1803. 1999.

Band 191 Stephanie Kammerloher-Lis: Die Entstehung des Gesetzes über die religiöse Kindererziehung vom 15. Juli 1921. 1999.

Band 192 Jan Telp: Ausmerzung und Verrat. Zur Diskussion um Strafzwecke und Verbrechensbegriffe im Dritten Reich. 1999.

Band 193 Kurt von Pannwitz: Die Entstehung der Allgemeinen Deutschen Wechselordnung. Ein Beitrag zur Geschichte der Vereinheitlichung des deutschen Zivilrechts im 19. Jahrhundert. 1999.

Band 194 Sylvia Busch: Die Entstehung der Allgemeinen Gerichtsordnung für die Preussischen Staaten von 1793/95. Ein Beitrag zur Geschichte der Kodifikationsbewegung und der Reform des Zivilprozesses in Preußen im 18. Jahrhundert. 1999.

Band 195 Dirk Bieresborn: Klage und Klageerwiderung im deutschen und englischen Zivilprozeß. Eine rechtshistorische und rechtsvergleichende Untersuchung unter besonderer Berücksichtigung der Beeinflussung durch das römisch-kanonische Verfahren. 1999.

Band 196 Andreas Thier / Guido Pfeifer / Philipp Grzimek (Hrsg.): Kontinuitäten und Zäsuren in der Europäischen Rechtsgeschichte. Europäisches Forum Junger Rechtshistorikerinnen und Rechtshistoriker München 22.-24. Juli 1998. 1999.

Band 197 Franz Smola: Die Fürstlich Liechtenstein'sche Kunstsammlung. Rechtsfragen zur Verbringung der Sammlung von Wien nach Vaduz in den Jahren 1944/45. 1999.

Band 198 Frank Martin Krauss: Das geteilte Eigentum im 19. und 20. Jahrhundert. Eine Untersuchung zum Fortbestand des Teilungsgedankens. 1999.

Band 199 Matthias Frey: Die spanische Aktiengesellschaft im 18. Jahrhundert und unter dem Código de Comercio von 1829. 1999.

Band 200 Alexandra Gilde: Die Stellung der Frau im Reichsstrafgesetzbuch von 1870/71 und in den Reformentwürfen bis 1919 im Urteil der bürgerlichen Frauenbewegung. Eine Analyse ausgewählter Straftatbestände. 1999.

Band 201 Malte Dießelhorst / Arne Duncker: Hans Kohlhase. Die Geschichte einer Fehde in Sachsen und Brandenburg zur Zeit der Reformation. 1999.

Band 202 Jörg Hillmann: Territorialrechtliche Auseinandersetzungen der Herzöge von Sachsen-Lauenburg vor dem Reichskammergericht im 16. Jahrhundert. 1999.

Band 203 Carsten Engler: Die Kommanditgesellschaft (KG) und die stille Gesellschaft im Allgemeinen Deutschen Handelsgesetzbuch (ADHGB) von 1861. 1999.

Band 204 Vesta Hoffmann-Steudner: Die Rechtsprechung des Reichsgerichts zu dem Scheidungsgrund des § 49 EheG (EheG 1938) in den Jahren 1938-1945. 1999.

Band 205 Michaela Thiele: Die Auflösung von Arbeitsverhältnissen aufgrund Anfechtung und außerordentlicher Kündigung nach der Rechtsprechung des Reichsarbeitsgerichts (1927-1945). 2000.

Band 206 Peter Landau / Hermann Nehlsen / Mathias Schmoeckel (Hrsg.): Karl von Amira zum Gedächtnis. 1999.

Band 207 Marcus Flinder: Die Entstehungsgeschichte des Zivilgesetzbuches der DDR. 1999.

Band 208 Boris Franz Leo Bromm: Die Entstehungsgeschichte des Berufs des Handelsvertreters. Unter besonderer Berücksichtigung der Sozialgesetzgebung in den Jahren von 1871-1933. 2000.

Band 209 Winfried C. J. Eberstein: Das Tierschutzrecht in Deutschland bis zum Erlaß des Reichs-Tierschutzgesetzes vom 24. November 1933. Unter Berücksichtigung der Entwicklung in England. 1999.

Band 210 Patrick Deller: Der „nach dem Vertrage" vorausgesetzte Gebrauch (§ 459 Absatz 1 Satz 1 BGB). Eine kaufrechtliche Untersuchung unter Berücksichtigung rechtshistorischer wie rechtsvergleichender Grundlagen. 2000.

Band 211 Eckard Freiherr von Bodenhausen: Haftung des Geschäftsherrn für Verrichtungsgehilfen im Straßen- und Schienenverkehr. Eine Analyse der Entscheidungen des Reichsgerichts zu § 831 BGB (1900-1945). 2000.

Band 212 Birte Gast: Der Allgemeine Teil und das Schuldrecht des Bürgerlichen Gesetzbuchs im Urteil von Raymond Saleilles (1855-1912). 2000.

Band 213 Hansjörg Michael Huber: Koloniale Selbstverwaltung in Deutsch-Südwestafrika. Entstehung, Kodifizierung und Umsetzung. 2000.

Band 214 Ulf Björner: Die Verfassungsgerichtsbarkeit im Norddeutschen Bund und Deutschen Reich (1867-1918). Eine rechtshistorische Untersuchung über Gerichtsbarkeit im Spannungsfeld von Politik und Recht innerhalb der von Bismarck geschaffenen deutschen Bundesstaaten. 2000.

Band 215 Mathias Freiherr von Rosenberg: Friedrich Carl von Savigny (1779-1861) im Urteil seiner Zeit. 2000.

Band 216 Reinhard Binder-Krieglstein: Österreichisches Adelsrecht 1868-1918/19. Von der Ausgestaltung des Adelsrechts der cisleithanischen Reichshälfte bis zum Adelsaufhebungsgesetz der Republik unter besonderer Berücksichtigung des adeligen Namensrechts. 2000.

Band 217 Claudia-Regine Nerius: Johannes Lehmann-Hohenberg (1851-1925). Eine Studie zur völkischen Rechts- und Justizkritik im Deutschen Kaiserreich. 2000.

Band 218 Ludger Meuten: Die Erbfolgeordnung des Sachsenspiegels und des Magdeburger Rechts. Ein Beitrag zur Geschichte des sächsisch-magdeburgischen Rechts. 2000.

Band 219 Christoph Alexander von Wilcken: Die Reformbestrebungen zum Genossenschaftsgesetz in der Frühzeit der Bundesrepublik. Die Beratungen der Sachverständigenkommission zur Überprüfung des Genossenschaftsrechts 1954 bis 1958 und der Referentenentwurf von 1962. 2000.

Band 220 Verein Junger RechtshistorikerInnen Zürich (Hrsg.): ¿Rechtsgeschichte(n)? ¿Histoire(s) du droit? ¿Storia/storie del diritto? ¿Legal Histori(es)? Europäisches Forum Junger Rechtshistorikerinnen und Rechtshistoriker Zürich 28.-30. Mai 1999. 2000.

Band 221 Hans Christian Schüler: Die Entstehungsgeschichte der Bundesnotarordnung vom 24. Februar 1961. 2000.

Band 222 Nils-Eberhard Schramm: Die Vereinigung demokratischer Juristen (1949-1999). 2000.

Band 223 Silke Anke Torp: Das Rechtsverhältnis zwischen den Eltern und ihren Kindern. Dienstleistungspflicht, Aussteuer und Ausstattung. Eine Analyse der Rechtsprechung des Reichsgerichts und des Reichsarbeitsgerichts zu den Vorschriften der §§ 1616 bis 1625 des Bürgerlichen Gesetzbuches in der Zeit von 1900 bis 1945. 2000.

Band 224 Martin Jürgen Maaß: Die Geschichte des Eigentumsvorbehalts, insbesondere im 18. und 19. Jahrhundert. 2000.

Band 225 Stefanie Langer: Rechtswissenschaftliche Itinerarien. Lebenswege namhafter europäischer Juristen vom 11. bis zum 18. Jahrhundert. 2000.

Band 226 Ulrich Schmitz: Der Unterhaltsanspruch des nichtehelichen Kindes gegen seinen Erzeuger. Die rechtsgeschichtliche und dogmatische Entwicklung im deutschen Recht. 2000.

Band 227 Sebastian Günther: Friedrich Carl von Savigny als Grundherr. 2000.

Band 228 Henning Ibs: Hermann J. Held (1890-1963). Ein Kieler Gelehrtenleben in den Fängen der Zeitläufe. 2000.

Band 229 Matthias Rücker: Wirtschaftswerbung unter dem Nationalsozialismus. Rechtliche Ausgestaltung der Werbung und Tätigkeit des Werberats der deutschen Wirtschaft. 2000.

Band 230 Hendrik Sandmann: Die Entwicklung von Begriff und Inhalt des Wirtschaftsrechts durch die Rechtswissenschaft in der Weimarer Republik. 2000.

Band 231 Sibylle Müller: Gibt es Menschenrechte bei Samuel Pufendorf? 2000.

Band 232 Karin Olechowski-Hrdlicka: Die gemeinsamen Angelegenheiten der Österreichisch-Ungarischen Monarchie. Vorgeschichte – Ausgleich 1867 – Staatsrechtliche Kontroversen. 2001.

Band 233 Johannes Mierau: Die juristischen Abschluß- und Diplomprüfungen in der SBZ/DDR. Ein Einblick in die Juristenausbildung im Sozialismus. 2001.

Band 234 Jörg Wolff (Hrsg.): Stillstand, Erneuerung und Kontinuität. Einsprüche zur Preußenforschung. 2001.

Band 235 Friedo Schröder: Die anwaltliche Tätigkeit während der nationalsozialistischen Herrschaft. Eine Analyse der anwaltlichen Argumentation in Zivilprozessen anhand der vorhandenen Prozeßakten der Landgerichte Frankenthal, Wiesbaden, Limburg und Frankfurt und der Handakten der *jüdischen Konsulenten* des OLG-Bezirks Frankfurt. 2001.

Band 236 Der Code pénal des Königreichs Westphalen von 1813 mit dem Code pénal von 1810 im Original und in deutscher Übersetzung. Herausgegeben und mit einer Einleitung versehen von Werner Schubert. 2001.

Band 237 Klaus Richter: Deutsches Kolonialrecht in Ostafrika 1885-1891. 2001.

Band 238 Kai von Lewinski: Deutschrechtliche Systembildung im 19. Jahrhundert. 2001.

Band 239 Alexander Herzog: Sittenwidrige Rechtsgeschäfte in der höchstrichterlichen Rechtsprechung aus den Jahren 1948-1965. 2001.

Band 240 Claudia Rönnau: Die Beratungen des Wasserrechtsausschusses der Akademie für Deutsches Recht zu einem Reichswassergesetz (1934-1941). Ein Beitrag zur Dogmatik der Begriffe *Gemeingebrauch* und *Sondergebrauch* in der Zeit des Nationalsozialismus. 2001.

Band 241 Momme Rohlack: Kriegsgesellschaften (1914-1918). Arten, Rechtsformen und Funktionen in der Kriegswirtschaft des Ersten Weltkrieges. 2001.

Band 242 Rolf Geyer: Der Gedanke des Verbraucherschutzes im Reichsrecht des Kaiserreichs und der Weimarer Republik (1871-1933). Eine Studie zur Geschichte des Verbraucherrechts in Deutschland. 2001.

Band 243 Felix Lorenz Benjamin Lehmann: Der Rote Adlerorden. Entstehung und rechtliche Grundlagen (1705-1918). 2002.

Band 244 Marc Ludwig: Der Pfändungsschutz für Lohneinkommen. Die Entstehungs- und Entwicklungsgeschichte der Vorschriften zum Schutz vor Lohnpfändung in Deutschland. 2001.

Band 245 Alexander Wachter: Dorfschule zwischen Pastor und Schulmeister. Zur Säkularisierung des niederhessischen Schulwesens im 19. Jahrhundert. 2001.

Band 246 Richard Scholz: Analyse der Entstehungsbedingungen der reichsgerichtlichen Aufwertungsrechtsprechung. Untersuchung unter besonderer Berücksichtigung der konservativen Geldpolitik der Reichsbank und der Inflationspolitik der Reichsregierung. 2001.

Band 247 Judith Laeverenz: Märchen und Recht. Eine Darstellung verschiedener Ansätze zur Erfassung des rechtlichen Gehalts der Märchen. 2001.

Band 248 Christina Schenk: Bestrebungen zur einheitlichen Regelung des Strafvollzugs in Deutschland von 1870 bis 1923. 2001.

Band 249 Nils Werner: Die Prozesse gegen die Landvolkbewegung in Schleswig-Holstein 1929/32. Ein Beitrag zur Justizkritik in der späten Weimarer Republik. 2001.

Band 250 Wolfgang Walter: Das Duell in Bayern. Ein Beitrag zur bayerischen Strafrechtsgeschichte. 2002.

Band 251 Jörn Eckert / Kjell Å. Modéer (Hrsg.): Geschichte und Perspektiven des Rechts im Ostseeraum. Erster Rechtshistorikertag im Ostseeraum 8.–12. März 2000. 2001.

Band 252 Jan Könighaus: Die Inauguration der Christian-Albrechts-Universität zu Kiel 1665. Symbolgehalt und rechtliche Bedeutung des Universitätszeremoniells. 2002.

Band 253 Andreas Görgen: Rechtssprache in der Frühen Neuzeit. Eine vergleichende Untersuchung der Fremdwortverwendung in Gesetzen des 16. und 17. Jahrhunderts. 2002.

Band 254 Ralf Schäfer: Die Rechtsstellung der Haigerlocher Juden im Fürstentum Hohenzollern-Sigmaringen von 1634-1850. Eine rechtsgeschichtliche Untersuchung. 2002.

Band 255 Regine Schmalhorst: Die Tierhalterhaftung im BGB von 1896. Die Entstehung und Änderung des § 833 BGB sowie eine Analyse der Rechtsprechung des Reichsgerichts bis 1908. 2002.

Band 256 Thomas Hense: Konrad Beyerle. Sein Wirken für Wissenschaft und Politik in Kaiserreich und Weimarer Republik. 2002.

Band 257 Christian Mahlmann: Die Strafrechtswissenschaft der DDR. Klassenkampftheorie und Verbrechenslehre. 2002.

Band 258 Henning Kahmann: Die Bankiers von Jacquier & Securius 1933–1945. Eine rechtshistorische Fallstudie zur "Arisierung" eines Berliner Bankhauses. Mit einem Geleitwort von John Kornblum. 2002.

Band 259 Volker Friedrich Drecktrah: Die Gerichtsbarkeit in den Herzogtümern Bremen und Verden und in der preußischen Landdrostei Stade von 1715 bis 1879. 2002.

Band 260 Andreas Klass: Standes- oder Leistungselite? Eine Untersuchung der Karrieren der Wetzlarer Anwälte des Reichskammergerichts (1693-1806). 2002.

Ralf Schäfer

Die Rechtsstellung der Haigerlocher Juden im Fürstentum Hohenzollern-Sigmaringen von 1634–1850

Eine rechtsgeschichtliche Untersuchung

Frankfurt/M., Berlin, Bern, Bruxelles, New York, Oxford, Wien, 2002.
XXXV, 209 S., 24 Abb.
Rechtshistorische Reihe. Bd. 254
Verantwortlicher Herausgeber: Jan Schröder
ISBN 3-631-38778-4 · br. € 37.80*

Die jüdische Bevölkerung hatte im Fürstentum Hohenzollern-Sigmaringen eine rechtliche Sonderstellung inne. Dargestellt wird die Rechtsstellung der Haigerlocher Juden in Beziehung zum Reich, zum Fürstentum Hohenzollern-Sigmaringen, zur bürgerlichen Stadt Haigerloch und zur jüdischen Gemeinde von 1634–1850. Ein Schwerpunkt liegt auf dem Wandel der Rechtsstellung der Juden nach der Verfassungsgebung von 1833. Untersucht werden sowohl ihr grundlegender rechtlicher Status als auch einzelne Rechtsbereiche, wie z. B. Regelungen zum Grunderwerb oder zur Erwerbstätigkeit. Anhand des verfügbaren, überwiegend handschriftlichen Quellenmaterials wird so die besondere rechtliche Stellung der Juden in einem Zeitraum von mehr als zwei Jahrhunderten aufgezeigt.

Aus dem Inhalt: Grundsystem des Judenschutzes · Quellen des Judenrechts · Abgaben- und Lastentragungspflichten der Juden · Wandel der Rechtsstellung der jüdischen Bevölkerung nach der Verfassungsgebung · Rechtliche Stellung der Juden in einzelnen Lebensbereichen

Frankfurt/M · Berlin · Bern · Bruxelles · New York · Oxford · Wien
Auslieferung: Verlag Peter Lang AG
Jupiterstr. 15, CH-3000 Bern 15
Telefax (004131) 9402131

*inklusive der in Deutschland gültigen Mehrwertsteuer
Preisänderungen vorbehalten

Homepage http://www.peterlang.de